ÉTUDE

SUR

ÉPICTÈTE

« οὐ δεῖ με εἶναι
ἀπαθῆ ὡς ἀνδριάντα. »
Épictète, *Entretiens*, III, II, 4.

PAR

Th. COLARDEAU

Ancien Élève de l'École Normale Supérieure
Chargé de Cours à la Faculté des Lettres de l'Université de Grenoble

PARIS
LIBRAIRIE THORIN & FILS
ALBERT FONTEMOING, ÉDITEUR
Libraire des Écoles Françaises d'Athènes et de Rome
du Collège de France et de l'École Normale Supérieure
4, RUE LE GOFF, 4

1903

ÉTUDE
SUR
ÉPICTÈTE

Grenoble, imprimerie ALLIER FRÈRES,
26, cours Saint-André, 26.

ÉTUDE

SUR

ÉPICTÈTE

« οὐ δεῖ με εἶναι
ἀπαθῆ ὡς ἀνδριάντα. »
Épictète, *Entretiens*, III, II, 4.

PAR

Th. COLARDEAU

Ancien Élève de l'École Normale Supérieure
Chargé de Cours à la Faculté des Lettres de l'Université de Grenoble

PARIS
LIBRAIRIE THORIN & FILS
ALBERT FONTEMOING, ÉDITEUR
Libraire des Écoles Françaises d'Athènes et de Rome
du Collège de France et de l'École Normale Supérieure
4, RUE LE GOFF, 4
—
1903

A LA MÉMOIRE

DE

MON FRÈRE

AVANT-PROPOS

Notre premier mot, en tête de cet essai, sera pour exprimer notre étonnement qu'il n'existe jusqu'ici, du moins en France, aucune étude d'ensemble sur Épictète. En Allemagne même, l'ouvrage que M. A. Bonhöffer [1] a publié sur Épictète philosophe ne date que de quelques années, et aucun ouvrage comparable n'existait avant lui [2]. Chez nous, C. Martha aurait dû, semble-t-il, le mettre en bonne place parmi les écrivains, philosophes ou poètes, auxquels il a, dans *Les Moralistes sous l'Empire Romain*, consacré une série d'articles devenus, à bon droit, classiques en France : il n'a cru devoir lui accorder qu'une dizaine de pages sous le titre : *La Vertu stoïque*. En entreprenant une étude sur Épictète, ce n'est pas que nous ayons eu la prétention de combler cette lacune : cinquante pages sur Épictète, écrites par ce moraliste pénétrant entre *La Morale pratique dans*

---

[1] I. *Epictet und die Stoa, Untersuchungen zur stoischen Philosophie.* — II. *Die Ethik des stoikers Epictet*, von Adolf Bonhöffer, Stuttgart. 1890-1894.

[2] Il faut pourtant signaler, quelques années auparavant, comme étude spéciale, E.-M. Schranka, *Der stoiker Epictet und seine Philosophie*, Frankfurt a/O., 1885 ; et, comme étude plus générale, les deux articles publiés par Ludwig Stein, sous le titre *Psychologie der Stoa*, dans les *Berliner Studien für classische Philologie und Archäologie*, 1886-1888.

les lettres de Sénèque et *L'Examen de conscience d'un empereur romain*, auraient sans doute mieux valu que ne vaudra ce livre. Mais, quelle que soit la valeur du petit article de Martha, nous avons pensé, et avons été encouragé dans cette opinion par un éminent professeur de philosophie ancienne, qu'il y avait, sinon mieux, du moins plus à dire sur ce stoïcien illustre.

Pourquoi cette discrétion à son égard? Est-ce parce qu'il est trop connu? Est-ce parce qu'on admet qu'il manque d'originalité et qu'il suffit, par suite, de le signaler en passant au cours de l'histoire du stoïcisme, dont il fut le représentant « le plus rigoureux et le plus conséquent »? C'est, semble-t-il, la principale raison pour laquelle Martha pense qu' « une simple esquisse suffit à ce personnage tout d'une pièce [1] ». Tout en admettant pleinement, pour son compte, le manque d'originalité d'Épictète, M. Bonhoffer n'a pas vu là un motif suffisant pour le laisser de côté : là est au contraire, à ses yeux, le principal intérêt des *Entretiens*. Son premier volume sur Épictète, comme l'indique le titre spécial *Epictet und die Stoa, Untersuchungen zur stoischen Philosophie*, est en réalité une suite d'études sur les rapports d'Épictète avec ses prédécesseurs : Épictète n'y sert de centre que parce que l'auteur prétend voir en lui la source principale de nos connaissances sur la doctrine stoïcienne, au moins pour ce qui concerne la psychologie et l'éthique. Convaincu qu'Épictète est tout à fait indépendant de l'éclectisme qui règne chez les maîtres du Moyen Portique, il se sert de lui pour remonter jusqu'à Chrysippe et à Zénon. « Dans sa doctrine,

---

[1] C. Martha, *Les Moralistes sous l'Empire Romain*, 4ᵉ édition, p. 156, note.

dit-il, à part quelques divergences qui n'ont rien d'essentiel, nous avons la plus pure expression des idées des anciens stoïciens. » En somme, il prend à la lettre le mot d'Aulu-Gelle : « Διαλέξεις, *quas ab Arriano digestas congruere scriptis Zenonis et Chrysippi non dubium est* [1]. » Quoique le second volume, comme l'indique encore son titre spécial *Die Ethik des stoikers Epictet*, se rapporte plus proprement à l'éthique d'Épictète prise en elle-même, l'auteur y jette à chaque instant des coups d'œil rétrospectifs sur les autres représentants de la doctrine. On peut dire que l'idée fondamentale reste la même et que le point de vue n'a pas changé.

Nous ne pouvions avoir la prétention d'apporter une contribution de ce genre à l'histoire de la philosophie ancienne [2], et le caractère et l'objet de cette étude sont nécessairement différents. Sans avoir davantage la prétention de découvrir Épictète, nous avons pensé que, si on peut l'étudier utilement pour mieux connaître le stoïcisme primitif de Chrysippe et de Zénon, il ne serait pas sans intérêt de l'étudier pour le mieux connaître lui-même, en insistant moins sur la matière de sa doctrine que sur l'enseignement de

---

[1] Aulu-Gelle, *N. A.*, XIX, 1, 14.
[2] Outre les deux volumes de Bonhöffer cités plus haut, nous devons encore citer, parmi les ouvrages ou dissertations dont nous nous sommes particulièrement servi à propos d'Épictète ou d'Arrien :

R. Asmus, *Quaestiones Epicteteae*, Fribourg, 1888.
R. Mücke, *Zu Arrians und Epictets Sprachgebrauch*, Nordhausen, 1887.
J. Bruns, *De schola Epicteti*, Kiel, 1897.
P. Wendland *(Beiträge zur Geschichte der griechischen Philosophie und Religion)*, *Philo und die kynisch-stoische Diatribe*, Berlin, 1895.
R. Hirzel, *Der Dialog*, Leipzig, 1895.
E. Norden, *Die antike Kunstprosa*, Berlin, 1898.
H. Doulcet, *Quid Xenophonti debuerit Flavius Arrianus*, Paris, 1882.
E. Bolla, *Arriano di Nicomedia*, Turin, 1890.

cette doctrine, sur l'esprit et la forme de cet enseignement. Il ne s'agit pas pour cela de l'isoler; mais, au lieu de le rattacher aux représentants les plus lointains du stoïcisme, on peut se borner à le rapprocher de ses antécédents immédiats, en le rattachant particulièrement au maître dont il subit l'influence directe et dont il entendit les leçons dans sa jeunesse, à Musonius Rufus [1]. Précisément, nous avons encore quelques-unes des leçons de Musonius, conservées sous une forme, non pas identique assurément, mais au moins comparable à la forme sous laquelle nous sont parvenus les *Entretiens* d'Épictète. Or, si la doctrine de celui-ci est la doctrine de Zénon et de Chrysippe, on ne peut nier qu'elle se présente dans les *Entretiens* sous un aspect tout particulier. Cet ouvrage est un recueil de leçons notées au jour le jour par un auditeur. Ne peut-on, à l'aide de ces notes, voir comment une doctrine, connue dans ses principes et dans ses grandes lignes, est traitée, non par un théoricien, mais par un éducateur qui s'est donné pour mission, non pas de transmettre un système, mais de s'en servir pour former des hommes? Ne peut-on, les *Entretiens* en main, pénétrer dans l'intérieur de l'école d'un des plus célèbres professeurs de philosophie de l'antiquité, le voir à l'œuvre et, en quelque sorte, dans l'exercice de ses fonctions, essayer de saisir sa méthode et lui demander à lui-même comment il entendait et pratiquait l'enseignement?

---

[1] Sur Musonius, nous avons consulté particulièrement :
P. Wendland, *Quaestiones Musonianae*, Berlin, 1886.
Du même auteur, l'étude sur Philon citée page ix, note 2, qui est suivie d'un appendice sur Musonius.
R. Hirzel, *ouvr. cité*, page ix, note 2.
Th. Pfleger, *Musonius bei Stobaeus*, Fribourg, 1897.
Les citations de Stobée renvoient à l'édition Meineke, toutes les fois que l'édition Wachsmuth-Hense n'est pas expressément indiquée par les abréviations W. ou H.

D'autre part, Martha, en s'excusant, comme nous le rappelions tout à l'heure, de donner une simple esquisse de « ce personnage tout d'une pièce », dont « les sentiments droits et fermes, sans fluctuations et sans nuances, peuvent se peindre en quelques traits [1] », est pourtant le premier à estimer que « le livre le plus connu d'Épictète, le *Manuel*, ne fait pas connaître entièrement le caractère, le grand cœur et l'esprit de ce moraliste convaincu, qui fut l'honneur du stoïcisme romain..... et le plus bel exemplaire de ses vertus [2]. » « Quelle que soit, dit-il précisément en tête de son article, la fixité d'une doctrine, elle ne laisse pas d'être transformée par le génie de ceux qui l'enseignent. Le dogme peut rester le même, tandis que l'accent change [3]. » Il fait plus, il signale lui-même certains traits originaux, tels que la piété, qui lui paraissent mériter d'être mis en valeur chez Épictète. D'un autre côté, si on ne considère que la forme, — on n'ose dire le style en parlant d'un homme qui n'a jamais rien écrit, — il est impossible de n'être pas frappé de la vie intense qui règne d'un bout à l'autre des *Entretiens*. Sans aller jusqu'à dire que personne, avant lui, ne s'était encore exprimé ainsi, nous croyons qu'il y a, dans la manière d'Épictète, quelque chose qui doit être observé de plus près qu'on ne paraît l'avoir fait jusqu'ici : il vaut la peine, semble-t-il, de chercher combien il a mis de lui-même dans l'expression de sa pensée, et de voir quelle place ce philosophe, malgré son dédain du beau langage, tient par là dans l'histoire littéraire.

---

[1] C. Martha, *ouvr. cité*, p. 156, note.
[2] Id., *ibid.*, p. 162.
[3] Id., *ibid.*, p. 156. Cf. ce qu'il dit à propos de Marc-Aurèle (*ibid.*, p. 191): « En général, dans l'étude des doctrines morales, on ne tient pas assez compte des hommes qui les ont professées. Les principes se transforment selon le caractère des adeptes, et, si la lettre subsiste, l'esprit varie. »

On connaît le mot d'Épictète : « Οὐ δεῖ με εἶναι ἀπαθῆ ὡς ἀνδριάντα[1]. » Martha paraît s'en être souvenu quand il a dit : « En lisant les *Entretiens*, on est tout étonné et charmé de se trouver en face d'un homme, quand, jusque-là, on n'avait contemplé dans le *Manuel* que la statue en marbre ou en bronze de l'idéal stoïcien[2]. » Nous voudrions que cette étude aide un peu à justifier ce qu'il s'est contenté de donner comme une simple impression. Pour cela, nous avons cru que le devoir s'imposait à nous de laisser assez souvent la parole à Épictète lui-même et[3], sans nous astreindre toujours à le citer textuellement[4], de nous mettre, à l'occasion, derrière lui, espérant qu'on pourrait ainsi le mieux voir et le mieux entendre. Nous n'oublions pas, toutefois, qu'Arrien lui-même n'espérait pas avoir réussi à donner une image fidèle de la pensée et du langage de son maître, et c'est le cas de reprendre le mot par lequel il termine sa préface : τυχὸν μὲν ἐγὼ αἴτιος, sans nous excuser en ajoutant, comme lui, τυχὸν δὲ καὶ ἀνάγκη οὕτως ἔχειν[5].

---

[1] Épictète, *Entretiens*, III, II, 4.
[2] C. Martha, *ouvr. cité*, p. 163.
[3] On sait que la volumineuse édition de Schweighaeuser *(Epicteteae philosophiae monumenta ; acc. Simplicii commentarii in Enchiridion*; Lipsiae, 1799-1800), sur laquelle on avait vécu pendant près d'un siècle (car l'édition Dübner, coll. Didot, ne fait guère qu'en reproduire le texte), est remplacée, depuis plusieurs années, par l'édition de H. Schenkl (Leipzig, coll. Teubner, ed. major, 1894 ; ed. minor, 1898). Une recension du texte était indispensable et réclamée depuis longtemps. C'est à cette édition que renvoient toutes nos citations et allusions. Les renvois au *Manuel* sont désignés par l'abréviation M., suivie d'un ou de deux numéros. Les fragments portent les numéros d'ordre de l'édition Schenkl.
[4] Pour les citations textuelles, nous nous sommes, non pas toujours, mais assez fréquemment inspiré de la traduction Courdaveaux (Paris, Didier, 1882, 2ᵉ éd., revue et corrigée), qui, malgré des inexactitudes (nous ne parlons pas des innombrables fautes d'impression) et certains passages traduits d'une façon bien forcée, « reproduit souvent avec bonheur, dit Martha (*ouvr. cité*, p. 162, note), l'énergique simplicité d'Épictète ».
[5] Arrien, *Lettre à Gellius* (p. 1 de l'éd. Schenkl), 8.

PREMIÈRE PARTIE

INTRODUCTION

INTRODUCTION

CHAPITRE PREMIER

La vie et l'œuvre[1] d'Épictète

On ignore les dates, même approximatives, de la naissance et de la mort d'Épictète. Du moins peut-on affirmer, à coup sûr, qu'il vécut sous Domitien et sous Trajan : il se place donc à peu près à égale distance de Sénèque et de Marc-Aurèle. Ce qu'on sait de sa vie se réduit à fort peu de chose, et les renseignements épars qu'on glane à droite et à gauche chez les écrivains postérieurs[2] pourraient bien n'être, pour la plupart, que des amplifications inspirées par

---

[1] On sent combien cette expression, même au singulier, est inexacte ; mais il serait moins exact encore de ranger les *Entretiens* et le *Manuel* au nombre des œuvres d'Arrien, au même titre que l'*Anabase*, par exemple. L'expression Ἀρριάνου Ἐπικτήτεια est encore celle qui réussit le mieux à tout concilier. Arrien lui-même, considéré comme rédacteur des leçons d'Épictète, est désigné par l'épithète Ἐπικτήτειος dans Suidas et dans Stobée (*Ecl.*, I, ι, 33 et 40 W.; II, ι, 31 W.; *Flor.*, CVIII, 65 et 80.

[2] H. Schenkl a réuni les témoignages de l'antiquité relatifs à Épictète en tête de son édition des *Epicteti dissertationes* (ed. major, 1894), p. xiv et suiv. C'est d'après cette édition que nous citons plus loin les témoignages *(test.)* les moins connus et les moins abordables. Ces témoignages suivent une courte, mais substantielle notice sur la vie d'Épictète, dans

les *Entretiens* mêmes d'Épictète[1]. Rien, en tout cas, qui ne soit pleinement en rapport avec l'idée qu'on aime à se faire de lui d'après sa philosophie. Il ne fut ni empereur, comme Marc-Aurèle, ni ministre d'un empereur, comme Sénèque. Deux mots pourraient résumer son existence, à la façon de certaines épitaphes antiques demeurées célèbres : il fut pauvre, et il enseigna. La philosophie ne fut pas pour lui une distraction, un délassement ou une consolation des grandeurs, des tracas ou des misères de la vie : elle fut sa vie même.

Il était né, si on en croit Suidas, à Hiérapolis[2], en Phrygie. Il est d'ailleurs impossible de saisir chez lui la moindre trace de son pays d'origine, la moindre allusion même à

---

laquelle il n'a eu, dit-il (p. III, n. 1), d'autre prétention que de présenter des faits déjà connus, en les étayant à l'aide d'arguments nouveaux, ou mieux présentés, ou plus justement pesés. Nous ne saurions avoir plus de prétentions que lui.

[1] Si quelques-uns ne correspondent à aucun détail des *Entretiens*, ils peuvent provenir des livres aujourd'hui perdus du recueil d'Arrien. Quelques autres, on le verra plus loin, ont un caractère nettement légendaire.

[2] Suidas, *Lex.*, Ἐπίκτητος. Schenkl (p. XVIII, *test.* 21) pense que Suidas, ou plutôt Hésychios de Milet tenait ce détail d'Hermippos de Béryte (περὶ τῶν ἐν παιδείᾳ διαλαμψάντων δούλων) ou peut-être (p. IV) de Philon de Byblos (περὶ πόλεων καὶ οὓς ἑκάστη αὐτῶν ἐνδόξους ἤνεγκε). Il faut lire la description de la région dans Renan (*Orig. du Christ.*, S. Paul, XIII, p. 356 et suiv.). On y voit (p. 360) qu'elle fut évangélisée de bonne heure, sinon par S. Paul lui-même, qui ne fit que la traverser, du moins par un ami et collaborateur de S. Paul, et que les églises de Colosses, Laodicée et Hiérapolis étaient sous la dépendance directe de l'apôtre. Épictète fait allusion, tout à fait incidemment, trois fois aux Juifs (I, XI, 12 ; I, XXII, 4 ; II, IX, 20), qu'il cite pêle-mêle avec les Égyptiens et les Syriens, et une fois à ceux qu'il appelle les Galiléens (IV, VII, 6). Mais ce sont pour lui deux sectes orientales entre lesquelles il ne devait pas faire une grande différence ; car il dit que ce qui distingue le vrai Juif de celui qui ne l'est que de nom, c'est le baptême (II, IX, 20). C'est à Rome, où elles étaient primitivement confondues, plutôt qu'en Asie Mineure, qu'il dut en entendre parler. Ce qui le frappe chez les Galiléens, c'est la facilité avec laquelle ils font à leur foi le sacrifice de leur vie, et il voudrait qu'on fasse par conviction ce qu'ils font par habitude. Il est permis de voir là une allusion aux persécutions de Néron, de Domitien ou de Trajan.

l'Asie en général, probablement parce qu'il la quitta étant encore tout jeune et n'en conserva aucun souvenir. On ne sait à la suite de quelles circonstances il vint à Rome, où il fut d'abord au service d'un maître. Celui qui devait présenter avec tant de conviction l'indépendance morale comme le privilège inaliénable et, en quelque sorte, comme le tout de l'homme, commença par être esclave[1], peut-être même esclave d'un ancien esclave. Son maître s'appelait Épaphrodite et aurait fait partie, toujours d'après la notice de Suidas, des σωματοφύλακες de Néron. On admet généralement que cet Épaphrodite ne fait qu'un avec le célèbre affranchi qui aida Néron à mourir et que Domitien fit, plus tard, mettre à mort sous ce prétexte[2]. Deux anecdotes assez plaisantes, qu'Épictète lui-même rapporte sur ce personnage et où il le traite avec une certaine ironie, paraissent être des souvenirs personnels d'esclavage[3]. Ce maître, flatteur avec ceux qui étaient dans les bonnes grâces de César, et généreux avec ses propres créatures, semble avoir été assez dur pour ses esclaves, et en particulier pour Épictète[4]. Ce n'est pas pourtant qu'il faille tenir pour authentique une

---

[1] Aulu-Gelle, *N. A.*, II, XVIII, 10 ; cf. Épictète, I, IX, 29. Une inscription en hexamètres, trouvée en Pisidie et en partie citée par Schenkl (p. XVIII, *test.* 19); dit même qu'il était fils d'une mère esclave, δούλας ἀπὸ ματρὸς ἐτέχθη. Mais cette poésie n'est évidemment pas une autorité. D'autre part, le mot γενόμην, dans l'épigramme dont il sera question plus loin, signifie aussi bien *je devins*, ou simplement *je fus*, que *je naquis*.

[2] Suétone, *Néron*, XLIX ; *Domitien*, XIV. En ce cas, il aurait été *a cubiculo* (ainsi traduit Schenkl, p. V, n. 1) avant d'être *a libellis*.

[3] Épictète, *Entretiens*, I, XIX, 19-21; I, XXVI, 11-12; cf. I, I, 20. Dans les deux passages, le nom d'Épaphrodite est supposé connu, et n'est accompagné d'aucune détermination. C'est seulement I, I, 20 qu'il est suivi de l'apposition τῷ κυρίῳ τοῦ Νέρωνος, où les deux premiers mots sont une faute évidente, difficile peut-être à corriger, mais facile à expliquer par l'influence anticipée de ces deux mêmes mots, qui figurent à leur place deux lignes plus loin. D'après Schenkl (p. V, n. 1) ils pourraient encore représenter une addition marginale d'un lecteur ou correcteur, qui se rappelait qu'Épaphrodite avait été le maître d'Épictète. L'édition Trincavelli (1535) donnait ἀπελευθέρῳ au lieu du premier κυρίῳ.

[4] Épictète, *Entr.*, I, IX, 29.

anecdote célèbre[1], qui explique par la brutalité de son maître une infirmité à laquelle il fait lui-même plusieurs allusions, soit qu'il s'y résigne, soit qu'il en plaisante : il était boiteux[2]. D'après Suidas, cette infirmité était la suite d'un rhumatisme[3] : le détail est assez prosaïque pour être exact. Une épigramme — nous dirions plutôt une épitaphe — qui fut probablement composée après sa mort par ses admirateurs et où il est censé parler lui-même[4], rappelle cette infirmité, en même temps que son esclavage et sa pauvreté, et les oppose, avec une brièveté éloquente et énergique, au bonheur dont il dit avoir joui pendant sa vie : « Épictète[5] était mon nom ; je fus esclave, estropié, pauvre

---

[1] Celse (Origène, *C. Celse*, p. 368 éd. Spencer, p. 732 éd. Delarue) raconte que, son maître lui appliquant à la jambe un instrument de torture, il dit sans s'émouvoir, et même en souriant : « Tu vas me la casser ! » Et comme elle fut cassée, en effet : « Je te disais bien, reprit-il, que tu me la casserais. » L'anecdote pourrait bien avoir été inventée postérieurement par les admirateurs d'Épictète. Le parti qu'ils en tirent suffirait à la rendre suspecte. Car Celse en prend occasion pour opposer Épictète à Jésus, en donnant, bien entendu, l'avantage au premier (p. 733 Delarue). La jambe d'Épictète devint légendaire : S. Grégoire de Nazianze la cite entre la ciguë de Socrate et la besace d'Anaxagore (cité par Schenkl, p. xix, *test.* 31; cf. *test.* 31 à 36). Mais ce qui doit le plus mettre en défiance contre le récit de Celse, c'est que deux autres témoignages attribuent à l'infirmité d'Épictète une origine beaucoup plus simple et beaucoup plus naturelle, où l'insensibilité stoïque ne joue aucun rôle.

[2] Épictète, *Entr.*, I, viii, 14; I, xii, 24; I, xvi, 20; cf. III, xx, 4; *M.*, IX (cf. Simplicius, *Comm. in Ench.*, IX, p. 44, l. 53; *test.* 48) et XVII.

[3] Simplicius, philosophe platonicien qui vivait au vi[e] siècle et dont on a encore un commentaire assez étendu sur le *Manuel* (nous le citons d'après l'édition Dübner, dans la collection gréco-latine Didot : *Theophrasti characteres... Epicteti dissertationes... fragmenta et Enchiridion cum commentariis Simplicii*), dit (*Comm.*, IX, p. 45, l. 36) qu'il boitait dès son jeune âge. Le détail n'est pas en contradiction avec celui que donne Suidas. Mais, en général, on ne peut accorder une bien grande créance à ce témoin attardé, qui vivait à une époque où une légende avait déjà dû se former autour du nom d'Épictète.

[4] *Anthol. Palat.*, VII, 676. Macrobe (*Sat.*, I, xi, 44) la cite comme étant d'Épictète lui-même. S. Jean-Chrysostome (cité par Schenkl, p. xx, *test.* 35) la connaît également.

[5] Le nom d'Épictète se rencontre une dizaine de fois dans la bouche d'Épictète lui-même au cours des *Entretiens* (v. l'index de Schenkl au mot Ἐπίκτητος). Martha (*Les Moralistes sous l'Empire Romain*, p. 159) dit à

comme Iros, et avec cela cher aux immortels. » En réalité, il n'y a pas d'opposition : la même particule relie tous les termes indistinctement. Esclave, plus tard exilé, pauvre et estropié, il était difficile, au point de vue des hommes, d'être plus mal armé pour être heureux. Mais l'auteur de l'épigramme, qui assurément avait bien compris la philosophie d'Épictète, affecte de ne pas même soupçonner qu'il puisse y avoir là un obstacle au bonheur[1].

Tout en étant esclave, il put entendre les leçons du célèbre philosophe stoïcien Musonius Rufus[2], dont l'enseignement paraît avoir eu sur lui une influence profonde. Ainsi Cléanthe avait suivi autrefois les leçons de Zénon, tout en étant au service d'un jardinier. Les deux hommes étaient faits pour s'entendre. Rufus, qui avait une méthode sûre pour découvrir les vocations sérieuses[3], reconnut bien vite à qui il avait affaire[4]. Épictète dut, d'ailleurs, être affranchi par la suite. C'est probablement alors que, plein d'une belle ardeur, plein aussi d'inexpérience, hanté par le souvenir de Socrate, dont il resta toujours le profond admira-

---

propos de ce nom : « Il semble que ce sage, fidèle jusqu'au bout à ses maximes de renoncement, ait voulu dérober même son nom à la postérité. Ce nom d'Épictète n'est pas le sien : ce n'est qu'un adjectif qui signifie esclave. » Cet adjectif était précisément l'épithète habituelle d'une partie de la Phrygie, pays natal d'Épictète. On sait que les esclaves dans l'antiquité, comme en France les valets au XVIIe siècle, étaient souvent désignés par un adjectif formé du nom de leur pays d'origine (cf. dans les *Adelphes* de Térence, Géta, Syrus et sa femme Phrygia, v. 973). Peut-être le nom d'Épictète s'explique-t-il de la même façon ; peut-être aussi est-ce une simple coïncidence.

[1] φίλος ἀθανάτοις est ici le synonyme poétique de εὐδαίμων. Cf. Simplicius, *Comm.*, XVII, *test.* 50, p. 55, l. 28, et le commentaire de Macrobe (cité par Schenkl, *test.* 36). Cf. également Épictète, IV, III, 9-10, où on voit que l'homme ami de Dieu est libre en lui obéissant et dès lors ne tient ni à son corps, ni à l'argent, ni aux places. Les quatre détails essentiels de l'épigramme figurent dans ce passage. On a rapproché de cette épigramme un verset des *Psaumes* de David (XXIX, 23) : *Ego autem mendicus et pauper : Dominus sollicitus est mei.*

[2] Épictète, *Entretiens*, I, IX, 29 ; I, VII, 32 ; III, XXIII, 29 ; cf. III, VI, 10 ; I, I, 26-27 ; III, XV, 14. Épictète ne l'appelle jamais que Rufus : cf. Asm., *Quaest. Epict.*, p. 42.

[3] Id., *ibid.*, III, VI, 10.

[4] Id., *ibid.*, I, IX, 29-30.

tour, et des philosophes cyniques, avec lesquels Musonius avait quelque affinité [1], il essaya à son tour de propager la doctrine, en la prêchant familièrement dans les rues de Rome. L'accueil qu'il reçut lui fit vite comprendre que les temps étaient changés [2]. Il raconte lui-même sa mésaventure avec beaucoup de bonne grâce [3]. Si l'enseignement en plein air ne lui réussit pas, l'enseignement intérieur devait le dédommager par la suite.

Du reste, ce n'est pas à Rome, mais en exil qu'il exerça surtout cet enseignement. Ce zèle intempérant aurait-il attiré sur lui l'attention du pouvoir? Ce qu'on sait, c'est qu'il fut atteint [4] par le sénatus-consulte qui, sur l'ordre de Domitien, bannissait tous les philosophes de Rome et de l'Italie [5]. Il importe de retenir qu'Épictète fut persécuté, comme philosophe, par les pouvoirs publics, et que plusieurs de ses contemporains payèrent ce titre encore plus cher que lui. A aucune époque peut-être une philosophie qui déclarait méprisables les maux extérieurs n'eut un plus beau champ d'application. Les mots de décapitation, d'emprisonnement [6], de déportation [7], de confiscation, d'exil,

---

[1] V. Zeller, *Ph. d. Gr.*, III³, 1, p. 734, et surtout P. Wendland, *Quaestiones Musonianae*. Cf. plus loin, 2ᵉ partie, ch. III.

[2] Pareille mésaventure était arrivée à son maître Musonius, quand il s'avisa de se mêler à la délégation envoyée par Vitellius au-devant des légions flaviennes et de faire aux soldats une dissertation sur les avantages de la paix et les dangers de la guerre. Il s'en fallut de peu qu'on ne lui fît un mauvais parti (Tacite, *Hist.*, III, 81).

[3] Épictète, *Entretiens*, II, XII, 17-25.

[4] Aulu-Gelle, *N.A.*, XV, 11. Simplicius *(Comm.*, XXIV, p. 65, l. 36; *test.* 51) ajoute expressément qu'il dut quitter Rome pour avoir blâmé la tyrannie de Domitien. Mais on ne peut attacher de valeur positive à ce détail, qui pourrait n'être qu'une amplification gratuite du renseignement d'Aulu-Gelle. Cf. cependant Lucien, *Peregr.*, XVIII.

[5] Aulu-Gelle, *N. A.*, XV, 11; Dion Cassius, LXVII, 13; Suétone, *Dom.*, X; Pline le Jeune, *Ep.*, III, 11.

[6] Épictète signale incidemment, à propos des gens qui livrent leurs secrets au premier venu, certains procédés de la police impériale : « Un agent en bourgeois vient s'asseoir à côté de vous et se met à dire du mal de César. Vous, comme s'il vous avait donné un gage de sa discrétion en commençant, vous dites à votre tour ce que vous avez sur le cœur; c'est alors qu'on vous arrête. » *(Entretiens*, IV, XIII, 15.)

[7] Gyaros, ce lieu de déportation dont parle souvent Tacite, est nommé

souvent employés dans les écoles à titre d'exemples, étaient alors pleins de sens. Le tyran légendaire, que les élèves des rhéteurs tuaient en chœur, comme dit ironiquement Juvénal [1], était une réalité du temps d'Épictète [2]. Il est bon de s'en souvenir à la lecture de certains passages des *Entretiens*, qui, sans cette considération, pourraient paraître déclamatoires[3]. Même après la mort de Domitien, quand un élève partait pour Rome, son maître pouvait, sans trop d'exagération, lui tenir un langage qui rappelait les mots de Thraséa au questeur : « *Specta, juvenis..., in ea tempora natus es quibus firmare animum expediat constantibus exemplis* [4]. »

C'est à Nicopolis, en Épire, qu'il se retira [5]. L'exilé s'était établi le plus près possible de l'Italie, en un lieu d'embarquement très fréquenté. C'est là qu'Arrien l'entendit et recueillit les *Entretiens* [6]. Dans l'un d'eux, Épictète

---

plusieurs fois dans les *Entretiens* (I, xxv, 19 ; III, xxiv, 100, 109 et 113 ; IV, iv, 34) et y est autre chose qu'une expression géographique. Musonius, exilé par Néron (Tacite, *Ann.*, XV, 71; Dion Cassius, LXII, 27) y aurait été déporté, d'après Philostrate *(Apoll.*, VII, 16).

[1] Juvénal, *Sat.*, VII, 151.

[2] Le tyran réel prenait même pour lui les déclamations dirigées contre le tyran classique. Dion Cassius (LIX, xx, 6) nous apprend que Carinas Secundus fut banni par Caligula pour avoir prononcé une *declamatio contra tyrannos*, et (LXVII, xii, 5) que Domitien mit à mort le sophiste Maternus pour le même motif.

[3] Plusieurs victimes connues des persécutions impériales sont citées dans les *Entretiens*, soit qu'Épictète ait été avec elles en rapports directs, soit qu'il cite quelques-uns de leurs mots héroïques, devenus historiques et passés presque depuis à l'état de clichés, mais alors dans tout l'éclat de leur nouveauté. Tels sont, outre Musonius Rufus, Démétrius (I, xxv, 22), Latéranus (I, i, 19), Agrippinus (I, i, 28 ; I, ii, 12 ; fr. 21), Thraséa (I, i, 26), Helvidius Priscus (I, ii, 19). Il faut ajouter pourtant que le règne de Domitien était certainement passé au moment où furent recueillis les *Entretiens*.

[4] Tacite, *Annales*, XVI, 35.

[5] Aulu-Gelle, *N. A.*, XV, 11 ; Suidas, Ἐπίκτητος ; Simplicius, *Comm.*, XXIV, p. 65, l. 37.

[6] On trouve dans les œuvres proprement dites d'Arrien une allusion très vague à ce séjour qu'il fit en Épire pendant sa jeunesse *(Anabase*, II, xvi, 6). Ailleurs *(Ind.*, XLI, 2 et suiv.), il paraît décrire la route de Leucade d'après des documents personnels.

nomme expressément cette ville comme étant son séjour actuel[1] ; il ajoute même que les tremblements de terre y sont fréquents[2]. Il y était bien connu ; des fonctionnaires de passage qui s'embarquaient pour l'Italie se plaisaient à lui rendre visite ; les habitants venaient volontiers le consulter, ou lui demander des lettres de recommandation pour Rome, ce qui prouve qu'il y était estimé en haut lieu[3]. Mais, parmi ses auditeurs habituels, nous ne connaissons que le disciple sans lequel le maître lui-même serait un inconnu pour nous. Il faut pourtant y joindre le nom de Démonax. Car Lucien dit que ce ne fut ni Agathoboulos, ni Démétrios, ni Épictète qui éveillèrent en lui la vocation philosophique, mais qu'il les fréquenta tous trois[4].

On aime à croire que son enseignement remplit toute

---

[1] Épictète, *Entretiens*, II, vi, 20 ; cf. II, xxi, 14 ; I, xix, 28 ; I, xxv, 18 ; III, xxii, 52 ; IV, i, 14. D'autres détails prouvent qu'au moment où sont recueillis les *Entretiens*, il n'est pas à Rome (III, xxiii, 27 ; I, xxiv, 3 ; I, ix, 27 ; I, x, 2), mais de l'autre côté de l'Adriatique (I, xxix, 38), au bord de la mer (III, ix, 14).

[2] Id., *ibid.*, II, vi, 20 ; cf. II, xvi, 23.

[3] Id., *ibid.*, I, 10 ; III, 9 ; cf. III, 7 ; III, 4 ; I, 11 ; II, ii, 21 ; I, 15 ; I, xix, 26 ; I, ix, 27. C'est peut-être ainsi qu'il fit la connaissance d'Hadrien ; v. plus loin, p. 12, note 5. Musonius avait reçu de la même façon, probablement pendant son exil à Gyaros (cf. Stobée, *Flor.*, II, p. 74, l. 20 M.), la visite d'un roi de Syrie, et l'avait émerveillé en lui démontrant qu'un roi a besoin de philosophie plus que personne, et que le philosophe est le véritable roi (Stobée, *Flor.*, XLVIII, 67).

[4] Lucien, *Démonax*, III ; cf. LV (v. plus loin, p. 12). D'autre part, Favorinus, qui parle de lui dans Aulu-Gelle (*N. A.*, XVII, 19), le cite et signale ses habitudes de langage comme s'il l'avait entendu. Il faut dire que s'il avait été réellement élève d'Épictète, il n'aurait pas été toujours un élève aussi respectueux qu'Arrien. Dans Aulu-Gelle, sans doute, il paraît l'avoir en haute estime ; mais, à en croire Galien (*De opt. doctr.*, I ; p. 41 K.), il aurait écrit un ouvrage contre Épictète, où celui-ci était supposé converser avec Onésime, esclave de Plutarque. Galien aurait à son tour écrit un ouvrage contre Favorinus pour prendre la défense d'Épictète (Galien, *De libr. propr.*, xi ; XIX, p. 44 K.). Peut-être aussi ce Rusticus que Marc-Aurèle remercie de lui avoir communiqué les Ἐπικτήτεια ὑπομνήματα (I, 7), avait-il été en relations directes avec lui. Enfin, un stoïcien qu'Aulu-Gelle rencontra pendant une traversée et qu'il ne nomme pas (Aulu-Gelle, XIX, 1), ainsi qu'Hérode Atticus (Id., I, ii, 6) possèdent et paraissent connaître à fond le recueil d'Arrien ; mais ont-ils connu Épictète lui-même, c'est ce qu'on ne saurait dire.

son existence. En tout cas, nous ne savons rien de sa vie, soit à Nicopolis, soit avant l'exil. La tradition veut qu'il ait toujours été pauvre et qu'il n'ait jamais été marié. L'un et l'autre sont également vraisemblables. L'épitaphe citée plus haut présente la pauvreté comme l'un des traits distinctifs d'Épictète, au même titre que son infirmité. On croit sans peine que ce ne fut pas une pauvreté purement philosophique comme celle de Sénèque, et qu'il avait le droit de parler avec mépris de ceux qui cherchent à tirer parti de leur science pour s'enrichir [1]. Un ancien esclave, sous l'Empire, n'était pas nécessairement pauvre : un exilé avait plus de chances pour l'être. Il dit lui-même qu'il avait une lampe de fer devant l'autel de ses dieux domestiques et que, cette lampe ayant été volée, il la remplaça par une lampe de terre : il est vrai que c'était pour jouer un bon tour au voleur en cas de récidive [2]. Simplicius dit qu'il vécut toujours dans une extrême pauvreté ; il ajoute que la maison qu'il habitait à Rome (avant l'exil ?) n'avait pas besoin de porte, vu qu'elle ne renfermait qu'une paillasse et une natte, qui lui servaient de lit [3]. Cette histoire pourrait bien avoir été inspirée par le passage même d'Épictète : le besoin de paraphraser a dû exalter l'imagination du commentateur. Ailleurs, il ajoute qu'Épictète, qui vécut seul la plus grande partie de sa vie, ne prit que sur le tard une femme à son service pour élever un jeune enfant qu'un de ses amis, trop pauvre pour le nourrir, allait exposer et qu'il avait recueilli [4]. Ici la légende ne se contente plus d'en faire un ascète — ce qui n'est pas invraisemblable, d'ailleurs, puisque Marc-Aurèle suivit un régime ascétique depuis l'âge de douze ans [5] — elle en fait un Vincent de Paul. Quant au célibat d'Épictète, il ne faudrait en voir

---

[1] Épictète, *Entretiens*, II, xvii, 3.
[2] Id., *ibid.*, I, xviii, 15. Cette lampe devint, paraît-il, légendaire, et fut recherchée par les riches amateurs (Lucien, *Adv. ind.*, XIII ; *test.* 15).
[3] Simplicius, *Comm.*, IX, p. 45, l. 36 ; *test.* 47.
[4] Id., *ibid.*, XXXII, p. 116, l. 48 ; *test.* 52.
[5] J. Capitolin, *M. Ant.*, II.

ni une preuve ni une justification dans le célèbre passage III, xxii, 67-83 des *Entretiens*. Sans doute, il y présente cet état comme convenant mieux que le mariage au philosophe, qui a l'humanité entière pour famille ; mais il s'agit là d'un philosophe idéal. Ailleurs, il remarque que Socrate était marié, ce qui ne l'empêche pas de le mettre sur le même pied que Diogène [1]. En général, et il ne fait que suivre en cela les doctrines de son maître Musonius [2], il présente le mariage comme l'état naturel de tout homme ordinaire, et même comme un devoir social [3]. On remarquait précisément que son célibat était en contradiction avec ses principes habituels, puisque, d'après Lucien, Démonax, à qui il conseillait de prendre femme, lui aurait répondu en plaisantant qu'il y consentait à condition de devenir son gendre [4]. Le célibat d'Épictète s'explique suffisamment par les circonstances particulières de son existence, son esclavage, son infirmité, sa pauvreté, son exil.

En somme, le fait même de son exil à Nicopolis est le dernier, pour ne pas dire le seul fait précis que nous connaissions dans sa vie. Y demeura-t-il jusqu'à la fin, comme on l'admet généralement [5], et quand mourut-il ? Ce sont deux questions auxquelles il est difficile de répondre. Suidas et Thémistius [6] le font vivre jusque sous Marc-

---

[1] Épictète, *Entretiens*, IV, I, 159.
[2] Stobée, *Flor.*, LXVII, 20 ; LXIX, 23.
[3] Par ex. III, vii, 19 et II, xxiii, 38 ; cf. Diog. Laërce, VII, 121.
[4] Lucien, *Démonax*, LV.
[5] Spartien *(Hadrien,* XVI, 10) dit qu'il était en excellents termes avec Hadrien. Schenkl (p. viii, cf. n. 1) propose d'admettre qu'ils se connurent pendant le séjour de l'empereur à Athènes ; mais on ne peut s'appuyer sur les textes de Philostrate et de Lucien qu'il cite *(test.* 23 et 14) pour affirmer qu'Épictète ait demeuré longtemps à Athènes. Il fait remarquer, d'autre part, qu'Hadrien visita Nicopolis vers 124 ou 125. On peut encore supposer, comme Bolla *(Arriano di Nicomedia,* p. 15), qu'ils se connurent au moment où Hadrien partait pour l'Orient avec l'armée de Trajan, ou encore lors de son retour d'Orient à Rome, en 118. Doulcet *(Quid Xenophonti debuerit Arrianus,* p. 7) préfère admettre une erreur de Spartien, et l'explique comme Asm et Schenkl expliquent celle de Suidas (v. p. 13, n. 1, fin), par une confusion entre le maître et le disciple.
[6] Thémistius, *or.* V, p. 63 d *(test.* 30).

Aurèle. C'est tellement invraisemblable qu'on s'accorde à ne pas tenir compte de ces deux témoignages [1]. Ce dernier, du reste, se borne à dire qu'il fut honoré par les deux Antonins. Cela n'implique pas que le premier fût déjà empereur quand il connut Épictète, s'il le connut effectivement. Pour le second, il s'agit sans doute d'honneurs posthumes, Marc-Aurèle ayant, de son propre aveu, une haute estime pour la mémoire d'Épictète, qu'il nomme en même temps que Chrysippe et Socrate [2]. Car Aulu-Gelle était encore étudiant à Athènes quand les *Entretiens*, recueillis par Arrien, étaient déjà connus et appréciés [3], et il n'est pas admissible qu'Épictète fût vivant alors [4]. De plus, il est certain que Marc-Aurèle n'a pas été en relations personnelles avec lui ; car il ne le connaît que par le recueil d'Arrien, que lui a communiqué Rusticus [5]. Mais la chronologie d'Arrien fournit un argument plus décisif. Arrien

---

[1] Ce n'est pas, comme le remarque Schenkl (p. v), que la chose paraisse, à première vue, matériellement impossible. Son maître Épaphrodite, s'il s'agit bien de l'affranchi de Néron, ne mourut que sous Domitien (Suétone, *Dom.*, XIV) ; or rien ne prouve qu'il ait été à son service du vivant même de Néron. Mais Musonius, dont il suivit les leçons avant d'être affranchi (I, IX, 29), ne paraît pas avoir atteint le règne de Domitien (v. Croiset, *Hist. de la Litt. Gr.*, V, p. 419), dont l'avènement date de 81. Or il faudrait faire naître Épictète vers 70, au plus tard, pour pouvoir le faire vivre jusqu'au-delà de 161. De plus, s'il eût été trop jeune pour pouvoir suivre les leçons de Musonius, il l'eût été également pour être atteint par l'édit d'expulsion de Domitien. Asm *(Quaestiones Epicteteae*, p. 27, n. 1) et après lui Schenkl (p. vii) proposent d'expliquer l'erreur de Suidas (et de Thémistius, si on prend son indication à la lettre) par une confusion assez naturelle entre Épictète et Arrien. Cf. George le Syncelle, p. 662, l. 18 *(test. 5).*

[2] Marc-Aurèle, VII, 19 ; cf. I, 7.

[3] Aulu-Gelle, *N. A.*, I, 2 ; XIX, 1.

[4] Il ne faudrait pas d'ailleurs tirer d'Aulu-Gelle (II, 18) la conclusion qu'Épictète était mort au moment où fut écrit ce passage des *Nuits Attiques*. Les mots *recentior est memoria* ne s'appliquent pas à la personne d'Épictète, mais à cette circonstance qu'il fut esclave ; et Aulu-Gelle veut dire simplement que l'exemple qu'il cite là est récent par rapport aux exemples précédemment cités.

[5] Marc-Aurèle, I, 7 ; cf. p. 20.

fut fait consul par Hadrien vers 130 [1], Il est évident que l'étudiant en philosophie ne fut pas élevé brusquement à cette haute dignité au sortir de l'école, et qu'il dut faire auparavant apprécier ses services. Car, sans aller jusqu'à prétendre, comme on l'a fait sans motifs positifs [2], qu'il accompagna Trajan dans sa campagne contre les Parthes, en 114, on ne peut prendre à la lettre le passage où Photios dit qu'il arriva aux charges et notamment au consulat à cause de sa remarquable instruction [3]. D'autre part, il fit nécessairement un séjour assez long à Nicopolis : le culte qu'il avait voué à son maître prouve un commerce prolongé; l'un ne s'expliquerait pas sans l'autre. Or Épictète était déjà un vieillard quand Arrien notait ses paroles [4]. Il faudrait pourtant qu'il eût vécu encore une quarantaine d'années pour atteindre seulement l'époque de l'avènement de Marc-Aurèle. Du moment qu'on admet que Suidas s'est trompé [5], rien n'empêche de croire qu'Épictète mourut beaucoup plus tôt, à un âge assez avancé d'ailleurs, dans la première moitié du règne d'Hadrien, et de porter sa

[1] Nous adoptons la date admise par M. Croiset (Litt. Gr., V, p. 622). Boila (ouvr. cité, ch. IV), se fondant sur deux inscriptions « doliaires » et s'aidant de conjectures qui paraissent assez hasardées, place ce consulat quelques années plus tôt, pendant la 225ᵉ Olympiade, qui se termine au milieu de l'année 125. Nous reviendrons sur cette chronologie à propos de la publication des Entretiens. Bornons-nous à remarquer ici que la date proposée par Boila ne donnerait que plus de force à l'argument que nous croyons pouvoir tirer du consulat d'Arrien.

Autrefois, faisant dire à Photios (Bibl., cod. 58) ce qu'il ne dit pas, à savoir que ce consulat termina la carrière d'Arrien, on le plaçait sous Antonin le Pieux, en tout cas (par ex. Zeller, Ph. d. Gr., III 3, 1, p. 739, n. 1) après sa préfecture de Cappadoce, qui paraît se placer entre 132 et 137 (v. Boila, ch. v). C'était oublier que la Cappadoce était province consulaire depuis Vespasien, comme nous l'apprend Suétone (Vesp., VIII) : « Cappadociae, propter assiduos barbarorum incursus legiones addidit, *consularemque rectorem* imposuit pro equite romano. » (V. Boila, ch. IV, p. 20 et suiv.)

[2] Boila, *ouvr. cité*, ch. III.
[3] Photios, *Bibl.*, cod. 58, p. 17 ᵇ, éd. Bekker.
[4] Épictète, *Entretiens*, I, VI, 20; II, VI, 23 ; II, XVII, 37.
[5] On l'admet d'autant plus facilement que le renseignement qui suit immédiatement dans la notice de Suidas et qui est relatif aux prétendus ouvrages d'Épictète, est sûrement inexact (cf. plus loin, p. 16, n. 1).

naissance environ soixante-quinze ans auparavant, vers la fin du règne de Claude [1]. Dès lors toutes les dates conviennent. Jeune encore, il connut Musonius à Rome, quand celui-ci revint d'exil après la mort de Néron [2]. L'incendie du Capitole, ou plus exactement du temple de Jupiter Capitolin, auquel il fit une fois allusion dans une assez sotte réponse à son maître, était alors un fait tout récent [3]. Il était encore trop jeune pour être atteint par l'édit de Vespasien contre les philosophes [4], et dans la force de l'âge, au contraire, pour être exilé sous Domitien.

C'est grâce à un pur hasard que nous connaissons Épictète autrement que par ces menus détails, récoltés à droite et à gauche. Uniquement préoccupé de transmettre son enseignement aux disciples qui l'entouraient, il ne

---

[1] Schenkl propose (p. x) comme dates extrêmes : naissance, de 50 à 60 ; mort, de 130 à 140. Il voudrait, en effet, qu'Épictète ait vécu assez longtemps sous Hadrien, et entrevoit (p. ix) dans les *Entretiens* quelques allusions un peu trop ingénieuses aux événements du règne (allusions aux guerres d'Orient, à la mort d'Antinoüs). Il suffit d'admettre qu'il vécut dans les premières années du règne. M. Croiset *(Litt. Gr.*, V, p. 458-59) adopte, à peu de chose près, les dates les plus anciennes proposées par Schenkl, c'est-à-dire 50-125, se fondant principalement pour cela sur la chronologie d'Arrien. C'est, on le voit, à cette opinion que nous croyons devoir nous rallier.

[2] M. Croiset *(ouvr. cité*, p. 459, n. 2), qui ne croit pas qu'il ait pu vivre jusqu'en 140, donne, entre autres raisons, qu'il faudrait alors « reculer la date de sa naissance et admettre qu'il fréquenta Musonius sous Vespasien seulement ». Les autres raisons sont plus décisives ; car il nous semble difficile d'admettre qu'il l'ait fréquenté avant. Si, en effet, Musonius fut exilé en 65 et ne revint à Rome qu'après la mort de Néron *(ouvr. cité*, p. 419), Épictète ne put le connaître que vers l'époque de Vespasien, à moins d'avoir été son élève avant l'âge de quinze ans, ce qui n'est guère vraisemblable. Dans la même note, M. Croiset fait remarquer que bon nombre des souvenirs d'Épictète, qu'on trouve dans les *Entretiens*, se rapportent manifestement au règne de Néron. Mais il est toujours possible de croire qu'il tenait ces détails de son maître Musonius (v. par ex., III, xv, 14).

[3] Épictète, *Entretiens*, I, vii, 32. Schenkl (p. x) pense qu'il s'agit de l'incendie de 69 plutôt que de celui de 80. Avec notre chronologie, nous ne pouvons hésiter à choisir la première date.

[4] On sait par Dion Cassius (LXXVI, 16) que Musonius fut, par faveur spéciale, excepté de cette rigueur. Épictète put donc le connaître assez longtemps.

s'était pas mis en peine de se faire connaître à la postérité [1]. Sans l'intelligente et pieuse admiration d'un de ses disciples, tout cet enseignement serait à jamais perdu. Les autres se contentaient de subir l'influence de sa parole chaude et véhémente, de graver ses préceptes dans leur mémoire et de travailler tous les jours, sous sa direction, à leur perfectionnement. Mais Arrien, pendant qu'il subissait le charme, se disait que les impressions, si fortes qu'elles soient, s'effacent à la longue; il voulait se ménager pour l'avenir le moyen de les éprouver encore, à volonté, avec une vivacité nouvelle, et pouvoir, quand lui-même aurait quitté l'école ou quand son maître aurait quitté ce monde, se donner l'illusion de le voir et de l'écouter encore. Pour cela, il notait aussi fidèlement que possible, à mesure qu'il les entendait, ses leçons, ou plus exactement ses causeries familières. Mais il avait travaillé en égoïste : l'idée ne lui serait sans doute jamais venue de penser à ses arrière-neveux, et il ne tient pas tout à fait à lui que ses précieux cahiers soient maintenant, en partie du moins, entre nos mains. Tout ce qu'il voulut bien faire, ce fut de les prêter à des amis, qui s'empressèrent de les transcrire. Toujours est-il qu'un moment vint où, sans qu'Arrien sût comment, plusieurs exemplaires de ses notes étaient en circulation. Le mal était fait : il en prit son parti, et il se décida sans doute à publier lui-même une édition plus exacte, plus fidèle, plus conforme à son propre manuscrit [2]. C'est cette édition qui serait arrivée partiellement jusqu'à nous : en tout cas, le texte que nous possédons est précédé d'une lettre-préface adressée à L. Gellius,

---

[1] Suidas, après avoir dit qu'il vécut jusque sous Marc-Aurèle, ajoute qu'il avait beaucoup écrit. Cette assertion n'a jamais été prise au sérieux, quoiqu'on se soit donné la peine de la discuter (v. Asm, *Quaest. Epict.*, p. 26).

[2] On sait que Quintilien eut une surprise du même genre et que son livre doit le jour à une circonstance analogue. Il raconte lui-même (*Inst. orat., praef.*, 1) que ses élèves, animés d'intentions excellentes *(boni juvenes)*, mais d'un zèle un peu indiscret *(sed nimium amantes mei)*, avaient

où Arrien lui raconte comment sont tombées dans le domaine public ces notes personnelles qui n'étaient pas destinées à voir le jour.

A quel moment ces notes avaient-elles été prises? La chronologie d'Épictète et celle d'Arrien sont assez étroitement liées, puisque celle-ci nous a aidé à établir celle-là; et, si Schenkl fait mourir Épictète trop tard, à notre sens du moins, c'est parce qu'il fait naître Arrien trop tard. Partant de la *Chronique* d'Eusèbe, d'après laquelle Arrien florissait pendant la dixième année d'Hadrien (la onzième, d'après la version arménienne)[1] et admettant, avec les grammairiens anciens, que l'ἀκμή correspond à la quarantième année de la vie, il en conclut qu'Arrien, né vers 108, ne put guère entendre Épictète avant 128. Et, pour le confirmer, il s'applique, avec beaucoup d'ingéniosité d'ailleurs, à rattacher au règne d'Hadrien les allusions des *Entretiens* qui paraissent se rapporter à celui de Trajan. C'est ainsi qu'Hadrien n'y est jamais nommé, tandis que Néron, Galba, Vespasien, Domitien, Trajan y sont désignés expressément par leurs noms; et c'est précisément ce qui lui prouve que les *Entretiens* datent du règne d'Hadrien : car chaque fois qu'Épictète parle de l'empereur régnant, il se sert, conformément sans doute à l'usage général, du titre officiel de César[2]. On peut objecter que Trajan lui-même n'est nommé qu'une fois, et dans un passage où il paraît bien désigné comme l'empereur régnant et où il était, de plus, indispensable de le nommer pour l'opposer à l'un de ses prédécesseurs. Il est dit, en effet, à propos d'une comparaison, que la monnaie de Trajan est bonne, tandis que celle de Néron ne l'est pas[3]. Ici encore, Schenkl se

---

publié, sans son autorisation, une série de leçons sur la rhétorique, sans doute recueillies par des procédés sténographiques *(quantum notando consequi potuerant)*. Mais Quintilien, avant de les publier à son tour, leur fit subir un remaniement complet.

[1] Cf. Schenkl, p. viii, et Bolla, *ouvr. cité*, p. 7, n. 3.
[2] V. Schenkl, p. ix.
[3] Épictète, *Entretiens*, IV, v, 17.

tire habilement d'affaire : pour lui, Épictète veut dire que la monnaie du dernier règne passe encore, tandis que celle d'un règne déjà ancien ne passe plus. Pour nous, nous nous refusons à trouver tout naturel qu'Épictète ait pu prendre la monnaie de Trajan comme type de la bonne monnaie, si Hadrien régnait déjà depuis plus de douze ans. Mais pourquoi s'astreindre gratuitement à croire que la date donnée par la chronique d'Eusèbe correspond à la quarantième année de la vie d'Arrien? Sans aller jusqu'à dire, comme on l'a fait autrefois[1], qu'elle correspond à l'année où Arrien se retira de la vie publique, on peut, sans aucune difficulté, le faire naître dix ou douze ans plus tôt, vers l'époque de l'avènement de Trajan. Cela suffit pour qu'il ne soit déjà plus un adolescent lors de son gouvernement de Cappadoce. La date adoptée plus haut pour son consulat convient également; car il n'y a pas à tenir compte de l'âge légal. Par suite, c'est à la fin du règne de Trajan et peut-être au début de celui d'Hadrien que se placerait le mieux l'époque où Arrien entendit les leçons d'Épictète. Aucune des allusions historiques qu'on trouve dans les *Entretiens* ne s'y oppose[2]; aucune, il est vrai, ne permet non plus de préciser davantage. Ce fonctionnaire épicurien

---

[1] V. *Geographiae veteris scriptores graeci minores*, Oxoniae, 1698, t. I, p. 106. — *Dissertatio Henrici Dodwelli de aetate auctoris Peripli Ponti Euxini*, citée par Bolla, ouvr. cité, p. 7.

[2] Il y a, dans les *Entretiens*, une allusion à l'hostilité actuelle des Romains et des Gètes (II, xxii, 22), et une autre allusion à la paix qui règne dans toute l'étendue de l'empire (III, xiii, 9 et 12; cf. III, xxii, 55). Dans quelle mesure faut-il tenir compte de ces deux allusions, en apparence contradictoires? Ces Gètes sont identiques aux Daces, comme le prouve ce passage de Dion Cassius, LXVII, 6: Δαχοὺς δὲ αὐτοὺς προσαγορεύω, ὥσπερ που καὶ αὐτοὶ ἑαυτοὺς καὶ οἱ Ῥωμαῖοι σφᾶς ὀνομάζουσιν, οὐκ ἀγνοῶν ὅτι Ἑλλήνων τινὲς Γέτας αὐτοὺς λέγουσιν. Il y a sous Trajan deux guerres contre les Daces, terminées, la première en 103, la seconde en 106; l'année suivante, la Dacie est réduite en province. Bolla (ouvr. cité, p. 14) en conclut qu'Arrien fut disciple d'Épictète pendant la paix qui s'étend de la seconde guerre dacique à la guerre parthique (114), et de l'absence de toute allusion à cette dernière, il conclut (p. 15) qu'Arrien avait quitté l'école alors : il suppose même (p. 16 et suiv.), par des

qui, envoyé pour réorganiser les villes libres (διορθωτὴς τῶν ἐλευθέρων πόλεων), vint une fois rendre visite à Épictète, paraît bien identique à ce Maximus à qui Pline le Jeune écrivit une lettre bien connue, à l'occasion d'une pareille mission *(missum ad ordinandum statum liberarum civitatum)*[1]. Car Épictète prononce deux fois[2], au cours de la conversation, ce nom de Maximus, à propos d'un voyage par mer qu'il aurait fait pour accompagner son fils jusqu'à Cassiopé, malgré le mauvais temps ; et, bien qu'Épictète parle de lui à la troisième personne, il est certain qu'il veut désigner son interlocuteur et que celui-ci a des raisons personnelles pour comprendre de quoi il s'agit. D'autre part, par une coïncidence curieuse, les conseils qu'Épictète donne à ce personnage à la fin de l'entretien rappellent, d'une façon assez frappante, ceux que Pline adresse à son correspondant. Mais, si Doulcet a raison d'identifier ce dernier avec le visiteur d'Épictète[3], on ne voit pas pourquoi il rapporte cette visite à l'année 109, ni surtout comment il peut invoquer, pour ce détail, l'autorité de Mommsen. Car

conjectures absolument gratuites et que nous ne pouvons admettre, qu'Arrien accompagna Trajan dans cette guerre. Mais la paix dont il est question peut tout aussi bien être celle qui suivit la mort de Trajan. Les deux allusions peuvent très bien être contemporaines l'une de l'autre, car l'allusion aux Gètes est très vague, et l'expression διαφέρειν πρὸς ne se rapporte pas à une guerre actuelle (cf. Schenkl, p. x), mais simplement à l'hostilité permanente de ces peuples, qui ne furent soumis qu'officiellement : καὶ νῦν signifie simplement *de nos jours*. Épictète, voulant donner comme exemples une série de guerres mémorables, cite cette guerre comme un type de guerre moderne, et l'oppose à des guerres plus anciennes, comme les campagnes d'Alexandre, la guerre du Péloponèse, les guerres Médiques, la guerre de Troie. S'il choisit la guerre des Daces plutôt que la guerre des Parthes, plus récente, c'est qu'elle était plus voisine de Nicopolis et de ses auditeurs, sinon dans le temps, au moins dans l'espace. C'est ainsi que les Grecs modernes de l'Épire s'intéressent certainement plus aux affaires de Macédoine et de Bulgarie qu'aux affaires d'Arménie.

[1] Épictète, III, vii; Pline le Jeune, *Ep.*, VIII, 24. Cf. Vidal-Lablache, *Hérode Atticus*, p. 22, n. 1, 2 et 3, et p. 104, n. 2.
[2] Épictète, *Entretiens*, III, vii, 4 et 10.
[3] Doulcet, *ouvr. cité*, p. 3-4.

celui-ci dit expressément : « Si cette décision du Sénat ne peut être rapportée à une année précise [1], il est encore plus difficile de fixer la date à laquelle le prétorien Maximus fut chargé d'une mission extraordinaire auprès des villes d'Achaïe [2]. » Si quelque jour une découverte épigraphique permet d'établir cette date, on aura un point de repère pour fixer la chronologie d'Arrien et déterminer exactement l'époque où il suivait les leçons d'Épictète ; mais d'ici là nous croyons devoir nous en tenir à l'époque approximative que nous avons proposée [3].

Le recueil que nous appelons habituellement en français les *Entretiens* nous est parvenu sous le titre Ἀρριανοῦ τῶν Ἐπικτήτου διατριβῶν βιβλία δ'. Arrien lui-même, dans sa lettre à L. Gellius, emploie l'expression οἱ Ἐπικτήτου λόγοι, et dit que, dans sa pensée, ce recueil représentait primitivement de simples notes (ὑπομνήματα), qu'il avait prises et conservées pour son usage personnel [4]. C'est de ce dernier mot que se sert Marc-Aurèle : il est reconnaissant à Rusticus de lui avoir communiqué les Ἐπικτήτεια ὑπομνήματα [5]. D'autre part, Simplicius, citant une autre lettre d'Arrien, qui paraît avoir servi de préface au *Manuel,* mais que nous ne possédons pas, lui fait dire que ce dernier est extrait ἐκ τῶν Ἐπικτήτου

---

[1] Il s'agit d'une décision du Sénat dont il est question dans la lettre précédente, lettre que Mommsen démontre ne pouvoir être antérieure à l'année 108.
[2] Mommsen, *Étude sur Pline le Jeune,* p. 23.
[3] On ne peut songer à déterminer plus rigoureusement la date de la publication des notes d'Arrien. Il est vraisemblable de supposer qu'Arrien était en voyage quand les copies en furent mises en circulation à son insu. Bolla, pour des raisons plus plausibles qu'à propos de la guerre des Parthes, croit *(ouvr. cité,* p. 19) qu'il accompagna Hadrien dans les voyages que celui-ci fit au début de son règne : il fallait bien, en effet, qu'il se fît connaître et apprécier de lui pour pouvoir être nommé consul une dizaine d'années après. Un voyage en Gaule et dans les Alpes est particulièrement probable aux environs de l'année 120. Ce serait au retour de ses voyages, ou simplement lors d'un passage à Rome, en tout cas avant son consulat, que, trouvant la publication faite, il se serait décidé à donner une édition officielle. Cf. Schenkl, p. VIII.
[4] Arrien, *Lettre à Gellius,* 1-2.
[5] Marc-Aurèle, I, 7.

λόγων. A ce propos, Simplicius lui-même emploie l'expression Ἀρριανοῦ αἱ Ἐπικτήτου διατριβαί pour constater que le *Manuel* s'y retrouve à peu près textuellement[1]. Il est évident que ces différents termes désignent un seul et même ouvrage.

Aulu-Gelle parle deux fois des *Dissertationes* d'Épictète rédigées par Arrien[2], et cite, la première fois, comme venant du premier livre, un passage qui se retrouve au livre II des *Entretiens* que nous possédons[3]. La seconde fois, il dit avoir rencontré en voyage un philosophe stoïcien qui tira de son bagage *librum Epicteti quintum* διαλέξεων, *quas ab Arriano digestas congruere scriptis Zenonis et Chrysippi non dubium est,* et il en traduit toute une page, à laquelle rien ne correspond dans nos *Entretiens*. On peut admettre que la première indication est fausse et qu'Aulu-Gelle s'est trompé de chiffre. On peut admettre aussi qu'il avait entre les mains un exemplaire divisé autrement que le nôtre. Si la division était différente, le titre pouvait l'être également : ainsi s'expliquerait l'emploi du mot διάλεξις[4]. Il n'y a donc pas lieu de voir là un second recueil indépendant de celui que nous possédons. Si nous ne trouvons pas dans ce dernier le texte du passage traduit par Aulu-Gelle, c'est que le recueil qui existait de son temps ne nous est parvenu qu'en partie[5]. Précisément, Photios[6], à la suite des ouvrages personnels d'Arrien, cite les διατριβαί de son maître Épictète, qui avaient, dit-il, à sa connaissance, huit livres.

---

[1] Simplicius, *Comm.*, préf., début. Damascius *(test.* 42) emploie le synonyme σχολαί.
[2] Aulu-Gelle, *N. A.,* I, 11, 6 et XIX, 1, 14.
[3] Id., *ibid.,* I, 11, 8-12 = Épictète, *Entretiens,* II, xix, 12-17.
[4] Διάλεξις est à peu près synonyme de διατριβή. Cf. Suidas, *Lex.* : διατριβή.... διάλεξις φιλόσοφος.
[5] De même les passages du *Manuel,* les citations de Marc-Aurèle, de Stobée, etc., qui ne correspondent à aucun passage des *Entretiens,* seraient tirés des livres perdus. Les livres que nous possédons étaient certainement les premiers, sans quoi on ne s'expliquerait pas comment la lettre-préface aurait été conservée avec eux.
[6] Photios, *Bibl.,* cod. 58, p. 17 b éd. Bekker.

Mais il y ajoute les ὁμιλίαι du même Épictète, en douze livres[1]. Voilà qui est embarrassant. S'agirait-il, comme on l'a cru quelquefois[2], d'un ouvrage différent? La chose est peu vraisemblable en soi, bien que le passage soit net. Ce n'est pas tout. Stobée cite encore plusieurs fragments des ἀπομνημονεύματα d'Épictète[3]. Comme deux d'entre eux rappellent des passages des *Entretiens*, Asm[4] croit que les ἀπομνημονεύματα ne sont pas distincts des διατριβαί, d'autant plus que Stobée ignore absolument ce dernier titre. Schenkl[5] pense qu'il s'agit du même recueil, mais divisé et rédigé, et par suite intitulé différemment. Si on songe que les notes d'Arrien furent publiées d'abord sans son assentiment et que, s'il se décida à en donner lui-même une édition, ce fut au moment où elles étaient déjà répandues dans le public, on comprend qu'il ait pu y avoir un

---

[1] Stobée cite également *(Flor.*, XCVII, 28; fr. 11) un passage qu'il dit tiré ἐκ τῶν Ἀρριάνου προτρεπτικῶν ὁμιλιῶν. Mais la fin de ce passage rappelle d'assez près le ch. XVII du *Manuel*. Le *Manuel* étant extrait des διατριβαί (cf. p. 24), ce détail suffirait à indiquer que les προτρεπτικαὶ ὁμιλίαι ne diffèrent pas des διατριβαί. Cf. Asm, *Quaest. Epict.*, p. 37; cf. p. 34, n. 1, fin. « Persaeo Stoico προτρεπτικοί, διατριβῶν, χρειῶν δ', ἀπομνημονεύματα tribuuntur a Laert. Diog., VII, 36. »

[2] Schenkl croit (p. XII, cf. fr. 11), qu'aux huit livres de *Dissertationes* (διατριβαί), Arrien ajouta quatre livres de *Colloquia* (Ὁμιλίαι), qui, à l'époque de Stobée, étaient séparés du reste de l'ouvrage. Ainsi s'expliquerait le chiffre 12 de Photius. Cf. Bolla, *Arriano*, p. 12, 15 et 46.

[3] Ce sont les fragments 13, 15 et 16 (Stobée, *Ecl.*, I, III, 50; *Flor.*, VI, 58; XXIX, 84).

[4] Asm, *Quaest. Epict.*, p. 34 et suiv.

[5] V. la note précédant le fr. 13; cf. p. XIII, n. 1. Bolla *(ouvr. cité*, p. 47, n. 2), remarquant que le mot ὑπομνήματα est employé à la fois par Arrien lui-même et par Marc-Aurèle, c'est-à-dire dans les deux allusions les plus anciennes que nous connaissions, pense qu'il représentait effectivement le titre ou l'un des titres du recueil, et que ce titre s'appliquait aux διατριβαί et aux ὁμιλίαι prises ensemble. D'autre part, la confusion n'est pas rare dans les manuscrits entre les mots ὑπομνήματα et ἀπομνημονεύματα : on cite des exemples pour Xénophon et pour Favorinus. Schweighaeuser (t. III, p. 103) pense que le recueil d'Arrien put être intitulé par quelques-uns ἀπομνημονεύματα en souvenir du livre de Xénophon.

certain flottement[1] dans la division comme dans le titre, ainsi que dans la rédaction du texte, et que plusieurs recueils aient circulé parallèlement, du vivant même d'Arrien. Du même coup, la double indication de Photios peut s'expliquer, surtout si on adopte une ingénieuse conjecture de M. Croiset[2], qui lui permet de confirmer une supposition de Schweighaeuser, adoptée par Asm, à savoir que Photios cite simplement, sans l'avoir jamais vue, une autre édition du même recueil, qui portait un titre différent et était divisée autrement, édition qu'il avait prise pour un autre ouvrage[3].

Il ne faudrait pas croire non plus, d'après la première phrase du commentaire de Simplicius sur le *Manuel*, qu'Arrien avait composé un ouvrage spécial sur la vie et la mort de son maître : ce serait mal interpréter la pensée du commentateur. En réalité, il oppose le principal[4] ouvrage d'Arrien, les *Entretiens*, à l'opuscule dont il entreprend le commentaire, et dit qu'en composant le premier, c'est un véritable ouvrage sur la vie et la mort de son maître que nous a donné Arrien[5]. Quant au *Manuel*, il fut composé

---

[1] Asm (*ouvr. cité*, p. 34, note), fait remarquer que ces variations dans les titres sont fréquentes dans l'antiquité.

[2] Il propose *(Litt. Gr.,* V, p. 460, n. 2) de placer avant la mention des ὁμιλίαι la ligne qui la suit dans Photios, de telle sorte que cette mention devienne une simple apposition aux mots φασὶ δὲ αὐτὸν καὶ ἕτερα γράψαι ἃ οὔπω εἰς ἡμετέραν ἀφίκετο γνῶσιν. Cf. Schweighaeuser, t. II, 1, p. 13, et Asm, *Qu. Ep.*, p. 37 et suiv.

[3] Dans ces conditions, il n'y a pas lieu de tenir compte d'une ancienne conjecture de Schenkl, sur laquelle d'ailleurs il est le premier à faire des réserves dans son édition (p. xi). Il supposait que le recueil d'Arrien était composé de douze livres, formant trois groupes de quatre livres, intitulés respectivement διατριβαί, διαλέξεις, ὁμιλίαι.

[4] Il dit en réalité le plus volumineux (ὁ τὰς Ἐπικτήτου διατριβὰς ἐν πολυστίχοις συντάξας βιβλίοις), ce qui prouve bien, comme le remarque justement Asm (p. 36), qu'il n'existait pas de son temps d'ouvrage plus considérable, comme l'auraient été les douze livres d'ὁμιλίαι.

[5] Schenkl (p. iii) pense que les livres perdus des *Entretiens* renfermaient peut-être quelques allusions aux derniers moments d'Épictète; mais plusieurs passages des livres conservés, notamment, III, v, 7-12, et

postérieurement par le même Arrien, d'après les *Entretiens*. Il choisit dans ceux-ci les passages qui lui parurent les plus utiles et les plus indispensables en philosophie, en même temps que les plus propres à faire impression sur les âmes. C'est lui-même qui s'exprimait ainsi, si on en croit Simplicius, dans une lettre-dédicace à Massalénos[1], que le commentateur devait avoir sous les yeux au moment où il la citait. Celui-ci ajoute que tout le *Manuel* se retrouve à peu près exactement dans les *Entretiens*[2].

On est disposé à croire qu'Arrien rédigea cet opuscule à l'époque où, son protecteur Hadrien étant mort, il avait renoncé aux honneurs. Rédigé par un homme habitué au commandement, on s'expliquerait ainsi que ce petit livre ait une raideur toute militaire[3] et rappelle ces livrets où sont résumés laconiquement, en une cinquantaine d'articles, les devoirs du soldat. Le ton de l'ouvrage permet, semble-t-il, d'en deviner l'intention. Schenkl[4] pense qu'Arrien voulait, en le rédigeant, donner une idée de la doctrine aux profanes, qu'aurait effrayés le volumineux recueil des *Entretiens*. Nous aimerions mieux y voir une

---

IV, x, 12-18, suffiraient déjà à justifier les mots περὶ τῆς τελευτῆς. Aussi l'idée d'un ouvrage spécial est-elle aujourd'hui abandonnée, surtout depuis les discussions de Asm, *Quaest. Epict.*, p. 31 et suiv. Zeller, qui y croyait encore (cf. Bolla, *ouvr. cité*, p. 46), se demandait *(Ph. d. Gr.*, III³, 1, p. 739, n. 2) si cet ouvrage spécial n'était pas identique aux douze livres d'ὁμιλίαι mentionnés par Photios. On voit que la question est encore plus simple, et que ces deux ouvrages non seulement ne différent pas l'un de l'autre, mais ne différent pas des *Entretiens* eux-mêmes. La critique applique ici à propos le principe de la scholastique *Entia non esse multiplicanda praeter necessitatem*.

[1] Doulcet *(ouvr. cité*, p. 52) croit pouvoir identifier ce Massalénos avec C. Prastina Messalinus, qui fut *legatus pro praetore* en Numidie pendant les années 144-146 (Renier, *Inscriptions romaines de l'Algérie*, nᵒˢ 10, 11 et 4360), et consul ordinaire en 147. Cf. Bolla, *ouvr. cité*, p. 51, n. 1.

[2] L'édition Schenkl souligne, par une disposition typographique spéciale, les passages du *Manuel* qui ne correspondent, même de loin, à aucun passage des *Entretiens*.

[3] Cf. Bolla, *ouvr. cité*, p. 52.

[4] Schenkl, p. xii.

sorte de bréviaire ou de livre de chevet[1] à l'usage de ceux qui la pratiquaient déjà, mais ne se sentaient pas encore très sûrs d'eux-mêmes. Dans les moments d'hésitation, quand une résolution prompte et décisive était nécessaire, une maxime heureusement choisie pouvait évoquer rapidement le souvenir de toute une leçon du maître et suggérer une pensée salutaire. Dans les systèmes philosophiques où la pratique est tout, on comprend l'utilité de ces catéchismes ; grâce à eux, on peut toujours avoir présentes à l'esprit, dans toutes les circonstances de la vie, les idées essentielles de la doctrine, qui permettent à la raison de conserver sa direction sans se laisser désemparer par les assauts du monde extérieur. Aussi, en extrayant ainsi, pour en faire le *Manuel,* la substance des leçons d'Épictète, Arrien ne faisait que se conformer à un usage pratiqué depuis longtemps déjà dans les écoles philosophiques. L'exemple le plus ancien peut-être que nous connaissions avait été donné précisément par le fondateur de la secte opposée. A côté des ouvrages originaux où Épicure traitait des divers points du système, Diogène Laërce cite des résumés, destinés à être appris et retenus par cœur par

---

[1] Le mot ἐγχειρίδιον a ordinairement le sens de poignard. C'est le sens que Simplicius conserve au titre de l'opuscule. « Il est, dit-il, intitulé ἐγχειρίδιον parce que ceux qui veulent bien vivre doivent l'avoir toujours sous la main, de même que le poignard des soldats est une arme qui doit toujours être à portée de la main de ceux qui en font usage. » (Simplicius, *Comm.*, préf., p. 1, l. 26.) Mais on voit que, dans la pensée de Simplicius lui-même, c'est le sens de main et non d'arme qui domine. Notre traduction *Manuel* (les Allemands traduisent par *Handbuch)* est donc en somme justifiée. D'ailleurs, Longin dit, à propos d'un traité de métrique d'Héphestion, intitulé de la même manière : « Ce titre n'est pas, comme on l'a cru, une allusion à l'arme de ce nom ; il vient de ce que ce traité permet d'avoir sous la main, quand on veut, l'ensemble des règles de la métrique. » *(Scriptores metrici graeci,* p. 89, 1, éd. Westphal). Enfin Aulu-Gelle *(N. A., praef.,* 2 et 7), parlant de son recueil d'extraits, qu'il a rassemblés *ut, quando..... libri ex quibus ea sumpseram non adessent, facile inde nobis inventu atque depromptu foret,* le rapproche de recueils analogues, antérieurs au sien, dont quelques-uns étaient intitulés précisément ἐγχειρίδια ou παραξιφίδες.

les disciples [1]. Il nous en a, entre autres, conservé un, auquel il donne le titre d'*Opinions fondamentales* (κύριαι δόξαι) [2]. Or ce recueil paraît avoir été rédigé, non par Épicure lui-même, mais par ses élèves, qui y auraient, tout à fait d'ailleurs dans la manière du maître, présenté la substance condensée de sa doctrine. Arrien ne semble pas avoir fait autre chose : le *Manuel*, ce seraient les κύριαι δόξαι d'Épictète.

Mais, en admettant même qu'Arrien ait effectivement choisi les opinions vraiment fondamentales de son maître, il est évident qu'un ouvrage composé dans ces conditions ne peut donner qu'une idée absolument insuffisante de l'homme lui-même et de son enseignement. Bien loin qu'il ait été destiné à permettre aux profanes, trop occupés ailleurs pour se donner entièrement à la philosophie, de prendre au moins une idée générale de la doctrine, il ne pouvait proprement leur convenir, et n'avait son véritable sens que pour ceux qui savaient lire entre les lignes. Par la même raison, il ne peut servir aujourd'hui qu'à titre accessoire, si on veut tâcher d'entrevoir la vraie physionomie d'Épictète. Ordinairement les ouvrages de seconde main développent : celui-ci simplifie à l'excès. Au lieu d'un agrandissement, c'est une réduction infiniment petite, et une réduction d'où nombre de traits ont disparu. Un dessin élémentaire, où seuls ont été conservés les linéaments essentiels, peut, à la rigueur, aider à fixer, au milieu d'une série d'autres portraits, le souvenir d'une figure par rapport aux autres figures de types tout différents. Mais comme il paraîtrait dur et heurté à celui qui voudrait voir revivre en lui la physionomie d'un être cher! Il faudrait remplir les vides, rétablir les traits accessoires, en apparence insi-

---

[1] Diogène Laërce, X, 12; cf. 35-36. Simplicius (*Comm.*, préf., p. 2, l. 15) voit plutôt dans la forme du *Manuel* l'influence des Pythagoriciens et de leur goût bien connu pour les maximes : κομματικοί δέ εἰσιν οἱ λόγοι καὶ γνωμονικοί κατὰ τὸ τῶν ὑποθηκῶν καλουμένων παρὰ τοῖς Πυθαγορείοις εἶδος.

[2] Diogène Laërce, X, 12 et 139-fin.

gnifiants, ajouter enfin la couleur, pour que l'image s'anime et évoque le souvenir de la réalité. C'est un peu de la même façon que le *Manuel* est insuffisant : la simplification y est par trop considérable. Des préceptes ainsi concentrés seraient une nourriture trop forte en temps ordinaire : il faut les étendre de nouveau pour juger du goût qu'ils doivent avoir et des effets qu'ils doivent produire. On n'y trouve guère que des règles directement applicables à la pratique, élaborées de manière à pouvoir être utilisées sur-le-champ. On ne voit que des résultats, et on ne voit pas comment ils ont été atteints. Tel précepte isolé paraît difficilement accessible au commun des hommes, parce que le chemin qui y a conduit n'est plus visible. Épictète dit volontiers qu'on détruit une habitude en suscitant contre elle une habitude contraire; c'est ainsi qu'on redresse un bâton courbé en le courbant en sens inverse : si on ne considère que ce dernier effort, peut-on juger de la direction qu'on veut lui imprimer définitivement? Ou bien encore, telle maxime n'a de sens que comme réponse à une objection, ou comme conclusion, parfois sous forme de boutade ingénieuse ou d'image pittoresque, d'un long développement [1]. Il lui manque les réflexions qui l'encadraient et l'amenaient naturellement, les nuances qui la préparaient et l'adoucissaient. Elle est dépaysée, comme ces fragments détachés d'un monument et alignés dans un musée à côté d'autres débris pareils ; ou encore, puisqu'il s'agit de philosophie, elle est ce que serait une morale nue, séparée de l'apologue, qui lui donne souvent tout son charme et tout son sens. Ce qui manque enfin, c'est l'âme même qui animait tout cet enseignement, le sentiment religieux, l'amour de la jeunesse, le désir de produire la

---

[1] Telle est, par exemple, la maxime III du *Manuel*, qui paraît presque barbare quand elle est isolée, et qui n'est, dans les *Entretiens* (III, xxiv, 84 et suiv.) que la conclusion pratique d'un long sermon sur la vraie façon d'aimer ses amis, sermon provoqué d'ailleurs par une circonstance particulière.

persuasion, et, dans la forme, l'accent de conviction, les exclamations, vives parfois jusqu'à l'impatience, et un mélange d'élévation et de familiarité pittoresque qui ne se laissent deviner qu'en de trop rares endroits du *Manuel*[1].

Peut-on, du moins, espérer qu'on retrouvera tout cela intact dans les *Entretiens* ? C'est peu vraisemblable à première vue. Pour être l'original du *Manuel*, les *Entretiens* ne sont pas davantage de la main d'Épictète : on ne peut même pas croire qu'ils aient été « revus et approuvés » par lui. Pas un mot qui n'ait passé par un intermédiaire. Et cet intermédiaire est un tout jeune homme sans expérience, qui, même plus tard, alors qu'il pourra donner sa mesure, ne produira rien qui s'élève au-dessus d'une estimable médiocrité. Et ce qu'il nous communique, ce sont

---

[1] L'article XXV du *Manuel*, par exemple, ne le cède, pour la vivacité du ton, la verve, l'ironie et le pittoresque, à aucun passage des *Entretiens*. D'autre part, l'article XXIX, un des plus longs, est la reproduction textuelle du chap. III, xv des *Entretiens*. Les modifications portent sur de simples détails : additions, suppressions, transpositions de quelques mots. Les phrases sont visiblement plus « arrangées » dans l'article du *Manuel*. Si ces modifications sont dues à Arrien lui-même et non aux copistes postérieurs, elles s'expliquent suffisamment par le caractère même et la destination du *Manuel*. Arrien dit lui-même que les *Entretiens* ont été écrits au courant de la plume, et non comme on écrit quand on sait qu'on sera lu. Schenkl (p. LVII) pense que cette distinction correspond à la différence entre les deux rédactions. A ce propos, constatant que ce chapitre III, xv est le seul qui ait passé entièrement dans le *Manuel*, il se demande si Arrien n'aurait pas voulu par là donner un échantillon de ce qu'il aurait fait de ses notes, s'il les avait publiées spontanément et à loisir, au lieu d'avoir la main forcée. On peut objecter qu'Arrien lui-même déclare, dans sa préface, n'avoir aucune prétention d'écrivain et ressembler par là à son maître. Mais, outre qu'il a pu se raviser dans l'intervalle des deux publications, il insiste tant, dans cette préface même, sur la négligence de la forme qu'on se demande s'il en a pris franchement son parti. Enfin, plusieurs des chapitres avoisinant le ch. III, xv (par ex. III ; VI ; XI ; XIV) contrastent singulièrement, par leur manque de suite, leur forme brève et saccadée et le ton tranchant de leurs préceptes, avec l'ensemble plus vivant et plus souple des *Entretiens*. On dirait des pages du *Manuel* qui seraient revenues là. Il est probable qu'au cours de certaines leçons, peu importantes ou déjà traitées précédemment, Arrien ne notait que les maximes frappantes, et se bornait à les grouper après coup, ne pouvant faire de chacune la matière d'un chapitre.

des notes toutes personnelles et qui, dans sa pensée, ne devaient jamais être livrées à la publicité. Quel écrivain, soucieux de sa réputation future et préoccupé de se faire avantageusement connaître, voudrait passer à la postérité dans d'aussi fâcheuses conditions qu'Épictète? Il y en a qui poussent le scrupule à l'égard d'eux-mêmes jusqu'à retirer de la circulation leurs œuvres de jeunesse : du moins ont-elles été écrites de leur propre main. Si on a pu dire qu'un traducteur est un traître, que penser d'un modeste rédacteur?

Cependant, en y regardant de plus près, on ne peut croire que ce mot puisse convenir à Arrien, et qu'Épictète ait été si mal servi par le secrétaire qui l'a publié *invitus invitum*. Si le devoir d'un écrivain est de se mettre tout entier dans ses livres, le premier devoir d'Arrien, au contraire, était de s'effacer le plus complètement possible. Or il paraît bien l'avoir rempli. Il avait déjà évidemment cet esprit exact et consciencieux, ennemi des écarts d'imagination, qu'on trouve chez l'historien d'Alexandre. Il se proposait uniquement de recueillir les paroles d'un homme qu'il admirait profondément, et c'est pour lui seul qu'il entendait les recueillir. Quel besoin aurait-il pu éprouver d'y rien ajouter de son propre fonds? Peut-être dans la suite se décida-t-il, on l'a vu, en trouvant ses notes répandues dans le public, à en donner une édition authentique, revêtue, en quelque sorte, de son approbation. Mais, de toute façon, il était trop tard pour y introduire autre chose que des changements purement matériels : il échappa ainsi à la tentation d'arranger, à laquelle il eût peut-être cédé, s'il avait fini par se décider, de son propre mouvement, à publier ses notes. Il n'a même pas essayé de mettre un peu d'ordre entre les chapitres [1]. La lettre qu'il adresse à L. Gellius, en guise de préface, a précisément

---

[1] Sainte-Croix, auteur d'un *Examen critique des historiens d'Alexandre* (1804) (cité par Bolla, *ouvr. cité*, p. 50, n. 4), fait remarquer qu'il n'a pas rectifié certaines erreurs matérielles. C'est ainsi qu'il est question dans

pour objet d'expliquer au public que ce qu'il donne là n'est pas un ouvrage soigné et poli à loisir, qu'on n'y trouvera que le ton de la conversation familière, et non le style d'un homme qui pense, en écrivant, que son travail tombera sous les yeux des lecteurs [1]. Il sort à peine de l'école, et il y a sans doute entendu dire trop souvent que la philosophie est la seule chose importante pour ne pas dédaigner les effets de style : il doit être au-dessus de ces pauvretés; ce n'est que plus tard que l'ambition littéraire lui viendra [2]. D'ailleurs, que la négligence de la forme soit ou non de son goût, le principal est ici qu'il la constate. Il semble donc bien qu'Arrien a réduit au minimum la part de l'élément personnel [3] : on peut le croire sur parole, quand il laisse entendre qu'il n'a rien mis de lui dans les *Entretiens*. On peut aussi le croire, quand il dit qu'en prenant

---

les *Entretiens* (II, XXII, 17) d'un ordre donné par Alexandre, à la mort d'Héphestion, de mettre le feu à tous les temples d'Asclépios : or, dans l'histoire d'Alexandre, Arrien n'a fait aucune allusion à ce détail. Nous remarquerons, pour notre compte, qu'il n'éclaircit pas certaines allusions qui sont sans doute claires pour lui, mais ne peuvent être comprises sans commentaires par un lecteur, par ex. III, VII, 3.

[1] Arrien, *Lettre à Gellius*, 2.

[2] A la fin de la préface de l'*Expédition d'Alexandre* (I, 12), il exprime la prétention d'occuper un des premiers rangs parmi les écrivains grecs. Cf. Photios, cod. 92, fin. Cependant il est permis de croire qu'il avait déjà, dans l'école d'Épictète, cette prédilection pour Xénophon qui devait le rendre célèbre. V. II, XVII, 35-36 ; cf. 2ᵉ partie, ch. IV.

[3] L'auteur d'une « contribution » à la question des rapports entre Arrien et Xénophon (R. Mücke, *Zu Arrians und Epictets Sprachgebrauch*, Nordhausen, 1887) a été conduit à comparer, sur plusieurs points, les habitudes de langage d'Arrien dans ses ouvrages historiques, d'une part, et dans ce qu'il appelle ses ouvrages philosophiques, d'autre part. Il a eu notamment la patience de compter combien de fois les diverses prépositions sont employées dans chaque groupe. Les tables comparatives révèlent certainement des différences significatives. Mais, comme l'auteur lui-même est le premier à le remarquer, ces différences viennent peut-être uniquement de celle qui existe entre le style historique et le langage philosophique, et surtout entre le langage familier et l'« écriture ». Cependant il semble bien que des recherches développées en ce sens ne pourraient que confirmer l'opinion généralement admise, qui a pour elle une vraisemblance équivalant pratiquement à la certitude : à savoir que, dans les *Entretiens*, non seulement les idées,

ses notes il avait essayé de reproduire *aussi littéralement que possible tout* ce qu'il entendait dire à son maître, pour conserver par devers lui l'image de sa pensée et de son libre langage [1].. Car il était le premier, ou plutôt le seul intéressé à ce que cette image fût parfaitement fidèle. On est surtout disposé à le croire, quand on compare une page quelconque des *Entretiens* aux froides rédactions que Stobée nous a conservées d'un certain nombre de leçons de Musonius : la différence des tons est profonde, et les systèmes des deux rédacteurs y sont assurément pour beaucoup. Nous dirions aujourd'hui qu'on est en présence, ici d'un compte-rendu analytique, là d'une reproduction sténographique [2]. On devine qu'Arrien a mis en œuvre ses qualités d'écolier consciencieux.

Dès lors, il est heureux pour Épictète, ou plus exactement pour ceux qui tiennent à le connaître, qu'il n'ait pas eu pour disciple un Platon ni même un Xénophon. On peut aller plus loin. Si Épictète en personne avait pris la plume et rédigé un traité de philosophie en forme, il nous aurait donné de lui-même une image assurément toute différente, supérieure sans doute sur plus d'un point ; mais cette image ne serait peut-être pas aussi exacte dans l'ensemble. Il est remarquable que nous ne possédions aucun traité dogmatique, systématique et impersonnel de la doctrine stoïcienne, telle qu'elle était professée sous l'Empire.

---

mais la forme, au moins dans l'ensemble, appartiennent en propre à Épictète.

Signalons les différences les plus remarquables. La seule *Anabase* d'Arrien renferme 320 σύν contre 38 μετά, alors que σύν n'apparaît qu'une fois dans les *Entretiens* et μετά 62 fois. Ἀμφί est entièrement absent des *Entretiens*, tandis qu'il se rencontre près de 200 fois dans l'*Anabase*. Inversement, περί, très fréquent dans les *Entretiens* (352), est relativement rare dans l'*Anabase* (44). Il en est de même de μέχρι (*Entr.*, 43 ; *Anab.*, 5), et de δίχα (*Entr.*, 18 ; *Anab.*, 0).

[1] Arrien, *Lettre à Gellius*, 2.
[2] Cf. 3ᵉ partie, ch. III.

Nous ne la connaissons qu'indirectement, en dehors des notes d'Arrien, par les lettres de direction de Sénèque et par l'examen de conscience de Marc-Aurèle. Voilà sans doute des œuvres pleinement personnelles, sorties immédiatement de la pensée et de la plume de leurs auteurs. Mais peut-on dire qu'elles les représentent au naturel? Sénèque, écrivant pour son correspondant, n'est pas le Sénèque de tous les jours et de tous les instants. Ce n'est pas ainsi, sans doute, qu'il causait avec Lucilius : on se plaît à croire qu'il était habituellement plus simple. Ici, il se laisse entraîner au plaisir d'écrire, il s'écoute lui-même, *sibi ipse placet*; il subtilise à loisir ; il prend le temps de jouer avec ses idées et avec ses mots. Quant aux *Pensées* de Marc-Aurèle, c'est assurément le type d'un « livre de bonne foi » : la sincérité en est absolue. Mais on n'y voit l'empereur que dans ses moments de recueillement, et il ne livre au papier que ce qu'il veut bien lui confier. Épictète, quand il enseignait, était vraiment dans son élément, et il se dépensait sans compter. La présence réelle de ses auditeurs l'excitait à sortir de lui-même et à faire passer son âme dans la leur. Il voulait lire sur leurs visages la trace de l'impression produite, de l'émotion profonde qui va jusqu'au cœur; c'était sa seule préoccupation [1], c'était le seul applaudissement qu'il cherchait [2]. Se serait-il livré ainsi, s'il avait eu à rédiger lui-même à loisir des dissertations morales destinées à être publiées? Épictète n'a pas trop perdu à passer par un intermédiaire ; car cet intermédiaire est un de ceux pour qui il se dépensait ainsi et en qui il tâchait de faire passer le frisson. Et nous savons qu'il y réussissait. Arrien déclare lui-même qu'il ne pouvait résister à l'effet de cette éloquence aussi simple que passionnée [3].

---

[1] Arrien, *Lettre à Gellius*, 5.
[2] Épictète, *Entretiens*, III, xxiii, 29.
[3] Arrien, *Lettre à Gellius*, 7. Cf. Simplicius, *Comm.*, XIII, p. 50, l. 47; πολὺς λόγος ἐστὶ τῷ Ἐπικτήτῳ τὴν τοῦ παιδευομένου ψυχὴν πρὸς ἑαυτὴν ἐπιτρέψαι.

C'est parce que le maître se livrait tout entier que le disciple se laissait prendre de même.

Sans doute Arrien prévoit que ses rédactions ne produiront pas sur les lecteurs l'impression que produisait la parole vivante sur les auditeurs : cette remarque prouve au moins la sincérité de ses intentions. Il s'en accuse et s'en excuse : son insuffisance en est peut-être cause ; peut-être aussi était-il inévitable qu'il en fût ainsi[1]. Sur ce dernier point, il a cent fois raison. Quand même il aurait eu beaucoup plus de talent, il y a des choses, comme le geste, le regard, le ton, mille détails intraduisibles, qui devaient être à jamais perdus pour nous ; et comment s'en étonner, puisqu'Eschine lui-même, un orateur de profession pourtant, se reconnaissait incapable de reproduire fidèlement un discours de son adversaire Démosthène ? Mais, cette réserve faite, on peut dire que rarement les lecteurs ont été aussi près de ressembler à des auditeurs. La comparaison des *Entretiens* avec les ouvrages proprement dits d'Arrien nous garantit sa fidélité. Ses cahiers de jeunesse renferment à eux seuls plus de beautés que tous ses livres d'auteur les plus soignés. L'élévation des pensées, la simplicité d'un style dont la familiarité n'exclut ni l'éloquence ni la poésie, tout indique qu'Épictète en personne a passé là[2]. Il y a dans les *Entretiens* un peu de l'air qu'on respirait tous les jours dans son école, et on peut espérer, sinon le revoir lui-même, au moins le deviner dans le lointain.

---

[1] Arrien, *Lettre à Gellius*, 8.
[2] Il est étrange qu'on cite généralement le *Manuel* sous le nom d'Épictète et les *Entretiens* sous le nom d'Arrien. Cette distinction n'a pas grand sens ; et, si on voulait à toute force en faire une, c'est l'inverse qui serait encore le plus rationnel. Mais l'abrégé — c'est la règle — a fait tort à l'ouvrage complet. Les *Entretiens* furent de moins en moins lus, pendant que le *Manuel*, plus portatif, vulgarisé par le commentaire de Simplicius, ne cessait d'être goûté. C'est comme auteur du *Manuel* qu'Épictète est passé à la postérité, tandis que les *Entretiens* ne nous sont parvenus qu'en partie, et, à proprement parler, par un seul manuscrit.

CHAPITRE II

La doctrine d'Épictète

Les chapitres décousus dont se composaient les cahiers d'Arrien paraissent, on vient de le voir, se prêter mieux qu'un traité dogmatique à l'étude de l'enseignement et de la personne d'Épictète. Et pourtant il faut commencer par essayer d'en extraire les principaux articles de sa doctrine, et de les présenter précisément dans cet ordre méthodique dont l'absence n'est pas le moindre charme des *Entretiens*. L'auteur des *Moralistes sous l'Empire Romain*, à propos de Marc-Aurèle, désapprouve l'idée de reconstituer un système de morale avec des pensées éparses. A quoi bon, en effet, dit-il, lorsqu'il s'agit d'un homme qui n'a rien inventé ni rien discuté dans l'enseignement reçu de ses maîtres, qui se croit en possession de la vérité et dont l'esprit est rarement traversé par un doute sur le fond même du stoïcisme? C'est faire tort à Marc-Aurèle, dit-il ailleurs, que de rajuster en un corps de doctrine ces pensées décousues et de faire de ces libres et paisibles effusions un sujet d'érudition et de controverse[1]. Ces mots peuvent-ils s'appliquer à Épictète? Outre qu'on a bientôt fait de dire qu'il a reçu toute faite la doctrine de ses prédécesseurs, une différence essentielle est à noter ici. Marc-Aurèle se bornait à méditer, et « ces libres et paisibles effusions » étaient sans doute la seule forme que

---

[1] C. Martha, *Les Moralistes sous l'Empire Romain*, p. 191 et 174.

revêtaient ses méditations. Épictète enseignait, et tout son enseignement n'était pas borné aux *Entretiens*. Entre ces causeries familières, nées souvent d'une objection, d'une question, d'une visite, d'une circonstance imprévue, trouvaient vraisemblablement place des leçons proprement dites, où étaient exposées méthodiquement les doctrines traditionnelles. Les causeries ont été notées de préférence par Arrien, comme étant seules vraiment caractéristiques de la manière d'Épictète ; mais elles n'avaient tout leur sens pour les auditeurs que précédées d'exposés dogmatiques. Ceux-ci avaient probablement eux-mêmes pour points de départ des explications de textes tirés des maîtres les plus autorisés du Portique, particulièrement de Chrysippe. Les allusions à ces exercices sont très fréquentes dans les *Entretiens*, et, s'ils y sont généralement pris en mauvaise part, c'est uniquement à cause de l'abus qu'en faisaient les élèves [1]. Les jeunes gens avaient aussi à rédiger, sur des questions dogmatiques proposées d'avance par le maître, des dissertations, qui étaient lues [2] et corrigées publiquement [3]. De toute façon, il y avait autre chose derrière les *Entretiens*, où les termes de la conversation courante et familière voisinent avec les termes techniques déjà employés par Zénon et Chrysippe et dont nous trouvons les définitions dans Diogène Laërce et dans Stobée [4].

---

[1] Épictète, *Entretiens*, I, iv, 7 ; I, xvii, 13 ; II, xvi, 34 ; II, xxi, 10 et 11 ; III, xxi, 7 ; *M.*, XLIX. Cf. I. Bruns, *De schola Epicteti*, p. 13-14.

[2] Id., *ibid.*, I, x, 8 ; II, i, 30 et 34 ; II, xiv, 1 ; II, xvii, 35 ; III, xxvi, 3 ; IV, v, 36. Cf. I. Bruns, *ouvr. cité*, p. 6 et suiv.

[3] C'est à ces corrections que paraît se rapporter le mot ἐπαναγνῶναι (I, x, 8), avec le sens de « reprendre une lecture ». V. I. Bruns, *ouvr. cité*, p. 8.

[4] Diogène Laërce, VII, 83 et suiv. ; Stobée, *Ecl.*, II, v et suiv. Voici, par exemple, en quels termes Épictète pose, en passant, le problème psychologique : « Il faut savoir quels sont les éléments constitutifs de la raison ; puis quelle est la propriété caractéristique de chacun d'eux ; puis comment s'opère leur harmonie mutuelle. » (IV, viii, 12.) Voici le même problème posé en d'autres termes : « De combien de parties se compose la raison ; comment s'opère leur unité ; quelles sont ses différentes fonctions et en quoi consistent ces fonctions ? » (IV, vii, 38.)

On sent, en les lisant, que celui qui parle a toujours en main un fil conducteur, qu'il tient solidement, même quand il paraît s'égarer à droite et à gauche. Il s'agit simplement ici de retrouver ce fil conducteur, en suivant les indications qu'il donne lui-même sur les principes et sur l'ordre de son enseignement dogmatique.

Si la philosophie gréco-romaine du premier siècle, comme on s'accorde généralement à le reconnaître, a développé fortement la tendance qu'avait déjà le stoïcisme primitif à faire prédominer la morale[1], il importe de noter dans quelle mesure cette remarque s'applique à Épictète en particulier. Ce moraliste approuve pleinement ses prédécesseurs qui mettaient la logique en tête de la philosophie[2]. C'est à la raison que tout se ramène en dernier lieu, alors que celle-ci se ramène à elle-même[3]. La logique est tellement primitive qu'on n'en peut démontrer l'utilité qu'en se servant de ses propres règles[4]. Il faut bien étudier en soi ce qui permet d'étudier tout le reste, et, avant de mesurer ou de peser quelque chose, savoir ce qu'est une balance ou un boisseau[5]. Comment raisonner ou entendre raisonner sur quoi que ce soit avant de savoir ce qu'est un raisonnement, comment démontrer avant de savoir ce qu'est une preuve, ce qu'on entend par vérité et erreur, par accord et contradiction[6] ? Alors même qu'il y aurait des choses plus pressantes, il faudrait commencer par là[7].

De ces idées pleines de sens il est peut-être équitable de

---

[1] V. Zeller, *Ph. d. Gr.*, III, 1, p. 695 ; Bonhöffer, *ouvr. cité*, t. I, préface, début.

[2] Épictète, *Entretiens*, I, xvii, 6 ; cf. I, xxvi, 3, où ἡ θεωρία, d'après ce qui précède, paraît bien désigner la logique.

[3] Id., *ibid.*, I, xvii, 1-4 ; cf. II, xxiii, 12-15 ; I, 1, 3-7.

[4] Id., *ibid.*, II, xxv.

[5] Le passage III, xxvi, 17 paraît être en contradiction formelle avec celui-ci ; mais Épictète s'adresse là, comme on le verra (2ᵉ partie, ch. IV) à ceux qui étudient la logique pour elle-même et s'en tiennent là. Il est naturel, dans ces conditions, que l'expression dépasse sa pensée ; car il s'agit moins de la logique elle-même que de ses raffinements.

[6] Épictète, *Entretiens*, I, xvii, 5 ; II, xxiv, 13-14 ; M., LII, 1.

[7] Id., *ibid.*, I, xvii, 4

faire quelque honneur au maître d'Épictète, Musonius Rufus. Car, si les fragments qui nous restent de lui se rapportent exclusivement à la morale et s'il y déclare lui-même que la science théorique est très simple[1], on sait par Épictète qu'il exerçait soigneusement ses élèves à raisonner juste et qu'il reprit un jour un d'entre eux qui s'était permis de traiter cet art avec quelque légèreté[2]. Cet élève était précisément Épictète, qui s'est souvenu de la leçon et, à son tour, met ses disciples en garde contre une telle étroitesse d'esprit. Ses paroles s'adressent, par-dessus la tête des jeunes gens trop pressés, aux philosophes à tendances cyniques qui prétendaient que la morale se suffit à elle-même. Car il a soin de faire remarquer qu'il n'exprime pas là seulement l'idée des maîtres du Portique, de Chrysippe, de Zénon et de Cléanthe, mais encore celle d'Antisthène et de Socrate, c'est-à-dire de philosophes en qui on est habitué à voir surtout des moralistes[3].

Ce langage pourrait, avec non moins d'à-propos, s'adresser à Sénèque, qui ne manque pas une occasion de répéter qu'on perd son temps à s'occuper de définitions et de syllogismes[4], et qui exerce volontiers sa verve et son esprit aux dépens des subtilités de Zénon[5], sans se demander s'il ne serait pas bon de faire grâce à celles qui intéressent directement la morale. Il n'épargne pas plus les résolutions de sophismes de ses prédécesseurs que les objections des sceptiques et des Éléates contre la connaissance sensible[6]. Il y a peut-être là plus d'étourderie que de conviction bien sérieuse. Celui qui s'élève ainsi contre ces subtilités dialectiques ne pourrait se vanter de n'y être jamais tombé pour son propre compte, et on voit qu'il n'est pas fâché de montrer qu'il est très au courant de ce

---

[1] Stobée, *Ecl.*, II, XXXI, 125 W, (*Flor.*, IV, p. 217-220 M.).
[2] Épictète, *Entretiens*, I, VII, 31 et suiv.
[3] Id., *ibid.*, I, XVII, 11-12.
[4] Sénèque, *Ep.*, XLV, 4-9; XLVIII; XLIX, 5-8.
[5] Id., *Ep.*, LXXXII, 7-9; LXXXIII, 7.
[6] Id., *Ep.*, LXXXVIII, 35-fin.

qu'il critique[1]. Épictète, plus respectueux des maîtres et des traditions, est plus conséquent avec lui-même en ne mettant pas dédaigneusement de côté un instrument qu'il sait être utile, et, malgré les prétentions de Sénèque, il fait preuve d'un esprit plus réellement pratique.

Car il ne s'attarde pas pour cela aux subtilités où se complaisaient ses prédécesseurs; mais, au lieu de supprimer, il met en réserve ce dont il ne croit pas devoir s'embarrasser d'abord. Il simplifie fortement la logique stoïcienne, et il le fait quelquefois en termes assez hardis. On trouverait chez lui, aussi bien que chez Sénèque, des attaques contre la science qui avait rendu Chrysippe justement célèbre; tous deux mettent résolument à l'écart le problème de la connaissance[2]; mais Épictète raille moins ces études que ceux qui s'y livrent à contre-temps. Comme il y a des besoins plus pressants à satisfaire[3], ceux-là seuls qui ont du loisir pourront étudier en détail les lois du raisonnement et se demander où et comment la sensation se produit en nous[4]. D'ici là, tant que l'objet principal de la philosophie n'est pas encore atteint, on peut se passer de ces raffinements. Si on avait à plaider pour un petit bout de champ, irait-on s'embarrasser d'un avocat? Il suffirait de laisser parler les faits. De même ici, n'existe-t-il pas un fond solide sur lequel on puisse s'appuyer? Il y a des choses dont l'évidence s'impose. Sans connaître exactement le mécanisme et le siège de la sensation, on peut s'en rapporter au témoignage des sens, qui nous font distinguer les divers objets et nous empêchent de prendre un balai pour du pain ou d'entrer au moulin quand nous voulons aller au bain[5]. De même, c'est l'évidence qui nous

---

[1] Sénèque, *Ep.*, CVI; CXIII, CXVII.
[2] Cf. Sénèque, *Ep.*, LXXXVIII fin, et Épictète, *Entr.*, I, XXVII, 21.
[3] Épictète, *M.*, LII, 1 et 2; cf. *Entr.*, I, XVII, 4.
[4] Id., *Entretiens*, III, II, 5-7 et 16-18; I, XXVII, 21.
[5] Id., *ibid.*, I, XXVII, 18-19; cf. II, XX, 28.

apprend que vous et moi sommes deux individus différents et que l'état de veille n'est pas identique au sommeil[1].

Il est vrai qu'il y a des gens qui, de parti pris, nient l'évidence et acceptent la contradiction, ou qui, en dépit des sens, refusent de croire à la réalité du monde extérieur. On les appelle sceptiques, pyrrhoniens ou académiciens : ils s'appellent eux-mêmes esprits forts. Mais, comme le laisse entendre spirituellement Épictète, ce nom est tout à fait impropre. Si c'est une marque de faiblesse d'esprit de ne pas voir la contradiction, que dire de ceux qui, la voyant, font comme s'ils ne la voyaient pas? L'imbécillité naturelle n'est rien au prix de cette imbécillité volontaire[2].

Il existait contre les sceptiques un argument traditionnel : c'est qu'ils ne peuvent formuler leurs négations sans les infirmer du même coup en s'appuyant sur les principes qu'ils refusent de reconnaître. On traduisait sous les formes les plus variées cette contradiction initiale à laquelle on prétendait que se condamnaient les sceptiques, et Épictète en donne complaisamment une série d'exemples[3]. Il ajoute, et non sans malice, que, dans la pratique, ils se gardent bien d'appliquer leurs théories. Leurs négations, qui sont la mort de l'esprit, seraient la mort du corps, s'ils voulaient, ne fût-ce qu'un instant, rester fidèles à leurs doctrines absurdes. Il suffirait que quelques esclaves résolus, entrant à leur service, les prennent au mot à propos de tout, pour les réduire bientôt à demander grâce et à changer de système[4]. Ce trait final n'est d'ailleurs qu'une boutade. En réalité, Épictète est convaincu que ces gens-là sont impossibles à convertir, et il n'admet même pas qu'on discute

---

[1] Épictète, *Entretiens*, I, xxvii, 16-17, et I, v, 6. On reconnaît là la doctrine stoïcienne de la καταληπτικὴ φαντασία, tant attaquée par les Académiciens et les Pyrrhoniens. Voir, par exemple, Cic., *Acad.*, II, 16-19 et 77; Diog. L., VII, 46.
[2] Id., *ibid.*, I, v, 3-6 et 8-10.
[3] Id., *ibid.*, II, xx, 1-6; cf. Aulu-Gelle, *N. A.*, XI, v, 8.
[4] Id., *ibid.*, II, xx, 28-32.

avec eux. Ils tuent leur intelligence et refusent d'en convenir ; on ne peut ni les rappeler à la vie ni leur faire comprendre qu'ils sont morts : les ignorer, voilà la seule attitude qu'il convienne d'avoir à leur égard [1]. S'ils ne tiennent pas compte de l'évidence, on peut, par un juste retour, ne pas tenir compte de leur scepticisme. Ils se mettent, en quelque sorte, hors la loi.

On ne peut s'empêcher de remarquer en passant que, si les sceptiques compliquaient un peu certaines questions à plaisir, Épictète, de son côté, les simplifie à l'excès. Son dogmatisme intransigeant se refuse à entrer, ne fût-ce qu'un instant, dans l'état d'esprit de certaines gens. Lui, si indulgent pour ceux qui se trompent en matière de morale, devient d'une intolérance farouche à l'égard de ceux qui mettent en doute certains principes fondamentaux, comme l'existence d'un critérium de la certitude ou la supériorité de l'esprit sur le corps. Quand il a affaire à ces gens-là, il n'admet plus, comme il recommande de le faire avec les ignorants, que c'est toujours malgré elle qu'une âme est sevrée de la vérité, et il a raison d'eux au moyen d'une réfutation aussi violente que sommaire. Cette attitude contraste singulièrement avec la tolérance un peu molle de Sénèque, dont l'éclectisme affecte à chaque instant d'emprunter des idées à droite et à gauche. Alors que celui-ci réprouve formellement la haine implacable que les stoïciens avaient vouée aux sectateurs des autres écoles [2], nous revenons, avec Épictète, aux traditions des âges hé-

---

[1] Épictète, *Entretiens*, I, v, 1-2 et 7 ; II, xx, 36-37. Ces passages n'en font pas moins voir qu'à côté de l'explication des auteurs stoïciens, l'enseignement d'Épictète laissait place à la discussion des objections fondamentales et en quelque sorte classiques, ainsi qu'à la réfutation des doctrines adverses, l'Épicurisme et le Pyrrhonisme (cf. I, 5 ; I, 23 ; II, 20 ; III, 7 ; II, ix, 15-20 ; II, xix, 22).

[2] Sénèque, *De otio*, XXXII, 14 : « Deposita contentione depositoque odio quod implacabile diversa sequentibus indiximus, videamus an haec omnia ad idem sub alio atque alio titulo perveniant. » Cf. Zeller, *Ph. d. Gr.*, III, 1, p. 695, n. 1.

roïques de la doctrine[1]. A son dogmatisme et à son orthodoxie sincères, il faut peut-être ajouter, pour expliquer son attitude, qu'il est préoccupé d'inspirer à ses jeunes gens, au début de son enseignement, une aversion profonde pour ces théories et leurs partisans, et porté à exagérer encore ses allures naturellement belliqueuses.

Une fois ces êtres exceptionnels mis à part, Épictète pense que les hommes peuvent aisément se mettre d'accord au moyen d'un critérium de la vérité. Il retrouve en chacun d'eux, comme fond uniforme, un certain nombre de notions (προλήψεις, ἔννοιαι φυσικαί, II, xvii, 7), comme la notion du bien, du beau, du bonheur, de l'utile et de leurs contraires. Elles entrent dans la formation de quelques principes, universellement admis, dont l'esprit part pour formuler des jugements : tel est ce principe, sur lequel tout le monde s'entend, que ce qui est juste est beau, que le bien est utile et désirable et qu'en toute circonstance il faut tâcher de l'atteindre[2]. D'ailleurs, Épictète ne paraît pas s'embarrasser de rechercher l'origine de ces notions : il admet qu'elles sont innées en nous et les oppose à celles qui sont acquises, comme celle du dièse ou du triangle rectangle[3]. Sans insister sur ce point plus qu'il ne l'a fait lui-même, il faut remarquer là, en tout cas, une tendance rationaliste qui ne coïncide pas exactement avec l'empirisme du stoïcisme primitif.

Mais le vulgaire paraît croire qu'avec les notions et les principes il possède naturellement l'art de s'en servir : de là la sécurité avec laquelle il formule ses jugements[4]. S'il en était ainsi, comment deux hommes, partis du même

---

[1] Diogène Laërce signale (X, 6) la violence des attaques d'Épictète contre Épicure : Ἐπίκτητός τε κιναιδόλογον (allusion à III, xxiv, 38) αὐτὸν καλεῖ καὶ τὰ μάλιστα λοιδορεῖ. Cf. Entr., I, v, 10.
[2] Épictète, Entretiens, I, xxii, 1 et 5-6. Cf. Musonius dans Stobée, Ecl., II, xxi, 125 W. (Flor., IV, p. 218, l. 10 et 18 M.).
[3] Épictète, Entretiens, II, xi, 2-3.
[4] Id., ibid., II, xi, 4, 7 et 9; II, xvii, 1-2 et 10.

point, arriveraient-ils à se contredire entre eux? comment chacun en particulier, partant d'un principe incontestable, aboutirait-il à une conclusion qu'il ne peut admettre[1]? En réalité, les impressions à la suite desquelles nous donnons notre assentiment peuvent être fausses, puisque deux hommes tiennent quelquefois pour vraies deux impressions contradictoires, puisque le fou lui-même, aussi bien que l'homme raisonnable, exprime dans ses jugements ce qui lui paraît vrai[2]. L'erreur se produit quand il s'agit d'appliquer la notion générale à un cas particulier, et de dire, par exemple : « Un tel a bien agi, ou un tel est malheureux[3]. » C'est que nous ne prenons pas la peine d'éclaircir et de préciser les notions avant de formuler un jugement. Nous employons les mots de la langue sans en savoir la signification exacte ; nous nous servons des notions sans en vérifier le contenu, en un mot, sans les avoir définies. Il est, en fait, impossible d'appliquer les notions générales aux cas particuliers, si on n'a commencé par les décomposer et examiner quels objets il faut ranger sous chacune d'elles[4]. C'est ce qu'on appelle s'instruire : le premier acte du philosophe est de se défier de la simple apparence et de la remplacer par une définition précise, qui seule permet d'arriver au vrai[5]. En ce sens, on peut dire que la philosophie doit commencer par l'étude des mots. Ainsi pensaient Socrate et Platon[6]. Théopompe reprochait à ce dernier de vouloir tout définir, même les mots les plus usuels : sans doute, répond Épictète, on avait parlé avant lui du

---

[1] Épictète, *Entretiens*, I, xii, 13-17; II, xvii, 14-19.
[2] Id., *ibid.*, II, xi, 10-13; cf. III, ix, 5.
[3] Id., *ibid.*, I, xxii, 2 et 5; II, xi, 5 et 8 ; II, xvii, 9; cf. IV, 1, 41-45.
[4] Id., *ibid.*, II, xvii, 7, 10 et 13,.
[5] Id., *ibid.*, I, xxii, 9; II, xi, 13 et 17-18; cf. I, xx, 7. Voir plus loin, 2ᵉ partie, chap. I, p. 77-80 où cette méthode est étudiée avec plus de détails, à propos de ses rapports avec l'enseignement.
[6] Id., *ibid.*, II, xiv, 14 ; I, xvii, 12. C'est ainsi encore qu'Antisthène, d'après Diog. Laërce (VI, 17) avait écrit un ouvrage περὶ παιδείας ἢ ὀνομάτων; cf. Xénophon, *Mém.*, IV, vi, 1, et *Apol.*, VIII.

juste et de l'injuste, comme on avait parlé de santé et de maladie avant Hippocrate ; mais autre chose est d'employer les mots, autre chose d'en connaître parfaitement le sens [1].

On voit quel est le rôle de cette logique élémentaire. Elle n'a pas d'intérêt par elle-même : en même temps qu'elle fournit un instrument de démonstration dûment contrôlé, elle prépare et déblaie en quelque sorte le terrain, en décomposant, en précisant, en définissant les termes et les notions préliminaires. C'est plutôt une méthode générale qu'une partie de la philosophie à proprement parler. Dans la manière dont Épictète traite la logique, il est permis de saisir l'influence éloignée de Socrate et l'influence prochaine de Musonius. Il est moins hardi que les Cyniques en lui faisant une part au début et en réservant le reste pour l'avenir, plus prudent et plus réellement pratique que Sénèque, en se bornant, au lieu de la railler, à critiquer ceux qui la traitent pour elle-même. Par là, tout en obéissant aux tendances de son époque, il reste en relation avec l'ancien stoïcisme; d'autant plus que ceux mêmes qui avaient traité la logique avec le plus d'ardeur l'avaient néanmoins considérée comme accessoire par rapport à la philosophie proprement dite [2].

En réduisant ainsi, au moins provisoirement, la logique à une simple introduction, Épictète peut arriver assez rapidement à l'éthique. Avant d'en venir là, l'ancien stoïcisme passait généralement [3] par une physique très étendue et très compliquée. Mais, depuis Panétius, la philosophie stoïcienne paraît avoir tendu à se restreindre de plus en plus à la morale, et l'esprit pratique des Romains ne pou-

---

[1] Épictète, *Entretiens*, II, xvii, 6-10 ; II, xiv, 14-17. Comme application, Épictète éclaircit et précise la notion du bien (I, xxii, 11-17; II, xi, 19-fin). Ces passages rappellent de très près un passage où Musonius démontre, à titre d'exemple, que le plaisir n'est pas un bien ni la peine un mal (Stobée, *Ecl.*, II, xxxi, 125 W. = *Flor.*, IV, p. 218, l. 7-20 M.).

[2] Cf. Zeller, *Ph. d. Gr.*, III, 1, p. 61.

[3] V. Zeller, *ibid.*, n. 3.

vait que favoriser cette tendance. C'est peut-être ici qu'Épictète prend le plus nettement position, comme doivent le reconnaître ceux mêmes qui veulent voir en lui le plus fidèle représentant du stoïcisme primitif [1].

Avant lui, Sénèque, malgré ses déclarations, n'était pas allé aussi loin dans cette voie. Sans doute il affecte un profond mépris pour toutes les occupations étrangères à la philosophie [2]; et dans la philosophie même, dont il connaît dans le détail, aussi bien que personne, les divisions traditionnelles [3], il considère comme inutile tout ce qui ne touche pas à la morale [4], et ne se fait pas faute de répéter que la philosophie n'a d'autre objet que la vertu [5]. Mais, malgré cette insistance, il est difficile d'oublier dans quelles directions variées s'est exercée l'activité du ministre de Néron. En réalité, à part l'érudition mesquine, qui paraît n'avoir jamais excité que sa verve railleuse [6], tout intéresse cet esprit naturellement curieux [7]. Les *Questions Naturelles* ne sont pas l'œuvre d'un homme qui ne voit d'autre philosophie que celle qui conduit directement à la pratique de la vertu [8]. Le livre s'ouvre par un éloge en règle des recherches métaphysiques; et de ces hauteurs, c'est à peine si Sénèque distingue encore la morale à ses pieds. Il est vrai qu'il ne faudrait pas s'en laisser imposer par ce morceau soigné, préface rédigée sans doute après coup; car, plus loin, une fois redescendu sur la terre, il voit dans la connaissance de la nature, non pas une fin en

---

[1] Voir Bonhöffer, *ouvr. cité*, t. II, préf., p. v; cf. l'aveu qui termine la p. 124 et celui qui commence la p. 126.
[2] Sénèque, *Ep.*, LXXXVIII; *De brev. vit.*, XIV, 3; *Qu nat.*, III, préf., 5-8; *De benef.*, VII, 1.
[3] Id., *Ep.*, LXXXIX, 8-12; XCIV, 45-47; XCV, 10.
[4] Id., *Ep.*, LXXXVIII, fin ; CXI; CXVII, 21-23.
[5] Id., *Ep.*, LXXXIX, 6-7; XCIV, 39 ; CXVII, 11.
[6] Id., *Ep.*, LXXXVIII, 5-8 et 32-36; *De brev. vit.*, XIII et XIV.
[7] Sénèque, *De otio*, XXXII, 2 : « Curiosum nobis natura ingenium dedit... Acies nostra aperit sibi investigando viam... ut inquisitio transeat ex apertis in obscura ».
[8] Voir en particulier *Quaest. nat.*, VI, IV, 2.

soi, mais un moyen pour l'homme de s'améliorer [1]. En réalité, ces études, telles qu'il les entend, telles que les entendaient Posidonius et, avant lui, les Péripatéticiens de l'école de Théophraste, ne sont ni au-dessus ni au-dessous de la philosophie morale : elles ont pour objet un certain nombre de ces curiosités qu'ailleurs il se plaisait à railler comme inutiles. On dirait, du reste, qu'il sent la contradiction ; car il s'efforce de mêler à ses développements scientifiques des considérations morales et des essais d'applications pratiques qui sentent souvent l'artifice et quelquefois la déclamation [2].

Quant à la physique proprement dite, — nous dirions plutôt la métaphysique, — qui était, pour les anciens stoïciens, l'une des deux parties essentielles de la philosophie, voilà, semble-t-il, ce que doit sacrifier résolument celui qui prétend réduire celle-ci à la morale. Mais comment croire que la métaphysique, je ne dis pas laisse indifférent, mais n'intéresse pas pour elle-même l'auteur du traité de la *Brièveté de la Vie*, quand il engage Paulinus à abandonner ses fonctions de préfet des approvisionnements pour se livrer tout entier à des travaux plus relevés, à des recherches sur la nature des dieux, sur le sort réservé à l'âme après la mort, sur les éléments et les phénomènes célestes [3] ? C'est le même qui, dans le traité du *Repos du Sage*, vante l'utilité du loisir pour l'étude de certaines questions comme l'unité de substance, le plein et le vide, le passé et l'avenir du monde, l'infinité de l'espace, la divisibilité de la matière et une foule d'autres problèmes qui préoccupaient autrefois Démocrite et Héraclite, et,

---

[1] Sénèque, *Quaest. nat.*, III, préf., 10-18; *Ep.*, LXV, 15-18.
[2] Id., *Quaest. nat.*, III, 18; IV, 13; V, 18; VI, 2.
[3] Id., *De brev. vit.*, xix. Par une coïncidence curieuse, Épictète, qui a été, lui aussi, en relations avec un préfet des approvisionnements, compare, du même ton railleur que Sénèque, les occupations de ces fonctionnaires aux occupations philosophiques; mais, quoiqu'il emprunte ses exemples à Chrysippe, il les choisit exclusivement dans la morale (*Entretiens*, I, 2, 10).

après eux, Épicure et Zénon. Et il conclut : « L'homme étant né pour de telles recherches, juge combien peu de chose est le temps qui lui a été accordé, alors même qu'il se le réserverait tout entier[1]. » Nous voilà loin de la philosophie purement morale. Certes, Sénèque connaît bien les tendances de son temps, et il les suit assez souvent; mais il s'intéresse à trop de choses pour y demeurer toujours fidèle, et la préoccupation dominante de cet esprit très souple et très ouvert n'est pas d'être logique et constant avec lui-même.

Épictète, suivant en cela l'exemple de son maître Musonius[2], affirme aussi nettement que Sénèque que l'objet de la philosophie est d'ordre moral; mais, plus logique que lui, il la contient strictement dans ce domaine. Sans être l'objet d'une exclusion catégorique, la physique n'en est pas moins absente de ses préoccupations : il le prouve en ne la faisant pas figurer au programme de la philosophie, telle qu'il la conçoit, et en lui refusant une place à part dans son enseignement. Il n'ignore évidemment pas plus que Sénèque la division établie et adoptée par ses prédécesseurs : il n'en est pas moins vrai qu'il s'abstient d'y faire aucune allusion. On trouve dans les *Entretiens*, nous l'avons vu plus haut, l'expression τὰ λογικά[3] ; on y trouve naturellement τὰ ἠθικά[4] ; on y chercherait vainement τὰ φυσικά. Il a une classification à lui, ou plutôt il en a deux : l'une et l'autre distinguent, comme la classification traditionnelle, trois parties (τόποι)[5] dans la philosophie; or la physique manque dans l'une et dans l'autre. Dans un passage célèbre du *Manuel*[6], ces trois parties sont classées

---

[1] Sénèque, *De otio*, XXXI, 2 et 3; XXXII, 5-6; cf. *Ep.*, CXVII, 19-20; LXV, 19-21.
[2] V., par ex., Stobée, *Ecl.*, II, xxxi, 123 W., fin; II, xxxi, 125 W., fin; II, xxxi, 126 W. (*Flor.*, IV, p. 221, l. 9 et 19; p. 223, l. 11 M.).
[3] Épictète, *Entretiens*, I, xvii, 6.
[4] Id., *ibid.*, II, xix, 11.
[5] Cette dénomination était attribuée aussi aux divisions usuelles, concurremment avec μέρη, εἴδη et γένη. Diog. L., VII, 39.
[6] Épictète, *M.*, LII, 1.

par ordre d'importance et dans l'ordre inverse de leur ordre rationnel : la troisième, qui a pour objet les définitions et la démonstration en soi, correspond évidemment à la logique ; la première, relative à l'usage des préceptes théoriques (par exemple, le fait de ne pas mentir), ne peut être que la morale appliquée. Quant à la partie intermédiaire (par exemple, d'où vient qu'il ne faut pas mentir), même si on veut y voir l'étude des fondements métaphysiques de la morale plutôt que la morale théorique, elle est présentée en tout cas comme une simple introduction à la morale pratique. Épictète dit formellement qu'elle n'est nécessaire que par rapport à cette dernière [1] ; et, si les élèves n'attachent d'importance qu'à la troisième, lui n'attache d'importance qu'à la première. Du reste, cette classification n'apparaît qu'une fois, incidemment, dans le *Manuel*, et ne rappelle aucun passage des *Entretiens*. Par contre, on voit figurer très fréquemment dans ceux-ci une autre classification, qui est évidemment celle que préfère Épictète : or, nous le verrons plus loin, elle n'admet que la morale et la logique, et aucune sollicitation de textes ne permettrait d'y faire entrer la physique comme enseignement à part. Et tout porte à croire qu'elle est de l'invention d'Épictète : dans Musonius lui-même, du moins dans ce qui nous reste de lui, on ne trouve rien qui en donne une idée, alors qu'elle apparaît plusieurs fois, concurremment avec la division traditionnelle, chez Marc-Aurèle [2], qui, comme on sait, connaissait et appréciait hautement les *Entretiens*. Il y a bien là, chez Épictète, toutes les apparences d'un parti pris.

En fait, la physique, prise au sens un peu plus restreint de cosmologie, occupe dans l'enseignement d'Épictète beaucoup moins de place que chez aucun de ses prédécesseurs, Musonius mis à part, et que chez Marc-Aurèle

---

[1] Épictète, *M.*, LII, 2.
[2] Marc-Aurèle, *Pensées*, VII, 55 ; VIII, 7 ; VIII, 28 ; IX, 6 et 7 ; XI, 37.

lui-même[1]. Dans un seul fragment de Musonius, qui paraît provenir de la partie perdue du recueil d'Arrien, sous forme de citation ou de mention faite par Épictète[2], il est question de la nature du monde, du déterminisme universel, des changements auxquels sont soumis nécessairement tous les êtres et jusqu'aux éléments ; mais Musonius ne fait à ces choses qu'une brève allusion pour en tirer immédiatement une conclusion pratique, l'appel à la résignation. Or Épictète, dans un chapitre des *Entretiens*[3], procède exactement de la même façon.

C'est avec un pareil souci de l'application pratique et en vue d'une conclusion analogue que, dans un autre chapitre[4], il fait une courte allusion à la théorie stoïcienne de l'embrasement du monde et de la décomposition de l'homme en ses éléments après la mort. Mais l'étude de ces questions pour elles-mêmes ne tient, en somme, aucune place dans son enseignement. Et même, si on regardait comme l'expression de sa pensée personnelle le fragment d'Arrien le plus considérable que nous devons à Stobée[5], il serait allé jusqu'à professer hautement son dédain pour la métaphysique incertaine, en tout cas inutile, de ses prédécesseurs, se plaçant ainsi au point de vue du cynique Ariston de Chios, qui considérait le φυσικὸς τόπος comme hors de notre portée[6]. Mais ces audacieuses déclarations d'indépendance, qui n'auraient rien de surprenant de la part de

---

[1] Marc-Aurèle, *Pensées*, X, 31 ; X, 9 ; VIII, 13 ; cf. VII, 67.

[2] Épictète, fr. 8. = Stob., *Flor.*, CVIII, 60. V. Zeller, *Ph. d. Gr.*, III, 1, p. 731, note 3, et Asm, *Quaest. Epict.*, p. 41 et suiv.

[3] Épictète, *Entretiens*, III, xxiv, 10, 92 et suiv. Cf. le sujet de la plus grande partie du chapitre (par ex. πῶς οὖν γένωμαι φιλόστοργος ; III, xxiv, 58 et suiv.) et le titre du fragment 8 : 'Ροῦφου ἐκ τῶν Ἐπικτήτου περὶ φιλίας. Par suite, il est probable que la résignation dont parle Musonius est la résignation à la perte des êtres chers ; et le rapprochement avec le fragment 4 (voir particulièrement la fin : εἴτε τῶν παίδων δέοιτο εἴτε τῆς πατρίδος), qui est de même provenance, confirme bien cette supposition.

[4] Id., *ibid.*, III, xiii, 4 et 15.

[5] Stobée, *Ecl.*, II, 1, 31 W ; *(Flor.*, LXXX, 14 M.).

[6] Diog. L., VI, 103 ; VII, 160 ; Sénèque, *Ep.*, LXXXIX, 11 ; Cicéron, *Acad.*, II, 123. Cf. Philon, *Quod omn. prob. lib.*, xii.

Sénèque, ne sont pas dans les habitudes d'Épictète : il ne se permet ces sorties que contre les écoles adverses. En réalité, il développe ici et transpose à sa façon une idée socratique [1], partagée par Protagoras et Gorgias, qu'il fait exprimer par un interlocuteur fictif [2]. Il est vraisemblable qu'au fond il est bien près de l'approuver; mais il ne faudrait pas le lui faire dire malgré lui et lui faire dépasser sa pensée [3]. A défaut d'une déclaration de principes formelle, son extrême discrétion dans l'ensemble des *Entretiens* est assez significative par elle-même.

Il est juste de reconnaître que la théologie tient un peu plus de place que la cosmologie dans les préoccupations d'Épictète. C'est ce que fait bien comprendre la fin du même fragment, malgré le mauvais état du texte. Si, comme le prétend l'interlocuteur, une seule chose est nécessaire, à savoir la science du bien et du mal et la possession des règles qui servent à la conduite de la vie, le γνῶθι σεαυτόν ne va pas sans la connaissance de la puissance qui administre l'univers : l'étude de l'homme suppose l'étude de son auteur [4]. Aussi Épictète peut-il dire dans les *Entretiens,* citant ses prédécesseurs : « Avant tout, l'homme doit se demander s'il y a un Dieu » [5]; et il répond à cette question par des démonstrations sommaires de l'existence, de l'omniscience et de la providence divines. Il y a sur Dieu toutes sortes de théories contradictoires : depuis l'athéisme jusqu'à la croyance en la providence, toutes les opinions sont représentées [6]. La sienne, où se retrouve

---

[1] Xénophon, *Mém.*, I, 1.

[2] C'est ce qui ressort de l'emploi du mot φησί (cf. plus loin, 3ᵉ partie, chap. III). La ponctuation de l'éd. Schenkl nous paraît préférable à celle du Stobée de Wachsmuth.

[3] Surtout pour dire ensuite que le passage ne tire pas à conséquence, ou que nous n'en pouvons saisir actuellement la véritable portée. V. Bonhöffer, *ouvr. cité*, t. II, p. 124.

[4] Cf. *Entretiens*, II, xiv, 19-20, où les deux termes sont également réunis, mais sans que leur rapport soit aussi étroitement marqué.

[5] Épictète, *Entretiens*, II, xiv, 11.

[6] Id., *ibid.*, I, xii, 1-4.

celle de ses prédécesseurs, y compris celle de Socrate, est aussi éloignée que possible de l'athéisme. Le philosophe se distingue de la foule parce qu'il a la curiosité de se demander s'il y a quelqu'un qui gouverne l'univers[1]. Or un simple coup d'œil jeté sur cet univers ne lui permet pas d'en douter. Il y a un Dieu auteur de toutes choses[2]; c'est lui qui dirige le monde et y maintient l'admirable harmonie qu'on y voit régner[3]. Si, tous les jours, la combinaison des parties dans une œuvre nous fait conclure forcément qu'elle n'est pas le produit du hasard, la merveilleuse organisation de l'univers, l'organisation plus merveilleuse encore de notre entendement démontrent évidemment l'existence de l'ouvrier suprême[4]. Ce Dieu voit et connaît tout. La puissance de notre attention et de notre mémoire, qui peuvent embrasser des choses innombrables, n'est qu'une image infiniment réduite de la capacité de l'attention divine[5]. Il voit particulièrement au fond de nos âmes : ce ne sont pas seulement nos actions, ce sont nos moindres sentiments qui ne peuvent lui échapper[6]. S'il est en harmonie avec le reste du monde, c'est avec nous qu'il est dans l'harmonie la plus intime. C'est pour les hommes qu'il a tout disposé ici-bas : ce Dieu est, en un mot, une Providence[7].

On voit déjà que, tout en s'élevant à ces hauteurs, Épictète ne perd pas l'homme de vue. On peut dire en général

---

[1] Épictète, *Entretiens*, II, xiv, 25-26.
[2] Id., *ibid.*, IV, vii, 6.
[3] Id., *ibid.*, I, xiv, 1-6.
[4] Id., *ibid.*, I, vi, 7 et 10.
[5] Id., *ibid.*, I, xiv, 7-12.
[6] Id., *ibid.*, I, xiv, particulièrement 13-14 ; II, xiv, 11.
[7] Id., *ibid.*, I, xvi. Cette conception d'un Dieu qui domine et embrasse tout l'univers se concilie, pour Épictète comme pour ses prédécesseurs, avec un polythéisme qui reconnaît des dieux subordonnés. Aussi passe-t-il souvent du singulier au pluriel et du pluriel au singulier, quand il parle de la divinité, par ex. II, xiv, 11. Le pluriel est d'ailleurs l'exception chez lui, et tout fait croire qu'en l'employant il ne fait, le plus souvent, que se conformer aux habitudes du langage vulgaire.

qu'il ne parle jamais de Dieu sans un retour vers l'homme et ses devoirs : sa philosophie est toujours prête à redescendre du ciel sur la terre. Si l'homme doit avant tout apprendre qu'il y a un Dieu, dont la clairvoyance s'étend sur toutes ses actions et toutes ses pensées, il doit, immédiatement après, apprendre ce que sont les dieux [1] ; et s'il est sur la terre pour contempler la divinité et ses œuvres, il ne doit pas se borner à une contemplation passive, il doit, de plus, interpréter ce qu'il voit et y conformer sa conduite [2]. Son devoir est de plaire aux dieux en toutes choses, et sa fin est de les suivre [3]. Le moyen de leur plaire et de leur obéir est de tâcher de leur ressembler dans la mesure de ses forces, et, quoi qu'on dise ou quoi qu'on fasse, de prendre la divinité pour modèle [4]. Il y a, en un mot, deux ordres de questions qui se suivent et s'appellent nécessairement. D'abord, y a-t-il quelqu'un qui gouverne l'univers? quel est-il et comment le gouverne-t-il? Ensuite, qui sommes-nous? qu'avons-nous à y faire? quel rapport y a-t-il entre lui et nous [5]?

Ainsi la métaphysique, comme plus haut la logique, n'est pas traitée pour elle-même [6] : elle est au seuil de la morale. Parfois même, Épictète les présente toutes deux simultanément [7], comme un retard, mais un retard indispensable à l'étude des questions plus importantes. Si, dans ce cas, il insiste sur la longueur de ce retard, c'est qu'il veut arrêter des aspirants trop impatients d'arriver aux résultats pratiques ; c'est, de sa part, un procédé pédagogique

---

[1] Épictète, *Entretiens*, II, xiv, 11.
[2] Id., *ibid.*, I, vi, 19 et 21; cf. I, xvii, 13 et 28; I, xii, 15; *M.*, XXXI, 1; cf. également Musonius, cité par Épictète, fr. 4 = Stobée, *Ecl.*, II, viii, 30 W.
[3] Épictète, *Entretiens*, I, xiii; I, xx, 15; I, xii, 5 et 8.
[4] Id., *ibid.*, II, xiv, 12-13; cf. Musonius dans Stobée, *Flor.*, CXVII,8(IV, p.88, l. 23 et suiv. M.), et XVII, 42 H. (I, p. 286, l. 10 M.); Sénèque, *Ep.*, XCV, 50.
[5] Épictète, *Entretiens*, II, xiv, 27; cf. I, x, 10.
[6] Cf. *Entretiens*, I, xvii, 1-13 pour la logique, et fr. 1, l. 15 et suiv., pour la métaphysique.
[7] Épictète, *Entretiens*, II, xxiv, 12, 13-14, 19; I, xx, 15-16 et 19.

que nous le verrons appliquer plusieurs fois. Mais, en réalité, sans aller aussi loin que les cyniques, qui supprimaient hardiment toute introduction théorique à la morale, aussi bien, comme dit Sénèque, la rationnelle que la naturelle[1], il semble avoir réduit au minimum la part des études spéculatives[2]. Aucun autre stoïcien, sauf peut-être Musonius[3], ne paraît avoir simplifié la philosophie à ce point. Le fait est significatif, et il est inutile d'essayer, comme on l'a fait[4], d'en atténuer l'importance.

En tout cas, la morale ne peut manquer de s'en ressentir. Non seulement il est naturel qu'elle soit, par compensation, plus approfondie et plus précise, plus soucieuse du détail et de l'application pratique[5] ; mais, en réduisant la physique, comme le fait Épictète, à servir d'introduction élémentaire à la morale, il fait mieux ressortir le fondement religieux de celle-ci. C'est la pensée de Dieu, pourrait-on dire, qui est le commencement de la sagesse. Le problème moral étant posé dans les termes que nous avons vus : « Que sommes-nous par rapport à Dieu et qu'avons-nous à faire? » la définition de l'homme, qui est la base de l'éthique, est toute religieuse : elle est faite, pour ainsi dire, « en fonction » de Dieu. L'homme est composé de deux éléments qui s'opposent nettement[6]. Tandis que le corps nous est commun avec les animaux, la προαίρεσις, c'est-à-dire la faculté qui raisonne, qui juge et qui agit — ce que

---

[1] Sénèque, *Ep.*, LXXXIX, 11. Cf. pl. haut, p. 49, n. 6.
[2] Il est même probable que ces études, qui avaient sans doute pour points de départ les explications de textes, étaient mêlées assez librement aux études morales proprement dites. V. par ex. le passage du *Manuel*, LII, 1, cité plus haut, p. 48, où une division de la philosophie est donnée à propos de la question du mensonge.
[3] Philon, avec qui Musonius a bien des rapports au point de vue des tendances vers le cynisme, abandonne la physique (cosmologique) aux μετεωρολέσχαι, comme la logique aux λογοθήραι *(Qu. omn. prob. lib.*, XII); mais il n'est pas toujours aussi exclusif, par ex. *Migr. Abr.*, XIV.
[4] V. Bonhöffer, *ouvr. cité*, II, p. 126.
[5] Épictète, *M.*, LII, 2. : ὁ δὲ ἀναγκαιότατος καὶ ὅπου ἀναπαύεσθαι δεῖ, ὁ πρῶτος (τόπος).
[6] Cf. Musonius dans Stobée, *Flor.*, XXIX, 78 (II, p.14, l. 8 et suiv. M.).

nous appelons plus vaguement l'âme[1] — nous est commune avec Dieu. Par elle nous sommes en relation avec lui, nous sommes une partie de lui-même[2]. C'est là une des idées sur lesquelles Épictète, comme Sénèque, insiste le plus volontiers. A vrai dire, c'est cette faculté seule qui constitue notre personne[3]. Déjà dans Sénèque, l'opposition des deux éléments de l'être humain et l'infinie supériorité de l'un sur l'autre sont fortement mises en relief : à peine dit-il un mot, à l'occasion, de la nature matérielle de l'âme[4]; en revanche, son imagination lui fournit les comparaisons les plus variées pour marquer le peu de valeur du corps : c'est pour l'âme un vêtement, une demeure passagère, un fardeau, une prison[5]. Le matérialisme stoïcien tient peut-être encore moins de place chez Épictète[6]. Même quand il laisse entendre que l'âme et le corps ont la même origine divine, il ne parle du corps que pour mettre un abîme entre l'âme et lui[7]. Le corps, fait de boue artistement arrangée[8], est distinct de nous : non seulement il n'est pas nous, mais il n'est même pas à nous[9]. C'est une entrave, un fardeau inévitable ; c'est la dernière enveloppe de l'homme qui se laisse dépouiller successivement par le tyran de tout ce qui ne lui appartient pas en propre[10]. Épictète définissait encore l'homme, d'après le témoignage de Marc-Aurèle, une âme portant un cadavre[11].

---

[1] Épictète lui-même l'appelle quelquefois ψυχή ; mais plus souvent ὁ λόγος καὶ ἡ γνώμη ; cf. III, vii, 2 et I, iii, 3 ; I, xii, 26.
[2] Épictète, *Entretiens*, I, iii, 3 ; I, xiv, 6 ; II, viii, 11.
[3] Id., *ibid.*, IV, v, 11 ; II, x, 1.
[4] Sénèque, *Ep.*, CVI, 4 ; LVII, 5-6 ; L, 7.
[5] V. les passages réunis dans Zeller, *Ph. d. Gr.*, III, I, p. 710, note 4.
[6] Épictète, *Entretiens*, III, xiii, 15.
[7] Id., *ibid.*, I, xiv, 5.
[8] Id., *ibid.*, I, I, 11 ; IV, I, 100.
[9] Id., *ibid.*, I, I, 24 ; I, xxix, 5-6 et 16 ; III, I, 40 ; III, xiii, 17 ; cf. I, ix, 34 ; — I, I, 32 ; II, xvi, 17 ; III, x, 15. Ailleurs (III, vii, 2) le corps est présenté comme intermédiaire entre nous et les choses extérieures ; même distinction II, xxii, 19 ; cf. I, ix, 12 fin.
[10] Id., *ibid.*, I, xxiv, 13 ; I, xxv, 21 ; cf. I, xx, 17 ; I, xxiii, 1.
[11] Fr. 26, cité par Marc-Aurèle, IV, 41.

Quant à cette âme, cette προαίρεσις qui constitue proprement l'homme, elle est, de sa nature, entièrement indépendante [1]. Est-ce l'effet indirect du régime politique ? Toujours est-il que c'est sous le despotisme impérial et à l'époque des persécutions que le stoïcisme met le plus nettement en lumière la liberté intérieure de l'individu. Les déclarations de Sénèque sur ce point sont innombrables [2]. Musonius affirme, moins souvent sans doute, puisque il ne nous reste de lui qu'un petit nombre de pages, mais tout aussi fortement, que l'âme échappe à toute contrainte extérieure, et cet exilé dit, en citant son propre exemple à l'appui, que, si on peut enlever à un homme sa patrie, on ne peut lui enlever sa liberté [3]. A l'exemple de Musonius et presque dans les mêmes termes, c'est cette liberté qu'Épictète relève avant tout dans l'âme humaine ; c'est sous cet aspect qu'elle se présente d'abord à lui, avec tant d'évidence qu'il ne saurait y avoir là matière à doute ni objet à démonstration [4]. Cette liberté, qui est notre bien le plus précieux, ou, pour mieux dire, notre seul bien, est un don fait par Dieu à chacun de nous [5]. Par une faveur insigne, qui est le comble de la bonté, en détachant une partie de lui-même pour nous la donner, il ne s'est réservé aucun recours contre elle : à plus forte raison a-t-il voulu la soustraire à toute autre influence [6]. Nous avons là comme une citadelle imprenable, où nous pouvons braver tous les assauts de l'extérieur, comme un domaine inaliénable, où nous régnons en maîtres absolus [7].

Rien donc n'agit sur nous que nous-mêmes. Les choses extérieures se bornent à nous envoyer des impressions, à

---

[1] Épictète, *Entretiens*, I, xvii, 21-27 ; I, xix, 9 ; I, xxv, 3 ; II, 11, 2-6.
[2] V. Zeller, *Ph. d. Gr.*, III, 1, p. 722, n. 1.
[3] Stobée, *Flor.*, LXXIX, 51 (III, p. 94, l. 10 et suiv. M.) ; XL, 9 (II, p. 74, l. 21 et suiv. M.) ; cf. Rufus dans Épictète, fr. 4.
[4] Épictète, *Entretiens*, II, 11, 2-8 ; III, xxii, 42-43 ; IV, 1, 68 et suiv.
[5] Id., *ibid.*, IV, vii, 12 ; IV, v, 34 ; cf. Musonius dans Stobée, *Flor.*, LXXIX, 51 (III, p. 94, l. 10 M.).
[6] Épictète, *Entretiens*, I, 1, 23 ; I, vi, 40 ; I, xvii, 27 ; III, iii, 10.
[7] Id., *ibid.*, IV, v, 25-26.

propos desquelles nous formons des jugements. Le principe qui est naturellement libre ne peut être troublé ou empêché que par lui-même ; ce sont ses jugements qui ont prise sur lui[1]. Les jugements que nous formons à propos de nos impressions sont bons s'ils sont conformes à la nature des choses, par exemple, si nous déclarons indifférent ce qui effectivement ne dépend pas de nous. C'est dans cette χρῆσις οἵα δεῖ φαντασιῶν que consiste, pour Épictète comme pour Musonius, le véritable exercice de la liberté[2]. C'est, d'ailleurs, tout ce que nous pouvons faire à l'égard des choses : elles échappent en dernier ressort à notre influence, comme nous échappons à la leur[3]. Inutile de vouloir à toute force les changer à notre gré : c'est nos jugements qu'il faut changer, s'il y a lieu[4]. On peut donc dire encore que la liberté consiste à accepter les choses telles qu'elles sont : « Il n'y a de libre que celui à qui tout arrive comme il le veut et que rien ne peut contraindre. Mais quand cela se produit-il ? Quand il veut les choses comme elles arrivent, c'est-à-dire comme les a voulues et réglées le régulateur souverain[5]. »

Par suite, le monde se divise, pour chaque individu, en deux parties bien distinctes : ce qui dépend de lui et ce qui n'en dépend pas. Ce qui dépend de nous, c'est notre προαίρεσις et tous les actes qui s'y rapportent ; ce qui ne dépend pas de nous, c'est notre corps et ses différentes parties, ce sont nos biens, nos parents, nos enfants, notre patrie, en un mot tout ce qui nous entoure. Cette distinction, que personne, avant Épictète, n'avait faite aussi nettement que son maître Musonius[6], a été évidemment à

---

[1] Épictète, *Entretiens*. II, xxiii, 19 ; III, xix, 2 ; IV, v, 28 ; I, xix, 12 ; I, xvii, 25-26 ; IV, i, 70.
[2] Cf. Rufus dans Épictète, fr. 4, et une foule de passages des *Entretiens*. V. l'Index de Schenkl au mot φαντασία.
[3] Épictète, *Entretiens*, I. 1, 7 ; I, iii, 4 ; I, xviii, 2.
[4] Id., *ibid.*, III, xix, 3 ; cf. Télès dans Stobée, *Flor.*, I, 98 II. (I. p. 124, l. 21 et suiv. M.).
[5] Épictète, *Entretiens*, I, xii, 9 et 10.
[6] Rufus dans Épictète, fr. 4.

dessein placée par Arrien en tête du *Manuel* et des *Entretiens*, où on la retrouve à chaque instant. Telle est, en effet, son importance aux yeux d'Épictète qu'il a pu dire que tout l'effort de la sagesse consiste à savoir la faire [1]. Car l'idée de moralité, inséparable d'ailleurs de l'idée d'utilité [2], est étroitement liée à celle de l'indépendance de la προαίρεσις [3]. La notion de bien et de mal ne peut s'appliquer qu'à ce qui nous appartient; rien de ce qui n'est pas à nous ne peut être qualifié de bon ou de mauvais. Au risque de choquer des préjugés vulgaires, il faut dire hautement que la santé, que la vie elle-même n'est pas un bien, non plus que la patrie et la famille [4]. C'est Dieu qui a établi la loi suivante : « Si tu veux quelque bien, tire-le de toi seul [5]. » Le mot de bien n'a de sens qu'à propos d'actes libres qui tendent à conserver la προαίρεσις telle que nous la tenons de la nature, τηρεῖν τὴν προαίρεσιν κατὰ φύσιν ἔχουσαν [6], ou, ce qui revient au même, à lui faire réaliser pleinement ce qu'elle n'est qu'en puissance.

L'activité de la προαίρεσις peut être envisagée particulièrement de deux points de vue, suivant qu'elle s'applique à des désirs (ὄρεξις; terme opposé : ἔκκλισις) ou à des mouvements proprement actifs (ὁρμή; terme opposé : ἀφορμή). De là deux étapes dans la morale [7].

---

[1] Épictète, *Entretiens*, I, xxii, 10.
[2] Id., *ibid.*, I, xxii, 1; II, viii, 1.
[3] Id., *ibid.*, II, xxiii, 19 et 28.
[4] Id., *ibid.*, I, xxii, 11-12 et 18; I, xxv, 1; II, 1, 4; III, x, 18; IV, x, 8; IV, xii, 7; cf. Rufus dans Épictète, fr. 4, fin.
[5] Id., *ibid.*, I, xxix, 4.
[6] Id., *ibid.*, I, xv, 4; I, xxvi, 2; II, 11, 2; *M.*, IV.
[7] Ce sont ces deux τόποι (ὁ περὶ τὰς ὀρέξεις καὶ τὰς ἐκκλίσεις, III, 1, 1, et ὁ περὶ τὰς ὁρμὰς καὶ ἀφορμάς, III, 1, 2) qui, avec un troisième relatif au jugement ou plus exactement à l'assentiment (ὁ περὶ τὰς συγκαταθέσεις, III, 1, 2) forment ce groupe dont il a déjà été question plus haut, p. 48, et auquel Épictète fait si souvent allusion (v. l'Index de Schenkl, au mot τόπος (τρεῖς τόποι) ; le *locus classicus* est III, ii, 1-6). Telle est la classification particulière de la philosophie qu'il paraît avoir adoptée pour son enseignement.

L'homme doit commencer par surveiller ses désirs et ses craintes, s'il veut sauvegarder l'indépendance qu'il tient de Dieu, ou, en termes techniques, conserver sa προαίρεσις conforme à la nature, c'est-à-dire avant tout libre [1]. Ce n'est pas seulement sa liberté, c'est sa tranquillité, disons mieux, c'est son bonheur qui est à ce prix. Nos désirs et nos craintes s'appliquent la plupart du temps à des objets extérieurs : par là nous nous rendons esclaves des hommes et des choses, en général de tout ce qui peut nous procurer l'objet de nos désirs et nous faire éviter l'objet de nos craintes [2]. Celui qui tient à sa liberté doit s'imposer une indifférence absolue à l'égard des choses extérieures, réservant ses désirs et ses craintes pour la seule chose qui dépende de lui, le bon et le mauvais usage de ses impressions. La mort, ne dépendant pas de nous, ne doit nous inspirer que de l'indifférence : nous n'avons ni à la désirer — cas exceptionnel [3] — ni à la craindre. La seule chose que nous ayons à redouter, c'est précisément d'avoir peur d'elle, c'est-à-dire de faire un mauvais usage des impressions qu'elle produit sur nous : ce qui est un mal, c'est de croire qu'elle est un mal [4]. De même, ce n'est pas la pauvreté qui est à craindre, mais l'idée fausse qu'on s'en fait généralement [5]. Car nous pouvons éviter celle-ci par nous-mêmes, tandis que nous dépendons des hommes et des choses qui peuvent nous faire éviter celle-là. Ainsi s'explique le double précepte ἀνέχου, ἀπέχου, qui est, non pas le

---

[1] Épictète, *Entretiens*, III, 11, 3 ; II, xvii, 29-30. Cf. Simplicius, *Comm.*, préf., p. 1, l. 22 (à propos de l'objet du *Manuel*) : ἐλευθέραν ἀποτελέσαι τὴν ἡμετέραν ψυχὴν οἵαν αὐτὴν καὶ ὁ ποιήσας καὶ γεννήσας δημιουργὸς καὶ πατὴρ προεβάλλετο, ὥστε μήτε φοβεῖσθαί τι μήτε λυπεῖσθαι ἐπί τινι μήτε ὑπό τινος τῶν χειρόνων δεσπόζεσθαι.
[2] Id., *ibid.*, I, iv, 19 ; I, xxv, 23-24 ; II, ii, 10-14 et 25-26 ; III, xxiv, 72 et 75 ; IV, iv, 1, 23, 33 et 38 ; IV, vii, 10 ; IV, xiii, 21 ; *M.*, I, 3 ; XIV, 2. Cf. Rufus dans Épictète, fr. 4.
[3] Id., *ibid.*, I, i, 27.
[4] Id., *ibid.*, II, i, 14 ; *M.*, V. Cf. I, xxvii, 10 ; I, xxix, 60-61 ; II, xvi, 19.
[5] Id., *ibid.*, III, xvii, 9.

résumé, mais le point de départ de la sagesse stoïcienne, et qu'Épictète, d'après Favorinus[1], aimait à répéter : supporte sans murmurer tout ce qui arrive, c'est-à-dire n'aie d'aversion pour aucune chose extérieure ; abstiens-toi de rechercher rien de ce qui t'entoure, c'est-à-dire n'aie de désir pour aucune chose extérieure ; sans quoi c'en est fait de ton indépendance.

Ce double précepte n'est pas seulement la garantie de la liberté ; il renferme encore le secret du bonheur. Voir toujours ses désirs satisfaits sans jamais voir ses craintes justifiées, telle est la chimère que poursuit vainement le monde. Quelle que soit la puissance d'un homme, jamais il ne se pourra flatter de l'atteindre, tant qu'il voudra sortir de lui-même, tant qu'il craindra ou désirera des objets extérieurs. Il y a pourtant un moyen de réaliser ce rêve. « Ne considérez, dit Épictète, comme bonnes ou mauvaises que les choses qui dépendent de nous, et je vous garantis un bonheur constant, quoi qu'il se passe autour de vous..... Vous avez, dit-il encore, un moyen de n'être jamais vaincus : c'est de rester sur le terrain où la victoire ne dépend que de vous[2]. » Se délivrer du désir au lieu de chercher à le satisfaire, changer ses façons de voir plutôt que de vouloir changer l'ordre du monde[3], tel est le moyen infaillible de ne se plaindre jamais de rien ni de personne. Quand un homme en est arrivé là, rien ne peut le tirer de son calme, ni la perte de sa fortune, ni la mort de ses proches, parce qu'il savait d'avance qu'aucun de ces objets ne lui appartenait : il a atteint l'apathie[4], l'ataraxie, l'équilibre.

---

[1] Aulu-Gelle, *N. A.*, XVII, xix, 6. Le témoignage de Favorinus est confirmé par un passage des *Entretiens* eux-mêmes (IV, viii, 20), où la première partie de la tâche du philosophe est résumée par les mots πῶς ἀνέχομαι, πῶς ἀπέχομαι, suivis de leurs synonymes techniques πῶς ὀρέξει χρῶμαι, πῶς ἐκκλίσει.

[2] Épictète, *Entretiens*, III, iii, 19 ; III, vi, 7 ; II, 1 ; M., XIX, 1.

[3] Id., *Entr.*, IV, i, 175 ; cf. Télès dans Stobée, *Flor.*, I, 98 II. (I, p. 124, l. 26 M.).

[4] La passion provient, en effet, d'une ὄρεξις ἀποτυγχάνουσα ou d'une

Mais la morale ne saurait se réduire au règlement du désir et de la crainte ; ce n'est pas seulement l'indépendance qu'il importe de conserver intacte pour que le bien soit pleinement réalisé et le bonheur pleinement atteint. Celui qui s'en tiendrait là, sous prétexte qu'il est indépendant de tout ce qui l'entoure, se dispenserait de toute initiative, et il vivrait dans le monde comme s'il représentait à lui seul toute l'humanité ou plutôt comme si l'univers se réduisait à lui. Sans doute, il faut avant tout supprimer en soi ce qui cause les troubles et les gémissements[1] ; mais il ne faut pas oublier que l'homme ne doit pas être insensible comme une statue, ἀπαθῆ ὡς ἀνδριάντα[2]. Or la προαίρεσις n'a pas seulement la faculté d'éprouver le désir ou l'aversion : à côté de la δύναμις ὀρεκτικὴ καὶ ἐκκλιτική s'exerce la δύναμις ὁρμητικὴ καὶ ἀφορμητική, plus proprement active[3]. De là une seconde étape, un second τόπος dans la morale.

Cette division de la morale est-elle de l'invention d'Épictète ? L'auteur de la *Philosophie des Grecs*, après avoir compulsé les témoignages de Diogène Laërce et de Stobée, d'Épictète, de Sénèque et de Cicéron, sur les divisions de l'éthique stoïcienne, désespère de les mettre d'accord[4]. Tout ce qu'on peut dire, c'est que celle d'Épictète n'est complètement identique à aucune autre, et qu'aucune autre n'est plus simple ni plus nette. On sait qu'il se piquait de savoir mieux se faire comprendre que ses prédéces-

---

ἔκκλισις περιπίπτουσα (III, II, 3). Cf. IV, x, 13, où ἀπάθειαν ἐκπονεῖν résume le premier τόπος.

[1] Épictète, *Entretiens*, I, iv, 12 ; III, II, 3.
[2] Id., *ibid*, III, II, 4.
[3] Id., *ibid.*, I, i, 12. De même que l'état parfait, pour l'ὄρεξις, est de ne jamais manquer son objet, d'être ἀναπότευκτος (terme opposé : ἔκκλισις ἀπερίπτωτος), l'idéal, en fait d'ὁρμή, est de n'être jamais en faute, ἀναμάρτητος (I, iv, 11 ; I, xix, 2 ; II, viii, 29), ou encore d'être conforme à la raison et aux convenances (III, II, 2 ; III, xii, 13 ; IV, iv, 16).
[4] Zeller, *Ph. d. Gr.*, III, 1, p. 207, note.

seurs[1], et il est très vraisemblable qu'il se soit efforcé sur ce point en particulier de justifier cette prétention. Les termes d'ἔρεξις et d'ὁρμή dont il se sert sont naturellement stoïciens ; mais nulle part on ne les trouve opposés ainsi. Dans la classification de Sénèque, *impetus*[2], qui paraît être la traduction de ὁρμή, s'oppose à *actio*; or, par certains détails, celle-ci paraît correspondre à l'ὁρμή d'Épictète[3]. Dans la classification de Stobée, les πάθη, qui dans Épictète se rattachent à l'ἔρεξις[4], font partie de l'ὁρμή comme subdivision[5]. Les pages conservées de Musonius, à qui Épictète doit tant, ne fournissent aucune indication sur ce point. Nous remarquerons pourtant que la philosophie se ramène, pour Musonius, à la pratique des quatre vertus cardinales : c'est son cadre favori ; il n'est pas de moule où il ait plus volontiers coulé ses développements[6]. Or la division d'Épictète n'est pas sans rapports avec cette vieille division. Si les deux points de vue du premier τόπος peuvent être, on l'a vu, représentés par πῶς ἀπέχομαι, πῶς ἀνέχομαι, on reconnaît là la σωφροσύνη et l'ἀνδρεία ; quant au second τόπος, qui est résumé par πῶς συνεργῶ[7], il a à peu près le même objet que la δικαιοσύνη de Musonius[8].

---

[1] Épictète, *Entretiens*, II, xii, 1.
[2] Sénèque, *Ep.*, LXXXIX, 12.
[3] Cf. Épictète, III, ii, 2 ; III, xii, 13 ; IV, iv, 16, et Sénèque, *ibid.*, 13 : « Quid prodest impetus repressisse et habere cupiditates in tua potestate, si in ipsa rerum actione tempora ignores, nec scias quando quidque et ubi et quemadmodum agi debeat? »
[4] Épictète, *Entretiens*, III, ii, 3.
[5] Stobée, *Ecl.*, II, vi, 6 (p. 47, l. 4 et 5 M.).
[6] Stobée, *Ecl.*, II, xxi, 123 W. (*Flor.*, IV, p. 212-213 M.) ; II, xxxi, 126 W. (*Flor.*, IV, p. 221-222 M.) ; *Flor.*, XLVIII, 67 ; XXIX, 78 (II, p. 13, l. 15 et suiv. M.) ; cf. *Flor.*, CXVII, 8 (IV, p. 88, l. 21 et suiv. M.) ; XL, 9 (II, p. 75, l. 3-4 M.).
[7] Épictète, *Entretiens*, IV, viii, 20.
[8] Le troisième τόπος, dont l'objet est, on le verra, à la fois intellectuel et moral, n'est pas non plus sans rapports avec la φρόνησις, qui consiste principalement, pour Musonius, à savoir distinguer le bien du mal au moyen de preuves appropriées (v. les passages cités plus haut, et surtout *Flor.*, XXIX, 78 (II, 14, l. 28 et suiv. M.). Cette définition, à son tour, fait penser au περὶ ἀγαθῶν καὶ κακῶν de Diogène Laërce (VII, 84), et au *pretia rebus imponere* de Sénèque (*Ép.* LXXXIX, 12). En ce cas, la

Il a, en effet, pour objet τὸ καθῆκον [1]. Or l'idée de καθῆκον, moins générale que notre idée de devoir, correspond plus particulièrement, chez les stoïciens, et notamment chez Épictète, aux devoirs de l'homme envers les autres êtres avec qui il est en relations. Ici encore la προαίρεσις doit se maintenir en conformité avec la nature, c'est-à-dire conserver intactes les qualités qu'elle tient de Dieu et qui la rendent semblable à Dieu. C'est surtout cette partie de la morale qui est dominée par le précepte γνῶθι σεαυτόν [2]. Ces devoirs se tirent de notre définition même, et énumérer les différents titres ou les différents rapports (σχέσεις) par lesquels nous sommes en relation avec les autres êtres, c'est énumérer les différentes obligations qui s'imposent à nous [3]. C'est pour cela que l'homme n'a à chercher son devoir que dans sa conscience, et non dans l'exemple ou dans les conseils des autres hommes [4]; ce sont nos opinions, et non les choses extérieures, qui doivent déterminer nos actes, comme elles déterminent nos désirs [5]. Or l'homme peut être considéré de deux points de vue, d'abord comme être raisonnable, ensuite comme membre d'une société composée d'individus semblables à lui. De là deux séries de devoirs [6].

L'homme est avant tout un être raisonnable. Par là il se

---

division d'Épictète rappellerait d'assez près la division de l'éthique donnée par Diogène Laërce (du moins les trois premiers termes, les suivants n'étant, d'après Zeller, que des subdivisions). Elle ressemblerait aussi à celle de Sénèque, si *impetus* était la traduction d'ὄρεξίς et non d'ὁρμή : en tout cas, *impetus repressisse* a pour conséquence *habere cupiditates in sua potestate*. Quoi qu'il en soit, on voit par là combien est dominante chez Épictète la tendance morale de la philosophie, puisque la seule division de la philosophie qu'on trouve chez lui rappelle la division de l'éthique seule chez les autres stoïciens.

[1] Épictète, *Entretiens*, II, xvii, 15 ; III, ii, 2 ; IV, xii, 16.
[2] Id., *ibid.*, III, i, 24 et suiv.; cf. fr. 1.
[3] Id., *M.*, XXX ; cf. *Entretiens*, II, x, titre. Πῶς συνεργῶ, cité plus haut, p. 61, a pour synonyme technique πῶς τηρῶ τὰς σχέσεις τὰς φυσικὰς ἢ ἐπιθέτους (IV, viii, 20).
[4] Épictète, *Entretiens*, II, vii, 3 ; I, xi, 6 ; cf. II, ii, 21 et I, ii.
[5] Id., *ibid.*, I, xi, 33 ; I, xviii, 2.
[6] Opposition très nettement marquée, *ibid.*, II, x, 1-2 et 3-4.

distingue en général du reste du monde et particulièrement des animaux. Ceux-ci se réduisent à des corps ; chez lui au contraire le corps n'est qu'un accessoire. Vivre comme si on n'était qu'un corps, ce serait cesser d'être un homme[1]. Les animaux savent user de leurs impressions, en vue de conserver leur existence corporelle ; par là ils se distinguent des êtres inanimés et particulièrement des plantes, qui n'ont pas cet usage[2]. Mais ce n'est là pour l'homme qu'un point de départ : il doit, pour atteindre entièrement sa fin, aller jusqu'au bout de sa nature, c'est-à-dire faire de ses impressions un usage raisonné et raisonnable, puisque c'est la raison et la faculté de comprendre qui constituent proprement l'homme[3]. Un être ne conserve ses qualités naturelles que par une série d'actes en rapport avec sa nature : l'être dont la raison est la qualité essentielle ne demeurera tel que par des actes raisonnables[4]. La nature et la raison sont ici termes synonymes. Agir avec le sentiment de la dignité humaine, c'est-à-dire avec la conscience des devoirs que nous impose notre faculté principale, c'est appliquer le principe général, agir conformément à la nature[5].

Dans Épictète, pour prendre un mot d'Épictète lui-même, Dieu est toujours là. Le sentiment religieux, qui n'était pas absent de l'apathie et de l'ataraxie[6], sert ici de base au principe du respect de la dignité humaine. C'est Dieu qui a voulu que nous fissions de nos impressions un usage intelligent, en nous donnant cette faculté rationnelle qui est une partie de lui-même et qui, en même temps qu'elle nous distingue des êtres inférieurs, nous identifie

---

[1] Épictète, *Entretiens*, I, III, 5-9 ; II, IX, 1-5 ; II, X, 2 ; cf. I, IX, 26.
[2] Id., *ibid.*, I, VI, 13-14, 17-18 ; II, VIII, 4-7.
[3] Id., *ibid.*, I, VI, 13 et 15, 19-20 ; cf. III, I, 25.
[4] Id., *ibid.*, II, IX, 10 ; cf. I, II, 4.
[5] Id., *ibid.*, III, I, 25. V. quelques applications, I, III, 7-9 ; II, IX, 1-13 ; IV, V, 13-22.
[6] Id., *ibid.*, II, XVII, 24-25 ; IV, I, 90 ; cf. I, XXII, 15 ; I, XXVII, 13-14 ; II, XXII, 17 ; IV, V, 35 ; IV, VII, 11 ; *M.*, XXXI, 1-5.

en quelque sorte avec lui[1]. Toute notre conduite doit être inspirée de cette pensée que nous portons un Dieu en nous. Chacun de nous est comme une statue dont Dieu est à la fois l'artiste et le modèle, et c'est à nous-mêmes qu'il a confié la garde de son œuvre ; nous devons faire en sorte qu'elle soit toujours digne de l'artiste et semblable au modèle[2]. C'est ainsi que de notre définition se tire une première série de devoirs, que deux mots peuvent résumer, respect de la dignité et de la raison humaine, et respect du Dieu que nous portons en nous.

L'homme n'est pas seulement un être raisonnable, mais un être sociable. Nous devons pouvoir, au besoin, vivre seuls, mais la nature nous a faits pour nous aimer les uns les autres et être heureux de nous trouver ensemble : chacun de nous est citoyen du monde[3]. Indépendant ne veut donc pas dire isolé[4]. Si l'homme, indépendant de Dieu lui-même, a pourtant des devoirs envers ce Dieu dont il descend, l'indépendance ne le dispense pas davantage de toute obligation envers ceux qui en descendent comme lui. Il appartient à la société à différents titres, comme fils, frère, époux, père, simple citoyen ou magistrat[5]. Chacun de ces titres, qu'il soit naturel ou acquis ($\varphi\upsilon\sigma\iota\varkappa\delta\varsigma$, $\dot{\epsilon}\pi\dot{\iota}\theta\epsilon\tau o\varsigma$), représente un devoir et ne peut être conservé que par des actes en rapport avec lui : manquer à un de ces devoirs, c'est perdre un de ces titres et, par conséquent, se diminuer soi-même[6].

Dès lors, l'indépendance de la personne humaine n'est nullement en contradiction avec les devoirs de l'homme

---

[1] Épictète, *Entretiens*, I, vi, 13 et 19; I, i, 7 et 12; I, ix, 6; I, xiv, 6; II, viii, 10.
[2] Id., *ibid.*, I, iii, 1-2 ; II, viii, 12, 21 et 23 ; II, xiv, 13; cf. I, ix.
[3] Id., *ibid.*, I, xxiii, 1 ; I, xxviii, 20; IV, i, 120 et 126; IV, v, 10 et 17; fr. 1 fin; III, xiii, 5; II, x, 3.
[4] Id., *ibid.*, II, v, 24 ; II, ix, 4.
[5] Id., *ibid.*, II, x, 7-11 ; II, xiv, 8; II, xvii, 31; III, ii, 4 ; III, vii, 26; IV, vi, 26; IV, viii, 20.
[6] Id., *ibid*, II, x, 11-16 ; cf. IV, v, 12-22.

envers ses semblables. Chaque individu, de même qu'il est une partie de Dieu est une partie de la société : sa définition comprend des éléments empruntés à cette société; si bien que les autres hommes, à proprement parler, le touchent de plus près que son propre corps. Il travaille donc pour lui en travaillant pour les autres. Zeus agit toujours en vue de lui-même ; mais, s'il veut être le distributeur de la pluie, le producteur des fruits, le père des dieux et des hommes, qui ne voit qu'il n'accomplit ces fonctions qu'à condition d'être utile à l'univers ? De même, il a donné à tout être raisonnable une nature telle que celui-ci ne peut atteindre son bien particulier qu'en étant utile à la société[1]. Agir toujours en vue de soi, rapporter tout à soi, se préférer à tout et ne sacrifier à rien au monde son bien véritable, voilà, semble-t-il, la formule de l'égoïsme et la négation même de l'esprit de société[2] : c'est pourtant par la rigoureuse application de cette formule qu'Épictète prétend supprimer toutes les discussions, rivalités, haines, guerres et séditions qui éclatent entre les hommes et sauver les devoirs sociaux. Le rapport de ces deux points de vue n'avait peut-être jamais été mis aussi fortement en lumière. Cette idée, d'allure paradoxale, que l'homme le plus jaloux de son indépendance, le plus attaché à son intérêt propre, est celui qui pratiquera le mieux les vertus sociales les plus positives, est une des idées favorites d'Épictète, et son imagination lui fournit, pour l'exprimer, les ressources les plus variées. Le monde ne connaît d'autres pertes que les pertes matérielles : perdre de l'argent ou perdre un membre, voilà ce qu'il cherche à éviter à tout prix. Comme si on pouvait perdre des objets extérieurs ! On ne perd que ce qu'on a ; et c'est précisément en voulant retenir ce qui n'est pas à soi qu'on perd ce qui est à soi[3].

---

[1] Épictète, *Entretiens*, I, xix, 11-14.
[2] Id., *ibid.*, I, xiv, 17 ; II, xix, 11 ; II, xxii, 15, 16 et 19 ; III, iii, 5 ; III, iv, 10 ; IV, v, 30-31.
[3] Id., *ibid.*, II, x, 14, 19 et 27-30 ; I, xviii, 16 ; I, xxv, 4.

L'âme seule possède des biens dont la conservation est un avantage et la perte un dommage. Ne tenons-nous pas de la nature la loyauté, la bienfaisance à l'égard les uns des autres, et celui qui laisse endommager en lui tout cela, comment ne subirait-il pas de préjudice¹? C'est pourtant ces biens véritables qu'on sacrifie le plus souvent à des biens imaginaires, rendant du même coup toute société impossible. Si des objets extérieurs se placent entre nous et nos semblables, père, frère, enfants, patrie, rien de tout cela n'existe plus, quand il s'agit de les leur disputer². Si, au contraire, nous plaçons notre bien en nous-mêmes, c'est alors seulement que nous pourrons être bons amis, bons fils ou bons pères; car notre intérêt sera de conserver la loyauté, la patience, la générosité, en général toutes les qualités que nous tenons de la nature³. Ces qualités que personne ne peut nous prendre malgré nous, quelle sottise d'aller les sacrifier de gaîté de cœur! les conserver jalousement est ce que l'homme peut faire de plus habile. L'égoïsme vulgaire manque son but : c'est le défaut de ceux qui cherchent leur bien en dehors d'eux. Au contraire, ce qu'on appelle communément dévouement ou sacrifice n'est qu'une forme, très élevée d'ailleurs, de l'intérêt bien entendu. C'est ne rien sacrifier que de sacrifier de faux biens pour des biens véritables, et celui qui abandonne à son frère une salade ou une préséance pour sauvegarder sa générosité fait une excellente affaire. C'est, comme dit pittoresquement Épictète, troquer un âne contre un cheval⁴. Jamais les devoirs de la famille, de l'amitié, du patriotisme, ne sauraient exiger de sacrifice au sens ordinaire du mot⁵. De cette manière, l'indépendance de

---

[1] Épictète, *Entretiens*, II, x, 21-24 ; cf. I, xviii, 8 ; IV, I, 125-128 ; IV, v, 13-18.
[2] Id., *ibid.*, I, xxii, 13-14 ; II, xxii, 9-18 ; III, III, 6.
[3] Id., *ibid.*, II, xxii, 20 ; III, III, 8.
[4] Id., *ibid.*, II, x, 9 ; III, III, 8 ; IV, III, 1-2.
[5] Id., *ibid.*, III, xxiv, 49 ; *M.*, XXIV, 3.

l'individu, qui tout à l'heure servait de fondement à l'apathie et à l'ataraxie, reste entière, même quand s'élargit le cercle de son activité morale et qu'il fait un nouveau pas dans la voie de la perfection ou de la vie conforme à la nature.

Telles sont, dans les grandes lignes, les principes sur lesquels s'appuiera l'enseignement d'Épictète, qu'il s'agit maintenant de suivre à l'intérieur de l'école. Car il n'y a pas à examiner en détail, pour le moment du moins, ce troisième τόπος, relatif à la formation du jugement, qui a été mentionné plus haut : il a, en effet, un caractère accessoire, formellement marqué par Épictète lui-même, et c'est suivre ses propres indications que de le réserver pour le moment où il trouve effectivement place, c'est-à-dire à la fin de son enseignement, dont il n'est que le couronnement. Le lieu et le rôle qu'il lui assigne justifient bien la première impression recueillie au cours de cette revue très rapide et qui peut se résumer ainsi : tendance à réduire les théories abstraites et les études spéculatives au profit de la pratique. Une autre impression qu'il importe de retenir à ce propos, c'est combien son attitude est nette, sans aucun de ces flottements, de ces hésitations et contradictions un peu déconcertantes qu'on rencontre trop souvent chez Sénèque ; et il semble qu'il est permis de démêler là une influence de son maître Musonius. En traitant la logique à la fois avec les égards et la discrétion qu'on a vus, il fait la part aux tendances de son époque, tout en restant en communication avec les maîtres du stoïcisme primitif. Il est plus hardi en supprimant, sinon en principe, du moins en fait, les études cosmologiques, simplification significative qui équivaut bien à une divergence positive : en même temps, la part qu'il laisse aux choses religieuses fait entrevoir, simplement par le contraste, combien il tient celles-ci en honneur. Quant à la morale, à laquelle il fait de beaucoup la plus belle part, c'est là surtout qu'il fait éclater, dans le traitement des principes traditionnels de l'école, la netteté et la rigueur systématique de son esprit.

Toute la morale du désir est étroitement concentrée autour du principe de l'indépendance de l'individu, comme autour d'un point d'appui inébranlable ; et les devoirs positifs ne sont pas moins solidement rattachés à la définition de ce même individu. Sans doute, on se souvient d'avoir vu ailleurs, notamment dans Sénèque, des idées qui rappellent ses idées sur la liberté ainsi que ses idées philanthropiques et religieuses. Mais il sera bon de ne pas s'en tenir à cette impression, et de se demander, dans la dernière partie de cette étude, si, outre cette netteté qui lui est propre, Épictète ne leur imprime pas encore une marque plus profondément personnelle.

DEUXIÈME PARTIE

L'ENSEIGNEMENT D'ÉPICTÈTE

L'ENSEIGNEMENT D'ÉPICTÈTE

CHAPITRE PREMIER

Entrée dans l'école : conditions requises pour donner et recevoir l'enseignement.

Bien qu'Épictète ait évidemment une connaissance approfondie des doctrines de ses prédécesseurs et que les termes techniques reviennent à chaque instant dans sa bouche, il n'est pas moins évident que l'enseignement dogmatique est loin d'être pour lui la partie capitale de la philosophie. Soyons certains qu'Arrien, en recueillant exclusivement les causeries familières, a recueilli ce qui avait le plus de prix aux yeux d'Épictète, et que le choix qu'il a fait indique les préférences de son maître autant que les siennes. L'enseignement philosophique n'a plus, à cette époque, le même caractère qu'au temps où les grandes écoles fondaient, chacune de son côté, de vastes systèmes, qu'elles défendaient jalousement et opposaient avec âpreté aux systèmes contraires. Les polémiques entre écoles rivales, sans avoir entièrement cessé[1], ont perdu leur violence; le dogme est considéré comme établi; on s'attache moins aux recherches théoriques, aux déductions rigoureuses, aux discussions abstraites qu'à la direction morale. Au lieu de poser de savants problèmes, on donne des préceptes de conduite et on en surveille l'application. Dès

---

[1] Cf. 1re partie, ch. II, p. 41-42.

lors la personne du maître prend une importance considérable, et sa méthode a la valeur d'un système ; d'autre part, la propagande morale varie avec ceux à qui elle s'adresse. L'enseignement de Sénèque rappelle celui des directeurs de conscience du xviie siècle, qui mettaient leur doctrine et leur expérience au service de quelques âmes choisies. Dion Chrysostome ferait plutôt penser à ces moines mendiants qui allaient, de contrée en contrée, évangéliser la multitude. Entre eux se place Épictète, dont l'école donne l'idée d'une sorte de séminaire, où se trempent, dans la retraite et l'exercice, de jeunes hommes destinés à rentrer dans le monde et à lui offrir leur conduite en exemple. Il faut le voir à l'œuvre au milieu de cette jeunesse.

Avant tout, demandons-nous ce qu'il pense lui-même de son rôle et de ses fonctions. Pour donner un tel enseignement, — comme aussi pour être admis à le recevoir et être capable d'en tirer profit, — certaines conditions sont requises. Or il a pris soin d'indiquer l'idéal qu'il se fait d'un professeur de morale. S'il n'a pas tracé là son propre portrait, trop modeste pour croire qu'il réalisât la perfection, on sait du moins à quel modèle il s'efforçait de ressembler.

Le métier d'éducateur de la jeunesse est pour lui un des plus beaux, et aussi un des plus difficiles qui soient au monde. On sait quelle haute idée Cicéron se faisait de l'orateur et de son rôle dans la société ; aussi exigeait-il de l'homme qui ambitionnait ce titre une science à peu près universelle et lui imposait-il encore mainte autre condition avant de l'en juger digne. Épictète se fait du philosophe — j'entends de celui qui ne se contente pas d'aimer personnellement la sagesse, mais qui l'enseigne aux autres — une idée plus haute encore. Entre le rôle de l'un et celui de l'autre, il y a la différence d'un ministère à un sacerdoce.

Avant d'enseigner, il faut savoir : or l'art qu'enseigne le philosophe ne s'apprend pas en un jour. Une préparation sévère est la première condition qui s'impose à lui[1].

---

[1] Épictète, *Entretiens*, IV, viii 6 et 10.

Le vulgaire, qui ne voit les choses que par l'extérieur et ne juge les gens que sur le costume, s'imagine qu'un vieux manteau et de longs cheveux sont non seulement l'uniforme et l'enseigne, mais la définition même du philosophe[1]. Aussi voit-on des gens qui s'improvisent philosophes du jour au lendemain. Ils laissent pousser leur barbe, jettent un grand manteau sur leurs épaules, interpellent les passants dans la rue pour discuter avec eux : il ne leur en faut pas davantage pour se croire dignes du sceptre et de la royauté. Ainsi, du temps de Molière, les plus naïfs ou les plus adroits prétendaient devenir médecins en endossant la robe et en se coiffant du bonnet de docteur. Mais ils ne font pas longtemps illusion : à la première défaillance ils sont jugés; et n'ont réussi qu'à jeter le discrédit sur la corporation entière, dont, bien à tort, ils se disaient membres. Du reste, ils ne s'en font pas plus longtemps accroire à eux-mêmes ; cette ardeur pour la philosophie n'est qu'une fantaisie passagère d'estomacs blasés qui se dégoûteront aussi facilement qu'ils s'étaient épris[2]. Mais le vrai philosophe doit apprendre pour son compte, avant de l'enseigner aux autres, l'art d'être heureux en pensant juste, en réglant ses désirs, en accomplissant ses devoirs. Il doit connaître, en un mot, ce qui est utile et ce qui est nuisible ; car, comment aurait-il la prétention de faire profiter les autres, s'il ne commençait par profiter lui-même[3] ? Aussi est-il prudent de se préparer longtemps en silence, sans laisser soupçonner ses projets. D'abord, si quelques défaillances sont difficiles à éviter au début, elles ne font tort qu'au débutant lui-même, au lieu de compromettre aux yeux du monde la philosophie entière qui n'en peut mais. De plus, quand on travaille pour son profit, au lieu de travailler pour les spectateurs, on est plus sincère et plus exigeant envers soi-même, on fait des progrès plus

---

[1] Épictète, *Entretiens,* IV, VIII, 15 et 34 ; cf. III, XXII, 1-13.
[2] Id., *ibid.,* IV, VIII, 1-10 et 34-35.
[3] Id., *ibid.,* IV, VIII, 12, 20, 25 ; III, XXIII, 8.

sûrement[1]. Bien loin de se dire philosophe avant de l'être, il faut souvent, même quand on est avancé dans la voie de la sagesse, se résigner à être méconnu du vulgaire, qui ne sait pas distinguer les hommes par leurs actes. Ainsi Socrate se gardait bien de détromper les gens qui venaient le prier de les présenter à des philosophes ; il les conduisait aux sophistes, qui étaient les vrais philosophes aux yeux de ces ignorants, satisfait, pour sa part, d'en être un à ses propres yeux[2]. A son exemple, dit Épictète, « commence par faire en sorte qu'on ne sache pas qui tu es : pendant quelque temps, sois philosophe pour toi seul ». C'est ainsi que le grain de blé doit rester un certain temps caché dans la terre et s'y développer lentement pour venir à bien ; s'il lève trop tôt, c'est en vain que l'épi s'est formé de bonne heure ; la tige est sans force et aussi délicate que les fleurs du jardin d'Adonis, et la plante ne résiste pas à la première gelée du printemps[3].

Cette préparation sévère est indispensable : est-ce à dire qu'elle soit suffisante ? De tous ceux qui auront mûri à l'ombre, un petit nombre seulement seront autorisés à sortir de leur réserve, et, après avoir été philosophes pour eux-mêmes, pourront l'être pour autrui. Ceux-là seront tenus d'être envers eux-mêmes d'une sévérité impitoyable et de s'interdire comme un crime la plus légère défaillance. Les autres hommes peuvent se cacher et s'enfermer chez eux, quand ils se laissent aller à quelque faiblesse ; mais eux doivent être sans cesse exposés aux regards, et, se sentant constamment observés, n'auront d'autre ressource que d'être irréprochables : le respect d'eux-mêmes doit être pour eux ce que sont pour les autres les portes et les murailles. Leurs moindres actes doivent prêcher avant même qu'ils prennent la parole, et toute faute ren-

---

[1] Épictète, *Entretiens*, IV, viii, 17-18.
[2] Id., *ibid.*, IV, viii, 19-20 et 22-24 ; cf. III, v, 17 ; III, xxiii, 22 ; *M.*, XLVI, 1.
[3] Id., *ibid.*, IV, viii, 35-41.

drait de nulle valeur le témoignage qu'ils portent en faveur de la vertu¹. Aussi serait-il non seulement imprudent, mais coupable, de s'engager dans cette voie sans un appel formel d'en haut. Ici, comme en poésie, il est de toute nécessité d'avoir « reçu du ciel l'influence secrète ». Dieu, qui distribue les emplois dans l'univers, à chacun selon ses moyens, se réserve de désigner, par une vocation expresse, ceux qu'il destine à la mission d'éducateur. C'est lui qui charge le soleil d'échauffer le monde, le taureau de tenir tête au lion, Agamemnon de commander les armées : c'est lui aussi qui pousssait Socrate, Diogène et Zénon à instruire les hommes chacun à sa manière². Comment donc oserait-on se passer de l'aveu du ciel pour une telle entreprise, quand on n'ose pas ensemencer avant d'invoquer Déméter, ni s'embarquer sans sacrifier aux Dioscures et les appeler à l'aide? Ce serait une véritable profanation. Ce serait parodier grossièrement les mystères d'Eleusis en voulant les transporter chez soi : les formules y seraient peut-être, mais il y manquerait la foi et la consécration indispensables. On ne saurait donc trop retenir ceux qui seraient tentés de s'engager à la légère³. En revanche, ceux qui sont marqués du signe d'élection n'ont pas besoin qu'on les excite à prendre le rôle auquel Dieu les appelle. Ils ont conscience de leur supériorité, comme le taureau sent sa force à la vue d'un animal sauvage. Ils ne craignent pas qu'on leur dise : « Qui donc es-tu? tu as donc bien du temps à perdre pour te mêler des affaires des autres? » Ils sont toujours prêts à répondre comme Socrate : « Je suis celui qui doit s'occuper des hommes. » Ils peuvent dire : « Je suis ce qu'est la bande de pourpre dans la toge. Ne me demande donc pas de ressembler aux autres hommes⁴. »

---

¹ Épictète, *Entretiens*, III, XXII, 13-16 ; IV, VIII, 32-33.
² Id., *ibid.*, III, XXII, 2-8 ; III, XXI, 18-19.
³ Id., *ibid.*, III, XXI, 12-18.
⁴ Id., *ibid.*, I, II, 17-18 et 30-33 ; III, I, 21-24 ; cf. III, XXII, 97-100 ; IV, VIII, 42.

Épictète a-t-il la prétention d'être un de ces hommes exceptionnels ? Il est trop modeste pour le croire : en tout cas, personne n'a mieux compris leur rôle ni mieux résumé leurs devoirs, et on est bien près de ressembler à ceux dont on parle en pareils termes. Il fait un admirable portrait du philosophe tel qu'il le conçoit, et, s'il s'est servi surtout, pour le tracer, des traits de Socrate et de Diogène, qui, à ses yeux, se sont le plus rapprochés de cet idéal, il n'est pas possible qu'il n'ait pas emprunté plus d'un trait à lui-même. Du reste, s'il ne se croit pas comparable à l'oracle d'Apollon ni même à Socrate, il s'efforce du moins d'être digne de porter le vieux manteau et la barbe blanche, insignes de la sagesse, et d'être philosophe autrement que par le titre [1]. Cela lui suffit pour donner des conseils aux autres au nom de la divinité. Ce n'est d'ailleurs pas par orgueil, mais plutôt par modestie, qu'il se dit l'interprète de Dieu, se défendant de parler en son propre nom. Il se retranche, pour ainsi dire, derrière lui, atténuant par là ce que ses reproches pourraient avoir de blessant pour les jeunes gens qui ne le connaissent pas et l'entendent pour la première fois. De là ce mélange de fierté et de simplicité dans son langage : c'est ainsi qu'il se compare à la fois au corbeau qui avertit l'homme par ses croassements et au vigilant meurtrier d'Argos, Hermès, messager de Zeus [2]. Sa modestie ne peut donner le change, et il ne paraît pas indigne d'exercer le sacerdoce qu'il a su si bien définir.

Il est vrai que lui-même demande encore quelque chose de plus à un maître de la jeunesse : à ces hautes garanties morales doivent s'ajouter des qualités en quelque sorte professionnelles. Sans parler de certaines dispositions, telles que l'âge et l'extérieur, il faut, pour enseigner, des aptitudes particulières qui ne sont pas données à tous [3].

---

[1] Épictète, *Entretiens*, III, XXII ; III, I, 24.
[2] Id., *ibid.*, III, I, 36-37 et 39.
[3] Id., *ibid.*, III, XXI, 18.

L'homme le plus sage n'est pas fait pour s'occuper des jeunes gens, s'il ne possède avec sa science, l'art de la communiquer. Or — la remarque est d'Épictète lui-même — c'est là un art qui manque trop souvent aux philosophes. Aussi la plupart, mis en présence d'un ignorant à instruire, ne trouvent rien à en faire, et, dès la première question, pour peu qu'il réponde à contre-temps, ne savent plus par où le prendre. Voyant leur impuissance, les plus raisonnables se contentent de renoncer à leur entreprise; mais les plus téméraires s'emportent, et la discussion, dégénérant en dispute, se termine par une rupture [1].

C'est à Socrate qu'Épictète a demandé le secret pour rester toujours en communication avec ses interlocuteurs les plus ignorants; car Socrate avait un incomparable talent pour conduire insensiblement les gens au point où il voulait les amener : il allait d'abord à eux pour les faire venir à lui. S'il avait à leur parler de l'envie, il ne leur demandait ni ne leur proposait du premier coup une définition abstraite et technique, qu'ils eussent été incapables de donner ou de comprendre. Il descendait lui-même dans l'esprit des ignorants par des questions si simples et si clairement déduites les unes des autres qu'ils n'avaient qu'à suivre leurs propres pensées pour arriver à dire oui ou non. Il leur mettait sous les yeux leurs propres contradictions, et les amenait à convenir qu'ils avaient tort et lui raison; et cet aveu était pour lui le meilleur des témoignages [2]. En même temps que de Socrate, il était naturel qu'Épictète relevât de celui dont il avait reçu directement l'enseignement, inspiré d'ailleurs des mêmes principes. Musonius estimait qu'une seule preuve bien claire, appuyée sur des faits ou des termes rigoureu-

---

[1] Épictète, *Entretiens*, II, xii, 1-3 et 12-13.
[2] Id., *ibid.*, II, xii, 5-12; II, xxvi, 6. Le procédé est le même quand il s'agit de diriger les hommes ; Socrate est un modèle pour le gouvernement comme pour l'éducation : l'un se ramène à l'autre. C'est ainsi qu'Épictète recommande la méthode de Socrate à un magistrat (III, vii, 34).

sement connus, valait mieux qu'une multitude de démonstrations ; mais que, les esprits étant aussi variés que les corps, il fallait tenir compte de ces différences ; et il résumait d'un mot les devoirs du maître : descendre dans l'intelligence de l'auditeur[1]. Or nous pouvons, en plusieurs occasions, le voir appliquer cette méthode. Il commence volontiers ses démonstrations par des exemples empruntés à la vie quotidienne, par les comparaisons socratiques du médecin, du pilote ou du maître de musique, du cheval ou du chien[2] ; il aime à leur donner la forme d'interrogations ; il tient à s'assurer l'adhésion de l'auditeur et l'aide à trouver des définitions claires et pleines de sens[3].

Tout à fait semblable est la méthode qu'Épictète recommande à son tour aux éducateurs. D'après lui, la discipline à imposer aux esprits, c'est de les obliger à partir de ce qu'ils savent et de leur interdire de s'en écarter jamais. Les hommes, naturellement présomptueux, croient volontiers savoir ce qu'ils ignorent. C'est ainsi qu'ils ont vaguement la notion du bien et du mal, mais sans trop savoir eux-mêmes ce qu'ils entendent par ces mots : aussi les appliquent-ils à tort et à travers aux cas particuliers, déclarant sans hésitation comme sans raison qu'un tel a bien ou mal agi. De là toutes sortes d'erreurs, de contradictions avec eux-mêmes ou de disputes avec autrui[4]. Le remède est de commencer par faire table rase de tout ce qu'on croit connaître et par débarrasser son esprit de tout préjugé ; puis de n'avancer rien qu'on n'ait soigneusement mesuré, de définir rigoureusement les notions naturelles qui sont en chacun de nous, de les éclaircir, de les pré-

---

[1] Stobée, *Ecl.*, II, xxxi, 125 W.; v. particulièrement, au début du dernier § : καθικνεῖσθαι τῆς διανοίας τοῦ ἀκούοντος (*Flor.*, IV, p. 220, l. 8 M.).

[2] Cf. 3ᵉ partie, ch. III.

[3] Voir, par exemple, le début même de ce morceau, ou encore le début de *Flor.*, XXIX, 78, et *Ecl.*, II, xv, 46 W., *passim*. Le morceau analysé plus loin, p. 92-93 (Stobée, *Flor.*, LXXIX, 51) est un échantillon parfait de la méthode de Musonius.

[4] Épictète, *Entretiens*, I, xxII, 3 et 8 ; xI, 4-12 ; II, xvII, 1-2 et 9-14.

ciser, de les remplir, pour ainsi dire, de substance : c'est alors qu'on pourra, sans chance d'erreur, les appliquer aux cas particuliers[1]. Voilà comment Socrate a pu dire que le point de départ de l'éducation est l'étude des mots. C'est ainsi que Xénophon disait de lui qu'il commençait toujours par examiner la signification de chaque terme ; c'est ainsi encore que Platon, comme le lui reprochait Théopompe, avait la prétention de tout définir ; c'est enfin en ce sens qu'on peut dire qu'une logique élémentaire est la préface obligée de toutes les questions[2].

Les occasions sont nombreuses de voir Épictète appliquer la méthode qu'il recommande et dont il donne lui-même la théorie. Il blâme ses prédécesseurs d'avoir, avec toute leur science, négligé l'art de la communiquer, et il a la prétention d'être un des premiers stoïciens qui se soient préoccupés de savoir enseigner. Pensant, avec Socrate, que la philosophie doit commencer par un aveu d'ignorance, avec Musonius, que les démonstrations doivent s'appuyer sur des termes rigoureusement connus, on le voit d'abord, à toute occasion, commencer par détruire chez ceux qu'il veut instruire l'illusion qu'ils savent quelque chose ; mais cet état salutaire n'est qu'un point de départ ; car, s'il faut détruire chez l'élève la présomption, il faut aussi lui épargner le découragement[3] ; alors il le prend comme par la main, et, par une série de questions en apparence très simples, en réalité habilement graduées, il le conduit insensiblement au point où il voulait le voir venir[4]. En adoptant cette méthode, il ne fait pas seulement preuve de sagesse, il obéit à un sentiment assez délicat et dont il convient de lui faire honneur. Ce qu'il reproche de plus

---

[1] Épictète, *Entretiens*, II, xi, 13 et 18 ; III, xiv, 8 ; II, xvii, 10 et 13.
[2] Id., *ibid.*, II, xvii, 5 ; I, xvii, 6. Cf. 1re partie, ch. ii, p. 43.
[3] Id., *ibid.*, II, xii, 1 ; III, xiv, 8-9.
[4] Voir, par exemple, I, xi ; II, xii, 17-25 ; II, xiv ; II, xxiv, 1-11 ; III, i, 1-10 ; III, vii, 1-7 ; et particulièrement IV, i, 51 et suiv., où le procédé est nettement accusé et comme souligné.

grave à ceux qui procèdent sans méthode est de s'emporter contre leurs auditeurs ; or cet acte de violence est en même temps un acte d'injustice : au lieu de s'emporter contre l'ignorance d'autrui, c'est à leur propre ignorance qu'ils devraient légitimement s'en prendre. Montrez à un homme la vérité, et vous verrez comme il ira à elle. Faites voir une inconséquence à un esprit sensé, et il y renoncera. Mais si vous ne savez pas le faire, ne vous moquez pas de lui, ayez plutôt le sentiment de votre incapacité[1]. Épictète a conscience de sa responsabilité[2] : aussi a-t-il la vertu qu'il admirait peut-être par-dessus tout chez Socrate : la patience. Un bon guide, quand il trouve quelqu'un d'égaré, ne le laisse pas là après l'avoir raillé et injurié ; il le remet dans le bon chemin[3]. Comme on le verra plus loin, il est lui-même à chaque instant ce bon guide, et par là il est en droit de dire avec Socrate : « Je suis celui qui doit s'occuper des hommes[4] ».

Ce n'est pas seulement pour enseigner la philosophie que la préparation et la vocation sont indispensables ; c'est encore pour en recueillir l'enseignement. Parler ou écouter ne sont ni l'un ni l'autre l'affaire du premier venu[5]. Épictète a une assez haute idée de ses devoirs envers ses auditeurs pour être en droit d'exiger quelque chose à son tour de ceux qui viennent à lui et de prendre à leur égard certaines précautions. Ce n'est pas pour lui qu'il le fait, c'est pour eux et avant tout pour la philosophie. Si l'enseignement de celle-ci est un sacerdoce, l'école où se donne cet enseignement est un temple : il est naturel que l'accès en soit rigoureusement interdit aux profanes. Et ces profanes, ce n'est pas seulement ceux qui sont moralement indignes

---

[1] Épictète, *Entretiens*, II, xii, 4 ; II, xxiv, 5 et 7 ; cf. I, xxvi, 13.
[2] Cf. II, xix, 33, où il s'en prend à lui-même, autant qu'à ses élèves, du peu de progrès qu'ils font.
[3] Épictète, *Entr.*, II, xii, 3 et 14 ; cf. IV, v, 2-4 et 33.
[4] Id., *ibid.*, III, i, 22.
[5] Id., *ibid.*, II, xxiv, 8-11.

et qui souillent tout ce qu'ils touchent : à ceux-là, si on en croit Aulu-Gelle, ou plutôt son maître Favorinus, Épictète, ne ménageait pas l'expression de son dégoût[1]. Mais il y a encore d'autres profanes, plus dignes de ménagements : ce sont les esprits simplement curieux ; intelligents et ouverts d'ailleurs, capables même d'une admiration sincère pour le beau et le bien, mais avant tout épris de nouveautés et poussés par un enthousiasme subit plutôt que tourmentés par le désir de changer de vie. L'engouement d'un instant, si vif qu'il soit, ne saurait en aucun cas être confondu avec une vocation sérieuse. Ceux qui savent vraiment ce qu'ils veulent et où ils veulent aller, savent encore, ou du moins se demandent, par où il faut passer pour atteindre le but. Mais l'enthousiasme ne connaît même pas ces réflexions et ne s'arrête pas à ces calculs. Les enfants imitent tout ce qu'ils voient faire autour d'eux, et, sous l'influence de l'impression du moment, prennent successivement tous les rôles avec une égale ardeur. Ils jouent aujourd'hui au soldat ou à l'acteur, s'ils ont vu défiler des troupes ou assisté à une représentation ; demain ils feront l'athlète ou le gladiateur avec non moins d'entrain[2]. Beaucoup de gens viennent trouver Épictète sans être mieux préparés que ces enfants. Ils ont entendu dans la bouche d'un philosophe de passage une éloquente leçon ; cela suffit pour qu'ils disent au sortir de là : « Et moi aussi je veux être philosophe[3]. » Seulement cela ne suffit pas pour que leur volonté dure. Même s'ils sont sincèrement épris des vertus, et non pas seulement du talent, cela ne suffit pas encore. Dans tous les métiers, le produit de l'art est séduisant, soit par sa beauté, soit par son utilité ; mais l'art lui-même est pénible : c'est ce dernier point qu'ils oublient de considérer. La musique est pleine d'agréments et de charmes, même pour l'oreille des

---

[1] Aulu-Gelle, *N. A.*, XVII, 19 ; cf. Épictète, *Entr.*, II, XXIV.
[2] Épictète, *Entretiens*, III, XV, 5 ; cf. *M.*, XXIX, 3.
[3] Id., *ibid.*, III, XV, 8.

ignorants; mais quoi de plus ennuyeux qu'une leçon de musique[1]? Qui ne s'est dit, en voyant couronner un athlète : « Et moi aussi, je veux vaincre à Olympie. » Mais on ne se demande pas de quel prix il lui a fallu payer cette couronne[2]. De même ici, les promesses de la philosophie ont de quoi tenter les gens. C'est une belle chose assurément que de ne jamais connaître ni contrariété ni déception, d'être en un mot parfaitement heureux en s'acquittant de tous ses devoirs. Mais comment s'obtient ce merveilleux résultat[3]? Voilà une question inattendue. Au moindre jour ouvert de ce côté, les belles résolutions vont à vau-l'eau. Avec les désillusions, les défections se produisent. On revient d'autant plus piteusement sur ses pas qu'on était parti avec une plus belle ardeur[4].

Pour ne pas s'exposer à ces fâcheuses reculades, il ne faut s'engager qu'à bon escient dans la voie qui conduit à la sagesse. Le proverbe dit qu'en toutes choses il faut considérer la fin : Épictète dit qu'en philosophie il ne faut pas oublier de considérer les moyens[5]. Ces désillusions et ces déconvenues sont toujours pénibles pour ceux qui en sont victimes, en même temps qu'elles risquent de compromettre, aux yeux du monde, la philosophie qui n'y est pour rien[6]. Afin d'éviter sûrement ce double danger, Épictète soumet lui-même ceux qui se présentent à lui pour la première fois à une épreuve décisive, qui lui permet de distinguer les vocations sérieuses des simples engouements. Il tient la méthode, nous dit-il lui-même, de son maître Musonius. Celui-ci avait pour principe de détourner d'abord les jeunes gens de la philosophie : c'était là, paraît-il, une pierre de touche infaillible. « Jetez une pierre en l'air, disait-il, elle redescendra d'elle-même à terre. C'est ainsi que,

---

[1] Épictète, *Entretiens*, II, xiv, 2-7.
[2] Id., *ibid.*, III, xv, 2-5.
[3] Id., *ibid.*, II, xiv, 7-10.
[4] Id., *ibid.*, III, xv, 1.
[5] Id., *ibid.*, III, xv, 1.
[6] Id., *ibid.*, IV, viii, 1-10.

plus on éloigne de sa tendance naturelle un caractère heureusement doué, plus il y revient avec force[1]. » Ce mot convient bien au caractère de Musonius. C'est lui, en effet, qui, recommandant pour des philosophes, maîtres ou élèves, le séjour de la campagne et le travail des champs, ajoutait qu'entre autres avantages, ce régime dégoûterait du premier coup les jeunes amateurs sans ressort et sans énergie qui discréditaient la philosophie, et que ceux-là seuls resteraient qui seraient vraiment épris[2].

A l'exemple de son maître, Épictète ne se fait aucun scrupule d'effrayer d'abord les jeunes gens par un tableau un peu sombre des épreuves qui les attendent dans l'école et dans la vie. Les natures molles ne résisteront pas ; car, d'après le mot pittoresque de Bion qu'il cite, on ne prend pas du fromage avec un hameçon[3]. Certes, il ne ressemble guère en cela aux médecins de Rome, qui — depuis peu, il est vrai — se sont mis à faire la chasse aux clients, ni à ces faux philosophes dont l'unique souci est d'attirer les élèves, et qui, pour grouper autour d'eux un nombreux auditoire, ne reculent ni devant les invitations, ni devant les plus basses flatteries[4]. Mais l'intérêt de la philosophie est sa seule préoccupation, et il sait qu'il la sert en faisant parmi les candidats une sélection rigoureuse, de manière à ne lui réserver que des sujets d'élite. Si le bon éducateur ne doit, en aucun cas, rebuter les intelligences, il ne doit pas craindre d'épouvanter un peu les volontés des commençants.

Aussi, loin d'atténuer, il exagérerait plutôt la rigueur des obligations imposées à celui qui veut devenir philosophe et voir réaliser les promesses contenues dans ce beau titre. Sans doute, il n'est pas de plus bel état ; mieux vaut être philosophe que consul[5] ; mais il n'en est pas non plus dont

---

[1] Épictète, *Entretiens*, III, vi, 10.
[2] Stobée, *Flor.*, LVI, 18 (II, p. 339, l. 11-17, M.) ; cf. plus loin, p. 91.
[3] Épictète, *Entretiens*, III, vi, 9 ; cf. Diog. L., IV, 47.
[4] Cf. plus loin : 2ᵉ partie, ch. iv.
[5] Épictète, *Entretiens*, IV, x, 18-23 ; cf. plus loin, p. 96, n. 4.

l'apprentissage soit plus pénible. A quelle rude préparation n'est pas astreint l'athlète qui veut vaincre à Olympie! Discipline et régime sévères, exercices fatigants ou même dangereux, il doit être prêt à tout[1]. Qu'est-ce en comparaison des épreuves réservées à celui qui veut remporter le prix de la sagesse, c'est-à-dire le bonheur? Celui-là aura à livrer une terrible lutte contre lui-même et contre le reste des hommes, puisqu'il devra résister à ses passions et aux railleries du monde[2]. C'est à l'entrée de l'école, bien plus encore qu'à l'entrée de la palestre, que devrait être affiché en tête d'un « règlement » très sévère le vers :

<blockquote>Versate diu quid ferre recusent,
quid valeant umeri[3].</blockquote>

Tout le monde, dit Épictète, n'est pas fait pour la même chose: Te sens-tu capable de ne plus commettre d'excès, de ne plus t'emporter, de supporter le mépris d'un esclave, d'être le dernier partout? Pèse bien tout cela, et si tu consens à payer de ce prix le calme, l'indépendance, la tranquillité, viens à nous, la porte t'est grande ouverte[4]. Une telle invitation était bien faite pour mettre en fuite les moins résolus : les convaincus seuls osaient entrer.

C'est à peu près ainsi que procédait Virgile quand il invitait les oisifs de Rome à abandonner la ville pour la campagne. Il n'a pas dissimulé les peines et les épreuves de toutes sortes réservées au nouvel habitant des champs, et bien des vers des *Géorgiques* forment un frappant contraste avec le *O fortunatos*....., et l'épisode du vieillard de Tarente. Sans doute l'existence du laboureur est la plus belle des existences, et l'ancien pirate de Cilicie, transporté par Pompée en Calabre, se trouve aussi riche et aussi heureux qu'un roi. Mais les récoltes de celui-là, les fleurs

---

[1] Épictète, *Entretiens*, III, xv, 2-5.
[2] Id., *ibid.*, IV, ix, 11 ; III, xvi, 11 ; M., xiii et xxii.
[3] Horace, *Ep.*, II, iii, 39.
[4] Épictète, *Entretiens*, III, xv, 10-12.

et les « primeurs » de celui-ci ont dû être arrachées péniblement à une terre avare, qui ne livre plus maintenant qu'à contre-cœur ce qu'autrefois elle donnait en abondance ; les siestes de midi, *molles sub arbore somni*, ont été bien gagnées par le rude travail de la matinée. Cette vie-là est une lutte continuelle contre une fatale loi de décadence qui entraîne toutes choses en arrière, et une énorme somme d'efforts doit être dépensée, je ne dis pas pour remonter le courant, mais seulement pour empêcher l'embarcation d'aller à la dérive. Il y a deux notes dans le poème, et celui qui n'entendrait que celle-ci croirait que Virgile s'est proposé de dépeupler la campagne et de décourager les bonnes volontés. En réalité, il a voulu simplement prévenir des déceptions pénibles, et, plus prudent que l'avocat Philippe, épargner à l'inexpérience de ceux qui n'avaient jamais manié une charrue la mésaventure de Voltéius Ménas. Épictète obéit à la même préoccupation en contrariant de parti pris les vocations philosophiques.

Il n'exagérait pas trop d'ailleurs en faisant entrevoir aux futurs philosophes, au moins pendant la période d'apprentissage, une assez rude existence. Plus tard, quand, bien armés, ils retourneraient dans le monde, ils diraient peut-être en face des dangers contre lesquels ils avaient été mis en garde : « Quoi ! ce n'était que cela [1] ! » Mais telle n'était pas l'impression que devait leur donner la vie qu'on menait à l'intérieur de l'école. Il s'agissait, en effet, d'y détruire des habitudes souvent invétérées, et cela en les remplaçant par des habitudes contraires, en combattant un excès par l'excès inverse [2]. Toute création d'habitudes représente un état violent. C'est un principe que les exercices préparatoires, ou, comme nous disons, les exercices d'entraînement, sont plus pénibles que les applications

---

[1] Épictète, *Entretiens*, I, xxx, 7 ; II, vi, 23.
[2] Id., *ibid.*, I, xxvii, 4 ; III, xii, 7.

qu'il en faudra faire, une fois l'habitude prise. Ainsi s'explique ce conseil d'Épictète : « Travaille à te conduire comme un malade, pour te conduire un jour comme un homme bien portant. Jeûne, bois de l'eau, interdis-toi toute espèce de désirs pour avoir un jour des désirs conformes à la raison[1]. »

Une condition indispensable pour que les nouvelles habitudes se forment et que la rupture d'équilibre se produise en leur faveur est de renoncer absolument, sinon définitivement, au monde. « Une fois que tu es entré dans le temple, disait Pythagore, ne tourne plus la tête en arrière[2]. » Rien n'est sans doute plus difficile à obtenir de la jeunesse, et Épictète le sentait bien ; car c'est une des idées sur lesquelles on le voit revenir le plus fréquemment. Quoique entrés volontairement dans l'école, ces jeunes gens ne pouvaient s'empêcher de jeter vers le monde un regard chargé de regrets : le sacrifice qu'on leur demandait leur paraissait quelquefois un peu lourd. Ils pensaient — cela est bien humain — beaucoup plus à ce qu'ils perdaient qu'à ce qu'ils gagnaient. On leur disait qu'ils avaient choisi la meilleure part, qu'aucun lot n'était comparable au leur[3] ; mais ils n'en songeaient pas moins, avec quelque amertume, que d'autres arriveraient aux honneurs, à la fortune, seraient invités chez les grands personnages, pendant qu'eux resteraient pauvres et ignorés, en tête à tête avec l'austère sagesse. Cela leur semblait injuste. Il fallait qu'Épictète leur fît comprendre qu'il n'y avait rien là qui ressemblât à une iniquité. Il est logique, leur disait-il, que ceux qui se donnent tout entiers au monde soient mieux traités par lui que ceux qui travaillent en vue d'autre chose. Parce qu'on se préoccupe avant tout d'avoir des opinions justes, est-ce une raison pour avoir le premier rang même sur d'autres points ? Autant vaudrait

---

[1] Épictète, *Entretiens*, III, XIII, 21. Cf. plus loin, 2ᵉ partie, ch. III, p.126, n.4.
[2] Simplicius, *Comm.*, L, p. 134, l. 51.
[3] Épictète, *Entretiens*, IV, VI, 38 ; IV, VIII, 2.

prétendre, pour le même motif, réussir mieux que les archers dans l'art de tirer de l'arc, ou que les forgerons dans l'art de battre le fer. On ne saurait tout avoir; la sagesse populaire dit qu'on n'a rien pour rien, ou encore qu'on ne fait pas bien deux choses à la fois [1]. Or, pour ceux qui ont choisi la philosophie, le sacrifice est infiniment petit et le gain infiniment grand. On ne voit pas de quoi sont privés ces autres qu'on envie ; on ne pense pas qu'ils paient leurs faux biens par toutes sortes d'inquiétudes et de bassesses. Si c'est quelque chose d'être riche et puissant, n'est-ce rien de pouvoir se passer de la puissance et de la richesse, et de conserver sa tranquillité, sa dignité et son indépendance ? La vérité est que ce lot est incomparablement meilleur [2]. Donc il n'y a place ni pour les regrets, ni pour aucune arrière-pensée.

Il y a bien encore cette mauvaise honte qui fait qu'on n'ose rompre entièrement avec ses anciens amis et avec les joyeuses compagnies dont on était autrefois l'ornement. On redoute leurs railleries ; on craint d'être montré du doigt et d'entendre dire sur son passage : « Regarde donc : un tel est devenu philosophe, lui qui était ceci ou cela [3]. » Pour éviter ces affronts, on voudrait tout concilier, donner une part de soi-même au monde et l'autre à la sagesse. Maladroit calcul! La sagesse et le monde sont également exclusifs, et ni l'un ni l'autre ne s'accommoderaient du partage. On ne peut servir deux maîtres, surtout deux maîtres aussi différents ; on ne peut jouer à la fois le rôle de Thersite et celui d'Agamemnon [4]. Le philosophe est tourné tout entier vers le dedans, l'homme ordinaire, tout entier vers le dehors [5]. Il faut savoir de quel camp on veut être, mais

---

[1] Épictète, *Entretiens*, IV, vi, 25-32; IV, ii, 2; cf. Sénèque, *Ep.*, XIX, 3-4.
[2] Id., *ibid.*, IV, ix, 1-6 ; *M.*, XXV.
[3] Id., *ibid.*, III, xvi, 11. Cf. l'exclamation de Phidippide (Aristophane, *Nuées*, 119-120), quand son père lui propose d'aller à l'école de Socrate.
[4] Id., *ibid.*, IV, ii, 10.
[5] Id., *ibid.*, III, v, 13.

on ne peut avoir un pied dans chacun. Aller tantôt dans un sens, tantôt dans l'autre, est le moyen de ne pas avancer ; vouloir tout concilier est le moyen de tout compromettre. On ne fait naturellement aucun progrès sérieux en philosophie, tout en n'étant plus le joyeux compagnon d'autrefois. Il faut choisir, ou de s'enivrer avec ses anciens amis et de continuer à leur plaire, ou d'être sobre et de n'être plus de leur goût. Si, tout bien pesé, on estime que mieux vaut être tempérant que de faire dire de soi : « Le charmant garçon ! », il faut sacrifier résolument ceci à cela [1].

Mais, ingénieux à se tromper eux-mêmes, ceux qui croient rompre franchement avec le monde y restent encore attachés par quelque endroit. Ils se figurent n'avoir plus pour lui que du mépris : ils continuent à en faire plus de cas qu'ils ne l'imaginent. Il leur est pénible de penser qu'on les plaint et qu'on les croit dupes, et que l'excellence de leur lot n'est pas évidente à tous les yeux [2]. Ils sont humiliés d'être crus malheureux, et, comme pour se mieux convaincre qu'ils ont eu raison de quitter le monde, ils voudraient en convaincre par surcroît ce monde lui-même. Soit pour leur propre satisfaction, soit au besoin pour rendre service aux autres, ils ne seraient pas fâchés de les détromper. Mais Épictète voit plus clair qu'eux au fond de leur âme, et analyse finement leurs secrets motifs, qu'ils ne soupçonnent qu'à demi. Il leur fait voir qu'ils sont leurs propres dupes, au point de se mettre en contradiction avec eux-mêmes. Ils croient, avec le vulgaire, que mieux vaut faire envie que pitié : Épictète, que le paradoxe n'effraie pas, leur soutient que c'est le contraire qui est vrai. Il leur cite le mot d'Antisthène : « C'est un lot de roi, quand on est bien, d'entendre dire qu'on est mal. » La pitié d'autrui vaut la peine d'être savourée délicieusement, quand on est certain, condition indispensable, de ne pas la mériter. Qu'importe d'être privé de certaines choses exté-

---

[1] Épictète, *Entretiens*, IV, ɪɪ, 1-10.
[2] Id., *ibid.*, IV, vɪ, 1-2.

rieures, argent, honneurs ou plaisir, si on possède la seule qui ait quelque importance, une opinion juste sur la vraie valeur de ces choses-là¹ ? Mais si on se préoccupe des jugements d'autrui, il y a au moins une chose sur laquelle on a une opinion fausse, et par cela même on mérite d'être plaint². En réalité, on se trompe soi-même en voulant détromper les autres. Si quelqu'un tient à leur faire savoir que son lot est le bon, c'est qu'il n'en est pas bien convaincu lui-même. Ceux-ci ne se fâchent pas quand il les plaint, parce qu'ils sont satisfaits de ce qu'ils ont : mais leur pitié le touche, parce qu'il ne se contente pas de ce qu'il a. S'il était réellement persuadé qu'il a les vrais biens en partage et que les autres se trompent, leur opinion sur son compte le laisserait indifférent³.

Que dire alors de ceux qui, en conservant quelques attaches avec les profanes, ont la secrète ambition d'exercer sur eux une influence salutaire ? Si ce n'est pas là le dernier sophisme de l'amour du monde qui épuise tous les moyens avant de se résigner à disparaître, c'est au moins le comble de la naïveté. Quoi ! celui que Dieu destine à enseigner les autres ne pourrait descendre au milieu d'eux qu'après s'être longuement mûri dans la solitude, comme le blé qui ne se risque à la lumière qu'après être resté longtemps enfoui sous la terre, et le débutant, qui soupçonne à peine ce qu'est la sagesse, aurait la prétention d'édifier ses semblables ! Il n'est pas encore bien convaincu lui-même, et il se mêlerait de convaincre les autres ! Le monde aurait bientôt fait de le reprendre et de convertir à lui le convertisseur. Cruche et pierre, dit le proverbe, ne peuvent aller ensemble⁴ ! Le novice va tomber au milieu d'une conversation mondaine : il entendra causer sérieusement de choses frivoles, gladiateurs, chevaux ou athlètes,

---

¹ Épictète, *Entretiens*, IV, VI, 20-23.
² Id., *ibid.*, IV, VI, 19.
³ Id., *ibid.*, IV, VI, 37-38.
⁴ Id., *ibid.*, III, XII, 12.

ou, ce qui est plus grave, apprécier la conduite du prochain, dauber les absents. Quelle sera son attitude? Il faut être déjà très sûr de soi pour distinguer le vrai du faux dans la bouche des autres, à plus forte raison pour les amener, comme faisait Socrate, à ses propres sentiments. C'est eux qui seraient naturellement les plus forts; car ils exposeraient leurs idées avec une entière conviction et sans arrière-pensée ; et la conviction est toujours irrésistible. Mais le novice n'a pas encore, pour les idées qu'il connaît à peine, le profond enthousiasme et la foi ardente qui se communiquent : il débiterait sa leçon du bout des lèvres, et ses sermons maladroits recevraient un accueil glacial. Aussi, tant que les principes ne seront pas profondément gravés en lui, qu'il évite de se commettre au milieu des hommes ordinaires, sous peine de les voir fondre au grand jour. Tant que ses principes seront de cire, qu'il se tienne loin du soleil[1].

Si pénible que soit ce sacrifice, il peut arriver que les jeunes gens aient à sacrifier davantage encore à la philosophie. Pour que la rupture avec le monde soit franche et complète, et pour que la retraite produise tous ses fruits, il n'est rien de tel que de s'expatrier. Les médecins prescrivent un changement d'air à ceux qui sont atteints de maladies chroniques : les philosophes ressemblent aux médecins sur ce point. Sur place, il est bien difficile d'échapper entièrement aux tentations, de s'élever au-dessus du respect humain, de braver les railleries des anciens camarades, ou même simplement de se défaire de ses vieilles habitudes[2]. Le plus sûr est de s'éloigner : fuir les occasions doit être autre chose qu'une métaphore. En parlant ainsi des philosophes en général, Épictète pensait sans doute expressément à son maître Musonius, dont nous l'avons déjà vu appliquer plusieurs fois les principes en matière d'éducation. Celui-ci, dont nous avons conservé une sorte d'éloge de

---

[1] Épictète, *Entretiens*, III, xvi, 1-11 ; cf. M., XXXIII, 1-7.
[2] Id., *ibid.*, III, xvi, 11-16.

l'exil, comptait précisément au nombre des avantages de ce prétendu mal les facilités qu'il donnait pour cultiver la philosophie : loin d'empêcher d'étudier et de s'exercer, l'exil, disait-il, — et il en parlait en connaissance de cause, — ne pouvait qu'y aider, en rendant l'homme indépendant de sa patrie et de ses amis, qui sont trop souvent un obstacle au succès de ses efforts vers la perfection [1]. En particulier, pour les jeunes étudiants de vocation sérieuse, il recommandait le séjour à la campagne, au besoin dans un mauvais village : là, vivant constamment sous les yeux du maître, ils échapperaient aux distractions malsaines de la ville, si funestes à la philosophie [2]. Épictète n'est pas allé jusqu'à choisir comme résidence ce mauvais village dont parlait Musonius, exagérant évidemment sa pensée; mais il est permis de croire qu'il obéissait à des préoccupations de ce genre en s'établissant à Nicopolis plutôt qu'à Athènes, qui était toujours le centre de l'enseignement philosophique et où il eût trouvé plus facilement un nombreux auditoire. Ceux qui étaient vraiment épris de philosophie et que sa réputation attirait étaient obligés de s'expatrier. Arrivant de la grande ville dans la modeste bourgade d'Épire, ils pouvaient s'y sentir dépaysés et croire qu'ils avaient quitté le monde civilisé [3]; mais ils étaient dans les meilleures conditions pour faire des progrès.

Certes, le sacrifice était rude : Épictète ne faisait pour le reconnaître aucune difficulté. Car il ne s'agissait pas seulement de rompre avec d'anciens compagnons de plaisir; il fallait briser des liens établis par la nature même, les liens de la famille. Mais il ne reculait pas devant cette conséquence : cette rupture est précisément une des épreuves pénibles qu'il faisait entrevoir au jeune homme dont on l'a vu plus haut éprouver la vocation [4]. Les nou-

---

[1] Stobée, *Flor.*, XL, 9 (II, p. 71, l. 8 et suiv. M.).
[2] Id., *ibid.*, LVI, 18 (II, p. 339, l. 18 et suiv. M.); cf. plus haut, p. 83.
[3] Épictète, *Entretiens*, II, xxi, 14.
[4] Id., *ibid.*, III, xv, 11; cf. III, xxi, 8; III, xxiii, 32; III, xxiv, 78.

veau-venus ne supportaient pas toujours très bravement cette séparation ; quelques-uns commençaient par être entièrement désemparés, regrettant amèrement le temps où ils étaient choyés par leur mère[1]. On ne saurait être surpris de ces sentiments ; mais ce qui est surprenant, c'est qu'un grand nombre de ces jeunes gens paraissent être en assez mauvais termes avec leurs familles. On peut saisir plus d'une allusion à ces sortes de brouilles, et la question d'argent y intervient quelquefois[2]. Ce qui est plus surprenant encore, c'est qu'Épictète semble donner tort aux familles. Sans doute, il recommande aux jeunes gens de n'oublier jamais les obligations que leur impose le titre de fils ; mais il laisse entendre discrètement, en leur permettant des représentations respectueuses, que les parents, eux, ne se conduisent pas comme ils le devraient avec leurs enfants[3]. Quand il veut donner à ceux-ci l'exemple d'un désagrément extérieur, dont ils seraient coupables de se troubler et de s'inquiéter, ou d'une mauvaise nouvelle dont ils n'ont pas le droit de s'affecter, il n'est pas rare que l'exemple soit emprunté à ces dissentiments[4]. Or il est bien facile de deviner l'origine de ceux-ci, si on se souvient d'une page de Musonius où il est question d'une situation de ce genre. Un jeune homme, dont le père contrariait la vocation philosophique, donna un jour à résoudre à Musonius ce cas de conscience : ne faut-il pas quelquefois désobéir à ses parents ? Celui-ci, par une ingénieuse définition de la désobéissance et de l'obéissance, appuyée d'exemples variés, lui démontra qu'en certains cas c'est proprement leur obéir et répondre à leurs véritables désirs que de faire précisément ce qu'ils défendent, et particulièrement

---

[1] Épictète, *Entretiens*, III, v, 12-13 ; cf. III, xxiv, 22.
[2] Id., *ibid.*, I, xxix, 65 ; III, xvii, 7 ; III, xviii, 3 ; III, iii, 9 ; II, xxi, 14.
[3] Id., *ibid.*, III, xviii, 6 ; I, xxvi, 5.
[4] Id., *ibid.*, I, xii, 27-30 et 20 ; II, xxi, 12 et 14 ; III, v, 4 ; III, viii, 2 ; III, xi, 4-5 ; III, xvii, 7 ; III, xviii, 3 ; III, xix, 1 ; III, xx, 11 ; III, xxi, 5 ; III, xxvi, 8 ; IV, 1, 43 ; M., xxx.

en ce cas, où le fils savait mieux que le père ce qu'était la philosophie. Que le jeune homme essaie donc par des représentations respectueuses d'obtenir le consentement paternel ; s'il n'y réussit pas, qu'il passe outre : il persuadera son père du moins par des faits, le jour où il lui fera voir que la philosophie a fait de lui un fils modèle. Même alors, si son père ne se rend pas, il aura la ressource de se dire qu'il obéit à Dieu, père commun de tous les hommes. Si enfin son père emploie la force et l'enferme, ce n'est pas cela qui l'empêchera de faire de la philosophie : car sa conscience est hors de toute atteinte, et c'est avec elle qu'on recherche le bien et qu'on évite le mal : or c'est par là, et non en portant le manteau traditionnel, qu'on est philosophe[1].

Les jeunes gens qui voulaient suivre l'enseignement d'Épictète se heurtaient souvent à une opposition semblable et venaient le trouver sans l'autorisation paternelle. De nos jours, les braves gens qui ont rêvé de faire de leur fils un honnête commerçant s'effraient en voyant s'éveiller en lui le goût des arts ou de la littérature. Dans l'antiquité, la vocation philosophique d'un jeune homme n'inquiétait sans doute pas moins les bourgeois timorés, qui avaient entrevu pour leur fils un métier plus lucratif, et, sinon plus honorable, au moins plus honoré. Ils essayaient de le décourager, et il faisait son maître confident du trouble que jetaient en lui leurs lettres de rappel. Les parents les plus modérés représentaient au jeune homme qu'il perdait son temps et qu'il n'avait rien à apprendre à l'école d'Épictète. Celui-ci, tout à fait dans la manière de Musonius, l'engageait à répondre qu'ils n'étaient pas compétents pour juger cette question[2]. D'autres recouraient à des moyens plus énergiques, et espéraient avoir raison du jeune homme récalcitrant en lui coupant les vivres[3] ; Épictète le

---

[1] Stobée, *Flor.*, LXXIX, 51.
[2] Épictète, *Entretiens*, I, xxvi, 5-8 ; cf. I, xxii, 18-20 et 2ᵉ partie, ch. iv.
[3] Id., *ibid.*, III, xviii, 3 ; III, iii, ix ; II, xxi, 12.

tranquillisait de son mieux en l'assurant qu'il est toujours possible de se tirer d'affaire[1]. Quelquefois enfin, reportant leur affection sur un autre fils resté au toit paternel, ils déshéritaient l'infidèle à son profit[2]. De là, sans doute, ces rivalités entre frères dont il est question plusieurs fois[3]. Là, Épictète répondait invariablement que c'est au père ou au frère à connaître son devoir, et qu'en aucun cas le jeune homme lésé ne peut être autorisé à oublier le sien ; qu'un mauvais père ou un mauvais frère sont punis par leur faute même, et qu'il se ferait tort à son tour en perdant le respect ou l'affection qu'il leur doit[4]. Quand un jeune homme avait passé par ces épreuves et en était sorti victorieux, Épictète devait se féliciter : la terre était bonne, et il y pouvait semer sans crainte. Celui qui était capable de quitter son père et sa mère pour s'attacher à la philosophie, celui-là était digne d'être son disciple.

C'eût été donc le connaître bien mal que d'espérer se faire son disciple pour un instant, juste le temps nécessaire pour entendre un beau discours, ou, ce qui valait mieux encore, obtenir une consultation. Effectivement, on voit défiler dans son école, attirés par sa réputation, un certain nombre de profanes, curieux ou intéressés, bourgeois de Nicopolis ou fonctionnaires impériaux, qui viennent le voir, l'entendre et souvent lui poser des questions[5]. Cela est tout à fait conforme aux habitudes de l'époque. Dion, dans le discours où il raconte comment de rhéteur

---

[1] Épictète, *Entretiens*, III, xxvi, 8 ; cf. I, ix, 8 et 19.
[2] Id., *ibid.*, III, iii, 9 ; III, viii, 2 ; III, xxvi, 8.
[3] Id., *ibid.*, I, xv ; II, xxi, 14 ; III, iii, ix ; III, x, 19 ; III, xi, 5 ; III, xxi, 5 ; *M.*, xxx.
[4] Id., *ibid.*, III, xi, 5 ; *M.*, xxx ; III, xviii, 5-6.
[5] V. 1ʳᵉ partie, ch. i, p. 10, n. 3 ; cf. *Entr.*, II, iv ; II, xiv, II, xxiv. Comme ces profanes entrent quelquefois pendant qu'Épictète est occupé à traiter une question ou à corriger un devoir (II, iv, 1 ; II, xiv, 1), on en conclut, sinon que son école était ouverte à tout venant (comme pourrait le faire croire III, ix, 14), du moins que certaines séances n'étaient pas exclusivement réservées aux auditeurs habituels. V. I. Bruns, *De schola Epicteti*, p. 11-12.

il devint philosophe, dit que pendant son exil on le considérait généralement comme un vagabond et un mendiant, mais que parfois aussi on le prenait pour un sage. Il se laissait nommer ainsi pour ne pas résister au public ; mais le mot, qui ne paraissait pas devoir tirer à conséquence, finit par entraîner la chose. Du moment qu'il passait pour un philosophe, on venait de tous côtés le consulter à ce titre, si bien qu'il fut obligé, pour n'avoir pas l'air d'un ignorant, de réfléchir sur la morale[1]. Si Dion était consulté comme un sage, alors même qu'il n'était encore qu'un sophiste-rhéteur, errant de ville en ville, à plus forte raison Épictète, qui ne fut jamais autre chose que philosophe, devait-il être consulté, une fois qu'il fut fixé à Nicopolis, d'où sa réputation s'étendit au loin. Les uns venaient simplement avec l'espoir d'entendre un beau langage, soigné et fleuri comme celui d'un rhéteur d'Asie. D'autres s'étaient laissé dire que la philosophie fournissait des ressources pour toutes les difficultés de la vie, et ils comptaient que, d'un mot, Épictète saurait les tirer d'affaire : « Maître, je voudrais être nommé prêtre d'Auguste. — Maître, que dois-je faire pour gagner mon procès ? — Comment réussirai-je dans ce que je vais tenter à Rome ? — Comment m'y prendre pour que mon frère ne soit plus brouillé avec moi[2] ? »

Si on comprend, d'après les habitudes de l'époque, qu'il fût ainsi consulté par des clients de passage, on comprend mieux encore, d'après ses principes, le langage qu'il leur tenait. En général, il n'aime pas ces auditeurs éphémères qui, une fois le discours entendu ou la consultation obtenue, ne se soucieront plus de lui ni de son enseignement et ne changeront rien à leur façon habituelle de parler ou d'agir. Car ils sont riches, souvent haut placés, et tiennent au luxe et aux honneurs, même quand ils prétendent le con-

---

[1] Dion Chrysostome, *Or.* XIII, 12, p. 424 R.; cité par Martha, *Les Moralistes sous l'Empire romain*, p. 241.
[2] Épictète, *Entretiens*, I, xix, 26 et suiv.; II, ii ; III, ix ; I, xv.

traire. Parfois même, il affecte de croire qu'ils viennent par pur désœuvrement, par distraction, par exemple en attendant que parte le bateau qui doit les emmener à Rome, où ils vont demander de l'avancement [1]. Il ne s'intéresse vraiment qu'à ceux sur qui il peut exercer une influence durable. On n'entre pas dans son école pour y demeurer toujours : encore faut-il, on l'a vu, y faire un stage assez sérieux et assez long pour avoir le temps d'y oublier momentanément le monde. Voici, en conséquence, comment il procède le plus souvent à l'égard de ces profanes : il refuse de satisfaire leur désir [2], mais il leur offre, en même temps, plus et mieux que ce qu'ils demandaient : il leur propose de se faire philosophes pour tout de bon. Son maître Musonius avait démontré un jour à un roi de Syrie, qui était venu le voir en passant, que les rois ont, autant que personne, intérêt à cultiver la philosophie [3]. Ainsi Épictète, au lieu de donner à ses visiteurs une recette pour la solution d'un cas particulier, les engage à acquérir une science qui donne réponse à tout [4], et il essaie de leur faire entrevoir l'utilité de cette philosophie dont ils ne soupçonnaient pas l'intérêt, préoccupés qu'ils étaient jusqu'ici de simples bagatelles. Les questions qui touchent à la conduite sont essentiellement personnelles, et d'autre part reposent sur des principes qui doivent dominer les actions de l'existence entière. On peut consulter un devin pour savoir ce qui arrivera, mais non pour savoir ce qu'on doit

---

[1] Épictète, *Entretiens*, III, IX, 6 et 14-17; cf. I, x et II, xiv, 18. C'est un peu à ces gens-là qu'il pense quand il dit à un jeune homme : « Autrement tu seras, comme les enfants, aujourd'hui philosophe, demain publicain, puis rhéteur, puis procurateur de César » (III, xv, 12).

[2] On voit, en particulier (III, IX, 14), qu'il ne se met pas en frais d'éloquence pour ceux qui sont venus avec l'espérance de l'entendre bien parler, et s'inquiète fort peu d'être jugé « surfait ».

[3] Stobée, *Flor.*, XLVIII, 67.

[4] Musonius terminait sa démonstration par l'exposé du paradoxe stoïcien « que le sage est le véritable roi »; c'est tout à fait de la même manière qu'Épictète démontre à un de ses visiteurs que la philosophie lui assure tout ce que celui-ci ambitionne (III, IX, 15-22). Cf. 3ᵉ partie, ch. III.

faire. La conscience morale, éclairée par la connaissance du bien et du mal, est le seul oracle qu'on puisse consulter ici[1]. Si l'on n'a pas cette connaissance, il faut l'acquérir, et dès lors on n'a plus besoin de s'adresser à personne. C'est ce qu'Épictète fait comprendre par une ingénieuse comparaison à un visiteur qui, ayant un procès, l'avait apparemment pris pour un avocat consultant[2]. « Vous ressemblez à un homme qui, ne sachant pas écrire, viendrait me dire : Indiquez-moi quels caractères je dois tracer, si on me donne à écrire tel ou tel nom... Si je lui apprenais à tracer le mot Dion, et qu'on lui donnât ensuite à tracer, non plus Dion, mais Théon, il serait bien avancé. Si, au contraire, vous avez appris à écrire une fois pour toutes, vous serez prêt pour tous les noms qu'on vous demandera. Ayez la science générale, et vous n'aurez pas besoin de conseils[3]. » En d'autres termes, Épictète conseille sérieusement à son visiteur ce que le Béralde de Molière conseille plaisamment au malade imaginaire : se faire médecin soi-même pour se guérir à coup sûr, plutôt que d'avoir recours aux lumières d'un intermédiaire.

Mais ce n'est pas l'affaire d'un instant. S'il suffit, à en croire Béralde, de recevoir la robe et le bonnet de médecin pour apprendre tout ce qu'on doit savoir, c'est-à-dire « parler latin, connaître les maladies et les remèdes qu'il y faut faire », au point de devenir plus habile qu'on ne veut, Épictète répète trop souvent que le vieux manteau et la longue barbe ne font pas le philosophe, pour laisser à ses visiteurs la moindre illusion à cet égard[4]. Quand le fruit du figuier est si lent à mûrir, il serait trop commode, en vérité, de n'avoir qu'à cueillir les fruits de la sagesse humaine, sans

---

[1] Épictète, *Entretiens*, II, vii, 1-9; cf. III, ix, 2; I, ii, 9-11; *M.*, XXXV.
[2] En général, il n'admet pas qu'on le prenne pour un donneur de recettes : ici il dit « pour un écrivain public », ailleurs « pour un marchand de légumes ou un cordonnier » (III, ix, 10).
[3] Épictète, *Entretiens*, II, ii, 21-26.
[4] Par ex., IV, viii, 15; cf. Musonius dans Stobée, *Flor.*, LXXIX, 51, fin.

avoir eu la patience ni pris la peine de les cultiver[1]. L'étude qu'il leur propose est longue et difficile, puisqu'elle les oblige à se remettre à l'école et à reprendre les choses par le commencement, même celles qu'ils croyaient bien connaître, et jusqu'au sens des mots les plus usuels[2]. Sans doute, la plupart feront la grimace devant cette perspective : tels certains mendiants à qui on offre, au lieu du pain qu'ils demandent, du travail qui les dispensera désormais de tendre la main. Heureux encore s'ils ne se froissent pas de s'entendre dire qu'ils ne savent rien. Du moins ne se gêneront-ils pas pour dire que les philosophes sont fous[3]. Mais sans doute Épictète est satisfait s'il réussit à en ébranler un ou deux, et à leur faire entrevoir qu'ils ignorent ce qu'ils croyaient savoir et qu'ils ont négligé jusque-là, pour des niaiseries, leurs intérêts essentiels. Bref, tous ceux qui s'adressent à lui reçoivent, qu'ils l'aient désiré ou non, une légère teinture de la doctrine, jusqu'à ce procurateur d'Épire qui s'était fait huer au théâtre pour avoir manifesté trop ouvertement sa sympathie pour un comédien[4]. Peut-être dans le nombre s'en trouvera-t-il un qui ait envie de la connaître plus complètement et de devenir un véritable disciple d'Épictète[5].

[1] Épictète, *Entretiens*, I, xv, 8.
[2] Id., *ibid.*, I, xi, 39-40 ; III, ix, 11 ; II, xiv, 14-15.
[3] Id., *ibid.*, II, xiv, 20-23 et 29 ; I, xxv, 32-33 ; I, xxii, 18-19.
[4] Id., *ibid.*, II, iv ; III, iv, 9-10.
[5] Par ex., III, i, 10 ; I, xi, 39.

CHAPITRE II

Rapports du maître et des élèves

Si Épictète se tient sur la réserve vis-à-vis des étrangers, s'il est même quelque peu farouche à leur égard, en revanche il met toutes ses complaisances en ses disciples ordinaires. Cependant il a une manière assez originale de leur manifester l'intérêt qu'il leur porte, et en général il paraît beaucoup plus dur avec eux qu'avec les profanes. Du reste, il est assez naturel qu'il traite avec une rudesse toute particulière ceux de ses élèves habituels qui ne se montrent qu'à demi ses disciples et que le monde tient encore par trop d'endroits. Il aurait voulu les voir secouer, comme nous disons, la poussière de leurs pieds avant de passer le seuil de l'école et laisser le vieil homme à la porte. Il concevait un peu la maison du philosophe comme ce vallon, séjour préféré du poète, où « le bruit lointain du monde expire en arrivant[1] ». Or le monde extérieur faisait trop souvent irruption avec eux dans cette paisible retraite. Ils y apportaient, non seulement leurs habitudes d'esprit et leurs préjugés, qui se reflétaient dans des conversations frivoles et dans des raisonnements tout profanes, mais aussi leurs préoccupations matérielles et leurs passions vulgaires. Encore tournés tout entiers vers le dehors, leurs esprits étaient mal préparés à recevoir la bonne parole, et la leçon était perdue. Quand Épictète leur parlait de la parenté des hommes avec Dieu, il aurait voulu les

[1] Lamartine, *Prem. Médit.*, IV.

voir, au moins sous l'impression du premier moment, saisis d'un accès de mysticisme; mais une grave question les absorbait et les empêchait de penser à autre chose : ils n'avaient rien reçu de leurs familles, et se demandaient de quoi ils allaient vivre le lendemain[1]. A ces soucis se mêlaient des arrière-pensées de vanité mesquine : là-bas, au pays, on comptait sur eux, on s'attendait à les voir revenir en possession de la science universelle, et ils ne demandaient eux-mêmes qu'à pouvoir émerveiller un jour leurs compatriotes. Seulement les études étaient plus longues et plus difficiles qu'ils ne l'avaient prévu, et en attendant l'existence était dure, et Nicopolis ne valait pas Athènes[2]. Ou bien, ils arrivaient encore tout agités d'une passion violente : ils venaient de battre leur esclave, sans doute pour une simple peccadille, et de mettre la maison sens dessus dessous, au grand scandale du voisinage; et c'est dans cet état qu'ils se présentaient, avec un calme apparent qui dissimulait mal le désordre de l'intérieur[3]. Enfin, s'ils avaient l'esprit assez libre pour écouter la leçon, c'était pour en juger la forme et le débit et pour apprécier avec la sévérité de la jeunesse l'improvisation sans prétention de leur maître[4]. Puis, comme s'il ne suffisait pas de venir aussi mal préparés, on aurait dit qu'ils craignaient d'emporter à leur insu quelque chose de l'école, tant ils s'empressaient d'aller s'en défaire au dehors, en se replongeant immédiatement dans la dissipation. De peur que les principes, même écoutés d'une oreille distraite, ne fissent en eux quelque impression durable, ils se hâtaient d'aller, au sortir de l'ombre, comme on disait alors, les exposer au grand jour, où ils fondaient comme la cire au soleil[5]. Ils ne donnaient

---

[1] Épictète, *Entretiens*, I, IX, 19-20; II, XXI, 12-14.
[2] Id., *ibid.*, II, XXI, 10 et 13-14.
[3] Id., *ibid.*, II, XXI, 11; cf. I, XIII, 2, et *M.*, XII, 2.
[4] Id., *ibid.*, II, XXI, 11.
[5] Id., *ibid.*, III, XVI, 9-10. Cf. Sénèque, *Ep.*, CVIII, 8 : « ..., sunt quales jubentur, si illa animo forma permaneat, si non impetum insignem protinus populus, honesti dissuasor, excipiat. Pauci illam quam conceperant mentem domum perferre potuerunt. »

aucun effort continu, n'exerçaient aucune surveillance attentive et sévère à l'égard d'eux-mêmes. Au lieu de se livrer à quelque méditation, à quelque exercice d'application, au lieu de se dire : « Quel usage fais-je des objets qui se présentent à mes sens? Dis-je bien aux choses indifférentes que je n'ai rien à voir avec elles? » ils couraient, à peine la porte franchie, au théâtre, aux combats de gladiateurs, au gymnase, au cirque, variant sans cesse leurs distractions, passant constamment d'un lieu de plaisir à un autre, incapables de mettre quelque suite même dans leurs amusements, s'abandonnant, en un mot, à une dissipation complète[1]. Au lieu d'être dans le monde comme s'ils n'y étaient pas et de n'y voir qu'une matière à l'application des principes entendus ailleurs, c'est l'école qu'ils traversaient sans y rien voir, sans y rien entendre. Ils s'asseyaient un instant sur les bancs, mais leur esprit était dehors[2]. C'est à l'aide des reproches mêmes d'Épictète qu'on a pu faire ce portrait peu flatteur d'une partie de ses auditeurs. Car il leur fait une guerre impitoyable, leur laissant entendre qu'ils seraient mieux à leur place ailleurs que dans une école de philosophie[3].

Aussi bien, il ne faudrait pas croire qu'il se montre beaucoup plus tendre pour les autres. Au premier aspect du moins, l'homme est brusque et bourru : ennemi de toute sensiblerie, on le croirait même dépourvu de sensibilité[4]. En général, quand ses jeunes gens ont quelque sujet de tristesse ou d'inquiétude, il n'a pas un mot de compassion pour eux, il ne trouve guère que des reproches à leur adresser. C'était à eux de se mettre mieux en garde contre ces surprises. Que faisaient-ils au temps chaud? Ainsi pourraient se résumer un grand nombre de ses consolations[5]. Il va même si loin en ce sens qu'on devine

---

[1] Épictète, *Entretiens*, III, xvi, 14-15.
[2] Cf. Sénèque, *Ep.*, CVIII, 5 : « ... quos ego non discipulos philosophorum, sed inquilinos voco. »
[3] Épictète, *Entretiens*, II, xxi, 8-11 et 15-16.
[4] Id., *ibid.*, II, xvii, 37 ; III, xiii, 18-19.
[5] Par ex., III, xxvi, 11-20 ; III, v, 4.

un calcul, une attitude adoptée : car, lorsqu'il a affaire à des profanes, il se montre moins intransigeant et autorise certains accommodements avec les faiblesses humaines. C'est qu'il ne veut pas risquer d'encourager ceux qui ne demandent qu'à se plaindre, en s'apitoyant sur leur sort. Aussi, appliquant lui-même une méthode qu'il recommande en plusieurs circonstances, il combat cet excès par l'excès inverse, en affectant un absolu mépris pour des sentiments même excusables. Il ignore de parti pris l'art des ménagements, il applique dans toute sa rigueur la doctrine de l'indifférence des choses extérieures; il souligne même volontiers son dédain d'une ironie assez cruelle.

C'est ainsi qu'un élève peu fortuné ayant eu le malheur de manifester quelque inquiétude au sujet de l'avenir, Épictète se chargea, en se moquant brutalement de ses appréhensions, de lui ôter toute envie de se plaindre désormais. Tout d'abord, lui dit-il, le pis qui puisse arriver, c'est de mourir : or il est tant de fois question de la mort dans les dissertations d'école qu'on peut bien faire une fois ce dont on a parlé si souvent. Ne faut-il pas toujours en passer par là, et, qu'on meure de faim ou d'excès et d'indigestion, le résultat n'est-il pas le même? D'ailleurs, mourir de faim, n'avoir pas de quoi vivre, ce sont des mots. Les derniers des mendiants, qui sont sans feu ni lieu et se nourrissent on ne sait comment, n'arrivent pas eux-mêmes à mourir; sans compter qu'on peut toujours trouver à s'occuper, se faire copiste ou portier ou, comme Cléanthe, porteur d'eau[1]. Et puis, au fond, ce n'est pas de la mort qu'on a peur, mais simplement de la gêne. Ce qu'on aime, ce dont on craint d'être privé, c'est le luxe, c'est la vie qu'on est convenu d'appeler élégante, vie bonne tout au plus pour des malades, mais indigne des gens bien portants, qui doivent être capables de se suffire à eux-mêmes[2]..... L'élève interpellé essaie de s'en défendre; il

---

[1] Épictète, *Entretiens*, III, xxvi, 3-8 et 23 ; cf. III, xxvi, 5 et fr. 11.
[2] Id., *ibid.*, III, xxvi, 21-24

pense seulement qu'il peut tomber malade : que deviendra-t-il seul et sans ressources, privé des secours et de la société des siens? Voilà, semble-t-il, des soucis plus naturels et plus excusables. Mais cette question est réglée aussi simplement que le reste, dans un dialogue tout « laconique » qui vaut la peine d'être cité : « Et si je viens à tomber malade? — On peut être malade et se conduire convenablement. — Qui me soignera? — Dieu, tes amis. — Mais je serai durement couché. — Du moins tu seras couché comme un homme. — Je serai dans une maison peu confortable. — Eh bien! tu seras malade dans une maison peu confortable. — Et comment finira cette maladie? — Par la mort. C'est par là que finissent tous les maux. Ce n'est pas de la mort, c'est de la peur de la mort qu'il faut avoir peur[1]. »

Précisément ce que craignait celui-ci se réalise pour un autre : il tombe malade, se croit perdu pour un accès de fièvre et ne pense plus qu'à aller retrouver sa famille. Épictète le raille encore plus impitoyablement que le précédent[2] : c'est évidemment un parti pris. Le malade voudrait que sa mère soit à son chevet pour lui soutenir la tête : mais les moqueries un peu brutales de son maître lui tiennent l'âme haute, ce qui vaut mieux. Ce n'est pas que les jeunes gens soient toujours de cet avis, et il n'ignore pas ce qu'ils pensent. Quand un d'eux part pour Rome, voyage toujours périlleux, et qu'il se borne à le féliciter d'aller constater là-bas que la doctrine est vraie, que la pauvreté, les insultes, les persécutions, la prison, la mort sont sans importance, il sait qu'on est scandalisé de sa dureté et qu'on l'accuse à mi-voix de manquer de cœur. « Me laisser partir sans pleurer, sans me dire : « Quels dangers tu vas courir, mon enfant! Si tu échappes, j'allumerai mes flambeaux. » Mais il croirait ne pas aimer vraiment les jeunes gens en les aimant ainsi. Il préfère

---

[1] Épictète, *Entretiens*, III, xxvi, 37-39.
[2] Id., *ibid.*, III, v, 1-4 et 12-13.

les aimer d'une façon plus utile, quitte à recevoir leurs reproches : car ils se fâchent quelquefois, quand on leur donne des conseils[1]. Il sait, comme Démosthène, à quoi doivent s'attendre ceux qui se préoccupent plus de servir les intérêts des autres que de flatter leurs faiblesses. Aussi frappe-t-il sans ménagements, s'inspirant sans cesse de ce principe, exposé ailleurs par lui-même : « C'est la maison d'un médecin que l'école d'un philosophe : on n'y vient pas pour son agrément; il faut souffrir avant d'en sortir. » Il les persécute de toutes les façons, mettant, comme il le dit, le doigt sur leurs plaies, pour qu'ils sentent constamment leur mal[2]. A chaque instant, il leur reproche leur mollesse, leur apathie. Il s'indigne de ne les voir faire aucun progrès[3]. Il s'emporte, autant qu'un philosophe peut s'emporter, contre la vulgarité de leurs préoccupations ; il raille leur goût pour les futilités, leurs prétentions littéraires, leur vanité, leur désir d'être admirés[4]. En un mot, si on s'en rapporte à un proverbe populaire, on doit croire qu'il les aime bien, car il les châtie bien.

Précisément cette rudesse, qui est voulue, cache, en réalité, un cœur excellent. Ce bourru est le meilleur des hommes, deux traits dont l'alliance n'est pas rare; et, s'il dissimule souvent, par prudence, des sentiments affectueux, parfois aussi il les laisse voir à dessein, pour atténuer ce que cette rudesse pourrait avoir d'excessif. Quand il craint d'avoir frappé un peu fort des jeunes gens dont l'épiderme est sensible, il sait effacer d'une main délicate l'impression pénible d'une scène trop vive; quand il a peur d'être allé trop loin et d'avoir indisposé ses auditeurs, il change de ton à propos, et l'harmonie est rétablie. Le cha-

---

[1] Épictète, *Entretiens*, II, XVII, 37-38.
[2] Id., *ibid.*, III, XXIII, 30 et 37.
[3] Id., *ibid.*, I, IV, 1-18 ; II, IX, 19 et 21 ; II, XVII, 35 ; II, XXI, 15-16 ; III, II. 13.
[4] Id., *ibid.*, I, IX, 19 et 26 ; II, XXI, 12 et 14.

pitre II, xix, un des plus vivants du recueil d'Arrien, un des plus fidèles aussi, selon toute apparence, est, à cet égard, plein d'intérêt. C'est, presque d'un bout à l'autre, une violente sortie contre ceux qui ne voient dans la philosophie que les ingénieuses subtilités de la logique, et traitent la morale, comme l'histoire littéraire, en l'apprenant par cœur. Il commence par les railler froidement, en récitant, d'un ton très sérieux et sans laisser voir où il veut en venir, une savante leçon de logique, hérissée de termes techniques et de noms propres. Puis, laissant deviner la parodie, il débite, sur le même ton, une leçon de morale, qu'il embrouille à dessein avec une leçon de littérature homérique. Il confond les définitions du bien et du mal avec les aventures d'Ulysse chez les Cicones, et attribue le tout à Hellanicos, en ses *Égyptiaques!* Qu'importe, en effet, que l'on confonde littérature et morale, si celle-ci se réduit, aussi bien que celle-là, à des formules apprises par cœur[1]? Mais la raillerie est finie, le ton s'élève. Que feraient de ces belles formules, en présence d'un danger réel, ceux qui ont si bonne mémoire? Comment recevraient-ils l'importun qui leur rappellerait alors que la tempête et l'exil sont choses indifférentes? « Laissez-moi, lui diraient-ils, j'ai assez de mes maux. » Et ils auraient raison : ils auraient assez de leurs maux, c'est-à-dire de leurs passions[2]. Comment de tels élèves osent-ils se dire stoïciens? Un vrai stoïcien, c'est un homme qui, au lieu de débiter des formules, les applique, qui trouve le moyen d'être heureux au milieu des pires dangers, enfin, qui a l'ambition de

---

[1] Épictète, *Entretiens*, II, xix, 1-15.
[2] Id., *ibid.*, II, xix, 15-20. Ce philosophe stoïcien qu'Aulu-Gelle eut pour compagnon de traversée, entre Cassiopé et Brindes (cf. plus haut, p. 10, n. 4 fin), n'avait peut-être pas été auditeur d'Épictète, mais pouvait, en tout cas, se dire son disciple. Or, précisément dans la circonstance prévue par Épictète, le disciple fit honneur au maître. Car, s'il pâlit pendant la tempête, il n'eut pas peur, et il s'autorisa d'Épictète lui-même pour justifier sa pâleur. Il est vrai qu'alors la tempête était passée.

devenir semblable à Dieu. Mais cet homme-là n'existe pas dans son école, et il désespère de l'y voir jamais. Il n'y voit que de faux stoïciens, Épicuriens en réalité, qui se dupent eux-mêmes et dupent les autres, et vont par le monde revêtus d'un costume d'emprunt et porteurs d'un nom dérobé[1]. C'est alors que, voyant ses auditeurs émus par ces violents reproches, soit qu'il craigne d'être allé trop loin, soit simplement qu'il juge atteint l'effet qu'il cherchait, il s'arrête brusquement, dépose ses foudres, descend des hauteurs, et, pour ainsi dire, leur tend la main pour les relever. Qu'ils ne se découragent pas : il est là pour les aider à mieux faire. Pourquoi de si médiocres résultats, quand aucun obstacle extérieur ne s'oppose au succès? Ce ne peut être que sa faute ou la leur. « Eh bien, conclut-il, disons, pour être plus exact, que c'est la mienne aussi bien que la vôtre. Mais voulez-vous qu'à partir d'aujourd'hui nous apportions ici la ferme intention d'aboutir? Laissons là tout le passé, mettons-nous seulement à l'œuvre. Fiez-vous à moi, et vous verrez[2]. » On sent que toute la scène est prise sur le vif. C'est une de celles qui font le mieux comprendre ce qu'Arrien dit de l'impression produite par l'enseignement d'Épictète sur ses auditeurs[3], une de celles aussi qui permettent le mieux d'apprécier ce que le cœur de cet homme d'apparence un peu revêche renfermait de véritable bonté.

C'est une impression semblable que laisse, avec plus de vivacité encore, une scène pourtant toute différente. Elle commence par une anecdote fort joliment racontée. Un haut fonctionnaire, tombé en disgrâce, puis rentré en faveur, passant par Nicopolis à son retour d'exil[4], avait fait ses confidences à Épictète. Il lui avait juré ses grands dieux qu'il était revenu de toutes ses illusions : jamais, au

---

[1] Épictète, *Entretiens*, II, xix, 20-29.
[2] Id., *ibid.*, II, xix, 29-34.
[3] Arrien, *Lettre à Gellius*, 5.
[4] Peut-être avait-il été, comme Épictète, exilé sous Domitien, puis rap-

grand jamais, on ne le reprendrait à rentrer dans la vie publique. Le philosophe lui avait prédit qu'il n'en ferait rien, et il avait été bon prophète; car, depuis, le prétendu converti était devenu préfet des approvisionnements à Rome[1]. Épictète ne s'attarde pas longtemps à ce récit : conter pour conter lui semble peu d'affaire, et l'anecdote a une morale à laquelle il a hâte d'arriver. Elle n'était, en effet, qu'un prétexte pour reprocher aux jeunes gens leur indolence et leur apathie. S'ils mettaient, eux qui sont dans la force de l'âge, autant de vigueur que les vieillards de Rome en mettent à réaliser leurs ambitions, ils arriveraient à quelque chose[2]. « Pourquoi donc, conclut-il, quand il s'agit d'intérêts infiniment plus importants, ne sommes-nous pas plus actifs, moi tout le premier[3]? » Quelle est cette confidence inattendue? Ce *nous* était donc autre chose qu'une de ces atténuations dont Démosthène se sert si souvent pour ménager les susceptibilités des Athéniens? En effet, c'est plus qu'une confidence, c'est une confession qu'il faut dire. Épictète avoue que le matin — sans doute en hiver — il lui arrive parfois de rester paresseusement au lit, au lieu de préparer le travail de la journée. Il pense un instant, en s'éveillant, aux questions sur lesquelles doivent porter, ce jour-là, les lectures des élèves[4]; puis : « Bah! se dit-il, que m'importe la lecture d'un tel? Le principal est de refaire un somme[5]. » Mais cet aveu, en apparence candide, lui donne le droit de prendre l'offensive, de reprocher aux élèves leur paresse, et même

---

pelé sous Nerva (Dion Cassius, LXVIII, 1 : τοὺς φεύγοντας κατήγαγε). Car le retour de l'exilé est un fait déjà ancien au moment où est contée l'anecdote (cf. *Entretiens*, I, x, 5 : λοιπὸν ἐν ἐξ ἑνὸς ἐπισεσώρευκεν); et rien n'empêche d'admettre une vingtaine d'années d'intervalle. Cf. plus haut, p. 18.

[1] Épictète, *Entretiens*, I, x, 2-7.
[2] Id., *ibid.*, I, x, 1.
[3] Id., *ibid.*, I, x, 7-8. Cf. plus haut, p. 46, n. 3.
[4] Sur ce détail, v. plus haut, p. 36.
[5] Épictète, *Entretiens*, I, x, 8. Cf. dans Marc-Aurèle, *Pensées*, V, 1, un aveu tout à fait comparable.

de les rendre un peu responsables de la sienne. Voilà un coup auquel ils ne s'attendaient pas. « Mais, en réalité, est-ce moi seul qui suis paresseux et endormi? C'est vous tous les premiers, jeunes gens. Nous autres vieillards, de voir s'amuser la jeunesse, cela nous donne envie d'en faire autant. Mais si je vous voyais éveillés et animés, je me sentirais à moi-même beaucoup plus d'ardeur pour travailler avec vous[1]. » Qui n'aurait accepté de bon cœur des reproches présentés sur ce ton? Les plus susceptibles auraient eu mauvaise grâce à se montrer froissés. Cette confession, qui paraissait avant tout naïve et ingénue, était en réalité pleine d'habileté et de délicatesse.

Quand on le voit s'y prendre ainsi avec ses élèves habituels, on n'est pas trop surpris de le voir traiter avec toutes sortes d'attentions, à la fois prudentes et affectueuses, un jeune débauché qui se présente à lui pour la première fois. Il a en effet reconnu en lui un homme à convertir; certains indices lui font croire qu'il peut sauver cette âme, comme Xénocrate sauva Polémon[2]. Il doit donc lui faire honte, tout en évitant de le blesser et de lui faire perdre l'envie de revenir[3]. Partagé entre ces deux préoccupations, il va et vient de l'une à l'autre, avec toutes sortes de périphrases, de corrections et de réticences, dont l'intention est visible[4]. D'abord, il lui fait entendre, ou plutôt avouer, à l'aide de la méthode socratique, que, tout en soignant sa personne et ses vêtements, il n'est pas aussi beau qu'il se l'imagine[5]. Mais, ce premier pas fait, craignant d'être allé trop loin pour une entrée en matière, il s'arrête, et s'excuse d'en avoir tant dit. C'était son devoir de le faire; plus tard, une fois converti, son interlocuteur aurait eu le droit de lui reprocher sa réserve; d'ailleurs,

---

[1] Épictète, *Entretiens*, I, x, 12-13.
[2] Id., *ibid.*, III, I, 10-14 et 24; cf. IV, xi, 25-28 et 30.
[3] En revanche, quand il a devant lui quelqu'un avec qui il sent qu'il n'y a rien à faire, il s'entend à merveille à le décourager (II, xxiv).
[4] Épictète, *Entretiens*, III, I, 10, 15 et 41.
[5] Id., *ibid.*, III, I, 1-10.

même sans espoir de réussir, il ne peut se dérober à sa mission, qui est de prêcher, comme un Socrate d'ordre inférieur[1]. Ces précautions prises, il s'enhardit de nouveau, lui dit quelques vérités assez dures, lui fait comprendre que sa conduite est indigne d'un homme. Puis il s'arrête une seconde fois pour s'excuser encore. Ce n'est pas en son propre nom qu'il lui a tenu ce langage, — il n'a pas l'habitude de parler sur ce ton à ses visiteurs, — il n'était que le porte-parole de Dieu, comme Hermès était le messager de Zeus, et c'est à ce titre qu'il lui montre, une dernière fois, en quoi consiste la vraie beauté[2]. On ne saurait manier avec plus de délicatesse une âme qui a besoin à la fois d'avertissements salutaires et de ménagements.

Mais si on veut apprécier pleinement la sollicitude toute paternelle qu'Épictète a pour la jeunesse confiée à ses soins, il faut la voir s'épancher à loisir en de longues exhortations — προτρεπτικαὶ ὁμιλίαι, comme disaient les anciens[3] — destinées à réconforter les élèves qui s'ennuient ou qui vont partir pour Rome. L'ennui, ou plus exactement une forme particulière de l'ennui, le mal du pays, paraît frapper tous les nouveau-venus dans son école. La plupart de ces jeunes gens quittent sans doute leur pays pour la première fois ; plusieurs ont laissé là-bas une famille en larmes : leur pensée les reporte sans cesse vers Athènes[4]. C'est à l'un de ceux-là qu'Épictète adresse un jour un long sermon où il prend successivement tous les tons, mais qui laisse une impression très nette sur le caractère de celui qui le prononce.

Il fait d'abord appel à sa raison : Dieu nous a faits pour être heureux par nous-mêmes, sans dépendre des personnes et des choses ; s'attacher déraisonnablement

---

[1] Épictète, *Entretiens*, III, 1, 10-24.
[2] Id., *ibid.*, III, 1, 24-36.
[3] Cf. Stobée, *Flor.*, XCVII, 28 = fr. 11 ; et plus haut, p. 22, note 1.
[4] Par ex., III, xxiv, 4 et 22 ; II, xvi, 32.

à celles-ci, c'est se rendre malheureux à plaisir, faire de l'existence une succession de chagrins et permettre à l'univers entier de conspirer à son malheur. Et puis, il faut se conformer à l'ensemble des événements; le monde est entraîné par un mouvement perpétuel; les hommes, comme les choses, se déplacent incessamment et doivent être tantôt rapprochés, tantôt séparés[1]. Après la raison, il fait appel à son amour-propre, en l'excitant par des comparaisons peu flatteuses. Ceux qui s'ennuient ressemblent aux enfants qui pleurent dès qu'ils ne voient plus leur nourrice; ils sont inférieurs aux oiseaux du ciel, aux corbeaux et aux corneilles, qui changent de nids sans hésitation et passent les mers sans regretter leurs séjours précédents[2]. Ceux qui ne savent pas se résigner et ne veulent faire que ce qui leur plaît ne valent pas mieux que ces Épicuriens dont la journée est consacrée uniquement au plaisir et aux distractions les plus frivoles; ce sont de mauvais soldats, de mauvais matelots, qui refusent le service, quand le devoir serait d'obéir aveuglément aux ordres du chef et de deviner même ce qu'il veut[3]. Alors, par contraste, il propose à celui qu'il a pris à partie de grands exemples à imiter; parmi les demi-dieux et les héros, Héraklès, Ulysse, grands voyageurs, qui, en courant le monde, ne se crurent jamais abandonnés de Dieu; parmi les sages, Socrate et Diogène, qui savaient se rendre indépendants des hommes et des choses, et par là rester souverainement libres[4]. Puis il prend la peine de relever ses objections et de les discuter patiemment[5]. Enfin, quand il croit le moment venu, il le munit, pour conclure, de conseils pratiques, habilement gradués, grâce auxquels il sera sûr d'être heureux partout et de pouvoir supporter sans abattement les coups

---

[1] Épictète, *Entretiens*, III, XXIV, 1-4 et 10-12. Cf. Rufus dans Épictète, fr. 8, et, plus haut, p. 49, n. 3.
[2] Id., *ibid.*, III, XXIV, 5-6 et 8-9.
[3] Id., *ibid.*, III, XXIV, 38-40 et 31-37.
[4] Id., *ibid.*, III, XXIV, 13-22 et 60-74.
[5] Id., *ibid.*, III, XXIV, 4, 22-24, 44-53.

qui paraissent les plus terribles aux hommes ordinaires[1].

Mais, quelque intérêt qu'il portât à ces jeunes gens dépaysés qui regrettaient Athènes et leurs familles, il réservait sa plus grande sollicitude à ceux qui allaient partir pour Rome, soit pour y exercer des fonctions publiques, soit pour y faire des démarches auprès des grands personnages, peut-être même auprès de l'empereur. Le cas se présenta plus d'une fois[2]. C'était un événement dans la petite école de Nicopolis. Comme il arrivait dans les églises chrétiennes, à l'époque des persécutions, quand un des fidèles était arrêté, ainsi, quand un élève allait passer l'Adriatique, les autres, impatients de leur inaction, regrettaient de ne pas être à sa place; le maître lui-même aurait voulu faire la traversée pour voir comment son disciple saurait supporter l'épreuve[3]. Assurément elle était redoutable, mais non pas au sens où le monde aurait pu l'entendre. Le danger était, surtout pour un homme qui arrivait de Nicopolis, de se laisser éblouir par les honneurs ou par les fortunes colossales qu'on acquérait à Rome par des moyens peu avouables[4]. Le danger était, non pas d'être persécuté, exilé ou décapité, mais de se laisser effrayer par ces prétendus dangers dont on parlait souvent à l'école et qu'on allait voir de près pour la première fois. Mais aussi, si on sortait de là victorieux, quel honneur pour l'école et le maître! quelle justification éclatante de la doctrine! « Voilà, dit Épictète dans l'une de ces occasions, le moment de montrer ce qu'on a appris. Il faut laisser à d'autres les beaux raisonnements; ce n'est pas ce qui nous manque aujourd'hui; les livres des stoïciens en sont pleins, de beaux raisonnements. Ce qu'il nous faut à cette heure, c'est quelqu'un qui les applique et les confirme par sa conduite. Prends-moi ce rôle, pour qu'au

---

[1] Épictète, *Entretiens*, III, xxiv, 58-fin.
[2] Id., *ibid.*, I, xxiv; xxv; xxix; xxx; II, v; III, xiii; III, xxxiv; IV, iv.
[3] Id., *ibid.*, I, xxix, 36 et 38.
[4] Id., *ibid.*, I, xxvi, 10-13.

lieu d'être réduits à emprunter toujours nos exemples à l'antiquité, nous puissions citer des exemples contemporains[1]. »

Il est visible que ces jeunes gens, qui vont subir des épreuves qu'autrefois il a subies lui-même, sont ses élèves de prédilection; car il accumule pour eux, en guise d'adieux, toutes les ressources de ses exhortations. Plusieurs chapitres, qui se rapportent apparemment au même sujet, et qu'Arrien, sans doute avec intention, a rapprochés dans son recueil, forment une sorte de bréviaire à leur usage[2]. Il faudrait les étudier en détail pour apprécier, ce qu'on ne peut faire en une rapide analyse, la variété du ton, tantôt railleur, tantôt paternel, tantôt éloquent, et l'abondance des moyens de persuasion, raisonnements, maximes, conseils pratiques, belles comparaisons, appels au sentiment religieux.

D'abord, pour préparer le terrain, il excite l'amour-propre du jeune homme par des compliments et des encouragements, déguisés sous forme de comparaisons. Il le félicite au lieu de le plaindre. Il le compare à un athlète, que le maître de gymnastique a mis aux prises avec un redoutable adversaire, pour lui faire remporter une brillante victoire; puis à un éclaireur, envoyé en reconnaissance pour voir si vraiment l'ennemi est à Rome, et si on peut s'y aventurer sans craindre les prétendus dangers que les ignorants y signalent[3]. Alors viennent les conseils pratiques. Les seuls dangers réels sont la crainte et le désir[4]. Mais peut-on avoir peur d'un homme, fût-il empereur, ou se laisser éblouir par les honneurs ou l'argent, quand on est pénétré des trois maximes suivantes : nul n'a de pouvoir sur les choses qui nous importent, et celles dont disposent les autres hommes sont indifférentes; —

---

[1] Épictète, *Entretiens*, I, XXIX, 55-58.
[2] Id., *ibid.*, I, XXIV ; XXV ; XXIX ; XXX.
[3] Id., *ibid.*, I, XXIV, 1-11 ; cf. II, XVII, 38.
[4] Id., *ibid.*, I, XXIV, 11-18.

sauve par tous les moyens ce qui est à toi; ne convoite pas ce qui ne t'appartient pas; — c'est en convoitant ce qui n'est pas à toi que tu perdras ce qui est à toi[1]. Un homme ainsi armé peut aller partout sans crainte : *illi robur et aes triplex*. Enfin, les exhortations se terminent comme elles ont commencé, par des comparaisons qui encadrent les conseils pratiques[2]. Par leur caractère pittoresque et élevé, elles sont de nature à faire sur l'esprit de l'élève une impression profonde, et à graver définitivement dans sa mémoire ce précepte qu'il importe de retenir : « C'est au moment de l'épreuve qu'il faut se rappeler tout ce qu'on a appris à l'école[3]. »

Munis de ce viatique, les jeunes gens devaient partir pleins d'ardeur, et, entendant encore résonner à leurs oreilles les éloquentes exhortations de leur maître, ils devaient se dire en présence du danger : « Quoi! ce n'était que cela! Voilà ce que c'est que le pouvoir, l'antichambre d'un empereur et ses gardes du corps! Ce n'était pas la peine d'entendre tant de discours. Et moi qui me préparais contre tout cela en m'imaginant que c'était quelque chose[4]! » Ce jour-là, pleine justice était rendue à sa méthode; et ceux qui l'avaient trouvé trop dur devaient lui savoir gré de les avoir armés d'une façon aussi virile.

[1] Épictète, *Entretiens*, I, xxv, 2 et 4.
[2] Id., *ibid.*, I, xxix, 34-50 et 58-64.
[3] Id., *ibid.*, I, xxix, 33.
[4] Id., *ibid.*, I, xxx, 6-7; cf. II, vi, 23.

CHAPITRE III

L'exercice moral

Bien qu'il n'ait pas encore été proprement question du fond des entretiens d'Épictète avec ses disciples, on entrevoit déjà quel en était le principal objet : c'est là qu'il leur apprenait à mettre la doctrine en pratique. Il leur répétait bien souvent que la plus belle morale n'avait de valeur qu'à condition que ses principes aboutissent à des actes : c'était un effort de volonté qu'elle réclamait. Mais cet effort était apparemment celui que donnait le plus malaisément la jeunesse : toujours est-il qu'une génération auparavant, son maître Musonius avait dû, à bien des reprises, en dire autant à ses propres disciples. La philosophie est avant tout d'ordre moral, la morale est avant tout d'ordre pratique[1], voilà ses deux idées favorites, voilà les deux points autour desquels on le voit tourner avec le plus d'insistance. Sur le second en particulier, nous avons conservé tout un chapitre consacré à opposer le λόγος à l'ἔθος et à présenter l'un comme une simple préface de l'autre. Si celui-là, dit-il, est nécessairement le premier dans l'ordre chronologique, celui-ci est le premier par ordre d'importance : il est le but, l'autre n'étant que le moyen[2]. Aussi estime-t-il qu'il faut faire le moins de part possible à l'ensei-

---

[1] V. Iʳᵉ partie, ch. II, p. 47, n. 2.
[2] Stobée, *Ecl.*, II, xv, 46 W.; v. particulièrement la conclusion (*Flor.*, IV, p. 164, l. 3 et suiv. M.).

gnement théorique et à la démonstration. Une bonne preuve, bien claire, vaut mieux que l'étalage dialectique le plus savant ; car la nécessité des preuves tient uniquement à l'insuffisance de l'esprit humain, et il serait à souhaiter que la vérité apparût à notre intelligence, comme à l'intelligence divine, avec une évidence immédiate, afin que la morale fût réduite à la pratique. En tout cas, le devoir du maître et celui du disciple sont nettement tracés sur ce point : à une démonstration aussi simple que possible, le maître doit joindre son propre exemple : par là, la pratique pénétrera dans l'enseignement même. Quant à l'élève, il doit s'attacher à comprendre la preuve qu'on lui donne sans en réclamer d'autres, et s'empresser, une fois convaincu, de mettre sa conduite en harmonie avec ses convictions ; car la philosophie n'est profitable que si l'on fournit des actes en rapport avec les théories qu'on a admises[1].

Pour n'être pas exposées sous une forme didactique, mais le plus souvent sous la forme de reproches, les idées d'Épictète sur cette question ne sont pas moins nettes que celles de Musonius, et l'expression en est beaucoup plus vive. Il s'en prend aux maîtres absents, qui ne se préoccupent pas de donner leur conduite en exemple, et leur oppose le philosophe idéal, dont la vie est un enseignement[2]. Il s'en prend surtout aux disciples présents, trop naturellement portés à confiner la morale dans le domaine de la théorie. Assurément il les approuve de ne pas négliger celle-ci : il serait ridicule de vouloir commencer par la pratique[3] ; mais il n'est pas non plus d'une excellente méthode de s'arrêter à mi-chemin. Or la plupart de ces jeunes gens,

---

[1] Stobée, *Ecl.*, II, xxxi, 125 W. ; v. particulièrement la conclusion (*Flor.*, IV, p. 220, l. 4 et suiv. M.). Cf. *Flor.*, XXIX, 78 (II, p. 13, l. 6 et suiv.; l. 25 et suiv. M.).

[2] Épictète, *Entretiens*, III, xxi, 5-8 ; III, xxiii, 17-18 ; III, xxii, 40 et 87.

[3] Id., *ibid.*, I, xxvi, 3-4.

plus riches de mémoire, d'intelligence même, que de volonté, connaissent à fond les doctrines stoïciennes, mais ne se doutent pas que leur conduite doive s'en ressentir, comme des gens qui entasseraient des provisions dans un cellier au lieu de s'en nourrir [1]. Par exemple, ils savent à merveille que les choses se divisent en bonnes, mauvaises et indifférentes, que les bonnes sont les vertus et tout ce qui s'y rattache, que les mauvaises sont leurs contraires, que les indifférentes sont la richesse, la santé, la réputation, la vie et la mort, le plaisir et la peine [2]. Ils diront mieux que personne qu'il ne faut pas chercher son bien ou son mal dans les choses extérieures, mais en soi-même, que, loin d'être des maux, la pauvreté, la maladie, l'obscurité, peuvent être l'occasion d'un bien [3]. Enfin, ils n'ont plus à apprendre que l'homme n'a jamais lieu de se quereller avec ses semblables, qui ne peuvent rien lui prendre, qu'au contraire il perdrait ses biens véritables en leur disputant des biens imaginaires [4]. Toutes ces belles théories leur sont familières, et ils sont pleins de verve tant qu'il ne s'agit que d'en parler [5]. Le malheur est qu'elles ne sortent pas de l'école. Que dis-je? dans l'école même, quand ils sont en train de les exposer, si une occasion de les appliquer se présente à l'improviste, ils ne pensent pas à s'en servir. Pendant qu'ils débitent leur leçon et classent doctement la réputation parmi les ἀδιάφορα, il suffit qu'un des assistants se mette à rire pour qu'ils perdent contenance : tant il est vrai que l'opinion d'autrui leur est indifférente [6]! Qu'est-ce, quand ils ont passé la porte de l'école! De même que d'autres oubliaient de déposer en entrant leurs préoccupations matérielles et leurs passions habi-

---

[1] Épictète, *Entretiens*, II, ix, 18.
[2] Id., *ibid.*, II, xix, 13; cf. II, ix, 15. Cf. également Musonius dans Stobée, *Flor.*, XXIX, 78 (II, p. 13, l. 22 M.).
[3] Id., *ibid.*, III, xx, 16-17.
[4] Id., *ibid.*, IV, v, 36; II, x, 30.
[5] Id., *ibid.*, II, xvi, 20.
[6] Id., *ibid.*, II, ix, 16.

tuelles, ceux-ci oublient d'emporter au dehors les armes qu'ils ont reçues, ou du moins ils ne songent pas à en faire usage. On dit bien dans l'école qu'il n'y a jamais lieu de se quereller avec autrui : mais, chez eux, ils n'ont rien de plus pressé que de se disputer avec leurs esclaves et leurs voisins, ou avec ceux qui se moquent d'eux[1]. Et ceux qui récitent si bien la liste des choses indifférentes, y compris la prison, l'exil et la mort, s'ils se trouvaient au fort d'une tempête ou en présence de l'empereur, comme ils perdraient subitement la mémoire et recevraient mal l'importun qui s'aviserait de rappeler leurs souvenirs envolés[2]! Ainsi, tant qu'il ne s'agit que d'écrire, de lire ou d'applaudir des dissertations sur les principes, on est très fort; mais autre chose est de les appliquer. Les Lacédémoniens étaient des lions chez eux, des renards à Éphèse : eux sont lions dans l'école et renards au dehors[3].

Ce qui les abusait sur leurs prétendus progrès, c'est qu'ils les mesuraient aux gros livres qui servaient aux explications et qu'ils dévoraient sans les digérer[4]. Épictète n'a pas assez de railleries pour ceux qui se croient plus avancés parce qu'ils savent expliquer Chrysippe[5]. Ce n'est pas qu'il le méprise, assurément[6]; mais Chrysippe n'est que l'interprète de la nature, dont le livre n'est pas toujours suffisamment clair, et c'est un interprète qui a besoin d'être expliqué à son tour. Dès lors, quelle besogne deux fois subalterne que de se faire l'interprète d'un interprète[7]! L'œuvre de Chrysippe vaut bien cinq deniers; le

---

[1] Épictète, *Entretiens*, III, xx, 18.
[2] Id., *ibid.*, II, xix, 15-20; cf. plus haut, p. 105.
[3] Id., *ibid.*, IV, v, 37.
[4] Id., *ibid.*, I, xii, 16.
[5] Id., *ibid.*, I, iv, 9-10; II, xvii, 40; *M.*, XLIX.
[6] Id., *ibid.*, I, iv, 28 et suiv. Épictète en parle, au contraire, en termes presque lyriques, et en fait un demi-dieu, pour lequel il réclame un temple et des autels, comme Lucrèce pour Épicure. Le passage I, iv, 30 rappelle tout à fait Lucrèce, *D. R. N.*, V, 16. L'un et l'autre traitent probablement un thème plus ancien qu'eux.
[7] Id., *ibid.*, I, xvii, 16-17; cf. *M.*, XLIX.

commentateur ne veut même pas cela[1]. « Je te demande, dit Épictète à un élève, quels progrès tu as faits, et tu me réponds : Voici le traité de la volonté ; voyez comme je l'ai lu. C'est comme si je disais à un athlète : Fais-moi voir tes épaules, et qu'il me répondît : Voici mes haltères. Va te faire pendre avec tes haltères, lui dirais-je : ce que je veux voir, c'est le parti que tu en as su tirer. » C'est donc une sottise de féliciter celui qui peut déjà lire Chrysippe tout seul, et de croire que c'est là avoir appris quelque chose d'utile[2]. Dans cette voie, on n'a pas fait un pas vers le but, eût-on lu d'un bout à l'autre toutes les introductions et tous les traités de Chrysippe, en y ajoutant, au besoin, ceux d'Antipater et d'Archédémos[3]. On pourra avoir passé des années dans l'école sans avoir franchi pour cela le seuil de la sagesse[4]. On sera grammairien, si on veut, mais philosophe, non pas ; car c'est être grammairien que d'interpréter les pensées des autres, que ce soient celles d'Homère ou celles de Chrysippe[5]. En tout cas, on ne sera pas plus stoïcien qu'Épicurien ; car quelle différence y a-t-il entre exposer des idées qu'on n'applique pas et exposer les doctrines d'une autre école ? Ceux qui connaissent à fond Chrysippe sont capables d'exposer tout aussi bien l'Épicurisme. Se dire stoïcien dans ces conditions, c'est se duper soi-même et duper les autres, c'est se promener par le monde revêtu des habits d'autrui et porteur d'un nom dérobé[6].

Voilà assurément l'une des idées qui reviennent le plus fréquemment dans Épictète : il est juste de dire qu'il en varie l'expression avec toutes les ressources de son imagination[7] ; ce n'est pas moins une sorte de *delenda Karthago* qu'il fait servir de conclusion à la plupart des discus-

---

[1] Épictète, *Entretiens*, I, IV, 6.
[2] Id., *ibid.*, I, IV, 13-14 et 9-10.
[3] Id., *ibid.*, II, XVII, 39-40.
[4] Id., *ibid.*, II, XVI, 34.
[5] Id., *ibid.*, II, XIX, 14 ; II, IX, 14 ; cf. *M.*, XLIX.
[6] Id., *ibid.*, II, IX, 19 ; II, XIX, 20, 22 et 28.
[7] V., par ex., *Entretiens*, I, XXIX, 55-58 ; II, XVI, 20 ; III, III, 17 ;

sions et dont il poursuit ses auditeurs comme d'une obsession. Son insistance ne peut guère être comparée qu'à celle de Démosthène, qui ne cessait de redire aux Athéniens, sur tous les tons, que les délibérations occupées par les plus brillants discours et closes par les plus viriles résolutions ne servent qu'à perdre le temps si elles ne sont suivies d'un effort énergique[1]. Le *Manuel*, qui commence, comme les *Entretiens*, par des définitions théoriques fondamentales, se termine par une invitation pressante à mettre les principes en pratique[2] : Arrien doit avoir fidèlement rendu en cela l'impression d'ensemble qui se dégageait de l'enseignement d'Épictète. De son côté, Favorinus, qui paraît avoir été au courant de ses habitudes, racontait qu'il s'élevait fréquemment contre les faux philosophes dont les formules ne dépassent pas les lèvres : φιλοσοφεῖ ἄνευ τοῦ πράττειν μέχρι τοῦ λέγειν[3]. Nous pouvons affirmer, pour notre part, qu'il faisait tout pour empêcher ses disciples de leur ressembler un jour. Nous verrons qu'il comparait volontiers les apprentis philosophes à des athlètes ; mais, quand on le voit batailler continuellement avec eux pour les décider à devenir stoïciens autrement que par le nom, on trouve que la comparaison s'applique encore plus exactement au maître qu'aux apprentis : le véritable lutteur est ici Épictète lui-même.

Mais ces reproches sur l'insuffisance de la théorie n'avaient guère qu'une valeur négative ; ils étaient trop vagues et trop généraux pour que des jeunes gens natu-

---

[1] IV, i, 138 ; IV, vi, 14. Sur l'inutilité de la lecture réduite à elle-même, v. III, x, 10-13 et IV, iv, 1-19 ; cf. IV, iv, 46 : ceux qui se plaignent de voir leurs études interrompues par la maladie ou par une mission à Rome devraient, au contraire, s'en réjouir ; ils lisaient sans but : voilà une occasion inattendue d'appliquer ce qu'ils ont lu ; c'est ce qui peut leur arriver de plus heureux.

[1] V. une coïncidence curieuse dans les idées et dans les termes entre Démosthène, *Ol.*, III, 15, et Musonius dans Stobée, *Ecl.*, II, xv, 46 W. (*Flor.*, IV, p. 164, l. 6 et suiv. M.). Cf. plus haut, p. 115 et n. 2.

[2] Épictète, *M.*, LI.

[3] Aulu-Gelle, *N. A.*, XIX, 7.

rellement portés à l'indolence en pussent tirer parti d'une manière vraiment efficace. Abandonnés à leur propre initiative, ceux-ci auraient trop souvent laissé passer, sans les voir, les occasions d'agir : il fallait les leur indiquer d'une façon positive, leur préparer, en quelque sorte, la besogne toute faite, et rester à côté d'eux pour leur faire signe au moment voulu. On devine par les *Entretiens* qu'Épictète ne devait pas reculer devant des recommandations précises jusqu'à la minutie. Déjà les anciens stoïciens, estimant que la vertu peut se manifester dans les plus petites choses, descendaient volontiers dans l'extrême détail des obligations de l'individu, et visaient, par leurs prescriptions, les diverses circonstances de la vie de tous les jours. Certaines de ces prescriptions nous étonnent par une précision qu'on est tenté de traiter de mesquine, pour ne pas dire de puérile¹. Alexandre d'Aphrodisias rapporte, pour en donner un échantillon, que dans leurs περὶ τῶν καθηκόντων les stoïciens examinaient s'il convenait de croiser les jambes dans l'école d'un philosophe, ou bien, étant à table avec son père, de s'attribuer la plus grosse part². Parmi les vertus stoïciennes, qui étaient divisées et subdivisées à l'infini, ainsi d'ailleurs que les vices et défauts correspondants, Stobée cite une συμποτικὴ ἀρετή qui se définissait ἐπιστήμη τοῦ πῶς δεῖ ἐξάγεσθαι τὰ συμπόσια καὶ τοῦ πῶς δεῖ συμπίνειν³, et, d'après Athénée, le philosophe Persaeos en avait longuement traité dans ses συμποτικοὶ διάλογοι⁴. Dès lors, on ne saurait être surpris de voir Musonius Rufus énumérer longuement les différentes

---

¹ C'est ce que pensait déjà le philosophe Ariston de Chios, qui déclarait superflue la παραινετική, c'est-à-dire la partie de la morale qui concerne les préceptes particuliers : « Si ludum litterarium intraveris, scies ista, quae ingenti supercilio philosophi jactant, in puerili esse praescripto. » (Sénèque, *Ep.*, XCIV, 9; cf. Sextus Empiricus, *Adv. Math.*, VII, 13). Cf. plus loin. p. 123, n. 2. Sur Ariston de Chios, voyez R. Thamin, *Un problème moral dans l'antiquité*, ch. II, p. 41-51.

² Alex. d'Aphrod., *Top.*, XLVI m. Cf. Épictète, *M.*, XXXVI, et Aulu-Gelle, *N. A.*, II, 2.

³ Stobée, *Ecl.*, II, vi, 5 (II, p. 34, l. 29 et suiv. M.).

⁴ Athénée, IV, 162 b.

manières de pécher par gourmandise, et, s'il parle de la façon dont on doit porter les cheveux et la barbe, Chrysippe, d'après le même Athénée, l'avait déjà fait avant lui[1]. A son tour, Épictète estime que le philosophe ne doit rien faire comme les autres, ou du moins sans se souvenir qu'il est philosophe; il va jusqu'à dire que tous les actes de la vie, même pendant les repas, peuvent être une occasion de plaire aux dieux[2]. Après avoir cité un mot d'Euphratès, que le philosophe doit se reconnaître à ses actes, et non à son costume, il ajoute, reprenant la pensée pour son propre compte : « Regardez comment je mange, comment je bois, comment je dors... »; et ces trois mots, qui désignent les actes les plus simples et les plus communs de la vie courante, sont suivis des trois mots ἀπέχεσθαι, ἀνέχεσθαι, συνεργεῖν, qui représentent les trois grands points de vue de la vie morale[3] : c'est dire assez nettement que ces actes doivent être faits philosophiquement. En fait, il laisse entendre expressément qu'il existe des prescriptions sur la façon de se conduire à table, au bain ou au gymnase[4]; ailleurs il rappelle qu'il y a des préceptes relatifs aux repas, au bain, au lit, et qu'il ne faut pas manquer de les avoir présents à l'esprit quand vient l'occasion de les appliquer[5]. Les allusions aux repas sont de beaucoup les plus nombreuses[6]; mais on voit fréquemment figurer, à côté de ceux-ci, non seulement le sommeil, le bain et le gymnase[7], mais le vêtement et la

---

[1] Stobée, *Flor.*, XVIII, 37 H. (I, p. 298 M.); VI, 24 H. (I, p. 156 M.); Athénée, XIII, 565 a. Cf. Épictète, *Entr.*, I, II, 29.

[2] Cf. *Entretiens*, I, XII, 8, où le principe est posé, et I, XIII, où, en réponse à une question, il est appliqué à la conduite à tenir pendant les repas.

[3] Épictète, *Entretiens*, IV, VIII, 20. Cf. plus haut, Ire partie, ch. II, p. 61.

[4] Id., *ibid.*, IV, IV, 8; Cf. M., XLVI, 1.

[5] Id., *ibid.*, III, X, 1.

[6] Id., *ibid.*, I, IV, 20; II, VIII, 12 et 15; III, XIII, 23; III, XV, 10 = M., XXIX, 6; III, XXI, 5; IV, VIII, 17; IV, XII, 7; M., XXXIII, 7; XXXVI; XLI; cf. *Entr.*, II, IV, 8; M. XV; fr. 17.

[7] Id., *ibid.*, I, IV, 20; II, VIII, 12; III, X, 1; IV, IV, 12; IV, VIII, 20; IV, IX, 8; IV, XII, 7; M., IV; XLI.

tenue, les conversations et les rapports des deux sexes [1]. Des conseils pour l'usage de la maladie remplissent même un chapitre entier [2].

Ce chapitre mis à part, il faut reconnaître que ces prescriptions, dans les *Entretiens*, sont l'objet d'allusions plus nombreuses qu'étendues, surtout si on les compare aux longs développements que nous trouvons sur ces mêmes questions dans les fragments de Musonius [3]. Mais on doit croire que les instructions auxquelles ces allusions se rapportent avaient sensiblement le même caractère chez le disciple que chez le maître : l'article XXXIII, 7 du *Manuel*, qui condense sans doute bien des paroles d'Épictète, est, en trois lignes, l'expression très fidèle de plusieurs pages de Musonius [4], et est animé exactement du même esprit. Or ce qui frappe dans les prescriptions de Musonius, outre leur précision minutieuse, c'est un certain air de rigueur et d'austérité, une affectation de simplicité dans les mœurs qui a l'apparence d'une protestation contre les excès du luxe et les raffinements de la civilisation, et qui rappelle les prédications des cyniques. Cette disposition, à vrai

---

[1] Épictète, *Entretiens*, II, VIII, 12 et 15; III, XXI, 5; III, XXII, 72; IV, IX, 8; IV, XII, 7; *M.*, XXXIII, 7-8; XLI.

[2] C'est le ch. III, x, dont le début a été cité plus haut; cf. III, v. Horace (*Ep.*, I, 1, 33 et suiv.) fait allusion aux préceptes relatifs au traitement des différentes passions. Le début de l'*Ép.* XCIV de Sénèque fait voir qu'il y avait également des préceptes aux différents devoirs de l'homme suivant la situation qu'il occupe dans la société... « eam philosophiae partem quae... marito suadet quomodo se gerat adversus uxorem, patri quomodo educet liberos, domino quomodo servos regat... » Mais c'est plutôt au ch. v qu'il sera question de ces derniers. — Les avis étaient partagés sur l'intérêt de toutes ces prescriptions détaillées: les uns en niaient l'utilité, alors que d'autres prétendaient y réduire la morale. C'est à la discussion de cette question que sont consacrées les *Ép.* XCIV et XCV de Sénèque, qui ne prend parti ni pour les uns ni pour les autres (Cf. P. Wendland, *Quaestiones Musonianae*, p. 12-13).

[3] V., notamment, Stobée, *Flor.*, I, 209 H.: Μουσωνίου ἐκ τοῦ Περὶ σκέπης; VI, 23 H.:...Περὶ ἀφροδισίων; VI, 24 H.:...Περὶ κουρᾶς; XVII, 42 et XVIII, 37 H.:...Περὶ τροφῆς.

[4] Cf. Musonius dans Stobée, *Flor.*, I, 209 H.; XVII, 42 H.; XVIII, 37 H.

dire, n'a jamais été étrangère au stoïcisme, qui, au début, se rattachait au cynisme par des liens assez étroits [1]. Ces liens purent se détendre, ils ne furent jamais entièrement rompus, et, peut-être sous l'influence des progrès du luxe, ils tendent même à se resserrer sous l'Empire [2]. S'il y a des cyniques qui se rapprochent du stoïcisme, comme Démétrius et Démonax, il y a, d'autre part, chez Musonius et, après lui, chez Épictète, des points de contact avec le cynisme. Ce n'est pas qu'ils aient, comme Dion Chrysostome, le goût du sermon populaire et s'en aillent prêcher la réforme des mœurs publiques sur les places et dans les carrefours : en tout cas, on ne connaît de chacun d'eux qu'une tentative en ce sens, et on sait que le vieux Musonius comme le jeune Épictète y échouèrent pareillement [3]. Mais, par là même qu'ils s'adressent à un auditoire restreint et facile à conduire et ont sous la main des disciples habituels à former à l'intérieur d'une école, ils sont amenés naturellement à leur donner des conseils dont l'austérité contraste avec les mœurs du monde et rappelle certains traits du représentant le plus populaire de l'école cynique [4].

Il est juste de dire que des idées de ce genre ne manquent pas dans Sénèque lui-même, et que le nom de Diogène revient fréquemment sous sa plume pour faire antithèse avec les vices de l'époque [5]. Mais sa vie, mêlée presque

---

[1] Cf. Diogène Laërce, VI, 104, et Juvénal, Sat., XIII, 121.

[2] V. Zeller, Ph. d. Gr., III, 1, p. 734, et surtout P. Wendland, Quaestiones Musonianae. Cf. Wilamowitz-Moellendorf, Philol. Unters., IV, Antigonos von Karystos, Excurs III, Der kynische Prediger Teles, p. 298 et suiv., et Hense, Teletis reliquiae, p. XIII, note.

[3] V. 1re partie, ch. I, p. 8, n. 2 et 3.

[4] On s'explique ainsi qu'un écrivain chrétien du commencement du v° siècle, S. Nil, ait cru pouvoir adapter le Manuel à la vie monastique, en se bornant à des modifications de détail insignifiantes, par exemple en remplaçant Ζεύς par Θεός, en substituant S. Paul à Socrate, et en supprimant quelques détails περὶ ἀφροδισίων.

[5] Sénèque, Ep., XC, 11; De tr. an., VIII, 3; De benef., V, IV, 3 et VI, 1.

tout entière aux affaires du siècle, affaiblit singulièrement l'autorité de ses déclarations, sans compter qu'il a pris soin de revendiquer expressément pour le philosophe le droit d'être riche, et même très riche[1]. Il ne faut donc pas trop s'arrêter aux passages où il défend la philosophie, comme d'un crime, d'avoir inventé tout ce qui sert aux commodités de la vie, où il fait l'éloge de l'âge d'or, ce siècle où il n'y avait pas d'architectes, vante la simplicité du costume des sauvages, et rappelle Diogène couchant dans un tonneau et buvant de l'eau dans le creux de sa main[2]. Ce qu'il en faut surtout retenir, c'est que ces idées étaient dans l'air environnant et familières aux philosophes — et aussi aux rhéteurs — de l'époque[3].

Chez Musonius, ces tendances cyniques paraissent beaucoup plus sérieuses. Elles sont certainement plus frappantes et ont été remarquées depuis assez longtemps, puisqu'Eunape lui donne expressément la dénomination de cynique et le range, à ce titre, à côté de Démétrius et de Ménippe[4]. En fait, les prescriptions de Musonius auxquelles il a été fait allusion plus haut rappellent souvent de très près, non seulement par le fond et l'esprit, mais même par le détail des mots, l'opuscule *le Cynique*, autrefois attribué à Lucien, où sont exposées la vie et la doctrine d'un philosophe de la secte. Quel que soit l'auteur de cet opuscule, même si on admettait qu'il s'est inspiré de Musonius[5],

---

[1] Sénèque, *De vita beata*, XXI-XXIV.
[2] Sénèque, *Ep.*, XC, *passim*.
[3] Marcks *(Symbola critica ad epistolographos graecos*, Bonn, 1883) a démontré qu'au 1ᵉʳ siècle après J.-C. la secte cynique eut une sorte de renouveau et que c'est alors que furent fabriquées les lettres apocryphes de Diogène et de Cratès. Hense (*Teletis reliquiae*, p. xiii, note) pense que l'ἐπιτομὴ ἐκ τῶν Τέλητος dont Stobée *(Flor.*, XCV, 21 et XCVII, 31 ; *Ecl.*, II, xv, 47 W.) nous a conservé des extraits, date de la même époque.
[4] Eunape, *V. des Soph.*, p. 3 Boiss.
[5] V. Wendland, *Quaest. Muson.*, p. 21, au bas. Dans une autre dissertation *(Philo und die kynisch stoische Diatribe)*, Wendland relève entre Musonius et Philon, au moins au point de vue des idées, des coïncidences et

il n'en serait pas moins significatif qu'il se soit cru en droit de voir dans ces prescriptions un type des doctrines cyniques.

Ce qui domine tout ce cynisme, c'est l'idée qu'il faut bannir le superflu et se régler uniquement sur le besoin réduit au minimum, sur la nécessité[1]. L'éloge de la vie patriarcale, présentée comme supérieure à toute autre pour le philosophe, n'en est que l'application[2]. L'idée que la simplicité, l'εὐτέλεια, est meilleure que le luxe, reparaît sous toutes les formes, qu'il s'agisse de l'habitation ou de l'ameublement, de la nourriture ou du costume[3]. Épictète donnait à ses disciples des conseils analogues. Outre l'article XXXIII, 7 du *Manuel*, cité plus haut, il faut rapprocher les nombreux passages où il leur recommande, pendant la période d'apprentissage, non pas de régler leurs désirs comme leurs aversions, mais de supprimer en eux toute espèce de désir ; par exemple celui-ci : « Jeûne, bois de l'eau ; abstiens-toi de tout désir, en attendant que les désirs soient conformes à la raison[4]. » D'ailleurs, ce n'est

---

des rapports assez frappants. Mais ici il n'y a pas à chercher d'influence directe de l'un sur l'autre, ni à recourir à l'hypothèse d'une source commune bien déterminée. Il y avait, comme nous le verrons 3ᵉ partie, ch. III, un certain nombre de thèmes que traitait volontiers la philosophie populaire, et dont on retrouve des traces dans Sénèque et Juvénal, dans les satires d'Horace, dans les traités philosophiques de Cicéron, et dans les fragments de Télès conservés par Stobée.

[1] Cf. Diogène Laërce, VI, 105 : Ἀρέσκει δ'αὐτοῖς καὶ λιτῶς βιοῦν, αὐτάρκεσι χρωμένοις σιτίοις καὶ τρίβωσι μόνοις ; et Philon, *De fort.*, III, p. 377, Harris, *Fragments*, p. 101 b ; Wendland, *ouvr. cité*, p. 8, n. 3, rapproche Xénophon, *Mémor.*, I, VI, 10.

[2] Stobée, *Flor.*, LVI, 18.

[3] Id., *ibid.*, I, 209 H. (I, p. 37, l. 6 et suiv.; p. 38, l. 10 et suiv. M.); XVII, 42 H. (I, p. 285, l. 21 et suiv. M.); XVIII, 37 H. (I, p. 299, l. 25 et suiv. M.); LXXXV, 20 (III, p. 147, l. 22 et suiv. M.). On peut en dire autant de Philon; v. Wendland, *ouvr. cité*, p. 10, note. Cf. Horace, *Sat.*, II, II, p. 70 et suiv.; Télès dans Stobée, *Flor.*, I, 98 H. (I, p. 123, l. 15 et suiv. M.); Pseudo-Télès, *ibid.*, XCIII, 31 (III, p. 188, l. 4 M.). Sur les deux développements faussement attribués à Télès (Stobée, *Flor.*, XCI, 31 et XCIII, 31), v. Wilamowitz-Moellendorff, *Philol. Unters.*, IV, p. 293 et suiv., et Hense, *Teletis reliquiae*, préface, p. xv. Sur le cynisme de Télès, v. Wilamowitz, *ibid.*, et Hense, p. xxxiii.

[4] Épictète, *Entretiens*, III, xiii, 21 ; cf. I, iv, 1 ; III, xii, 8 ; III, xxii, 13 ;

pas nécessairement sous une forme dogmatique et générale qu'étaient présentés ces conseils ; ils pouvaient surgir incidemment, à propos d'une circonstance particulière, qui leur donnait plus d'intérêt et d'à-propos. Le passage le plus frappant où il s'élève contre le luxe s'adresse aux jeunes gens qui se plaignent d'être laissés sans ressources par leurs familles et craignent de manquer du nécessaire. Au fond, leur dit-il, ce n'est pas de mourir de faim qu'ils ont peur, mais d'être obligés de renoncer au superflu auquel ils sont habitués[1]. Et il leur fait un tableau ironique de la vie élégante des gens du monde, qui ne peuvent rien faire par eux-mêmes, et ont besoin de l'entremise d'un cuisinier, d'un valet de chambre et d'un baigneur. C'est là, conclut-il, une vie bonne pour les gens impotents : ne vaut-il pas mieux vivre comme les gens bien portants, suivre le régime des esclaves, des ouvriers et des vrais philosophes, de Socrate, de Diogène et de Cléanthe[2] ? La forme du passage est très vive et très originale ; mais l'exemple des esclaves et des ouvriers et la mention du nom de Diogène disent assez que les idées sont d'inspiration cynique.

Si on voulait entrer dans le détail des recommandations de Musonius contre le luxe et le superflu et étudier les diverses applications de l'idée qui les domine toutes, on verrait qu'elles rappellent souvent, d'une part, les cyniques proprement dits, et font penser, d'autre part, à certains conseils d'Épictète[3]. Nous nous bornerons à l'exemple le plus frappant, relatif à la toilette ou plus exactement à la

---

IV, ɪv, 18 et 33 ; *M.*, II, 2 ; XLIX, 3 ; fr. 27. Cf. encore *Entr.*, III, xɪɪ, 11 et 17 ; III, xɪv, 4 ; *M.*, XLVII.

[1] Cf. plus haut, p. 102.

[2] Épictète, *Entretiens*, III, xxvɪ, 24. Cf. Musonius dans Stobée, *Flor.*, XVIII, 37 H. (I, p. 299, l. 26 et suiv. M.) : τοὺς γοῦν οἰκέτας τῶν δεσποτῶν..... ἴδοις ἂν ὡς ἐπὶ τὸ πλεῖστον ῥωμαλεωτέρους ὄντας.

[3] Par exemple, à propos du mobilier, après avoir critiqué les lits d'ivoire et les tapis de pourpre (Stobée, *Flor.*, LXXXV, 20 = III, p. 147, l. 21 M.) ; cf. Pseudo-Télès dans Stobée, *Flor.*, XCI, 31 = III, p. 188, l. 7 M.)

tenue. Il était, pour ainsi dire, de tradition dans la secte cynique d'attaquer les jeunes élégants qui, tout en étant trop bien peignés, se rasaient et s'épilaient, et de présenter cette mode comme le comble de la dégradation pour un homme. Un philosophe cynique s'étant fait arrêter pour avoir, à ce propos, raillé un proconsul, Démonax prit la défense de son confrère, et renchérit sur lui en adressant au personnage un mot spirituellement sanglant[1]. Épictète, faisant parler un jeune homme qui veut s'affilier à la secte cynique, lui fait dire : « Je coucherai sur la dure, je prendrai une besace et un bâton, et, si je vois un homme

---

Pseudo-Luc., *Cyn.*, IX ; cf. aussi les déclarations cyniques citées par Épictète, *Entr.*, I, XXIV, 7 : ἐπ'ἀστρώτῳ πέδῳ καθεύδειν λέγει ὅτι μαλακωτάτη κοίτη ἐστί; III, XXII, 47 : χαμαὶ κοιμῶμαι ; III, XXII, 87 : ἡ ἀφελὴς καὶ λιτὴ καὶ ὕπαιθρος δίαιτα οὐδὲ τὸ σῶμα λυμαίνεται), il dit que les vases de terre et de fer valent mieux que la vaisselle d'or et d'argent (il ne va pourtant pas jusqu'à juger l'écuelle de terre superflue, comme Diogène, parce qu'on peut boire dans le creux de la main ; cf. Philon, *De somn.*, I, 20, p. 639 ; Sénèque, *Ep.*, XC, 11 ; CXIX, 2). On s'y désaltère tout aussi bien (cf. Horace, *Sat.*, I, II, 114 ; Pseudo-Luc., *Cyn.*, IX) ; ils sont plus faciles à acquérir, et, excitant moins les convoitises, demandent moins de surveillance (Stobée, *Flor.*, LXXXV, 20 = III, p. 148, l. 20 M.). Épictète, exprimant la même idée à propos d'une mésaventure personnelle, est peut-être encore plus austère, malgré le tour enjoué qu'il donne à sa pensée : le fer lui-même est pour lui un objet de luxe, capable de tenter les voleurs, et, depuis qu'on lui a pris sa lampe de fer, il l'a remplacée par une de terre ; de cette façon, si le voleur revient, c'est lui qui sera volé *(Entretiens,* I, XVIII, 15). Dans le même passage, il conseille à celui qui ne veut pas se faire voler son manteau de n'avoir pas de manteau (I, XVIII, 14 et 16) ; le mot rappelle les déclarations cyniques citées par lui-même *(Entr.,* I, XXIV, 7 : τὸ γυμνὸν εἶναι λέγει ὅτι κρεῖσσόν ἐστι πάσης περιπορφύρου ; ibid., III, XXII, 47 : ἐν τριβωνάριον), ainsi que le mot de Musonius (Stobée, *Flor.* ; I, 209 H. = I, p. 37, 1.29 M.) : τὸ μὲν ἑνὶ χρῆσθαι χιτῶνι τοῦ δεῖσθαι δυοῖν προτιμητέον, τοῦ δ'ἑνὶ χρῆσθαι χιτῶνι τὸ μηδενί, ἀλλὰ ἱματίῳ μόνον. Cf. Diog. Laërce, VI, 105 : τρίβωσι μόνοις. Comme confirmation de l'origine cynique de tout le développement de Musonius, v. le jeu de mots qui suit immédiatement sur l'inutilité de la chaussure : Dion Chrysostome *(or.,* VI, p. 203 R.) nous apprend expressément que le mot est de Diogène le Cynique. Sur le cynisme de Musonius et ses rapports avec le Pseudo-Lucien ainsi qu'avec Clément d'Alexandrie, v. P. Wendland, *Quaestiones Musonianae,* p. 18-32.

[1] Lucien, *Démonax,* L.

trop bien peigné ou qui s'épile, je lui dirai son fait[1]. » On voit par là que c'était un des sujets consacrés des sermons cyniques. Il serait surprenant que le cynique par excellence, Diogène, n'eût pas dit son mot sur la question. Effectivement, Diogène Laërce et Athénée nous rapportent qu'il dit un jour à un de ces élégants : « Jeune homme, en voudrais-tu par hasard à la nature d'avoir fait de toi un homme au lieu d'une femme[2]? »

De Musonius nous avons non pas un mot, mais une série de prescriptions dont l'esprit est le même. Il en veut surtout à ceux qui prennent trop de soin de leur chevelure, comme les femmes; mais il interdit aussi de retrancher la barbe, qui est, dit-il, le signe du mâle, comme la crête pour le coq et la crinière pour le lion[3]. Le Cynique du Pseudo-Lucien dit aussi, probablement d'après Musonius, qu'elle est l'ornement du sexe viril, comme la crinière est l'ornement des chevaux et des lions : par elle on reconnaît l'homme, tandis que la peau lisse convient aux femmes[4]. Tous ces détails se retrouvent, soit textuellement reproduits, soit développés d'une façon originale, dans deux passages d'Épictète, une fois en particulier, d'une manière assez inattendue, à l'appui d'une démonstration de la Providence. Exprimant cette idée que Dieu n'a rien fait d'inutile à l'homme, il en prend occasion, peut-être à propos d'une objection, pour commenter assez vivement le σύμβολον τοῦ ἄρρενος de Musonius, ainsi que le ἄνδρες φαίνεσθαι, qui avait sans doute passé de Musonius dans le Pseudo-Lucien. « Par la barbe, dit-il, le sexe de chacun de nous crie de loin : Je suis homme : traite-moi en conséquence; inutile de chercher d'autres signes; voilà ma marque... En est-il une plus noble et plus majestueuse? la crête des coqs a-t-elle autant de beauté, la crinière des lions autant de

---

[1] Épictète, *Entretiens*, III, XXII, 10.
[2] Diog. L., VI, 65 ; Athénée, XIII, 565 c. Cf. Épictète, *Entretiens*, I, II, 29 et 25-26.
[3] Stobée, *Flor.*, VI, 24 H. (I, p. 156, l. 23 et suiv. M.).
[4] Pseudo-Luc., *Cyn.*, VI ; cf. p. 130, n. 3.

magnificence ? » Et la conclusion fait bien voir qu'il s'agit moins de justifier la Providence que d'adresser indirectement une critique à ceux qui méconnaissent ses intentions, ou plutôt un conseil aux disciples présents qui pourraient être tentés de les imiter : « Voilà pourquoi on devrait conserver ces signes que Dieu nous a donnés, au lieu de les sacrifier et de confondre, autant qu'il est en nous, les sexes qu'il a séparés[1]. » Ce dernier détail sert de thème à tout un chapitre, où il s'adresse, cette fois, et de la façon la plus précise, à un de ces jeunes élégants que n'épargnaient ni Diogène ni Démonax, ni Perse ni Juvénal[2]. Malgré ses ménagements et ses précautions oratoires, Épictète est ici en plein dans le rôle d'un philosophe cynique, et il reproduit non seulement la comparaison du lion et du coq de Musonius, mais encore le mot cité plus haut de Diogène[3], pour lequel Épictète a, comme on sait, une vive admiration, et qu'il présente volontiers comme modèle aux jeunes gens.

Cette prédilection pour le représentant le plus connu de la secte cynique apparaît particulièrement dans le chapitre où, pour détourner un jeune homme de s'y affilier en lui montrant qu'il n'est pas encore mûr, il fait un portrait célèbre du Cynique, qui devient le type du philosophe apôtre, sorte de ministre envoyé par Dieu sur la terre pour édifier les hommes par sa doctrine et par son exemple : un grand nombre de traits sont, en effet, empruntés à Diogène[4]. A côté et au-dessus de Diogène, le philosophe idéalisé, un autre modèle, ici et ailleurs, est présenté aux jeunes gens dans la personne du demi-dieu Héraklès.

---

[1] Épictète, *Entretiens*, I, XVI, 9-15.
[2] Perse, IV, 35 ; Juvénal, VIII, 15 et 114.
[3] Épictète, *Entretiens*, III. I, 45 et 30. Cf. aussi III, I, 27 : ἐκείνη (γυνή) φύσει λεία γέγονε καὶ τρυφερά et Pseudo-Luc., *Cyn.*, VI : λειότητα σαρκὸς γυναιξὶ πρέπειν ἡγοῦντο. La suite de III, 1, 30, après la citation directe, est encore inspirée de Diogène (Stobée, *Flor.*, VI, 5 M., et Diog. L., VI, 54).
[4] Par ex., III, XXII, 24, 57, 80, 88, 91.

Or on sait que les cyniques avaient fait d'Héraklès leur patron. Antisthène, le fondateur de l'école, avait, dans deux dialogues parallèles, opposé le héros grec au roi barbare Cyrus[1]. Le Cynique du Pseudo-Lucien l'oppose aux hommes mous et efféminés[2]. Épictète, à son tour, le présente, à plusieurs reprises, comme un modèle de patience et de force à ceux qui manquent de cœur et d'énergie[3]. Deux fois en particulier il se sert de cet exemple pour faire honte aux jeunes gens qui ne peuvent vivre séparés de leurs familles et qu'il compare ironiquement à des enfants qui ne veulent pas se laisser sevrer : Héraklès, dégagé de nos attachements un peu étroits à une famille, à une patrie déterminée, est bien là le type du héros cynique, redresseur de torts avant tout, et élevé au-dessus des lois ou des conventions de la société[4]. Les préférences des stoïciens, qui se plaisaient à interpréter philosophiquement les poèmes homériques, allaient plutôt à Ulysse : en face des personnages de l'Iliade, qui représentaient les hommes ordinaires esclaves de leurs passions, le héros de l'Odyssée leur servait à montrer ce que peuvent la volonté et la raison[5]. Épictète réunit volontiers le héros stoïcien et le demi-dieu cynique, et il leur adjoint quelquefois Diogène, quand il veut donner l'idée d'hommes dégagés de nos attachements et de nos besoins[6]. Voilà, semble-t-il, un dernier motif pour être en droit de reconnaître la trace de l'influence cynique

---

[1] Diogène Laërce, VI, 2,

[2] Pseudo-Lucien, *Cyn.*, XIV. Cf. l'allusion de Juvénal, *Sat.*, II, 19, aux cyniques hypocrites qui attaquent les vices au nom d'Hercule : *qui talia verbis Herculis invadunt.*

[3] Épictète, *Entretiens*, III, xxii, 57 ; I, vi, 32 et suiv. ; IV, x, 10.

[4] Id., *ibid.*, II, xvi, 34 et 44 ; III, xxiv, 9, 13 et suiv.

[5] Horace, *Ep.*, I, ii, 17 :
    Quid virtus et quid sapientia possit
  utile proposuit nobis exemplar Ulyxen.

[6] Épictète, *Entretiens*, III, xxiv, 13-32 et 64-75 ; III, xxvi, 31-35 et 23. Cf. Sénèque, *De const. sap.*, II, 1 : « Catonem autem certius exemplar sapientis viri nobis deos immortales dedisse quam Ulyxen et Herculem prioribus seculis. »

dans les prescriptions minutieuses et austères qu'Épictète, à l'exemple de Musonius, proposait à ses disciples.

Dès lors ceux-ci n'avaient plus qu'à s'exercer sous l'œil du maître. Leur tâche était préparée; elle n'en devait pas être moins dure, comme Épictète avait eu la prudence de les en avertir, et le régime auquel ils devaient se soumettre évoquait naturellement l'idée de l'entraînement des futurs athlètes. Musonius, qui attachait à ces exercices une extrême importance et estimait que, nécessaires dans tous les métiers, ils le sont surtout dans le métier de philosophe, emploie précisément, à plusieurs reprises, l'expression γεγυμνάσθαι, qui s'applique aux lutteurs en forme[1]. C'est sans doute à lui en particulier que pense Épictète quand il dit : « Les philosophes déclarent qu'il ne suffit pas d'apprendre la théorie, mais qu'il y faut joindre la pratique et l'exercice[2]. » Il insiste lui-même longuement sur la nécessité de l'exercice[3], et la comparaison des athlètes est une de celles qu'il emploie le plus volontiers et qu'il se plaît le plus à développer en détail[4]. Elle est, en effet, expressive et ne manque pas de justesse : car les jeunes gens ont en face d'eux des adversaires qui ne se laissent pas vaincre du premier coup et dont on ne peut avoir raison qu'au moyen d'efforts méthodiques et soutenus : ce sont, d'une part, les impressions extérieures et, d'autre part, les habitudes[5].

---

[1] Stobée, *Flor.*, XXIX, 78 (II, p. 13, l. 11, 14, 16, 24 M.).

[2] Épictète, *Entretiens*, II, ix, 13.

[3] Nous avons précisément de lui, comme de Musonius, un chapitre intitulé : περὶ ἀσκήσεως (III, xii). C'est ici le cas de rappeler que Kant, à son tour, distingue deux parties dans l'éducation : la didactique et l'ascétique.

[4] Épictète, *Entretiens*, I, iv, 13 ; I, xviii, 21-23 ; I, xxiv, 1-2 ; I, xxix, 36 et 38 ; III, x, 6-7 ; III, xv, 1-8 = M., XXIX ; III, xx, 9-10 ; III, xxi, 3 ; III, xxii, 51-53 ; III, xxv, 2-5 ; IV, iv, 11-12 et 30 ; IV, ix, 15-16 ; M., LI, 2. La comparaison des athlètes est aussi dans Philon. Mais celui-ci va plus loin et critique pour eux-mêmes les combats d'athlètes proprement dits, qu'Épictète ne désapprouve que très rarement et très discrètement (*Entretiens*, III, xvi, 4 et 14 ; M., XXXIII, 2), et c'est à propos de ces critiques qu'il dit que les vraies luttes sont celles qu'on engage contre les passions et les vices (*De agric.*, XXV et XXVII, p. 317-318).

[5] Épictète, *Entretiens*, I, xxvii, 3. Musonius (Stobée, *Flor.*, XXIX,

Pour faire de nos impressions un usage convenable (χρῆσις οἵα δεῖ φαντασιῶν), il pourrait sembler d'abord qu'il suffit d'être instruit théoriquement, puisque s'instruire, c'est partager le monde en choses qui dépendent de nous et en choses qui n'en dépendent pas[1]. Avec une notion très claire du bien, de ses conditions essentielles et de ses caractères fondamentaux, peut-on être exposé à le voir où il n'est pas? Mais, quand il s'agit de monnaie, s'il est facile d'apprendre qu'il faut refuser la mauvaise et accepter la bonne, qui ne sait combien il est difficile de distinguer celle-ci de celle-là? à quelles précautions minutieuses, à quels moyens de contrôle multipliés il faut avoir recours? Car les apparences sont trompeuses et la confusion facile[2]. De même ici, pour être capable de reconnaître le danger en toute occasion, il faut s'être exercé longtemps à l'avance, afin de n'être jamais pris au dépourvu et de ne pas se laisser saisir au premier abord par une impression. Car notre esprit s'est habitué à juger au hasard. Par exemple, dès que nous voyons un consul, nous n'hésitons pas à le proclamer heureux; dès que nous voyons un pauvre, un exilé, un homme qui pleure, aussitôt et sans méfiance nous nous empressons de le plaindre[3]. Qu'est-ce, quand il s'agit, non plus des autres, mais de nous-mêmes[4]? Or ces idées ne résistent pas d'ordinaire à l'examen. Il faut donc, avant de se laisser saisir par l'impression, se mettre pour ainsi dire sur le qui-vive et voir si elle mérite que nous la laissions passer[5]. Si, par exemple, l'idée que la mort

---

78 = II, p. 14 M.) distingue les exercices qui n'intéressent que l'âme et ceux auxquels le corps prend aussi sa part. La première catégorie de Musonius et la première catégorie d'Épictète paraissent bien se correspondre.

[1] Épictète, *Entretiens*, I, xxii, 10; IV, v, 7.
[2] Id., *ibid.*, I, vii, 6-7.
[3] Id., *ibid.*, III, iii, 17; cf. *M.*, XIX, 2.
[4] Id., *M.*, XXVI.
[5] La comparaison est d'Épictète lui-même; l'impression est comme un homme qui se présente à l'entrée d'un camp ou d'une place; la sentinelle l'arrête au passage et exige qu'il fournisse le mot d'ordre (III, xii, 15; II, xviii, 24; cf. *M.*, I, 5; X; XX; XXXIV).

est un mal se présente, il faut garder son sang-froid et lui opposer immédiatement le moyen de contrôle qui lui convient : nous avons le devoir d'éviter le mal, or la mort est inévitable[1]. C'est par des exercices continuels qu'on en arrivera là, et tous les instants de la journée sont bons pour ces exercices. Dans l'école, les habiles s'exercent à l'avance contre les questions captieuses ; ils se rompent au maniement de la logique pour n'être pas pris au dépourvu par les sophismes des sceptiques[2] ; les novices vont au plus pressé et s'exercent à répondre aux choses qui se présentent à eux ; car elles aussi nous posent des questions. « Dès que tu sors le matin, quelque chose que tu voies ou que tu entendes, examine la question avant de répondre. Un tel vient de perdre son fils, d'être déshérité, d'être condamné. — Cela ne dépend pas de la volonté : ce n'est pas un mal. — Il s'en est affligé. — Cela dépend de la volonté : c'est un mal. — Il s'est conduit courageusement. — Cela dépend de la volonté : c'est un bien... » Voilà les exercices auxquels Épictète conseille de se livrer du matin au soir et dont il garantit l'efficacité[3]. Il recommande aussi de prendre des résolutions au commencement de la journée et avant d'entreprendre quoi que ce soit[4], puis, le soir venu, de récapituler toutes ses actions dans un examen de conscience, conformément aux préceptes connus de Pythagore, que suivaient déjà Horace, Sextius et son élève Sénèque, et bien d'autres encore avant eux[5].

Ainsi l'élève, au lieu de se plonger dans la dissipation au sortir de la leçon, ne quitte pas l'école, ou plutôt c'est

---

[1] Épictète, *Entretiens*, I, xxvii, 7 ; cf. Musonius dans Stobée, *Flor.*, XXIX, 78 (II, p. 14, l. 28 et suiv. M.).

[2] Id., *ibid.*, III, viii, 1 ; I, xxvii, 2-6 ; cf. I, vii.

[3] Id., *ibid.*, III, iii, 14-17 ; cf. III, viii, 1-7 et II, xvi, 2-3.

[4] Id., *ibid.*, IV, vi, 34 ; *M.*, IV ; cf. I, xii, 17 et II, xxi, 15. Cf. Horace, *Ep.*, II, ii, 205-212 et *Sat.*, I, iv, 130-137.

[5] Id., *ibid.*, III, x, 2-3 ; IV, vi, 35 ; IV, iv, 17-18 ; cf. II, xviii, 12-15 et III, xvi, 15. Cf. Sénèque, *De ira*, III, 36 ; *Ep.*, LXXXIII, 2. Sur cette pratique d'origine pythagoricienne, voyez C. Martha, *Études morales sur l'antiquité : l'Examen de conscience chez les anciens*, p. 213 et suiv. ; R. Thamin, *Un problème moral dans l'antiquité*, p. 205 et suiv.

le monde qui devient pour lui comme un prolongement de l'école, une véritable école d'application. Il continue à subir un examen; mais ce n'est plus le maître, c'est la vie elle-même qui pose les questions. Par là il se familiarise avec la réalité, et il ne risque pas de ressembler, lorsqu'il rentrera définitivement dans le monde, à cet avocat qui, le jour de ses débuts au Forum, perdit la tête parce qu'il ne voyait plus les banquettes et le plafond de la salle de déclamation. Déjà dans l'école, Épictète recommande de s'exercer d'abord dans les petites choses avant de s'attaquer aux grandes [1] : on ne saurait se préparer plus prudemment aux épreuves sérieuses de la vie. Car les choses extérieures, auxquelles nous tenons encore, ne nous intéressent pas toutes au même degré ; il faut donc s'en détacher graduellement et par des progrès habilement ménagés. On commence par ne pas s'emporter quand un esclave casse un verre; on finit par conserver son calme quand on perd un être aimé, également fragile et périssable [2]. On se laisse prendre sa lampe, puis son manteau, puis enfin sa femme, sans entrer en fureur [3] : le voleur prépare au ravisseur. De même, ce n'est pas du premier coup qu'on se laisse emprisonner ou décapiter sans protestation ; on a la faiblesse de tenir à sa liberté et à sa vie ; mais, si on s'exerce d'abord à supporter sans se plaindre un léger malaise, à ne pas dire « hélas ! » pour un simple mal de tête ou d'oreille, on peut arriver à se laisser enchaîner la jambe ou couper la tête [4]. Ainsi on profite, en vue de l'avenir, des moindres circonstances qui se présentent. De même qu'un athlète ne se croit pas invincible parce qu'il a eu raison du premier adversaire qu'il a rencontré, mais pense à ce qu'il ferait en présence d'un autre adversaire, sur une autre arène, par une autre température, de même, quand on a dédaigné de l'argent, on se

---

[1] Épictète, *Entretiens,* I, XVIII, 18; *M.,* XII, 2.
[2] Id., *ibid.,* IV, I, 111 ; *M.,* III et XXVI.
[3] Id., *ibid.,* I, XVIII, 15 et 11 ; cf. *M.,* XII, 2.
[4] Id., *ibid.,* I, XVIII, 17.

demande si on ferait également fi d'une femme, si on mépriserait les insultes et la mort, et cela dans les conditions les moins favorables au succès. Il faut toujours prévoir des dangers plus grands, des tentations plus fortes, avec complications et circonstances aggravantes : c'est ainsi qu'on peut arriver à n'être jamais troublé par aucun objet extérieur quel qu'il soit, à être, en un mot, invincible[1].

Parmi les impressions dangereuses auxquelles sont exposés les jeunes gens dans l'école même, il en est deux ou trois qui méritent une surveillance et un traitement particuliers. Ici Épictète multiplie ses conseils, leur dicte, pour ainsi dire, point par point la conduite à tenir, et leur communique, pour qu'ils puissent les utiliser immédiatement, les résultats d'une longue expérience.

Bien qu'il choisisse volontiers l'emportement comme exemple[2], il y a un autre défaut de jeunesse qui est, de sa part, l'objet d'une attention plus minutieuse et dont il donne le traitement le plus détaillé : c'est le goût du plaisir[3]. Là il ne suffit pas, par un brusque retour sur soi-même, de gagner l'instant de répit nécessaire pour examiner l'impression. Aussi vives que celles de la colère, les tentations de cet ordre sont plus tenaces : elles poursuivent de leurs obsessions celui qui a réussi à conserver son sang-froid ; elles reviennent à la charge, font des retours offensifs, et il faut, pour en avoir raison, recourir à toute une série de manœuvres savantes. D'abord, pour empêcher l'image impure de gagner du terrain en représentant à l'esprit tous les détails, on la chasse en suscitant contre elle quelque autre image belle et noble[4]. Par exemple, on oppose au

---

[1] Épictète, *Entretiens*, I, XVIII, 21-23.

[2] Par ex., *M.*, XII, 2 ; *Entretiens*, I, XIII, 2 ; II, XXI, 11 ; et surtout II, XVIII, 12-15 (cf. plus loin, p. 142 et suiv.). C'est particulièrement sur la colère que s'examinent Sextius et Sénèque (*De ira*, III, XXXVI, 2 et 3).

[3] Pour Musonius, ce sont les plaisirs de la table, en particulier, qui demandent le plus de surveillance et d'exercice ; car, outre que les péchés de gourmandise sont extrêmement variés, les occasions d'y tomber se présentent, pour ainsi dire, à chaque instant (Stobée, *Flor.*, XVIII, 38 H. = I, p. 297, l. 26 — p. 298, l. 19 M.).

[4] Épictète, *Entretiens*, II, XVIII, 25 ; cf. II, XVIII, 16.

moment de la jouissance le moment suivant, celui des regrets et du remords, puis, en regard de ces sentiments, on pense aux joies et aux satisfactions intérieures qu'on éprouvera si on s'abstient[1]. Ce moyen est-il insuffisant? il y a, suivant l'expression de Platon, des sacrifices expiatoires pour conjurer le maléfice et détourner l'influence maligne. On se réfugie, en imagination, dans la société d'un sage, vivant ou mort, qui sera comme un dieu secourable. On prend, par exemple, Socrate pour modèle : on se propose pour idéal la conduite qu'il tenait en pareille circonstance et les victoires qu'' remportait sur lui-même[2]. Mais la puissance tutélaire par excellence, c'est Dieu. C'est à lui qu'il faut vouloir plaire, c'est à ses yeux qu'il faut être pur. On l'appelle à l'aide, on implore son assistance, comme les marins en détresse invoquent les Dioscures. Est-il, en effet, pire tempête au monde que ce déchaînement de nos impressions, dont la violence peut jeter la raison hors de son assiette[3]?

La maladie, ou plus exactement la crainte des privations et de la mort, c'est-à-dire encore un produit de l'imagination, est aussi une de ces tempêtes qui désemparent facilement la jeunesse. Deux fois les *Entretiens* nous montrent Épictète obligé d'intervenir pour tendre la main à des jeunes gens qui ont perdu pied au premier accès de fièvre et veulent planter là la philosophie au moment même où il s'agirait de s'en servir[4]. Ce qu'ils n'ont pas su faire, il le fait à leur place, et, s'asseyant près de leur lit, leur donne une consultation qu'ils ne demandaient pas. Il serait encore moins absurde de la part d'un athlète, leur dit-il en substance, de renoncer à la lutte par peur des

---

[1] Épictète, *M.*, XXXIV; cf. *Entretiens*, III, xxv, 1.

[2] Id., *Entretiens*, II, xviii, 20-23; cf. *M.*, LI, 3. C'est un conseil que donnaient déjà, mais d'une façon plus vague et plus générale, Épicure et, d'après lui, Sénèque, *Ep.*, XI, 6-7; XXV, 4-7; CIV, 21-22; *De otio*, XXVIII, 1. Sur les « saints laïques » que les stoïciens prenaient volontiers pour patrons, v. R. Thamin, *ouvr. cité*, p. 250-258.

[3] Épictète, *Entretiens*, II, xviii, 19 et 29.

[4] Id., *ibid.*, III, x, 5-6; cf. III, v, 1-2.

coups ; car, si on peut fuir la lutte, on ne peut pas échapper à la fièvre ; et, puisqu'il faut être malade, ne peut-on l'être du moins en se conduisant convenablement? Les devoirs d'un malade ne sont qu'une application particulière des principes connus : ce qui ne dépend pas de nous n'est ni bien ni mal; on n'a pas à conduire les événements, mais à les suivre¹. Ils consistent donc à se soumettre sans se plaindre à toutes les nécessités, même aux diètes les plus sévères, à ne craindre ni désirer avec impatience ce que pourra dire le médecin, à penser à la mort comme à la chose du monde la plus naturelle². Si on s'inquiétait de faire des progrès dans l'art de la résignation et du mépris des choses extérieures, loin de se tourmenter, on se réjouirait d'être malade et même de mourir. L'exemple de Socrate peut servir ici, comme dans les tentations : car, tandis que d'autres étaient heureux, disait-il, d'améliorer leur champ ou leur cheval, lui-même était heureux de faire tous les jours des progrès dans l'art de n'adresser jamais de reproches à personne et de faire toujours bon visage aux choses³. Comme dans les tentations encore est proposée enfin la pensée de Dieu, qui nous envoie cette épreuve et regarde d'en haut comment nous nous en tirerons. Le dernier acte de l'existence doit être, comme tous les autres, un acte de soumission joyeuse, et l'idéal est de pouvoir, en faisant devant Dieu un dernier et solennel examen de conscience, affirmer qu'on ne lui a jamais rien reproché⁴.

Épictète est de ces médecins qui ne connaissent qu'un remède et le préconisent à tout propos. Car c'est encore le même traitement qu'il applique à une maladie d'une nature particulière, l'ennui ou plutôt le mal du pays. Il intervient assez souvent pour des cas de ce genre, et nous avons vu plus haut[5] l'exhortation pleine de sollicitude qu'il

---

[1] Épictète, *Entretiens*, III, x, 5-8, 18, 10-13.
[2] Id., *ibid.*, III, x, 13-18.
[3] Id., *ibid.*, III, v, 4 et 18, 14 et 16 ; cf. III, xx, 14.
[4] Id., *ibid.*, III, x, 8 (cf. I, xxx, 1); III, v, 7-12.
[5] Cf. 2ᵉ partie, ch. II, p. 109 et suiv.

adresse à un de ceux qui en sont atteints. Une fois le terrain préparé par là, il finit par lui recommander un remède énergique, efficace non seulement pour la séparation momentanée, mais pour la séparation définitive, non seulement pour le séjour à Rome, mais pour la prison et la déportation. Avant tout, lui dit-il, il est bon d'avoir médité à l'avance sur ces séparations, toujours possibles, même sur la séparation suprême, à laquelle seule une sotte superstition nous empêche de penser, et d'être décidé, quoi qu'il arrive, à se conformer à la volonté de Dieu, à mourir quand il lui plaira, à vivre en attendant où bon lui semblera. Dès lors, quand le fait se produit, c'est déjà un grand point de n'être pas pris au dépourvu et de pouvoir conserver son sang-froid. Comme ce père qui, à la nouvelle de la mort de son fils, a dit : « Je savais que je l'avais engendré mortel », c'est beaucoup de pouvoir se dire : « Je savais que j'étais exposé à mourir, à quitter mon pays, à être exilé, emprisonné. » On a ainsi le temps de se replier sur soi-même, de songer que l'événement, ne dépendant pas de la volonté, est indifférent, que notre conduite, en revanche, ne l'est pas, qu'il y a un devoir à remplir et qu'il faut obéir aux ordres de son chef[1].

Si l'impression est tenace et revient nous obséder, on la traite comme les tentations voluptueuses : on l'empêche de regagner du terrain et de représenter à l'esprit les agréments d'Athènes, si on est à Rome, ceux de Rome, si on est à Gyaros ; on oblige la pensée à se concentrer sur le devoir du moment[2]. Enfin, ici comme ailleurs, l'idée de Dieu est le suprême renfort à opposer à l'ennemi pour le chasser définitivement[3]. A tous les plaisirs qu'on est tenté de regretter on en oppose un autre infiniment supérieur : on songe que Dieu nous a choisis pour nous exercer, pour

---

[1] Épictète, *Entretiens*, III, xxiv, 84-107.
[2] Id., *ibid.*, III, xxiv, 108-109.
[3] L'exemple des grands hommes manque ici ; mais il est proposé plus haut (III, xxiv, 64 et suiv.), ainsi que dans une circonstance tout à fait analogue (v. le ch. II, xvi, qui paraît être une simple réplique de celui-ci)

voir s'il peut compter sur nous, puis pour démontrer au monde que les sages ne sont pas des prêcheurs d'utopies, que les vertus sont possibles, que les événements indépendants de la volonté n'ont rien d'effrayant. C'est quelque chose de pouvoir se dire : « Ce sur quoi les autres déclament dans les écoles comme sur des faits merveilleux, extraordinaires, incroyables, je l'accomplis aujourd'hui ; ce sont mes vertus qu'ils analysent sur leurs bancs, c'est moi qui suis l'objet de leurs éloges. Zeus a voulu me faire servir à démontrer la réalité de tout cela. » Peut-on, quand on a été investi d'une telle magistrature, s'occuper encore de l'endroit où l'on est et des gens avec qui l'on vit[1] ?

En somme, dans tous ces cas particuliers, la marche est la même : nous sommes en présence d'un système à la fois savant et simple, d'une méthode toujours applicable. Qu'Épictète en ait emprunté les divers éléments à ses prédécesseurs et en particulier à son maître, cela n'est guère douteux. Mais la netteté avec laquelle il la présente et l'insistance avec laquelle il la recommande font assez voir qu'il l'a faite sienne en l'adoptant, et on devine, à certaines allusions, qu'il en avait éprouvé l'efficacité sur lui-même[2].

Quand il s'agit de lutter, non plus contre les impressions du moment, mais contre des habitudes contractées, le traitement est différent. C'est surtout à cause de ces dernières que Musonius jugeait l'exercice nécessaire, et plus nécessaire en philosophie que partout ailleurs : car l'apprenti médecin ou l'apprenti musicien n'ont contre eux que leur ignorance et n'apportent qu'une table rase ; mais le futur philosophe, avant d'aborder la vertu, a longtemps vécu dans le vice et arrive rempli de mauvaises habitudes auxquelles il obéit plus facilement qu'aux idées justes[3].

---

[1] Épictète, *Entretiens*, III, xxiv, 110-115.
[2] C'est tout à fait ainsi que Musonius, pour réconforter un exilé, le faisait profiter de son expérience personnelle : οἷς δὲ λογισμοῖς χρῶμαι πρὸς ἐμαυτὸν ὥστε μὴ ἄχθεσθαι τῇ φυγῇ, τούτους καὶ πρὸς σὲ εἴποιμ' ἄν (Stobée, *Flor.*, XL, 9 = II, p. 74, l. 29 et suiv. M.).
[3] Stobée, *Flor.*, XXIX, 78 (II, p. 14, l. 1-8 ; p. 15, l. 17 et 27 M.).

Nous ne savons quel traitement il préconisait : nous sommes mieux renseignés sur celui que recommandait Épictète. Toute habitude se formant et se fortifiant par des actes analogues, le premier soin doit être de ne pas lui donner d'aliment et de ne pas mettre de bois au feu ; puis de remplacer cette habitude par une autre, de préférence par l'habitude contraire[1]. « Par exemple, j'ai du penchant pour le plaisir : pour m'exercer, je vais me rejeter avec exagération en sens inverse ; j'ai de l'aversion pour le travail : je vais rompre et plier mes idées dans ce sens pour faire disparaître cette tendance[2]. » Pour cela nous n'avons affaire qu'à nous-mêmes : « C'est contre toi que tu as à lutter, dit-il à quelqu'un, c'est à toi qu'il te faut t'arracher. Tu n'as à tuer, à arrêter, à violenter personne. Sans sortir de chez toi, tu n'as qu'à te parler à toi-même : et qui t'écoutera mieux, qui sera plus persuasif que toi ? » Rien de plus maniable que l'âme humaine ; il n'y a qu'à vouloir et la chose est faite : on est corrigé[3].

Est-ce à dire que ce beau résultat s'obtiendra immédiatement ? La tâche serait vraiment trop facile si une seule résolution avait raison d'habitudes invétérées. Ce n'est pas impunément qu'on a laissé l'esprit prendre une fâcheuse direction. Le succès final est assuré, si on y tient, mais au prix de luttes pénibles, terminées par d'inévitables échecs. L'habitude nouvelle, à peine naissante, sera nécessairement vaincue plus d'une fois par l'ancienne, avant d'être assez forte pour lui faire contre-poids, puis l'emporter définitivement. Il y a bien des coups à recevoir dans cette lutte : Épictète, procédant ici avec la même prudence qu'à l'égard des aspirants, a soin d'en avertir à l'avance les jeunes athlètes pour leur épargner les déceptions et le découragement final. Quand l'enjeu est le bonheur, on ne doit reculer devant rien ni, une fois qu'on a cédé, s'abandonner

---

[1] Épictète, *Entretiens*, I, xxvii, 3-4 ; II, xviii, 1 et 4 ; III, xii, 6 ; cf. II, ix, 10-13.
[2] Id., *ibid.*, III, xii, 7.
[3] Id., *ibid.*, IV, ix, 11-14 et 16.

complètement, d'autant plus qu'après un échec il n'est pas nécessaire d'attendre quatre ans le retour des nouveaux jeux olympiques. Ici, comme dans un simple gymnase, dès qu'on s'est ressaisi, on peut rentrer en lice ; si on succombe encore, recommencer encore ; et, quand enfin on a été vainqueur, c'est comme si on n'avait jamais connu la défaite[1]. Car ces échecs successifs ne tirent pas à conséquence ; ils ne créent ni n'entretiennent l'habitude, quand on se ressaisit aussitôt. Si, après une faiblesse, on se rend compte de son mal, le mal est enrayé et tout est remis en état. C'est seulement quand la maladie n'est pas soignée radicalement qu'elle risque de passer à l'état chronique ; c'est quand la meurtrissure n'est pas cautérisée à fond qu'elle menace de devenir une plaie[2]. N'espérons donc pas être infaillibles du premier coup : tout ce qu'on nous demande, c'est de nous efforcer constamment de ne pas faillir. Si, en ne se relâchant jamais de cette surveillance, on évite un certain nombre de fautes, on peut déjà s'estimer heureux[3]. La conscience qu'on n'arrivera pas à la perfection ne dispense pas de l'effort[4]. Par suite, il faut moins s'affliger des échecs subis que se réjouir des échecs évités ; et la considération des fautes, loin d'être décourageante, peut être, au contraire, un élément d'encouragement, si on constate qu'elles deviennent de plus en plus rares. On peut ainsi dresser une table décroissante[5], qui permet de marquer les étapes du progrès et de mesurer la distance qui sépare encore du but, et cela au moyen d'examens de conscience à termes de

---

[1] Épictète, *Entretiens*, III, xxv, 2-5 ; IV, ix, 14-15.
[2] Id., *ibid.*, II, xviii, 8 et 10-11.
[3] Id., *ibid.*, IV, xii, 10.
[4] Id., *ibid.*, I, ii, 37 ; cf. IV, i, 177.
[5] Le mot n'est pas dans Épictète et nous est simplement suggéré par le souvenir de la célèbre table divisée en petits carrés où Franklin enregistrait ses fautes. Le rapprochement, en effet, s'impose (v. C. Martha, *Études morales sur l'antiquité*, p. 230 et suiv.). Mais Épictète ne pousse pas la minutie à ce point, et ne parle pas d'inscrire les défaillances ailleurs que dans la mémoire. Il est certain qu'elles y sont mieux à leur place que sur une feuille de papier.

plus en plus éloignés. Épictète recommande fort cette ingénieuse application de la statistique à la morale : « Si tu veux perdre l'habitude de t'emporter, commence par te calmer, puis compte les jours où tu ne te seras pas mis en colère. Par exemple : autrefois je m'emportais tous les jours; maintenant ce n'est plus qu'un jour sur deux, puis sur trois, sur quatre... Si tu atteins le mois, fais un sacrifice. » Bientôt ce ne sera plus par jours, c'est par mois qu'il faudra compter : « Voici un jour, deux jours, puis voici deux mois, trois mois que je ne me suis affligé : j'ai eu plusieurs occasions de m'emporter, mais je me suis surveillé... Si tu en viens là, tu peux te dire que tout va bien[1]. »

Le progrès se marque encore d'une autre manière. Non seulement on échappe plus souvent au danger, mais on échappe à des dangers plus graves. Ici Épictète, au lieu d'imaginer des exemples, fait à ses auditeurs, non pas une confession, à proprement parler, mais des confidences personnelles dont la franchise a quelque saveur. Quand il est passé près d'une belle femme sans la désirer, sans souhaiter d'être à la place du mari, il est content de lui, plus content que s'il avait résolu un sophisme embarrassant. Et si la femme n'était rien moins que farouche, si elle le sollicitait et l'encourageait par les avances les plus provocantes, alors il est plus fier que s'il avait résolu le plus difficile de tous les sophismes qu'on propose dans les écoles[2]. Quand on en est là, on peut même, si une occasion se présente, aller chercher le danger de propos délibéré au lieu de se borner à l'attendre. C'est là un jeu que doivent s'interdire les novices : car la lutte ne serait pas égale entre une belle femme et un apprenti philosophe; ce serait le combat du pot de terre et du pot de fer[3]. Mais tel est

---

[1] Épictète, *Entretiens*, II, xviii, 12-15.
[2] Id., *ibid.*, II, xviii, 15-19.
[3] Id., *ibid.*, II, xii, 11-12. Épictète dit exactement : χύτρα καὶ πέτρα οὐ συμφωνεῖ. L'alliteration, à défaut du mot φασί, suffirait à faire reconnaître là un proverbe populaire.

l'effet de la persévérance dans l'effort qu'un jour viendra où ils pourront accomplir cette prouesse.

Les caractères étant variés à l'infini, il en est qui n'ont pas besoin d'être mis en garde contre le découragement et réconfortés après un échec : au contraire ils en prennent trop aisément leur parti. Aussi y a-t-il toujours dans ces sortes d'exhortations deux points de vue successifs : encouragements pour ceux qui veulent bien lutter, reproches pour ceux qui renoncent à le faire [1]. Dans les concours, on voit toujours de ces mauvais athlètes qui sont comme voués aux rôles de vaincus : ce n'est pas qu'ils en soient fiers, Épictète dit même qu'ils sont penauds comme des cailles qui se sauvent ; mais, comme ils en ont l'habitude, ils font encore assez bonne contenance dans le défilé des concurrents. Épictète n'admet pas cette résignation d'un nouveau genre, qui n'est qu'une abdication de la volonté. Les vaincus qui ont pour soutien le souvenir de la défaite d'hier, et non l'espérance du succès de demain, restent en chemin comme les découragés : ils reculent même au lieu d'avancer, parce qu'ils regardent en arrière au lieu de regarder en avant. Un tel avoue qu'il ne sait pas résister à la vue d'une femme, au plaisir de médire du prochain ; mais il se dit que même chose lui est déjà arrivée la veille et qu'il ne s'en est pas trouvé plus mal. Il se trompe : le mal est peut-être moins cuisant que les coups de fouets qu'on donne aux esclaves coupables de quelque sottise, ou moins sensible que les maux de tête qu'on éprouve pour avoir désobéi aux prescriptions du médecin, il n'en est pas moins réel. On a fortifié en soi le goût du plaisir ou de la malveillance en lui donnant des aliments [2]. Dès lors l'avenir est sérieusement compromis. Ce n'est pas qu'on renonce définitivement à vaincre ; il ne s'agit que d'un délai d'un jour : demain on

---

[1] Par exemple, III, xxv et IV, xii. Rappelons à ce propos que Musonius recommandait à l'éducateur de se régler sur les caractères des jeunes gens, comme les médecins se règlent sur les tempéraments des malades (Stobée, Ecl., II, xxxi, 125 W. = Flor., IV, p. 218, l. 21 et suiv. M.).

[2] Épictète, Entretiens, III, xxv, 5-10.

fera l'effort nécessaire. Illusion dangereuse, doublée d'une sottise ! Quelle absurdité que de remettre au lendemain d'être heureux et honnête ! Si l'attention doit être bonne et utile demain, à plus forte raison le sera-t-elle aujourd'hui. Dire : « Demain je me surveillerai » revient à dire : « Aujourd'hui je vais me conduire sans retenue, sans dignité, sans souci des convenances ; je vais laisser aux autres le pouvoir de m'affliger ; aujourd'hui je vais être colère et envieux. » Et, quand on peut tenir de tels raisonnements, on peut les tenir deux jours de suite ; et alors où s'arrêter ? Il faut veiller sur soi dès aujourd'hui, si on veut être capable de le faire encore demain et de ne pas remettre au surlendemain [1]. Sinon, de remise en remise, on arrivera à être si malade et si faible qu'on ne s'apercevra même plus de ses fautes et qu'on en viendra à se justifier [2]. C'est ainsi que notre perte est entre nos mains comme notre salut ; mais combien l'une est plus facile que l'autre ! Le pilote, pour faire chavirer l'embarcation, n'a pas besoin d'autant de préparatifs que pour la sauver : il suffit que, dans un moment de distraction, il la tourne un peu contre le vent et tout est perdu. De même ici, pour peu qu'on s'oublie, c'en est fait de tous les résultats acquis jusque-là. Surveillons donc, conclut Épictète, tout ce qui se présente à nous, et ayons constamment l'œil ouvert [3]. En donnant ces conseils aux esprits trop confiants et en les invitant à une continuelle vigilance, il s'inspire, ici encore, de l'enseignement de Musonius. Nous n'avons, à vrai dire, qu'un mot de ce dernier sur ce point ; mais ce mot résume aussi fidèlement que possible les conseils qu'on vient d'entendre. Aulu-Gelle nous dit qu'il aimait à le répéter, et sa forme même permet d'y reconnaître un de ces préceptes faits pour rester gravés dans les mémoires : « *Remittere animum quasi amittere est* [4]. »

---

[1] Épictète, *Entretiens*, IV, xii, 1-2, 6, 20-21.
[2] Id., *ibid.*, II, xviii, 31 ; cf. *M.*, LI, 1.
[3] Id., *ibid.*, IV, ix, 16 ; IV, iii, 5-6.
[4] Aulu-Gelle, *N. A.*, XVII, 19, 1. R. Hirzel, *Der Dialog*, II, p. 242, n. 3.

Qu'il est difficile de rencontrer des jeunes gens qui sachent se tenir dans la juste mesure ! On demandait à quelques-uns de n'être pas négligents : en voici qui, par maladresse, vanité mal placée, excès de zèle, donnent trop d'efforts et les donnent à tort et à travers. Il ne s'agit plus de secouer l'indolence de ceux-là ; il faut modérer leur ardeur pour leur épargner d'inutiles dépenses d'énergie. Apparemment pour faire de leur corps un instrument docile, ils se livrent à des exercices qu'Épictète qualifie de tours de force. On devine qu'ils se soumettent à des fatigues et à des travaux excessifs et s'imposent des privations et des austérités contre nature, hors de proportion avec leur résistance physique. En principe, Musonius était loin de désapprouver, comme compléments de l'exercice moral, certaines pratiques destinées à assouplir le corps, qui est, pour la plupart des actes vertueux, un instrument indispensable ; il croyait bon de l'habituer à supporter le froid et le chaud, la faim et la soif, une nourriture frugale et un lit dur, en général à se passer des choses agréables et à endurer les choses pénibles[1]. Épictète ne pense pas autrement[2] ; mais il estime aussi qu'il ne suffit pas qu'une chose soit difficile et dangereuse pour qu'il y ait lieu de s'y exercer : il faut laisser les acrobates s'exercer à marcher sur la corde raide en portant des fardeaux à bras tendus. Il n'admet, en fait d'exercices, que ceux qui conduisent au but proposé à nos efforts : or ce but est d'ordre

---

prend texte de ce mot pour croire que Musonius ne parlait pas toujours grec ; mais la phrase d'Aulu-Gelle est très probablement une traduction. En ce cas, l'allitération existait certainement dans l'original, que M. Croiset (*Hist. de la Litt. Gr.*, V, p. 419, n. 3) rétablit ainsi : Ὅμοιον τὸ ἀνιέναι ψυχὴν τῷ ἀφιέναι.

[1] Stobée, *Flor.*, XXIX, 78 (II, p. 14, l. 14-17 et 20-23 M.). Ainsi pensait ou plutôt ainsi faisait déjà Épicure, « ce maître de volupté », dit Sénèque, qui recommande cet exemple à Lucilius (*Ep.*, XVIII, 7 et 9). Sénèque lui-même nous dit que, fidèle aux enseignements d'Attale, il a conservé l'habitude de certaines austérités et de certaines abstinences (*ibid.* CVIII, 15-16 et 23).

[2] V. plus haut, p. 126 et n. 4. Cf. Diog. L., VI, 105.

tout moral[1]. S'il désapprouve, pour ce motif, les austérités contre nature, on devine ce qu'il pense, à plus forte raison, de ceux qui, pour se bien comporter en face du vin, s'habituent à en boire le plus possible ! Il est encore plus simple et plus utile de s'habituer à s'en passer[2] : encore faut-il le faire discrètement et sans ostentation. Épictète connaît bien la jeunesse. Pour lui, tous ces tours de force marquent autant de vanité que de désir de s'exercer[3]. Réalisés peut-être à la suite de gageures entre camarades, ils tendent en tout cas à soulever les applaudissements de la galerie. On se montre sans doute avec admiration les auteurs de ces beaux exploits, comme on se montre l'élève extraordinaire qui a lu tout Chrysippe. C'est à ces élèves, qui travaillent pour les autres, qu'Épictète rappelle, fort à propos, ce mot d'un ancien : « Veux-tu t'exercer pour toi-même ? Un jour de forte chaleur, où tu auras bien soif, mets dans ta bouche une gorgée d'eau fraîche, puis rejette-la ; et n'en parle à personne[4]. »

D'autres enfin, animés d'excellentes intentions, mais maladroits, veulent tout entreprendre à la fois. Il faut leur apprendre à concentrer leurs efforts contre les habitudes où ils se laissent aller le plus facilement, et cela en procédant par ordre : par exemple, on commence par combattre en soi le goût du plaisir et le dégoût du travail ; puis on s'exerce à la patience, puis à la sobriété et à la continence, et ainsi de suite[5]. Voilà par quelle gymnastique morale, aussi prudente que résolue, aussi méthodique que persévérante, le jeune homme se rendra capable de vaincre les ennemis qu'il trouve au dedans de lui-même. Nous voilà bien loin, non seulement des élèves distraits et dissipés,

---

[1] Épictète, *Entretiens*, III, XII, 1-6.
[2] Id., *ibid.*, III, XII, 11.
[3] Cf. Sénèque, *Ep.*, V, 1. Ce que ces jeunes gens faisaient par vanité, les gens du monde le faisaient par mode ou par fantaisie d'estomacs blasés ; v. Sénèque, *Ad Helv.*, XII, 2 ; *Ep.*, XVIII, 5.
[4] Épictète, *Entretiens*, III, XII, 16-17. Cf. III, XIV, 4-7 et *M.*, XLVII.
[5] Id., *ibid.*, III, XII, 7-8 et 10-11.

mais même de ces auditeurs ou lecteurs attentifs qui connaissent les principes sur le bout du doigt et à qui les œuvres complètes de Chrysippe ne font pas peur, mais dont la science malheureusement se borne là. Les vrais élèves d'Épictète doivent être, en quittant son école, rompus à la pratique par des exercices incessants qui mettent en œuvre leur activité morale. La métaphore par laquelle il les compare à des athlètes qui s'entraînent est dès lors parfaitement justifiée. Le régime auquel ils sont soumis est sévère, si sévère qu'il a quelque chose d'ascétique et rappelle sur certains points les austérités prêchées par les cyniques. Mais il faut retenir dès maintenant qu'il a la prétention de demeurer pratique, au sens vulgaire et non philosophique du mot, c'est-à-dire éloigné de tout excès inutile et toujours approprié à son but.

CHAPITRE IV

L'étude de la logique.

Aux élèves qui ont suivi avec conscience et appliqué avec persévérance l'enseignement moral d'Épictète, et qui ont appris, sous sa direction, à mettre leurs désirs et leurs actes en conformité avec la nature, il reste une dernière étape à parcourir. Ceux qui, au moyen d'efforts acharnés, se sont rendus maîtres de leurs désirs et de leurs habitudes ont encore à exercer leur jugement. Bien qu'Épictète paraisse, en principe, faire fi de tout ce qui n'est pas la morale, en réalité, il ne traite pas avec une égale indifférence les deux autres parties de la philosophie de ses prédécesseurs. La physique seule est, comme on l'a vu, à peu près entièrement sacrifiée. Quant à la logique, quoiqu'il n'en parle la plupart du temps — on verra pourquoi — que pour s'en moquer, il lui réserve une place dans son enseignement, et, lorsqu'il veut donner une idée de l'ensemble de celui-ci, il ajoute au τόπος περὶ τὰς ὀρέξεις καὶ τὰς ἐκκλίσεις et au τόπος περὶ τὰς ὁρμὰς καὶ ἀφορμὰς le τόπος περὶ τὴν ἀνεξαπατησίαν καὶ ἀνεικαιότητα καὶ ὅλως ὁ περὶ τὰς συγκαταθέσεις [1].

La place qu'il lui réserve est d'ailleurs la dernière [2].

---

[1] Épictète, *Entretiens*, III, II, 1-2; III, XII, 13-14; cf. I, IV, 11-12; I, XVII, 22 et 24; I, XVIII, 1-2; I, XXI, 2; II, VIII, 20; II, XIV, 22; II, XVII, 15; III, XXI, 23; IV, I, 69, 70 et 74; IV, VI, 18 et 26; IV, X, 13.

[2] Si parfois la logique est placée en tête (par ex. I, XVII, 6; cf. I, XXVI, 3), c'est qu'il est question de cette logique élémentaire qui procède néces-

Certains passages pourraient même faire croire qu'il considère ces études comme purement accessoires. Il semble les présenter comme un simple délassement, comme une occupation intelligente réservée à ceux qui, n'ayant plus rien d'indispensable à apprendre, ne veulent pourtant pas rester désœuvrés. La logique ne serait ainsi que le couronnement de l'édifice, c'est-à-dire un ornement sans utilité, qui n'ajoute rien à la solidité de l'ensemble. « Ces études[1], dit-il à un élève, conviennent à ceux qui sont capables de s'y livrer sans trouble (c'est-à-dire qui ont atteint l'état d'ataraxie) et qui ont le droit de dire : « Je n'ai plus de colère, de chagrin ni d'envie ; je ne connais plus d'obstacle ni de contrainte. Que me reste-t-il à faire ? J'ai du temps et je suis tranquille. Voyons donc comment on doit se tirer de la conversion des syllogismes ; comment, une hypothèse étant acceptée, on évitera de se laisser entraîner à une conséquence absurde. Quand tout va bien, les matelots ont le droit d'allumer du feu, de manger, et même, à l'occasion, de chanter et de danser[2]. » De même, voulant démontrer à un riche qu'il est plus riche que lui : « Ta vaisselle est d'or, lui dit-il, mais ta raison, tes opinions, tes jugements, tes volontés et tes désirs sont en terre cuite. Puisque chez moi tout cela est conforme à la nature, pourquoi ne m'amuserais-je[3] pas à cultiver maintenant ma raison ? J'ai du temps, et rien ne distrait ma pensée. Y a-t-il

---

sairement l'enseignement de la morale et qui a pour objet de définir les notions avec précision, mais sur laquelle, on l'a vu, Épictète évite de s'attarder. (Cf. 1re partie, ch. II, p. 37 et suiv.).

[1] Il s'agit de la lecture de Chrysippe, d'Antipater et d'Archédémos. C'est Chrysippe, accompagné ou non d'Antipater et d'Archédémos, qui est ordinairement pris comme type de logicien. Il était, en effet, célèbre dans l'antiquité pour les subtilités de sa dialectique. Cicéron reproduit et discute, dans le *De divinatione* et le *De fato*, les laborieux arguments par lesquels il essayait de concilier le libre arbitre et la nécessité, le destin et la divination. Cf. Aulu-Gelle, *N. A.*, VII, 1 et 2.

[2] Épictète, *Entretiens*, III, II, 16-18 ; cf. IV, x, 13.

[3] Le mot τεχνολογεῖν, employé par Épictète, se dit à propos de ces choses un peu spéciales dont les amateurs s'occupent avec goût, en artistes et en connaisseurs.

une occupation plus digne d'un homme? Vous autres, quand vous ne savez que faire, vous êtes en peine, vous entrez au théâtre, vous flânez sans but. Pourquoi le philosophe n'exercerait-il pas sa raison? Tu t'occupes de verreries et de porcelaines, moi du *Menteur* ou du *Syllogisme Négatif*[1]. » Le sage est ainsi plus riche que tous les riches, parce qu'il a à la fois le nécessaire et le superflu.

Mais c'est la discussion qui a amené Épictète à présenter ces études comme superflues; elles ne le sont que par rapport à d'autres qui sont indispensables au premier chef. Il s'adressait en effet à des profanes, qui méconnaissaient l'utilité des études morales. Dans sa pensée, la logique convient aux élèves les plus avancés, comme complément naturel de ces études antérieures. Il y a même là de quoi surprendre ces derniers, habitués à l'entendre répéter qu'une seule chose est nécessaire, ou plus exactement deux, le règlement du désir et la pratique du devoir, et que toute la philosophie est là. Quoi! il ne perd pas une occasion de railler ceux qui se plongent dans la lecture des gros livres de Chrysippe[2]; il proclame bien haut qu'il y a plus de mérite à résister à une tentation voluptueuse qu'à résoudre le plus difficile des sophismes[3]; et, maintenant qu'ils sont avancés sur le chemin de la sagesse, ce sont ces subtilités, ces inutilités qu'il propose à leur activité. Voilà comment il est amené à prêcher en faveur de la logique, et à prouver que l'étude des syllogismes, interrogatifs ou hypothétiques, est liée à la question du bien et du mal, hors de laquelle il n'est point de philosophie pour l'homme de bien, et que par suite le vrai sage ne peut se dispenser d'avoir approfondi l'art de raisonner[4].

Du moment, en effet, que le sage a souvent l'occasion d'interroger ou de répondre, c'est pour lui un devoir, sous

---

[1] Épictète, *Entretiens*, III, IX, 18-21.
[2] Cf. plus haut, p. 118 et suiv.
[3] Épictète, *Entretiens*, II, XVIII, 17-18; cf. plus haut, p. 143.
[4] Id., *ibid.*, I, VII, 1.

peine de cesser d'être le sage, de ne pas le faire au hasard et sans règle[1]. Il doit savoir démontrer lui-même ce qu'il avance et comprendre les démonstrations des autres, sans confondre des sophismes avec des preuves[2]. Car on a déjà vu tirer une conclusion fausse de prémisses régulièrement accordées, et, en acceptant comme hypothèse une chose possible, on peut être amené à un résultat impossible[3]. Si donc on doit se préoccuper de raisonner rigoureusement et se mettre en garde contre l'erreur et le sophisme, on ne saurait traiter de superflus les exercices qui y préparent, et on n'a pas le droit de se dérober à cette tâche. — Mais, objectaient ces jeunes gens inexpérimentés, une erreur de raisonnement n'est pas un crime. — Sans doute, répondait-il, se tromper en raisonnant, ce n'est pas tuer son père. Ce n'en est pas moins la plus grande faute, ou plutôt la seule faute qu'on puisse faire en la circonstance. Et il leur rappelait, à ce propos, un souvenir de jeunesse, invoquant, pour justifier sa réponse, l'autorité de son maître Musonius. Un jour que celui-ci lui reprochait de n'avoir pas trouvé un point omis dans un syllogisme et qu'il avait répliqué : « Ne dirait-on pas que j'ai mis le feu au Capitole[4] ? », Musonius lui avait fait comprendre sa sottise, en lui montrant que c'est toujours une faute de se servir de ses impressions au hasard[5]. Celui qui lui avait appris à apprécier la logique et à la respecter comme elle le méritait était

---

[1] Épictète, *Entretiens*, I, vii, 3 et 27.
[2] Id., *ibid.*, I, vii, 11; cf. I, xxvii, 20. On a vu d'ailleurs (1ʳᵉ partie, ch. ii, p. 41, n. 1) que l'enseignement d'Épictète paraît avoir comporté la discussion et la réfutation des doctrines adverses.
[3] Id., *ibid.*, I, vii, 13-25.
[4] Cf. plus haut, 1ʳᵉ partie, ch. ii, p. 38. R. Hirzel (*Der Dialog*, II, p. 246, note) explique cette réponse en disant qu'Épictète commença par être cynique et fut ensuite converti au stoïcisme par Musonius (cf. Bonhöffer, *ouvr. cité*, t. II, p. iv). C'est faire à un mot d'élève étourdi un honneur dont Épictète lui-même aurait sans doute été surpris. Car, au moment où il le prononça, il était ce que sont ses élèves au moment où il le cite ; or ceux-ci ne sont pas des cyniques, mais simplement des jeunes gens sans expérience.
[5] Épictète, *Entretiens*, I, vii, 28-33.

pourtant le même qui répétait, à toute occasion et sous toutes les formes, que la philosophie n'est autre chose que la science de bien vivre¹. Il estimait, en effet, qu'il y avait des rapports étroits entre la logique et la morale. Ce même Musonius, ayant reçu, probablement pendant son exil à Gyaros, la visite d'un roi de Syrie, avait commencé par lui démontrer que les rois doivent être philosophes et que leur conduite doit se ramener à la pratique des quatre vertus cardinales; mais il avait ajouté que, pour être des philosophes complets, ils doivent être capables de discuter victorieusement avec les rhéteurs et de réfuter leurs sophismes². Épictète, on le voit, suivait fidèlement, sur ce point, les idées de son maître.

D'autre part, il répétait volontiers que toute faute peut se ramener à une erreur de jugement; car on ne désire que ce qu'on a jugé être un bien, et on ne fait que ce qu'on a jugé convenable de faire³. Une conduite irréprochable ne va donc pas sans l'infaillibilité du jugement, et l'exercice de celui-ci convient à ceux qui sont déjà avancés sur les deux autres points, parce qu'il a pour objet de leur assurer définitivement les progrès déjà faits et d'empêcher qu'en aucun cas, même dans les conditions les plus désavantageuses, ils ne soient victimes d'une impression reçue sans examen⁴. C'est ce qu'Épictète laisse entendre à un élève qui a peur d'être pauvre. Ses craintes, indignes d'un homme de cœur, lui dit-il, viennent de ce qu'il a commencé la philosophie par le dernier chapitre. Au lieu de chercher à s'affranchir des troubles et des passions, il ne s'est occupé que de syllogismes. Comme si tout le reste était en bon état, il est allé droit à l'exercice qui assure l'infaillibilité. Et que voulait-il donc rendre infaillible? Probablement ses passions, lui dit-il ironiquement. « Tu travailles à ne pas te

---

¹ Cf. plus haut, 1ʳᵉ partie, ch. II, p. 47, n. 2.
² Stobée, *Flor.*, XLVIII, 67 (II, p. 273, l. 28 M.).
³ Épictète, *Entretiens.* I, xi, 30 et 33 ; I, xviii, 2; I, xxviii, 6.
⁴ Id., *ibid.*, III, ii, 5 ; II, xvii, 33 ; I, xviii, 23 ; cf. *M.*, LII.

laisser entraîner par les sophismes, mais entraîner loin de quoi ? Montre-moi d'abord ce que tu as à mesurer ou à peser : alors seulement tu pourras me montrer ta balance ou ta mesure. Montre-moi d'abord ce qui rend les hommes heureux, ce qui fait que tout leur réussit à souhait, qu'ils n'en veulent et ne s'en prennent à personne, qu'ils se conforment à l'économie de l'univers. Toi, tu me montres comment tu sais analyser des syllogismes. Ce n'est qu'une mesure, ce n'est pas une chose à mesurer. Il fallait, pour être logique, commencer par acquérir, et après seulement t'occuper de mettre tes acquisitions en sûreté. » Autrement, dit-il spirituellement, c'est mettre un portier où il n'y a pas de porte ; c'est construire un mur de clôture quand on n'a rien à entourer [1].

De ce passage on peut conclure, semble-t-il, que, dans la pensée d'Épictète, les subtilités de la logique avaient pour principal intérêt d'aider à résoudre certaines difficultés de la vie morale. Il ne s'explique pas davantage sur ce point ; mais le *De officiis* de Cicéron, surtout le troisième livre, et le *De beneficiis* de Sénèque font voir comment la logique pouvait servir d'auxiliaire à la morale dans les écoles philosophiques, et particulièrement chez les stoïciens [2]. Aussi bien ne pouvait-il guère en être autrement. Celui qui sait reconnaître son devoir dans les circonstances ordinaires de la vie peut se trouver embarrassé lorsque deux devoirs sont en conflit ; et, comme le sage ne doit jamais se trouver pris au dépourvu, il faut qu'il soit rompu, par des exercices appropriés, au maniement des difficultés de ce genre. Il est donc tout naturel qu'Épictète ait fait une part à ces exercices. Dans un chapitre des *Entretiens* où il compare la logique et la morale, il dit qu'on rencontre dans celle-ci plus d'obstacles que dans celle-là pour se con-

---

[1] Épictète, *Entretiens*, III, xxvi, 13-20.
[2] Pour l'ensemble de la question, nous renvoyons au livre de M. R. Thamin : *Un problème moral dans l'antiquité ; étude sur la casuistique stoïcienne.*

former aux règles apprises [1] : il est probable qu'il veut parler avant tout du respect humain et des habitudes contractées [2]. Mais, dans l'entretien suivant, à propos des erreurs contre lesquelles il faut être en garde, il réunit dans la même énumération les habitudes et les sophismes, et oppose à celles-là les habitudes contraires, à ceux-ci la logique, à laquelle on doit être exercé et rompu [3]. Ce rapprochement paraît indiquer qu'il s'agit ici de la logique spécialement appliquée à la morale, et que l'étude de ce que nous appelons les « cas de conscience » ou la casuistique trouvait place dans son enseignement.

Ce qu'on peut affirmer, c'est qu'il avait été à l'école d'un casuiste expérimenté. Musonius traitait les cas de conscience en véritable virtuose, et l'échantillon que Stobée nous a conservé de son talent en cette matière est d'autant plus intéressant que le « cas », au lieu d'être purement imaginaire, comme il arrivait souvent, avait été fourni par la réalité même. Nous savons par les *Nuits Attiques* qu'on discutait fréquemment dans les écoles la question des limites des droits des parents et des devoirs des enfants, et Aulu-Gelle, qui cite les trois solutions possibles, les accompagne de commentaires qui paraissent tirés de ses « cours de philosophie [4] ». Or l'extrait qui a pour titre, dans l'*Anthologie* de Stobée : Μουσωνίου ἐκ τοῦ Εἰ πάντα πειστέον τοῖς γονεῦσι, n'est pas une dissertation d'ordre général : c'est la réponse à une question précise, qui fut posée un jour à Musonius par un jeune homme dont le père contrariait la vocation philosophique. Nous avons vu que Musonius fit appel à toutes les subtilités de l'art du raisonnement pour répondre dans le sens des désirs du jeune

---

[1] Épictète, *Entretiens*, I, xxvi, 3.
[2] Cf. plus haut, 2ᵉ partie, ch. 1, p. 87 et suiv., et ch. iii, p. 140 et suiv.
[3] Épictète, *Entretiens*, I, xxvii, 2-5 et 6.
[4] Aulu-Gelle, *N. A.*, II, 7. Cf. un cas analogue traité devant Aulu-Gelle par le philosophe Taurus (*ibid.*, II, 2). Cf. encore *ibid.*, I, 13. Les *Controverses* de Sénèque le Père font voir que des questions de ce genre étaient traitées également dans les écoles de rhétorique ; cf. R. Thamin, *ouvr. cité*, p. 190 et suiv.

homme, et parvint à lui démontrer qu'un fils pouvait avoir le droit et même le devoir de désobéir aux ordres de son père. N'alla-t-il pas jusqu'à soutenir ce paradoxe qu'en l'espèce c'était vraiment se conformer à la volonté paternelle que de passer outre [1] ?

Or Épictète eut à traiter, lui aussi, plusieurs cas tout à fait comparables, et on se souvient que, sans porter au bon sens vulgaire des défis aussi hardis, il répondait dans le même sens[2]. La lecture des *Entretiens* suggère encore d'autres questions d'ordre moral où la dialectique pouvait avoir à intervenir. Le devoir, a-t-on dit, éternel par essence, est aussi fils du moment[3]. Il peut varier avec les faits et les circonstances : l'application de la règle est souvent affaire d'à-propos[4]. Nous avons vu qu'il n'est pas toujours bon de s'exposer de parti pris au danger pour éprouver ses forces[5]. Dans nos rapports avec nos semblables, quand et dans quelle mesure convient-il de leur rendre des services, de faire pour eux des démarches, de leur donner des consolations ou des conseils[6]? La question du droit au suicide, posée et discutée par Socrate au début du *Phédon* de Platon[7], est posée plusieurs fois par Épictète, et la variété qu'on trouve dans ses réponses s'explique sans doute par des motifs d'opportunité, qui pouvaient donner prise à des discussions serrées[8]. Enfin, on pouvait se demander s'il est toujours possible de ne pas faillir, même dans les circonstances les plus désavantageuses, quand la conscience et la volonté paraissent être presque abolies sous l'influence de notre état physique, en particulier dans le

---

[1] Stobée, *Flor.*, LXXIX, 51. Cf. plus haut, p. 92 et suiv.
[2] Cf. plus haut, p. 93.
[3] V. Thamin, *ouv. cité*, p. 122.
[4] Épictète, *Entretiens*, III, xii, 13; IV, xii, 17.
[5] Cf. plus haut, ch. iii, p. 143.
[6] Cf. plus loin, ch. v, p. 191-195.
[7] Platon, *Phédon*, p. 61 et suiv.
[8] Cf. des variations analogues chez Musonius et les conseils diamétralement opposés qu'il donne à Thraséa (Épictète, *Entretiens*, I, i, 26-27) et à Plautus (Tacite, *Annales*, XIV, 59). Sur l'ensemble de la question, v. Bonhöffer, *ouvr. cité*, t. II, p. 29-30; cf. *Excurs* II, p. 188-193.

sommeil, dans l'ivresse, dans les accès d'humeur noire[1]. Voilà apparemment à quels exercices Épictète conviait ses élèves les plus avancés, et voilà comment il était amené à leur vanter les vertus de la logique.

Il est à croire que ceux-là se laissaient aisément convaincre; car l'utilité de la logique n'est démontrée qu'une fois dans les *Entretiens*. Par contre, il est plus de vingt fois question de ses inconvénients. La grande difficulté n'était donc pas d'amener à elle les élèves déjà avancés, mais d'en détourner les élèves trop pressés, qui voulaient la cultiver avant d'être mûrs pour le faire. Si invraisemblable que paraisse, à première vue, chez des jeunes gens, cet engouement pour des études qui passent à bon droit pour austères[2], il est si réel qu'Épictète, en le combattant, est obligé de revenir constamment à la charge pour en avoir raison, à tel point qu'on est tenté de le prendre pour un ennemi de la science qui a rendu Chrysippe célèbre. D'où vient donc un tel empressement? Pourquoi si peu de moralistes et tant de logiciens? Épictète l'explique en partie par ce défaut inhérent à la nature humaine qu'il appelle οἴησις, la présomption, dont il faut se défaire en abordant la philosophie et que Socrate s'appliquait à combattre avant tout chez ceux qui se présentaient à lui pour la première fois[3]. Socrate croyait qu'il ne savait rien : les autres hommes, s'ils ne croient pas tout savoir, croient du moins n'avoir rien à apprendre sur le bien et le mal[4]. C'est ainsi que tous les contemporains d'Horace se jugeaient capables de faire des vers :

> Navem agere ignarus navis timet; habrotonum aegro
> non audet nisi qui didicit dare; quod medicorum'st
> promittunt medici; tractant fabrilia fabri :
> scribimus indocti doctique poemata passim[5].

---

[1] Épictète, *Entretiens*, III, II, 5; II, XVII, 8; I, XVIII, 23.
[2] On pense naturellement ici aux écoliers du moyen âge et à l'incroyable succès de la scholastique.
[3] Épictète, *Entretiens*, II, XI, 1; II, XVII, 1; III, XIV, 8-9.
[4] Id., *ibid.*, II, XI, 3; II, XVII, 2.
[5] Horace, *Ep.*, II, I, 114 et suiv.

C'est que, si on ignore en naissant jusqu'aux notions les plus élémentaires de géométrie et de musique, tout le monde a naturellement la notion du bien et du mal. Aussi ne se prive-t-on pas d'en parler avec une parfaite assurance[1]. Autre chose est pourtant d'avoir cette notion, autre chose est de l'appliquer à propos. Mais on ne soupçonne pas qu'on ignore précisément ce qui est essentiel, et, quand on croit savoir une chose, il est impossible qu'on se mette à l'apprendre. Dès lors, pourquoi vient-on trouver le philosophe? Pour apprendre ce qu'on ne croit pas savoir, c'est-à-dire la logique[2]. La logique, pour beaucoup de jeunes gens, voilà à quoi se réduit la philosophie. C'est d'ailleurs un préjugé courant qu'ils apportent dans l'école. Pour le monde, un philosophe est un homme qui propose des syllogismes[3]. Il ne faudrait pas que celui qui commence à soupçonner ce qu'est réellement la philosophie s'avisât d'aller raconter au dehors qu'il s'occupe du bien et du mal : on lui rirait au nez. Un vieillard en cheveux blancs, aux doigts chargés de bagues, secouerait dédaigneusement la tête, et lui dirait d'un ton doctoral : « Écoute, mon garçon, il n'est pas mauvais de faire de la philosophie, mais il n'est pas mauvais non plus d'avoir de la cervelle. Ce sont des bêtises que tout cela. Les philosophes t'apprendront les syllogismes ; mais ce que tu dois faire, tu le sais aussi bien qu'eux[4]. »

Arrivant dans l'école avec ces préjugés, bien des jeunes gens n'écoutaient les leçons morales que d'une oreille distraite, et s'empressaient encore moins de les mettre en pratique. Que faisaient-ils alors? Puisque le maître refusait de leur exposer en détail la théorie des enthymèmes et des épichérèmes, ils se plongeaient seuls dans ces études, qui avaient pour eux l'attrait de l'inconnu[5]. Mais le jour où

---

[1] Épictète, *Entretiens*, II, xi, 2-6.
[2] Id., *ibid.*, II, xi, 7-10 ; II, xvii, 1-3.
[3] Id., *ibid.*, III, v, 15-16.
[4] Id., *ibid.*, I, xxii, 18-20.
[5] Id., *ibid.*, I, viii, 1-5 ; II, xvii, 34.

quelque désagrément, un accès d'ennui, une mauvaise nouvelle, une maladie, venaient ralentir leur ardeur, il avait beau jeu, en les voyant abattus et découragés, pour réhabiliter son enseignement méprisé et leur démontrer que toute leur science de logiciens, dont ils étaient si fiers, n'était qu'un bagage encombrant, qu'un peu de cette morale si dédaignée serait bien mieux leur affaire et leur épargnerait précisément leurs déceptions et leurs déboires actuels. Mais, leur disait-il, on ne récolte que ce qu'on a semé. Ils n'ont jamais pensé à se mettre en garde contre les événements, mais contre les pièges de leurs adversaires; ils ne se sont exercés à répondre qu'aux sophismes, et jamais aux questions que leur posaient les choses[1]. La morale est démodée : autrefois on y faisait des progrès, parce qu'on s'en occupait sérieusement : aujourd'hui les syllogismes sont à la mode, et il faut reconnaître qu'on y est plus fort qu'autrefois[2]. Ils auraient tort de se plaindre. Ne sont-ils pas devenus plus beaux parleurs? ne savent-ils pas faire la conversion des syllogismes? n'étudient-ils pas les propositions du *Menteur* et les raisonnements hypothétiques[3]? Seulement, pour en arriver là, fallait-il quitter sa famille? Il vaut la peine de s'expatrier, quand il s'agit d'acquérir le calme de l'âme, d'apprendre à n'accuser personne, à ne jamais rencontrer d'obstacles ni subir de dommages; mais l'art d'analyser un syllogisme avec plus de dextérité et de se tirer d'un raisonnement hypothétique, cette marchandise mérite-t-elle qu'on vienne la chercher de si loin? Et maintenant qu'ils en reconnaissent l'inutilité, ils accusent la philosophie de ne servir à rien[4]! Mais ce n'est pas là de la philosophie. Tout est à recommencer. Qu'ils débarrassent leurs esprits de ce fardeau qui les encombre; qu'ils tâchent de désapprendre tout ce qu'ils ont appris, convaincus que jusqu'ici ils n'ont réellement

---

[1] Épictète, *Entretiens*, IV, iv, 14; II, xxi, 10; II, xvi, 3.
[2] Id., *ibid.*, III, vi, 3.
[3] Id., *ibid.*, II, xxi, 17; cf. II, xix, 10.
[4] Id., *ibid.*, III, xxiv, 78-82.

rien fait d'utile, et qu'ils s'attachent résolument à la vraie science, comme on étudie la géométrie et la musique, quand on n'en connaît pas le premier mot [1].

Surpris d'un tel langage, on croyait qu'il en voulait à la logique elle-même et qu'il la considérait comme un jeu inutile, pour ne pas dire dangereux. Mais c'eût été invraisemblable de la part d'un homme qui possède cette science aussi bien que personne, qui sait analyser les sophismes classiques dans le plus minutieux détail et manie ces abstractions avec la plus grande aisance, qui enfin se fait fort d'énumérer au besoin tous les auteurs qui ont écrit sur ce sujet [2]. Aussi a-t-il soin de remettre les choses au point et de dissiper toute équivoque. A ses yeux, cette science n'est nuisible que parce qu'on s'y livre avant qu'elle puisse être utile. Elle absorbe un temps précieux et fait perdre de vue les besoins les plus pressants; elle donne de nouveaux défauts à ceux qui l'abordent avant de se débarrasser de ceux qu'ils avaient déjà [3]. Mais les syllogismes ne lui paraissent pas, par eux-mêmes, plus mauvais que les cataplasmes, les onguents ou les haltères pour ceux qui savent en faire un usage convenable. « Je me charge au besoin, dit-il, d'en démontrer l'utilité. — Comment donc se fait-il qu'ils ne m'ont servi à rien? — Si un homme atteint de dysenterie me demande si le vinaigre peut servir à quelque chose, je lui répondrai oui; s'il peut lui servir à lui, je lui répondrai non; mais qu'il commence par arrêter sa diarrhée et guérir ses entrailles. Vous aussi, mes amis, commencez par soigner vos plaies; et, quand votre esprit sera calmé et n'éprouvera plus de tiraillements, vous apprendrez quelles sont les vertus de la logique [4]. »

Si, en effet, la logique a pour objet, comme il paraît, d'assurer définitivement les progrès déjà réalisés en morale et de prévenir les rechutes, même dans les circonstances les

---

[1] Épictète, Entretiens, II, xvi, 34; III, xxvi, 20; II, xvii, 27 et 39-40.
[2] Id., ibid., II; xix, 1-5 et 9; cf. I, vii; I, viii, 1-4; III, ix, 21.
[3] Id., ibid., I, xxvii, 21; I, viii, 6; cf. M., LII.
[4] Id., ibid., II, xxi, 20-22; cf. I, xxvi, 15-16.

plus difficiles, comment ceux qui font fi de celle-ci soupçonneraient-ils le véritable intérêt de celle-là? La plus grave erreur de ceux qui se passionnent à contre-temps pour la logique est de prendre les moyens pour des fins. Dédaigner la morale parce qu'on croit la savoir est un défaut naturel à l'humanité en général, s'attacher pour elle-même à une science qui ne doit être que l'auxiliaire d'une autre est un défaut propre aux époques raffinées. C'est le défaut favori des Grecs en particulier. Pour le Grec, un art, quelles que soient son origine et sa destination, devient aisément l'objet d'une étude désintéressée par cela même qu'il est un exercice et une application de l'intelligence. Peu importe à quoi il sert : le principal est de l'exécuter supérieurement. Aussi la Grèce a-t-elle été de tout temps la terre bénie des rhéteurs. Du jour où de l'éloquence naturelle et instinctive on eut dégagé les lois non écrites qui la régissaient, on vit des hommes s'intéresser uniquement aux règles du développement et de l'expression de la pensée, au point d'imaginer des sujets fictifs pour le seul plaisir de les y appliquer. Il en fut de même quand furent découvertes les lois du raisonnement. Or on avait l'occasion d'étudier celles-ci dans les écoles de philosophie, comme on étudiait dans les écoles de rhétorique les lois de la composition et du style. Comment les élèves d'Épictète ne se seraient-ils pas laissé entraîner au défaut de leur race? Les définitions préliminaires, les explications de textes, les sujets d'étude proposés aux élèves plus avancés leur révélaient tout à coup une science dont ils n'avaient pas jusque-là soupçonné l'existence. Ils y trouvaient des choses si fines et si ingénieuses qu'ils ne pensaient plus qu'à l'apprendre en détail et à la pousser jusqu'en ses dernières profondeurs[1]. Et, comme de gros livres avaient été écrits sur ces questions, ils se plongeaient, malgré leur maître, souvent même à son insu, dans ces lectures indigestes pour eux, sans se laisser rebuter par les obscurités

---

[1] Épictète, *Entretiens*, II, xvii, 3 ; cf. I, vii, 1-4.

et les abstractions, amplement payés de leurs peines s'ils découvraient quelque subtilité nouvelle, quelque finesse inattendue. Ils continuaient à mentir; mais ils n'étaient pas en peine de faire voir comment on démontre que le mensonge est défendu [1].

Ajoutons à ce goût du fin un peu de vanité, au plaisir de découvrir des choses ingénieuses le plaisir de les faire admirer et, du même coup, de se faire admirer par les autres. Car il est bien humain de ne pas garder pour soi ces sortes de trouvailles, surtout si on peut s'en servir pour briller à peu de frais. Ceux qui « mortifiaient leurs sens » n'avaient garde de se cacher quand ils s'imposaient des privations pénibles, et c'est quand ils étaient vus qu'ils affectaient de ne boire que de l'eau; aussi Épictète leur recommandait-il spirituellement, on s'en souvient, de s'abstenir même d'eau et de n'en parler à personne [2]. A plus forte raison, les jeunes logiciens ne se privaient-ils pas de faire parade de leurs connaissances à tout venant. On était montré avec admiration quand on avait lu Chrysippe et Antipater, et, si on allait jusqu'à Archédémos, on passait pour un phénix [3]. Les anciens, surtout à cette époque, ne détestaient pas les conversations où on étalait une abondante érudition ou bien les subtilités de la science des sophistes. Aulu-Gelle et ses camarades, au temps où ils étaient étudiants à Athènes, se livraient pendant les repas, en manière de divertissement, à des conversations dont le pédantisme nous paraît insupportable [4]. On aime à voir, dans ses *Nuits Attiques*, le professeur Favorinus donner à plusieurs pédants des leçons méritées [5]; mais il n'est pas sûr que Favorinus lui-même évite toujours le défaut qu'il reproche aux autres. Quant à Fronton, c'est le maître du genre. Pourtant quelques esprits sensés protestent fran-

---

[1] Épictète, *Entretiens*, I, viii, 5; II, xvii, 34; I, xxvi, 16; *M.*, LII, 2.
[2] Id., *ibid.*, III, xiv, 4; III, xii, 16-17; *M.*, XLVII. Cf. plus haut, p. 147.
[3] Id., *ibid.*, II, xix, 10; III, ii, 13.
[4] V., par ex., Aulu-Gelle, *N. A.*, XVIII, 2 et 13; VII (Hertz), 13.
[5] Voyez, par ex., *ibid.*, I, 10; IV, 1.

chement contre ces goûts. C'est ainsi que Lucien ridiculise, par la bouche du savetier Micyle, un vieux sophiste qui, dans un dîner, obsédait ses voisins en leur proposant à résoudre les sophismes classiques [1]. Épictète lui-même disait que, s'il aimait à se faire valoir, il saurait, tout aussi bien qu'un autre, particulièrement à table, émerveiller l'assistance en citant tous ceux qui ont écrit sur tel sophisme célèbre; mais il déclarait laisser ce soin aux bavards et aux importuns, et ne voyait, pour son compte, aucune nécessité d'en faire autant [2]. C'est sans doute de son maître Musonius qu'il tenait cette aversion pour les pédants [3]; car celui-ci n'était pas tendre pour eux. Il s'amusait un jour à développer cette idée que l'école d'un philosophe devrait être en même temps une sorte de colonie agricole, et que les jeunes gens, en regardant travailler leur maître et en travaillant eux-mêmes, en apprendraient beaucoup sur la pratique des vertus cardinales. Et il ajoutait, non sans malice : « Il ne faut pas tant de paroles pour faire de la bonne philosophie; nos jeunes gens n'ont que faire de ces tas de théories dont nos sophistes sont bourrés et sur lesquelles il y a de quoi consumer toute une vie humaine. L'essentiel, l'indispensable, peut s'apprendre en travaillant... Je sais très bien qu'il y en a peu qui s'accommoderaient de ce régime; mais quand la plupart de ces jeunes gens sans ressort et sans vigueur qui prétendent faire de la philosophie y renonceraient avant d'essayer, ce ne serait pas un grand malheur, au contraire [4]. » Ce même Musonius, chez qui les idées originales ou paradoxales n'allaient jamais

---

[1] Lucien, *Le Coq*, XI.
[2] Épictète, *Entretiens*, II, XIX, 8-10.
[3] Il n'est pas sans intérêt de remarquer incidemment, à ce propos, qu'Épictète, qui tient de Musonius son antipathie pour la sophistique, paraît l'avoir, à son tour, transmise à Marc-Aurèle par l'intermédiaire de Rusticus. Car l'énumération des services que l'empereur reconnaît avoir reçus de son maître commence par τὸ μὴ ἐκτραπῆναι εἰς ζῆλον σοφιστικὸν μηδὲ συγγράφειν περὶ τῶν θεωρημάτων, et se termine, comme on sait, par τὸ ἐντυχεῖν τοῖς Ἐπικτητείοις ὑπομνήμασιν. (Marc-Aurèle, *Pensées*, I, 7.)
[4] Stobée, *Flor.*, LVI, 18 (II, p. 339, l. 4 M.).

sans un grand bon sens, soutenait un autre jour qu'on devrait enseigner la philosophie aux jeunes filles aussi bien qu'aux jeunes gens[1], et, prévoyant lui-même l'objection qu'on en ferait ainsi des raisonneuses, qui s'en iraient discuter en public avec les hommes, soutenir des sophismes et décomposer des syllogismes, au lieu de rester chez elles à filer : « Je n'admets pas, disait-il, que les hommes eux-mêmes abandonnent les occupations qui leur conviennent pour ne s'occuper que de discours, et je prétends qu'on ne doit jamais parler qu'en vue d'agir[2]. »

On devine par ces derniers mots, et, du reste, il le dit expressément ailleurs[3], que le goût du beau langage et la recherche d'une virtuosité toute verbale n'étaient pas moins antipathiques à Musonius que la manie de subtiliser et de raisonner. La rhétorique et la sophistique sont sœurs, en effet, et Épictète, à son tour, avait à combattre à la fois l'influence de l'une et de l'autre. Quand ses élèves se lisaient entre eux leurs travaux philosophiques[3], ils se congratulaient mutuellement sur leur style, et leurs hyperboles admiratives arrivaient jusqu'à ses oreilles. Ils étaient tous, à les entendre, de grands écrivains, celui-ci dans la manière de Xénophon[4], celui-là dans celle de Platon, un troisième dans celle d'Antisthène[5]. Ils ne se ménageaient pas plus entre eux que le jurisconsulte et le rhéteur d'Horace, qui se traitaient de Mucius et de Gracchus, ou que ces deux confrères en poésie, le Vadius et le Trissotin de l'antiquité, qui se jetaient mutuellement à la tête, en guise d'épithètes laudatives, les plus grands noms

---

[1] L'idée elle-même, qu'il développe en y appliquant sa modération et son bon sens personnels, est d'origine cynique. En effet, parmi les *placita* d'Antisthène, Diogène Laërce (VI, 12) cite, d'après Dioclès : ἀνδρὸς καὶ γυναικὸς ἡ αὐτὴ ἀρετή.

[2] Stobée, *Ecl.*, II, xxxi, 126 W. (*Flor.*, IV, p. 222, l. 31 M.).

[3] Id., *ibid.*, II, xxxi, 123 W. (*Flor.*, IV, p. 216, l. 2 M.).

[4] Peut-être Arrien a-t-il noté ici une allusion à ce goût pour Xénophon qui devait le rendre célèbre plus tard et qu'il avait pu manifester dès cette époque.

[5] Épictète, *Entretiens*, II, xvii, 35.

de la littérature grecque[1]. Ils étaient entièrement absorbés par ces préoccupations purement littéraires. Ils croyaient n'avoir plus rien à désirer, quand ils avaient composé une dissertation assez bien tournée. S'ils écoutaient leur maître, c'était surtout pour apprécier, avec une sévérité sur laquelle il ne se faisait pas d'illusions, le style de ses commentaires ou de ses improvisations, dont l'allure familière choquait leur purisme chatouilleux, et, s'ils lisaient l'*Apologie* de Socrate, ils la traitaient comme un discours d'Isocrate ou de Lysias, le chicanant pour un pluriel qui eût été avantageusement remplacé par un singulier[2]. Épictète a bien vu que ce pédantisme littéraire ne faisait qu'un avec le goût de la sophistique ; car il les combat tous les deux à la fois et avec les mêmes arguments, soit en s'appuyant sur l'exemple de Socrate, soit pour son propre compte. Il rappelle que Socrate considérait ces deux pédantismes comme également étrangers à la philosophie : quand un ignorant le priait de lui enseigner l'art du beau style et la science de la logique, — car c'est là ce que le monde entendait par philosophie, — il le conduisait chez Protagoras ou chez Hippias, comme il eût conduit chez un jardinier celui qui fût venu lui demander des légumes[3]. A son tour, attaquant personnellement ces deux sortes de pédantismes, Épictète les confond dans les mêmes reproches[4] et les rattache à la même erreur, qui est de prendre les moyens pour des fins et de cultiver pour eux-mêmes des arts qui ne doivent être que les auxiliaires de la morale. « Comme l'enseignement de la logique est nécessaire pour arriver à la perfection et que cet enseignement exige certaines formes de style, de l'in-

---

[1] Horace, *Ep.*, II, II, 87-101.
[2] Épictète, *Entretiens*, II, I, 30 et 34 ; II, xxi, 11 ; III, xxiii, 20. Cf. Sénèque, *Ep.*, CVIII, 6.
[3] Id., *ibid.*, III, v, 15-17.
[4] Il se défend, d'autre part, d'être l'ennemi de l'art de bien dire, comme il se défend d'être l'ennemi de la logique ; et, dans les deux cas, sa justification est la même. Voyez *Entr.*, II, xxiii, fin et II, xxi, fin ; cf. III, xxiii, 25.

géniosité et de la finesse, on s'attarde et on se laisse prendre à ces choses-là, les uns s'attachant au style, les autres aux syllogismes, et on s'y consume comme devant les Sirènes. » Si un homme, au retour d'un voyage, s'arrêtait et s'installait dans une auberge qui lui plût, on serait en droit de lui dire : « Mon ami, vous avez oublié ce que vous vous proposiez : ce n'est pas là que vous alliez, vous ne faisiez qu'y passer. Ce que vous vouliez, c'était regagner votre pays, rassurer votre famille, remplir vos devoirs de citoyen [1]. » De même, on peut dire aux victimes du pédantisme : « Vous vous proposiez, en arrivant ici, d'apprendre l'art de devenir parfaitement heureux, sans avoir à vous plaindre jamais de personne. Puis, séduits par de belles phrases ou des questions de logique, vous vous y arrêtez, vous vous y installez comme chez vous, parce que cela vous paraît joli. Eh ! qui vous dit le contraire ? Mais on peut être très malheureux en parlant comme Démosthène ; on peut analyser des syllogismes aussi bien que Chrysippe lui-même et être en proie à l'envie et à tous les troubles de l'âme. C'est que c'étaient de simples lieux de passage, et que là n'était pas le but à atteindre [2]. »

Épictète met une telle insistance à rappeler aux jeunes gens qu'ils se fourvoient, qu'il s'expose par ses critiques, il le sait, à passer pour un esprit étroit, pour un béotien ou un barbare [3], comme disaient les anciens. C'est que le danger lui paraît grave : il sent déjà qu'ils commencent à se soustraire à son action, et, s'ils lui échappent définitivement, il les voit perdus pour la philosophie et allant grossir la troupe des rhéteurs et des sophistes. La logique, en effet, commence par tourner la tête aux jeunes gens sans expérience : c'est par la vanité qu'elle les prend. Dès qu'ils ont goûté à ce fruit défendu, leurs yeux s'ouvrent :

---

[1] Épictète, *Entretiens*, II, XXIII, 40-41 et 36-39.
[2] Id., *ibid.*, II, XXIII, 42-46.
[3] C'est précisément ce mot qu'il met dans la bouche d'un auditeur avec qui il vient d'avoir un entretien : οὐδὲν ἦν ὁ Ἐπίκτητος, ἐσολοίκιζεν, ἐβαρβάριζεν (*ibid.*, III, IX, 14).

éblouis à la vue de ce qu'ils peuvent, ils ne veulent plus rien entendre ni dépendre de personne. « Non contente de distraire l'esprit des préoccupations les plus essentielles, la logique est un puissant encouragement à la présomption et à l'orgueil. Car c'est une grande force que l'art d'argumenter et de persuader, surtout s'il est fortifié par l'exercice et s'il emprunte un certain prestige à l'art de parler. D'ailleurs, toute puissance, en général, est dangereuse aux mains des ignorants et des faibles, à cause de l'exaltation et de la fierté qu'elle leur inspire. Comment, en effet, persuader au jeune homme qui a acquis quelque supériorité sur un point, qu'il ne doit pas dépendre de sa science, mais que sa science doit dépendre de lui ? Dès lors, il foule aux pieds toutes les raisons. Il s'en va tout fier et tout plein de lui-même, sans supporter qu'on l'approche pour lui rappeler qu'il n'est plus dans le bon chemin[1]. »

La vanité appelle naturellement l'ambition. L'art de raisonner et de discuter est un moyen sûr de se faire connaître, d'acquérir des influences, de se pousser dans le monde, de réussir, en un mot. L'incroyable fortune de certains sophistes de l'époque était bien faite pour exciter les convoitises, et, dans l'école même d'Épictète, on devine que les moins naïfs y rêvaient déjà. Parmi ceux qui veulent apprendre la logique auprès des philosophes, il distingue ceux qui n'en voient que la finesse et l'ingéniosité et ceux qui, plus pratiques, savent qu'on peut l'utiliser pour s'enrichir[2]. Tous n'apportent pas chez le philosophe, dit-il ailleurs, la disposition d'esprit qu'ils devraient. Quelques-uns, en particulier, n'y viennent que pour être capables de montrer à table qu'ils connaissent les raisonnements

---

[1] Épictète, *Entretiens*, I, VIII, 6-11. La remarque psychologique qu'Épictète fait ici avait déjà été faite par Aristophane dans les *Nuées*. On sait que dès que Phidippide a goûté aux leçons du sophiste Socrate, il n'écoute plus les remontrances paternelles et ferme la bouche à Strepsiade.

[2] Id., *ibid.*, II, XVII, 3.

hypothétiques, espérant avoir un jour pour voisin quelque haut personnage, qu'ils pourront émerveiller par leur faconde. Car c'est à Rome qu'on trouve de belles occasions. Ce qui passe pour une fortune à Nicopolis fait là-bas l'effet d'une misère : on y est pauvre avec un million et demi de sesterces, et on y trouve des âmes charitables — Épictète en a été témoin — pour venir en aide à un tel dénûment[1].

Mais, comme il ne s'agit là, en somme, que de cas isolés et exceptionnels, il se borne à de rares et discrètes allusions contre ces ambitions prématurées. En revanche, — et cette tactique est à la fois plus habile et plus efficace, — il ne ménage pas ses attaques à ceux qui les inspirent, à ces sophistes qui font de leur science métier et marchandise. On sait par les contemporains que ces personnages peuplaient alors la Grèce et l'Asie Mineure ; mais on le devinerait à la seule lecture des *Entretiens*. Épictète ne frapperait pas avec tant d'insistance et de violence, s'il ne sentait sa philosophie sérieusement menacée par ces concurrents déloyaux. Il les estime d'autant plus dangereux qu'ils cachent leur jeu : s'ils excitent, par leur habileté et leurs succès, la convoitise des plus clairvoyants, ils font illusion aux plus simples et aux plus naïfs. Aussi s'attache-t-il à démasquer leurs intentions avec une vigueur d'argumentation et une violence peu ordinaires, faisant en même temps un tableau pittoresque et satirique de ces séances de déclamation qui font fureur de son temps.

A ses yeux, la meilleure preuve que ces soi-disant philosophes ne sont que des égoïstes et des ambitieux, c'est qu'ils sollicitent les auditeurs et les invitent à venir les entendre. En leur laissant voir qu'il a besoin d'eux, le rhéteur se découvre. Le philosophe n'appelle pas le monde à lui : c'est en offrant sa conduite en exemple qu'il attire ceux à qui il doit être utile. L'architecte ne demande pas qu'on vienne l'entendre disserter sur l'architecture ; mais il se charge de

[1] Épictète, *Entretiens*, I, XXVI, 8-13.

construire une maison, et c'est par là qu'il montre s'il connaît son métier. De même, c'est en remplissant scrupuleusement ses devoirs qu'on montre ce qu'on est et à quoi on peut servir[1]. Mais, pas plus qu'un médecin n'invite les malades à venir se faire soigner[2], le philosophe ne prie pas les gens de venir apprendre qu'ils sont pleins de défauts et qu'ils sont malheureux. Car c'est là ce qu'on entend dire dans la maison d'un philosophe : ce n'est pas un lieu de distraction où l'on a le loisir de se pâmer d'admiration devant de belles phrases et d'applaudir des pensées ingénieuses[3]. Et pour démontrer aux gens qu'ils tournent le dos au but, puisqu'ils veulent atteindre le bonheur et qu'il n'est pas où ils le cherchent, on ne lance pas d'invitations, on n'installe pas des milliers de banquettes, et on ne monte pas, en costume d'apparat, sur une estrade, raconter la mort d'Achille[4]. Toute cette mise en scène, tout ce cabotinage est la négation même de la philosophie. Au lieu de penser à être utiles aux autres, ces faux philosophes, préoccupés uniquement de leurs succès et de leurs intérêts, ne pensent qu'à réunir autour de leur chaire des auditeurs nombreux ou influents. Au lieu de chercher à les guérir de leurs défauts, ils les flattent par des compliments qu'ils savent immérités, soit pour les retenir auprès d'eux, soit pour s'en faire des amis et s'en servir, quand ils sont puissants ou fils de hauts personnages[5].

En regard des intrigues de ces ambitieux, Épictète fait admirer la modestie de Socrate, qui n'a jamais dit à ses visiteurs en les reconduisant : « Venez m'entendre parler aujourd'hui chez Quadratus », mais évita toujours soigneusement d'avoir rien de commun avec Gorgias ou Protagoras, qui avaient une enseigne et tenaient boutique de

---

[1] Épictète, *Entretiens*, III, xxi, 3-6.
[2] Il y a ici dans le texte (III, xxiii, 27) une restriction maligne sur les mœurs nouvelles des médecins de Rome.
[3] Épictète, *Entretiens*, III, xxiii, 27-28 et 23.
[4] Id., *ibid.*, III, xxiii, 34-35.
[5] Id., *ibid.*, III, xxiii, 10-20.

philosophie[1]. Il suggère par là un rapprochement, qui, même sans ce détail, s'imposerait naturellement. Épictète, qui propose souvent Socrate comme modèle, non seulement aux autres, mais à lui-même, a, ici en particulier, un trait frappant de ressemblance avec lui[2]. Il a, comme lui, à lutter contre des sophistes, qui font à la philosophie une concurrence déloyale, et qui sont, comme ceux d'autrefois, beaux parleurs, habiles raisonneurs, adroits à dissimuler leur égoïsme et leur ambition, et d'autant plus dangereux pour la jeunesse. Aussi Épictète est-il, comme Socrate, constamment préoccupé de combattre leur influence[3]. De là un chapitre en quelque sorte négatif qu'il est obligé d'ajouter à son enseignement. Il ne veut pas que la science de ces hommes prenne à l'intérieur de son école la place de la morale : car, au lieu d'en sortir armés, les jeunes gens n'auraient fait que s'y préparer à tomber plus sûrement entre leurs mains.

---

[1] Épictète, *Entretiens*, III, XXIII, 22-23; cf. IV, VIII, 22-23 et III, V, 17.
[2] La comparaison avec la médecine (III, XVI, 21) est directement imitée de Platon, *Phèdre*, p. 268 b.
[3] Remarquons, à ce propos, que son principal grief contre ses adversaires en général est la fâcheuse influence qu'ils exercent sur la jeunesse. V. notamment les reproches qu'il adresse aux Académiciens et aux Épicuriens (II, XX, 24-26 et 34; III, VII, 20).

CHAPITRE V

Rentrée dans le monde

Le moment est venu de suivre au dehors ceux dont les études sont achevées, et de se demander, comme se le demandait souvent le maître lui-même[1], de quelle façon ils vont se comporter dans la société. Car l'école est un lieu de passage, et non un cloître où on s'enferme pour la vie, enchaîné par des vœux perpétuels. Il ne s'agit pas d'y vieillir à l'ombre, comme disaient les anciens : c'est aux débutants seulement qu'on impose une rupture momentanée avec le monde. Si le blé doit rester quelque temps enfoui sous la terre, c'est afin de s'y fortifier assez pour pouvoir, une fois sorti du sol, affronter impunément le froid et n'avoir rien à redouter des gelées du printemps[2]. Cette comparaison, qu'Épictète propose à ceux qui voudraient prêcher trop tôt[3], il pourrait aussi bien la proposer, en sens inverse, à ceux qui seraient tentés de s'éterniser dans l'école. Il se moque de ceux qui se désolent de quitter le calme de Nicopolis et leurs chères études pour le tumulte de Rome et le tracas des affaires, des démarches et des fonctions publiques. Il estime qu'on n'est à l'école que pour se préparer à vivre : or vivre, c'est changer de place, c'est, comme Ulysse, voir constamment de nouvelles figures et

---

[1] Épictète, *Entretiens,* II, VIII, 15.
[2] Id., *ibid.,* IV, VIII, 36-40.
[3] Cf. plus haut, 2ᵉ partie, ch. 1ᵉʳ, p. 74.

des séjours nouveaux¹. La société des hommes est d'ailleurs un beau spectacle, comparable à celui d'une panégyrie perpétuelle, et ce spectacle est en même temps le plus intéressant et le plus instructif de tous les livres². Aussi, dès qu'un de ses auditeurs est appelé à jouer quelque rôle au dehors, bien loin de le plaindre, il le félicite d'avoir été choisi avant les autres pour mettre en pratique les préceptes du stoïcisme, et il espère que ceux-ci, impatients d'être appelés à leur tour, voudraient être à sa place au lieu de se morfondre sur leurs bancs³. Sénèque invitait à la retraite des personnages qui connaissaient la vie et avaient déjà tenu leur place dans le monde. « On a bien le droit, dit-il dans le traité du *Repos du Sage*, quand on a fait son temps de service et qu'on est avancé en âge, de changer d'occupations et de se retirer à l'écart pour se consacrer tout entier à la contemplation de la vérité⁴. » C'est à cette conclusion qu'aboutit le traité de la *Brièveté de la vie* : « La plus grande, en tout cas la meilleure partie de ta vie a passé au service de l'état : il est temps de t'en réserver pour toi-même quelques instants⁵. » Dans les conseils de retraite qu'il adresse à Lucilius, on sent la lassitude des fonctions publiques. La retraite dont il parle est donc comme l'examen de conscience qui termine la fin de la journée. « Mieux vaut, — dit-il à Paulinus, préfet de l'annone, pour l'engager à déposer sa charge, — régler les comptes de sa vie que ceux des subsistances publiques⁶. » Lui-même n'a fui réellement le monde qu'après l'avoir connu. C'est à la fin de sa carrière qu'il quitta la société des hommes, prévenant la disgrâce impériale en restituant ses richesses et ses dignités⁷. Tout autre est la condition

---

¹ Épictète, *Entretiens*, IV, iv, 11 ; III, xxiv, 10-14.
² Id., *ibid.*, IV, iv, 7 et 27; cf. I, xii, 21.
³ Id., *ibid.*, II, xvii, 37 ; I, xxiv, 1-6 ; I, xxix, 33-34 et 36 ; cf. IV, iv, 6 et 46.
⁴ Sénèque, *De otio*, XXIX, 2.
⁵ Id., *De brev. vitae*, XVIII, 1.
⁶ Id., *ibid.*, XVIII, 2; cf. *Ep.*, XIX.
⁷ Tacite, *Annales*, XIV, 56.

des disciples d'Épictète. Ce sont, en général, des jeunes gens qui viennent chez lui, non pas pour se reposer, mais pour faire des provisions de forces en vue de l'avenir. La retraite qu'il leur impose est à l'entrée de la vie : elle représente le moment de la journée où on prend les résolutions en vue des occasions qui peuvent se présenter. Aussi quelle est sa crainte quand un jeune homme le quitte ? C'est qu'il n'oublie au dehors les principes appris chez lui, que ses actes, son genre de vie, ses liaisons ne soient pas conformes à ce qu'on attend d'un stoïcien[1].

Pour nous, c'est une autre question que nous serions tentés de nous poser. Quelle figure vont faire dans le monde des hommes qui ont reçu une telle éducation, précisément s'ils n'oublient rien de ce qu'ils ont appris ? On pense involontairement au personnage d'Horace que plusieurs années d'études à Athènes ont entièrement dépaysé[2]. S'ils appliquent à la lettre une doctrine qui leur prêche le mépris de tout ce qui n'est pas en leur pouvoir, c'est-à-dire des hommes et des choses, y compris leur propre corps, comment pourront-ils demeurer dans une société où on ne vit que pour son corps, pour les choses matérielles et l'opinion d'autrui ? Il semble qu'ils vont traverser le monde sans le voir et que, ne voulant avoir d'autres compagnons de route que Dieu[3], ils vivront solitaires au milieu de la société. D'autre part, détachés de toutes choses, uniquement soucieux de conserver intacte leur ataraxie, ne dédaigneront-il pas de s'abaisser, pour vivre, comme les profanes, aux mesquines préoccupations de la vie de chaque jour, comptant d'ailleurs que Dieu, qui donne la pâture aux oiseaux du ciel, saura bien pourvoir à la subsistance de

---

[1] Épictète, *Entretiens*, II, VIII, 15.
[2]   Ingenium sibi quod vacuas desumpsit Athenas
   et studiis annos septem dedit insenuitque
   libris et curis, statua taciturnius exit
   plerumque et risu populum quatit.
            Horace, *Ep.*, II, II, 81 et suiv.
[3] Épictète, *Entretiens*, II, VIII, 16-17.

ses serviteurs¹? Dès lors le sage d'Épictète serait tout près de justifier, après coup, les « charges » de Cicéron et d'Horace². Rappelons-nous qu'il a une profonde admiration pour Diogène le Cynique, et propose pour modèle, à toute occasion, ce personnage devenu légendaire dans l'antiquité pour sa désinvolture à fouler aux pieds toutes les conventions sociales. Il reconnaît lui-même que les philosophes passent communément pour des fous et qu'ils doivent accepter cette réputation : car on ne peut être sage qu'à condition de passer pour fou aux yeux de ceux qui sont les fous véritables³. Des ascètes et des solitaires, objets d'étonnement et même de risée pour le reste de l'humanité, voilà, semble-t-il, ce qu'Épictète, avec sa doctrine, va faire des hommes que le monde lui a confiés un instant.

C'est là, en effet, l'impression que laissent, non seulement l'ensemble du *Manuel*, mais encore un grand nombre de chapitres des *Entretiens*. Mais on a vu que le *Manuel* est une sorte de bréviaire composé arbitrairement par Arrien à l'aide de maximes choisies un peu partout dans ces derniers, et qu'à être ainsi séparées de leur entourage elles ont pu prendre une rigueur qu'elles n'avaient pas primitivement⁴. Quant aux *Entretiens*, si certains passages paraissent animés d'un esprit d'austérité et d'ascétisme, d'autres pourraient être mis en regard qui donneraient une impression toute différente, au point qu'on les croirait dictés par un autre homme. Déjà la lecture des pages conservées de Musonius produit un effet semblable, et d'une manière peut-être plus frappante. On y peut distinguer deux groupes : les unes semblent être d'un solitaire, on les dirait extraites d'un règlement pour la vie monastique⁵ ; les autres sont simplement d'un honnête homme de bonne compagnie, qui parle de la vie de famille

---

[1] Épictète, *Entretiens*, III, XXVI, 27-28 ; cf. I, IX, 9.
[2] Cicéron, *Pro Mur.*, 61-64 ; Horace, *Sat.*, I, III, 133.
[3] Épictète, *Entretiens*, I, XXII, 19 et 21 ; I, XXI, 4 ; *M.*, XIII.
[4] Cf. 1ʳᵉ partie, ch. 1ᵉʳ, p. 26 et suiv.
[5] Cf. plus haut, ch. III, p. 123-124.

et de l'éducation des enfants avec beaucoup de modération
et de sens pratique[1]. Aussi ne peut-on l'appeler, comme on
l'a fait, « le philosophe de toutes les rigidités et de tous
les fanatismes[2] » qu'à condition de négliger complètement
de considérer l'un des deux aspects sous lesquels il se présente à nous. Dans Musonius, on ne peut que constater le
contraste; mais, dans Épictète, on voit comment peut s'expliquer la contradiction apparente et comment les deux
hommes n'en font qu'un en réalité. Les disciples doivent
un jour quitter l'école, et ce changement de lieu doit faire
voir les choses sous un angle un peu différent : ce sont ces
deux points de vue qui apparaissent alternativement dans
les *Entretiens*. La question est de passer, sans être ébloui,
de l'ombre au jour, des exercices de l'école à la pratique
de la vie quotidienne. Voilà, pour un moraliste, le cas de
conscience par excellence, qui contient la matière de beaucoup d'autres; et la dialectique qu'il faut pour le résoudre
exige autant de mesure, de tact et de bon sens que d'ingéniosité d'esprit. Épictète nous fait voir comment peuvent se résoudre ces différents cas et comment peut s'éviter
l'erreur de ceux qui ont pris à la lettre la théorie de l'universelle indifférence. Tout ce qui semble excessif dans son
enseignement est surtout pour l'école : la période d'entraînement et d'exercices préparatoires exige des efforts
exceptionnels; la destruction des habitudes au moyen d'habitudes contraires s'obtient par une espèce de violence,
qu'Épictète lui-même qualifie d'exagération calculée[3]. Alors
le mépris des objets extérieurs, la suppression totale du
désir sont exigés avec une entière rigueur, et c'est presque
uniquement sur ces points qu'est concentrée l'attention
des débutants. Mais peu à peu est mis sous leurs yeux un

---

[1] Cf. plus haut, ch. IV, p. 163-164.
[2] R. Thamin, *ouvr. cité*, p. 185; cf. p. 99 et 113. On est surpris de rencontrer une appréciation aussi tranchée dans un livre qui met heureusement en lumière la souplesse de la doctrine stoïcienne.
[3] Épictète, *Entretiens*, III, XII, 7.

autre principe qui est la sagesse même, parce qu'il interdit tout excès et met exactement les choses au point : les objets extérieurs sont indifférents, mais l'usage qu'on en fait ne l'est pas[1]. Il n'est pas plus permis de les négliger que de s'en tourmenter ; car la négligence dépend de nous tout aussi bien que l'inquiétude. Il faut donc concilier l'application qui fait attention aux objets et le calme qui ne s'en préoccupe pas, conciliation difficile sans doute, mais non impossible[2]. C'est ainsi qu'au jeu de dés les points et les dés sont indifférents, car nous ignorons le coup qui va venir; mais une fois qu'il est venu, il dépend de nous d'en profiter avec toute notre attention et toute notre science du jeu. D'une façon générale, nous avons toujours à exercer notre activité sur une chose qui n'a de valeur que comme matière à l'exercice de cette activité, de même que le tisserand ne fabrique pas sa laine lui-même, mais déploie son habileté à propos de celle qu'on lui fournit[3].

Ce principe s'applique en particulier au corps et à tout ce qui s'y rattache[4]. Quand Épictète semble regretter que ses auditeurs ne soient pas pris du désir de s'affranchir de leur corps, cause de toute sorte d'embarras et de servitudes, pour aller rejoindre plus tôt le Dieu dont ils descendent, c'est qu'il a à leur faire honte des soucis matériels et vulgaires dont ils sont encore absorbés; c'est parce qu'ils vivent comme s'ils n'étaient que des corps qu'il leur reproche de ne pas vivre comme de purs esprits[5]. De

---

[1] Épictète, *Entretiens*, II, v, 1 et 7 ; II, vi, 1-2.
[2] Id., *ibid.*, II, v, 6 et 8, 2 et 9.
[3] Id., *ibid.*, II, v, 3 et 20-21.
[4] Id., *ibid.*, II, v, 22 et II, vi, 2. Cf. Musonius associant le corps à l'âme dans les mêmes exercices, parce que, dit-il, il est souvent pour la pratique des vertus un instrument indispensable (Stobée, *Flor.*, XXIX, 78 = II, p. 14, l. 16 M.). « Aucune partie de l'homme, dit-il un peu plus haut à propos du corps *(ibid*, l. 13), ne doit être en mauvais état. » Sur la nécessité de ménager le corps dans l'intérêt de l'âme, à cause de l'influence du physique sur le moral, v. encore *ibid.*, LVI, 18 (II, p. 337, l. 23-32 M.).
[5] Id., *ibid.*, I, ix, 10-16, 19 et 26.

même, à qui dit-il qu'il ne faut pas se préoccuper de quoi l'on vivra, que les animaux trouvent toujours de quoi manger, que d'ailleurs mourir de faim n'est pas un si grand malheur? A ceux qui craignent de ne pouvoir plus continuer une vie de luxe et d'élégance[1]. Mais, s'il combat ici un excès, il saurait, à l'occasion, trouver de solides raisons pour combattre l'excès inverse[2]. Il ne faudrait pas objecter qu'on ne saurait être trop dur à l'égard du corps, et que, sans aller jusqu'à le supprimer, il est prudent du moins de tenir à distance ce dangereux compagnon par tous les moyens possibles, de l'accabler de privations, d'austérités et de macérations, comme pour lui rappeler constamment qu'il n'est qu'une chose extérieure. S'il y a là un danger, la vraie bravoure, aux yeux d'Épictète, ne consiste pas à le fuir[3]; mais à l'aborder en face et à se familiariser avec lui. C'est en s'adressant aux débutants encore novices qu'il dit, à propos de dangers de ce genre, que « ce n'est qu'en fuyant qu'on pare de tels coups[4] »; mais l'homme instruit qui se conduirait ainsi prouverait qu'il a peur de ne pas pouvoir estimer les choses à leur juste valeur. Autant vaudrait déclarer tout de suite, comme font certaines gens, qu'il n'y a aucune différence entre la beauté et la laideur, et qu'il faut éprouver la même impression en face d'Achille et de Thersite, à la vue d'Hélène et d'une femme quelconque. La vraie bravoure est moins grossière : elle laisse à chaque chose sa nature et en apprécie la valeur réelle; elle distingue ce qu'il y a de plus important et s'y attache en toute circonstance, et considère le reste comme accessoire en comparaison, mais sans pour cela le négliger. Dès lors, parce que l'âme est le principal, il ne s'agit pas de négliger ses yeux et ses oreilles, ses mains

---

[1] Épictète, *Entretiens*, III, xvi, 3-4 (cf. I, ix, 9), 21-22. Cf. plus haut, p. 102 et 127.
[2] Id., *ibid.*, I, ix, 16-17.
[3] Il aurait pu ajouter, d'après Musonius, qu'il n'y a pas moins de danger, pour l'âme même, dans les excès de l'ascétisme. Cf. page précédente, n. 4, fin.
[4] Épictète, *Entretiens*, III, xii, 12.

12

et ses pieds, ses habits et ses chaussures, en général le corps et tout ce qui s'y rattache[1]. On peut, on doit même s'en occuper, et, dans la mesure indiquée, faire des efforts et des démarches pour le conserver[2]. C'est dans ce sens qu'Épictète dit : « Je ne dois pas prétendre conserver à tout prix mon corps et ma fortune, le pouvoir et la réputation... Tenons donc en tout cas à ce qui est notre bien propre : quant à ces autres choses, contentons-nous d'y tenir dans la mesure fixée par la raison[3]. »

Parmi les soins à donner au corps, Épictète recommande avec une insistance toute particulière, assez surprenante même au premier abord, ceux qui sont destinés à entretenir la propreté. Il fait véritablement de celle-ci une demi-vertu, et, si le mot n'est pas chez lui, l'idée y est déjà, nettement exprimée. La propreté du corps, dit-il en substance, est l'image de la pureté de l'âme; par celle-ci nous nous rapprochons de la divinité, par celle-là nous nous élevons au-dessus des animaux. Elle est tout à fait conforme aux intentions de la nature, qui a mis à notre disposition tout ce qui est nécessaire pour l'entretenir, et tout à fait caractéristique de l'espèce humaine[4]. Loin de nous élever au-dessus de l'humanité, la négligence des soins corporels nous fait descendre même au-dessous de certains animaux; car tous ceux qui vivent avec l'homme ont le goût de la propreté. Toute aberration a sa source dans notre nature, mais celle-ci est bien près de n'avoir rien d'humain[5].

Il y a là, aux yeux d'Épictète, un devoir d'autant plus impérieux que nous vivons en société. Si un homme, dit-il, croit devoir s'empester lui-même, qu'il s'en aille dans un désert, où il sera mieux à sa place, et se réserve la jouissance de sa malpropreté. Mais quand on demeure dans

---

[1] Épictète, Entretie II, XXIII, 31-35 et 26.
[2] Id., ibid., II, v, 1(25 ; cf. I, II, 37.
[3] Id., ibid., IV, III, -11 ; cf. III, x, 16.
[4] Id., ibid., IV, XI, 3.
[5] Id., ibid., IV, XI, 31-32 et 36.

une ville, de quel droit empester ses voisins[1]? Il faut retenir ce dernier motif. On voit par là que ce discours intéresse particulièrement ceux qui vivent dans le monde. Dans un certain nombre de prescriptions adressées aux débutants, nous avons cru plus haut pouvoir démêler une influence cynique : ici l'inspiration est différente. En arrêtant par des paroles sévères un jeune élégant qui se présentait à la porte de son école, Épictète était dans son rôle de philosophe cynique[2]; ici il abonde tellement dans le sens de la thèse opposée qu'il va jusqu'à dire qu'un soin excessif du corps est la marque d'une nature supérieure. L'homme trop soigneux de sa personne et de sa toilette offre du moins quelque prise par où on peut le ramener dans la vraie voie. Il a l'idée et le goût du beau : seulement il le cherche où il n'est pas. Il suffit de détourner ce goût dans une direction meilleure, et de lui faire voir que ce n'est pas son corps qui mérite d'être embelli. Aussi Épictète déclare-t-il préférer sans hésitation le jeune homme qui se présente à lui pour la première fois trop bien frisé que sale et mal peigné[3].

Ces déclarations, l'insistance avec laquelle il s'arrête sur des devoirs si simples s'expliquent par la nécessité de mettre ceux qui doivent se mêler au monde en garde contre certains excès dont ils voyaient des exemples autour d'eux. Il ne manquait certainement pas, de son temps comme du temps d'Horace ou de Lucien, de ces cyniques qui, par cabotinage ou pure aberration, prétendaient s'élever au-dessus de l'humanité vulgaire et manifester leur mépris pour la matière en s'abstenant des soins corporels les plus élémentaires : pour eux, la malpropreté était, non pas le commencement, mais la marque de la sagesse; la barbe inculte, la crasse et les haillons étaient l'uniforme du philosophe[4]. Aucun

[1] Épictète, *Entretiens*, IV, xi, 14-17.
[2] Cf. plus haut, ch. iii, p. 130.
[3] Épictète, *Entretiens*, IV, xi, 25-26 et 30.
[4] Voy., III, xxii, 80, une allusion très claire à la grossièreté des cyniques de l'époque : εἰς τοὺς νῦν ἀποβλέπομεν, τοὺς τραπεζᾶς πυλαωροὺς, οἳ οὐδὲν μιμοῦνται ἐκείνους ἢ εἴ τι ἄρα πόρδωνες γίνονται, ἄλλο δ'οὐδέν. Cf. Sénèque, *Ep.*, V, 1 et 4.

satirique n'a traité plus sévèrement qu'Épictète ces répugnants personnages, et ses raisons sont faciles à saisir. Qu'on se laissât entraîner à suivre leur exemple, ou qu'au contraire on s'en détournât avec répugnance, ces caricatures de Diogène le Cynique faisaient le plus grand tort à la philosophie : ces erreurs d'un petit nombre d'exaltés, dont l'austérité extérieure pouvait cacher des vices réels, jetaient, comme il arrive toujours, le discrédit sur la secte entière, que le monde confondait volontiers avec eux[1]. Sans être davantage philosophes, les sophistes, dont la seule ambition était de séduire leurs auditeurs par leurs arguments captieux ou leurs spécieux paradoxes, et de s'enrichir en leur débitant de belles phrases, faisaient moins de tort à la philosophie que n'en faisaient ces cyniques en dégoûtant dès le premier aspect ceux qui pouvaient être tentés de s'y adonner. « Voyez-vous cet aimable jeune homme, ce vieillard séduisant à qui un père amènera son fils à instruire et qu'on trouvera donnant ses leçons sur un tas de fumier[2] ! » Épictète, on l'a vu, ne dissimule pas les difficultés de la philosophie à ceux qui viennent chez lui[3] ; mais surtout il ne veut pas que ceux qui en sortent aillent la discréditer de telle façon, en prenant à rebours ou du moins en appliquant avec inintelligence et étroitesse d'esprit les préceptes qu'ils y ont appris. Comme Sénèque[4] et comme Montaigne (les deux stoïciens se rencontrent ici avec l'Épicurien), il veut qu'elle soit belle et avenante et n'ait rien d'un fantôme à dégoûter les gens. Et il prétend être en cela plus fidèle que les soi-disant cyniques aux vraies traditions de la secte : il veut que Socrate n'ait pas été séduisant seulement par son

---

[1] C'est précisément ce que leur reproche Dion Chrysostome, à propos de leur grossièreté, de leur paresse et de leur goinfrerie : « Ils font un mal immense ; car ils habituent tous ceux qui jugent légèrement à se moquer des philosophes. » (*Or.*, XXXII, p. 657 R.).

[2] Épictète, *Entretiens*, IV, xi, 35.

[3] Cf. plus haut, 2ᵉ partie, ch. 1ᵉʳ, p. 80 et suiv.

[4] Sénèque, *Ep.*, V, 2.

langage, mais encore par son aspect extérieur, et que Diogène lui-même ait exercé le même attrait sur la jeunesse[1]. Aussi ne soyons pas surpris qu'il ait donné ces dehors aimables à ce Cynique idéal dont il fait ailleurs le représentant de la philosophie. Zeus, en chargeant son prêtre de prêcher la sagesse au monde, l'a dispensé de certains devoirs imposés au commun des hommes, mais, loin de le dispenser de soigner son extérieur, il lui a imposé ce devoir plus rigoureusement qu'à aucun autre. Il faut, en effet, que sa bonne mine séduise les hommes et plaide pour sa doctrine autant que ses discours. S'il a un aspect chétif, pâle et malingre, son témoignage n'aura plus la même valeur. Il ne suffit pas qu'il montre aux profanes, en leur faisant voir son âme, qu'on peut très bien vivre en se passant de tout ce qu'ils admirent; il doit encore leur montrer par son corps que la vie simple qu'il mène ne nuit pas à la santé. Il ne faut pas qu'il fasse pitié, qu'il ait l'air d'un mendiant qui inspire de la répulsion et dont tout le monde se détourne; jusque dans sa négligence, il doit avoir quelque chose de séduisant[2]. Voilà ce que devient le cynisme d'Épictète quand il doit entrer en contact avec les autres hommes.

On voit par ce passage que le souci de la santé est aussi légitime que celui de la propreté. D'une manière générale, même sans être investi de la haute mission du Cynique, l'homme doit se préoccuper d'entretenir l'existence qu'il tient de la nature. Musonius reprochait à Thraséa de préférer la mort à l'exil sans raison suffisante. Pareillement, Épictète estime que l'homme n'a pas le droit de sacrifier sa vie sans un ordre formel de Dieu ni même de l'exposer sans motifs[3]. Aussi n'admettrait-il pas qu'on se laissât mourir de faim, non seulement par une bizarre aberration de la volonté, comme cet ami qu'il dut sermonner pour le faire

---

[1] Épictète, *Entretiens*, IV, XI, 21-22.
[2] Id., *ibid.*, III, XXII, 86-90.
[3] Id., *ibid.*, I, I, 26; I, XXIX, 29; I, IX, 16; II, V, 10.

revenir sur son absurde résolution[1], mais même par simple insouciance. Il ne faut pas se méprendre, on l'a vu[2], sur les passages où il raille ceux qui craignent de n'avoir pas de quoi vivre, eux et leurs familles, en disant qu'il vaut mieux mourir de faim que d'indigestion, que d'ailleurs les mendiants qui n'ont ni feu ni lieu vivent peut-être plus longtemps que les autres hommes[3]. Car il ajoute : « Du reste, quand on a des pieds et des mains, ne peut-on pas toujours faire un métier, être copiste, précepteur ou portier ? » Puis il cite l'exemple d'un stoïcien illustre, Cléanthe, qui était porteur d'eau tout en donnant des leçons de philosophie. « Un bon soldat, dit-il encore, un bon ouvrier, un bon cordonnier trouvent toujours à se faire employer, et l'honnête homme ne le pourrait pas! Dieu se désintéresserait-il à ce point de ses serviteurs, de ceux qui lui permettent de prouver que le sage, pendant sa vie ou après sa mort, n'a aucun mal à craindre[4]? » Le rapprochement, à plusieurs reprises, du sage et du manœuvre est significatif : le sage doit travailler pour gagner sa vie, et se préoccuper, d'ailleurs sans trouble et sans inquiétude, des moyens d'entretenir son existence[5]. Quand donc Épictète dit que Dieu n'abandonne jamais les siens, il le dit au sens où nous disons : « Aide-toi, le ciel t'aidera. »

Voilà pourquoi on ne doit pas dédaigner les biens de la terre, qui s'obtiennent, pour ainsi dire, par la collaboration de l'homme avec Dieu : l'homme doit, au contraire, remercier Dieu de lui avoir donné les fruits, le vin, l'huile et tout ce qui sert à la vie, comme de lui avoir donné les yeux pour voir et les oreilles pour entendre[6]. Il ira plus loin, il

---

[1] Épictète, *Entretiens*, II, xv.
[2] Cf. plus haut, p. 177.
[3] Cf. plus haut, ch. II, p. 102, et ch. III, p. 127.
[4] Épictète, *Entretiens*, III, xxvi, 7, 23 et 26-28.
[5] Cf. Musonius dans Stobée, *Flor.*, LVI,18 : τίς ὁ φιλοσόφῳ προσήκων πόρος ; *passim*.
[6] Épictète, *Entretiens*, II, xxiii, 2 et 5. Cf. les passages I, II, 37 ; III, x, 16 ; IV, III, 10-11, cités plus haut, p. 178, à propos de l'existence, qui

pourra même faire effort pour conserver ce qu'il a acquis
et défendre ses biens contre ceux qui voudraient l'en
dépouiller, à condition, bien entendu, que cet effort
n'exige pas le sacrifice d'un bien supérieur. S'il s'est laissé,
sans regret, voler la lampe qui brûlait devant ses dieux
pénates, c'est qu'elle était en fer, luxe inutile même pour
un objet destiné au culte. Mais rien ne l'empêchera de
défendre son champ, si on lui en conteste la propriété légitime[1]. Il ne refusera pas de voir le juge, de le solliciter,
de plaider devant lui et de faire valoir les arguments favorables à sa cause. Il ne dira pas, comme le Misanthrope :
« Qui je veux? La raison, mon bon droit, l'équité. » S'il
ne faut, à aucun prix, sacrifier sa dignité, il ne la croira
pas compromise par une démarche qui n'a rien d'humiliant.
La raison peut, dans certains cas, nous déterminer à nous
rendre à la citation du juge. Dès lors, il faut être conséquent avec soi-même et faire son possible pour le
persuader, à condition de ne pas compromettre les biens
réels, les seuls qui soient vraiment à nous en toute propriété.
Aussi serait-il absurde d'aller, par une inconséquence
bizarre, provoquer gratuitement ses juges, et, par une
ridicule parodie du procès de Socrate, perdre fatalement
son procès. C'est ce que fit un des amis d'Épictète, qui,
plaidant un jour à Rhodes pour un bout de terre, s'avisa,
après avoir démontré la justice de sa cause, de conclure
par cette péroraison tapageuse : « Cependant je ne vous
prierai pas, et je m'inquiète peu de la sentence que vous
allez porter : c'est vous qu'on juge, bien plutôt que moi. »
Quel besoin, ajoute-t-il fort sensément après avoir conté
cette anecdote, avait-il de gâter ainsi son affaire? Bornez-vous à ne pas prier ; mais n'ajoutez pas : « Je ne vous prie

---

s'appliquent également aux biens. V. également Cicéron, *De off.*, II, 86 :
« In his autem utilitatum praeceptis Antipater Tyrius, stoicus, qui Athenis
nuper est mortuus, duo praeterita censet esse a Panaetio, valetudinis curationem et pecuniae. » Cf. Sénèque, *De vita beata*, III, 3, et Zénon dans
Athénée, VI, p. 233 b.

[1] Épictète, *Entretiens*, I, XXVII, 16.

point », si vous n'avez quelque motif légitime pour provoquer les juges [1].

Ainsi, dans toute cette conduite vis-à-vis des objets indifférents, on ne saisit aucune singularité, aucune exagération, aucune tendance à l'ascétisme. Quoique assez durement élevés, des hommes formés d'après ces maximes ne se distingueront pas extérieurement de ceux au milieu desquels ils vivront. Il y avait, en effet, au fond de l'esprit d'Épictète, tout comme chez Musonius, une modération et un sens pratique qui, même quand il réglait la rude vie de l'école, ne disparaissaient pas entièrement. Nous l'avons vu blâmer tout exercice inutilement pénible [2], et, s'il vante, quelque part, le régime austère du Cynique, il ne manque pas de faire valoir, comme son maître, qu'il est profitable à la santé [3]. A plus forte raison, dans la vie proprement dite, évite-t-il de recommander les privations sévères et les souffrances qu'on s'impose de parti pris. De même que Musonius trouvait Thraséa absurde de préférer la mort à l'exil, s'il la choisissait comme moins douce, Épictète

---

[1] Épictète, *Entretiens*, II, II, 17-18.
[2] Cf. plus haut. ch. III, p. 146 et suiv.
[3] Cf. Épictète, *Entretiens*, III, XXII, 87-88, et Musonius dans Stobée, *Flor.*, XVII, 42 H. (I, p. 286, l. 30 et suiv. M.); XVIII, 37 H. (I, p. 299, l. 25 et suiv. M.); LVI, 18 (II, p. 348, l. 8 M.). Il est à remarquer que sur un point (περὶ ἀφροδισίων) Épictète est moins austère que Musonius (cf. Stobée, *Flor.*, VI, 23 H = 61 M., et Épictète, *M.*, XXXIII, 8). D'autre part, si Musonius paraît désapprouver l'usage de la viande (Stobée, *Flor.*, XVII, 42 H.), il ne faudrait pas en faire un pythagoricien, comme ce Sotion qui avait réussi à convertir le jeune Sénèque, au moins jusqu'au moment où son père crut devoir mettre le holà (Sénèque, *Ep.*, CVIII, 17-23). Nous ne croyons pas qu'il s'abstînt habituellement et par principe, comme on l'a dit, de la chair des animaux (R. Thamin, *ouvr. cité*, p. 135; c'est précisément à ce propos qu'il est appelé « le philosophe de toutes les rigidités et de tous les fanatismes ». En réalité, c'est une fois en particulier qu'il fut amené, à l'occasion, à faire l'éloge du régime qui a contribué à la célébrité de Pythagore. Le rédacteur fait même remarquer expressément, au début et à la fin (I, p. 285, l. 10, et p. 287, l. 26 M.), que l'entretien de ce jour-là tranchait nettement avec les nombreux entretiens où Musonius parlait de la nourriture. Il faut d'autant plus le remarquer que beaucoup de cyniques étaient pythagoriciens sur ce point (Diog. L., VI, 105 : ἔνιοι γοῦν καὶ βοτάναις καὶ παντάπασιν ὕδατι χρῶνται ψυχρῷ).

trouve absurde de chercher de soi-même des épreuves pénibles, pour avoir des occasions extraordinaire de pratiquer telle ou telle vertu[1]. Ceux qui font d'un régime exceptionnel de privations la règle habituelle de leur conduite sont présentés par lui comme des êtres à part, supérieurs à l'ensemble de l'humanité. « Souviens-toi que tu dois te comporter dans la vie comme à table. Un plat qui circule arrive en face de toi : tends la main et sers-toi avec modération... Conduis-toi ainsi à l'égard de la famille, du pouvoir, de la richesse, et tu mériteras un jour de t'asseoir à la table des dieux. Que si, toutes ces choses t'étant offertes, tu les refuses et les dédaignes, alors ce n'est plus seulement au banquet des dieux, mais à leur puissance que tu auras part. C'est par là que Diogène, Héraclite et leurs pareils ont mérité d'être appelés des hommes divins[2]. »

Ce bon sens, cet esprit de mesure qui condamne les excès de l'ascétisme, c'est-à-dire l'indépendance mal comprise à l'égard du corps et des choses, prévient, du même coup, un excès non moins fâcheux de la doctrine, l'indépendance farouche à l'égard des autres hommes. Le passage du *Manuel* qui vient d'être cité, et où il est question de la famille et du pouvoir à côté de la richesse, le donne suffisamment à entendre, et nous avions vu, un peu plus haut, que, jusque dans les soins à donner à sa personne, l'homme doit tenir quelque compte de ceux au milieu desquels il vit. Comme il est naturellement uni à un corps, il est aussi uni à des groupes d'hommes : s'il ne doit pas négliger celui-là sous prétexte d'indépendance, il

---

[1] Épictète, *Entretiens*, I, 1, 27 ; I, vi, 35. Sénèque dit *(Ep.*, V, 4) avec un égal bon sens et une égale modération : « Hoc contra naturam est torquere corpus suum » ; mais, quand on voit plus loin la célèbre antithèse : « Magnus ille est qui fictilibus sic utitur quemadmodum argento ; nec ille minor est qui sic argento utitur quemadmodum fictilibus », on ne peut s'empêcher de penser qu'il était directement intéressé à la question. Cf. *De vita beata*, XXI.

[2] Épictète, *M.*, XV.

n'a pas davantage à négliger ceux-ci, avec qui la nature l'a mis en contact, tant qu'un devoir impérieux ne lui commande pas de s'en séparer. L'homme véritablement indépendant n'est pas celui qui fuit le monde ou subit à contre-cœur la nécessité d'y vivre, d'autant moins raisonnablement que la société des hommes est un spectacle qui réjouit la vue et dont il y a un profit moral à tirer[1].

Le cercle le plus étroit qui entoure l'homme dans le monde est celui de la famille. On doit s'attendre à voir Épictète reconnaître qu'il est conforme à la nature d'avoir une famille et d'y être attaché. On aurait le droit d'être surpris, si on n'était averti, en le voyant traiter quelque part ce sentiment comme une faiblesse et vanter ceux qui courent le monde sans prendre racine nulle part et sans rien laisser de leurs cœurs après eux[2]. Il va même plus loin : il propose pour modèle, non pas Ulysse, — car Ulysse regrettait Pénélope, — mais Héraklès, qui prenait femme un peu partout, suivant les hasards de l'occasion, et fondait un peu partout des familles qu'il abandonnait d'un cœur léger. Et il trouve des raisons assez spécieuses pour justifier la conduite de cet étrange père de famille. Héraklès n'avait pas les scrupules du vulgaire, qui craindrait de laisser des orphelins ; il avait entendu dire que Zeus est le père de tous les hommes, et il prenait le mot à la lettre, ce qui lui permettait de se décharger sur lui du soin d'élever ses enfants, et de vivre heureux partout[3]. Certes, si Épictète donnait là le fond de sa pensée, elle ne serait guère conforme à l'enseignement de son maître Musonius, qui fait l'éloge des familles nombreuses et dit qu'il n'est pas de spectacle au monde comparable à celui d'un père ou d'une mère entourés de leurs enfants[4]. Mais Hé-

[1] Épictète, *Entretiens*, IV, iv, 37-38, 27 et 7.
[2] Id., *ibid.*, III, xxiv, 11 ; cf. II, xvi, 44.
[3] Id., *ibid.*, III, xxiv, 13-19.
[4] Stobée, *Flor.*, LXXV, 15.

raklès est le patron des cyniques, et l'enseignement cynique est réservé pour l'intérieur de l'école. Cet éloge du demi-dieu, célèbre par ses travaux et par ses aventures variées, est destiné à réconforter un jeune débutant, désolé d'avoir quitté sa famille. Épictète, fidèle à sa méthode, combat un excès par l'excès contraire, et s'en va chercher dans la mythologie, pour le lui opposer, un personnage d'exception, un héros symbolique élevé au-dessus de l'humanité moyenne. Il n'a pas à craindre que ce jeune homme trop sensible soit tenté d'imiter la superbe insouciance d'Héraklès, excusée d'ailleurs par la mission de grand justicier qu'il a reçue de Zeus. Si Héraklès a trop de familles, ce qui revient à n'en avoir aucune, le Cynique idéal, qui n'a ni femme ni enfants, parce qu'il a le monde entier pour famille, est à peu près dans le même cas [1]. Or c'est un personnage de même nature, également exceptionnel. Ici encore, si Épictète le proposait à tous comme modèle à imiter [2], il serait en absolue contradiction avec son maître, qui démontre précisément que le mariage ne saurait être un empêchement pour le philosophe et fait un magnifique éloge de l'association conjugale [3]. Rien de plus modéré, de moins utopique que les idées de Musonius sur la famille, sur l'éducation des femmes et des enfants. S'il estime que le philosophe peut être marié, il estime aussi que les femmes peuvent et doivent faire de la philosophie : or la philosophie telle qu'il la conçoit ici n'est autre chose que la pratique des quatre vertus cardinales dans leur application à la condition d'une maîtresse de maison, d'une épouse et d'une mère de famille, et il ne craint pas qu'une telle philosophie produise des femmes savantes, occupées à faire

---

[1] Épictète, *Entretiens*, III, xxii, 67 et suiv., 81.

[2] En réalité, il s'agit de détourner un jeune homme de suivre cet exemple.

[3] Stobée, *Flor.*, LXVII, 20 ; LXIX, 23; LXX, 14. Nous savons, de plus, que Démonax n'aurait pas pu lui faire la plaisanterie qu'il fit un jour à Épictète (cf. plus haut, 1re partie, ch. 1er, p. 12); car il avait une fille, qu'il maria à un de ses élèves, le philosophe Artémidore (Pline le Jeune, *Ep.*, III, 11).

des discours et à négliger leur ménage : car loin d'encourager de tels défauts, elle les combattrait plutôt chez celles qui y seraient portées[1]. En réalité, les idées d'Épictète sont bien en harmonie avec celles-ci : en dehors des deux exceptions signalées plus haut, Épictète, lui aussi, conçoit l'homme, le philosophe aussi bien qu'un autre, comme naturellement entouré d'une famille, et cite, à cette occasion, l'exemple de Socrate plus souvent que celui de Diogène[2]. Aussi est-il assez injuste de dire, à propos d'Épictète, que « les stoïciens n'ont peut-être jamais su tout ce qu'il y a parfois de grandeur à se faire petit[3]. » Il faut pour cela le juger uniquement d'après le passage du chap. III, xxii où, pour des raisons particulières, il est amené à transformer en caricature le tableau du philosophe en famille[4]. Mais on ne doit pas manquer de mettre en regard de ce passage celui où Épictète prend Épicure à partie, pour avoir conseillé au sage de ne pas élever ses enfants et s'être mis par là en contradiction, non seulement avec lui-même, mais avec les instincts les plus primitifs de la nature humaine[5]. On ne doit pas oublier non plus celui où il dit qu'il ne faut pas troubler, par une morale intempestive, la joie des écoliers en vacances[6], ni

---

[1] Stobée, *Ecl.*, II, xxxi, 126 W. (*Flor.*, IV, p. 220 et suiv. M.). Cf. plus haut, ch. iv, p. 164.

[2] Épictète, *Entretiens*, III, xxiv, 60; IV, 1, 159. Dans ce dernier passage, il oppose précisément Socrate à Diogène et remarque expressément que le mariage ne l'a pas empêché de faire de la philosophie. Même opposition sur ce point entre Diogène et Cratès (III, xxii, 76). Or le chapitre de Musonius cité plus haut : *Le mariage empêche-t-il de faire de la philosophie ?* commence par l'exemple de Socrate et de Cratès. R. Hirzel, *Der Dialog*, II, p. 246, n. 1 fin, établit, sur cette question, entre le maître et l'élève une opposition qui ne nous paraît nullement justifiée. — Dans ce même chapitre, Musonius considère le mariage comme un devoir social : cf. les idées d'Épictète sur ce point (III, vii, 19; II, xxiii, 38; II, iv, 2-3; II, x, 18).

[3] R. Thamin, *ouvr. cité*, p. 154.

[4] Épictète, *Entretiens*, III, xxii, 70-72 et 74.

[5] Id., *ibid.*, I, xxiii, 3 et surtout 9-10.: ἄγε, τίς δέ σοι πείθεται ἰδὼν παιδίον αὑτοῦ κλαῖον ἐπὶ τὴν γῆν πεπτωκός; V. encore *ibid.*, III, vii, 4 et I, xi, 3. Cf. Musonius dans Stobée, *Flor.*, LXXV, 15 et LXXXIV, 21.

[6] Id., *ibid.*, I, xxix, 31; cf. plus loin, p. 194.

surtout celui-ci : « Quand on voit de petits enfants vifs et aimables, on ne demande qu'à les amuser, à se traîner à terre et à bégayer avec eux[1]. »

S'il ne va pas jusqu'à faire, comme Musonius, un éloge presque lyrique des affections de cet ordre, et si, à première vue, il paraît plutôt sévère à leur égard et préoccupé surtout de les réprimer, c'est précisément parce qu'il veut les rendre tout à fait conformes à la nature, alors que, pour les profanes qui n'ont pas passé par l'école, elles sont trop souvent des occasions de chagrins ou de faiblesses. L'exemple d'Héraklès, cité plus haut, était destiné à démontrer au novice qu'il faut aimer les siens d'une façon virile. La nature, qui veut que les hommes soient heureux, veut qu'ils vivent tantôt réunis et tantôt séparés. Il faut donc qu'ils soient heureux les uns par les autres, quand ils sont ensemble, mais qu'ils se quittent sans tristesse[2] : c'est ce que ne font pas la plupart des hommes, qui, par des affections déraisonnables, multiplient comme à plaisir les causes d'affliction : à l'un c'est sa mère, à l'autre son enfant, à l'autre ses frères qui servent de prétextes. Leur erreur est de s'attacher à eux comme à des biens réels et durables : de là leur abattement lorsque vient le moment de la séparation. Que sera-ce, quand il s'agira de se séparer pour toujours[3]? Il faut donc être indépendant de ceux qu'on aime, pour être prêt à les quitter au jour voulu. Mais Épictète ne demande pas une rupture brutale et violente de toutes les affections. Il suffit de se dire qu'on aime un objet fragile, mais il n'est pas question de renoncer à l'aimer ou de le briser soi-même. On peut embrasser son enfant ou son frère; seulement il est prudent de ne pas s'abandonner complètement à son impression, mais de la ramener en arrière, si elle veut aller trop loin, comme fait celui qui se tient derrière le triomphateur, chargé de lui rappeler qu'il est homme[4]. On peut trouver du charme aux affections

---

[1] Épictète, *Entretiens*, II, xxiv, 18.
[2] Id., *ibid.*, III, xxiv, 2, 11 (cf. III, xiii, 5) et 63.
[3] Id., *ibid.*, III, xxiv, 62, 82-83, 77.
[4] Id., *ibid.*, III, xxiv, 84-87; *M.*, III.

de famille, comme le matelot, descendu à terre, trouve plaisir à ramasser quelque plante ou quelque coquillage ; mais c'est à condition d'être prêt à tout quitter sans regret au premier signal, comme le matelot regagne son navire au premier appel du capitaine, sans même retourner la tête en arrière[1].

Non seulement ces affections, qu'on serait tenté de trouver trop raisonnables, sont seules capables d'assurer le bonheur en toute circonstance, en assurant l'indépendance ; mais il n'est pas d'autre façon d'aimer véritablement. Celui-là seul sait aimer les siens qui, en les aimant, ne perd jamais de vue la raison : car l'amour des enfants et la raison étant également conformes à la nature, l'un ne saurait être où l'autre n'est pas[2]. Aussi ceux qui aiment déraisonnablement se comportent souvent comme s'ils n'aimaient pas. C'est ce qu'Épictète démontre à un père de famille, qui, voyant sa fille dangereusement malade, n'avait pas eu la force de rester auprès d'elle, mais s'était éloigné jusqu'à ce qu'il la sût rétablie ; et il lui fait avouer que c'est par ses ennemis qu'on voudrait être aimé ainsi[3]. Nous avons vu qu'il applique lui-même ces principes, quand il s'agit de se séparer de ceux auxquels il est attaché, et qu'il a conscience de les aimer de la bonne manière[4].

Outre les affections de famille, les mêmes principes garantissent l'amitié véritable, bien loin de l'affaiblir ou de la rendre inutile. Sans doute, Épictète raille impitoyablement la douleur d'Achille pleurant la mort de Patrocle ;

---

[1] Épictète, *M.*, VII. Le rapprochement des fragments 5 et 8 (Ῥούφου ἐκ τῶν Ἐπικτήτου περὶ φιλίας) paraît bien prouver que le chapitre où Épictète citait Musonius avait le même sujet que le chapl. III, xxiv (cf. 1re partie, ch. ii, p. 49, n. 3), et qu'en traitant ainsi les affections de famille, Épictète s'inspirait directement de l'enseignement de son maître.

[2] Épictète, *Entretiens*, I, xi, 17-18.

[3] Id., *ibid.*, I, xi, 4 et 26.

[4] Id., *ibid.*, II, xvii, 37-38 ; III, xiii, 10. Cf. plus haut, 2e partie, ch. ii, p. 103 et suiv.

mais ce qu'il lui reproche, c'est de se laisser abattre par ce malheur, qu'il n'a pas su prévoir comme possible et qu'il a causé par sa faute, c'est aussi de n'avoir cherché dans l'amitié que son intérêt personnel, ou, plus exactement, des satisfactions assez matérielles et assez vulgaires[1]. Mais ailleurs il déclare hautement que cet univers est peuplé d'amis, qui sont les dieux, ensuite les hommes, que la nature a faits les uns pour les autres[2]. Ici encore le Cynique est une exception isolée. Outre que, seul de son espèce, il ne peut rencontrer personne qui lui ressemble, il ne peut être lié par aucune obligation particulière, sans compromettre ses hautes fonctions de représentant de Dieu dans le monde entier : aussi bien est-il l'ami de toute l'humanité[3]. Mais les autres hommes, qui ne sont pas investis d'un semblable apostolat, pourront, en appliquant les principes d'Épictète, concilier avec leur indépendance les amitiés particulières et tout ce qu'elles entraînent. Le paradoxe stoïcien « qu'il n'y a que le sage qui soit vraiment ami[4] » n'a dans sa bouche aucune allure paradoxale. Tout en aimant leurs amis, comme leur famille, avec détachement, toujours prêts à se séparer d'eux, s'il le faut, sans trouble et sans faiblesse, ils sauront se dévouer pour eux, ne ménager ni démarches ni services, sans jamais leur sacrifier rien d'essentiel, c'est-à-dire leur dignité et leur honnêteté[5]. Le vulgaire pourra trouver ces réserves égoïstes et estimera peut-être que Théophraste et Cicéron résolvaient ce cas de conscience avec une largeur d'esprit plus généreuse[6]; mais qu'importe, si elles sont conformes à l'intérêt bien entendu des amis eux-mêmes, si elles sont, par suite, les conditions de la véritable amitié? Car on a le droit de leur dire : « Si vous voulez que je perde de vrais

---

[1] Épictète, *Entretiens*, IV, x, 31-34 ; cf. I, xxviii, 23-24.
[2] Id., *ibid.*, III, xxiv, 11.
[3] Id., *ibid.*, III, xxii, 62-66 et 69 ; III, xxiv, 64-66.
[4] Id., *ibid.*, II, xxii, 3. Cf. Sénèque, *Ep.*, LXXXI, 10.
[5] Id., *ibid.*, III, xxiv, 58-61 et 44-49 ; II, vii, 3 ; *M.*, XXXII, 3.
[6] Aulu-Gelle, *N. A.*, I, iii, 21 et suiv. ; Cicéron, *Laelius*, 61.

biens pour vous en acquérir de faux, voyez comme vous êtes peu équitables et peu raisonnables. Que préférez-vous, de l'argent ou un ami fidèle et honnête? Il n'est pas plus utile à mes amis qu'à moi que l'ami honnête périsse en moi[1]. » Ajoutons qu'une telle amitié, en même temps qu'elle est toujours digne, est à l'abri de ces ruptures par lesquelles périssent si souvent les amitiés vulgaires. Rien ne résiste à l'intérêt : celui qui met son bien dans les choses extérieures sacrifie sans hésiter les plus vieilles affections, si son ami est pour lui un obstacle[2]; mais celui qui croit que son intérêt est de rester honnête, patient et bienfaisant, quelle raison aurait-il jamais de haïr son ami? Ne cherchons donc pas, comme le vulgaire, si deux hommes ont eu les mêmes parents ou ont été élevés ensemble, mais uniquement où ils placent leur bien. Si on nous dit qu'ils le placent en eux-mêmes, nous en savons assez pour affirmer hardiment qu'ils sont amis, comme pour affirmer qu'ils sont honnêtes et justes[3]. Leur amitié est entretenue par une confiance absolue; car ces amis-là peuvent se livrer mutuellement leurs secrets avec une entière sécurité. On ne peut compter sur un homme qui veut à tout prix devenir riche ou réussir à la cour, dût-il, pour y arriver, égorger ses enfants, comme Médée; mais montrez-moi que vous êtes honnête, sûr et inébranlable, et vous verrez que, sans attendre vos secrets, je viendrai moi-même vous confier les miens[4].

Si l'attitude de l'homme formé par Épictète est plus discrète à l'égard des profanes qui ne lui ressemblent pas, elle n'aura pourtant rien de déplaisant. Il ne sera tenté ni de les mépriser ni de vouloir les instruire à toute force : entre les deux excès il y a place pour une condescendance pleine de tact. D'abord il n'essaiera pas, à tout propos, de

---

[1] Épictète, *Entretiens*, III, XXIV, 49-50 ; cf. *M.*, XXIV, 2-3.
[2] Id., *ibid.*, II, XXII, 15-19 et 32-34 ; cf. IV, v, 29-32.
[3] Id., *ibid.*, II, XXII, 20, 26 et 29.
[4] Id., *ibid.*, IV, XIII, 13-16.

convertir les gens les moins préparés à recevoir ses leçons, en leur criant sur les toits qu'ils font fausse route et que lui seul connaît le bon chemin[1]. Cette mission d'apôtre, qui exige, on l'a vu, des qualités toutes particulières, extrêmement rares, souvent refusées aux plus honnêtes, est réservée à un petit nombre de privilégiés[2]. Du reste, ces prédications ne réussissent pas auprès de tout le monde, ni dans tous les endroits, ni à toutes les époques, et Épictète, on l'a vu aussi, en sait quelque chose[3]. Mais l'honnête homme n'ira pas non plus, d'une allure dédaigneuse et arrogante, s'enfermer dans ses principes et choquer les gens en leur montrant qu'il ne pense pas et n'agit pas comme eux[4]. Il saura, sans rien sacrifier de ces principes, éviter de heurter de front ceux au milieu desquels il vit et d'accuser trop brutalement la différence qui le sépare d'eux : il s'ingéniera, au contraire, à la dissimuler. Ne pouvant les élever à son niveau, il ne dédaignera pas de s'abaisser au leur. S'il est, comme dit Horace, des limites qu'on ne peut dépasser sans manquer au devoir[5], il est aussi des ménagements qu'on peut se permettre à l'égard du prochain[6]. Quand on voit un homme pleurer la mort de son fils ou la perte de sa fortune, ce n'est pas le moment de lui dire que ces choses-là sont sans importance : parce qu'on ne prend pas soi-même les mots au sérieux, est-ce une raison pour lui dire qu'ils sont vides de sens? Loin de lui interdire de s'affliger, il faut avoir des égards pour sa douleur, il ne faut même pas craindre de pleurer avec lui, pourvu qu'on ne croie pas qu'il y a là un malheur véritable : les gémissements peuvent être dans la bouche, à condition de ne pas venir du for

---

[1] Épictète, *Entretiens*, IV, VIII, 30-32.
[2] Id., *ibid.*, III, XXI, 17-20.
[3] Id., *ibid.*, II, XII, 17 et 24-25.
[4] Id., *ibid.*, III, XIV, 4-7 ; *M.*, XLVII et XXXIII, 8.
[5] Horace, *Sat.*, I, I, 106.
[6] Épictète, *Entretiens*, IV, XII, 17 fin.

intérieur[1]. Rien n'empêche donc un fils d'essayer de consoler sa mère, affligée de ne plus le voir, quoique ce chagrin soit en dehors de lui et soit déraisonnable[2]. De même, il faut, à l'occasion, se laisser prendre en pitié par autrui, même sans motif légitime. On n'est en droit de nous plaindre que pour nos fautes : laissons pourtant les gens nous plaindre de n'être pas riches ou de n'être pas dans les honneurs, d'être malades ou d'avoir perdu nos enfants, et pour cent autres causes pareilles, et n'apprenons pas à tout l'univers que nous ne nous inquiétons que d'avoir des opinions justes[3]. Sera-ce par pur dédain de l'opinion d'autrui, comme certains passages pourraient le faire croire[4] ? En réalité, cette attitude sera dictée par un sentiment plus délicat : il y entrera quelque chose de cette indulgence qu'on a pour les enfants, dont on se ferait scrupule de détruire brutalement les illusions. « Quand les enfants viennent nous dire en battant des mains : « Quelle chance ! c'est aujourd'hui les Saturnales », leur disons-nous que ce n'est pas là un bonheur ? Non, nous battons des mains avec eux[5]. » Socrate était touché des excellentes intentions de ceux qui le plaignaient à tort, et, s'il faisait honte à ses disciples de leur propre faiblesse, quand ils pleuraient en le voyant prendre le poison, il leur faisait admirer le bon cœur du gardien, qui n'avait pas les mêmes raisons qu'eux pour être fort[6]. A son exemple, l'honnête homme d'Épictète trouvera des excuses aux erreurs d'autrui ; il dira : « Cet homme me

---

[1] Épictète, *M.*, XVI. Avec cette restriction, Épictète admet même qu'on gémisse sur ses propres souffrances (I, XVIII, 19 ; cf. Aulu-Gelle, *N. A.*, XIX, 1). Cf. Sénèque, *De clem.*, II, VI, 1 : « Succurret (sapiens) alienis lacrimis, non accedet.... Donabit lacrimis maternis filium.... ; sed faciet ista tranquilla mente, vultu suo. »

[2] Épictète, *Entretiens*, III, XXIV, 22-23 ; cf. II, XVI, 40. La comparaison des deux passages est intéressante : l'un accuse nettement l'intention de corriger ce que l'autre a de trop dur.

[3] Id., *ibid.*, IV, VI, 2-3 et 23 ; cf. I, XXV, 13.

[4] Id., *ibid.*, IV, VI, 22 ; I, XXIX, 30.

[5] Id., *ibid.*, I, XXIX, 31.

[6] Id., *ibid.*, I, XXIX, 65.

conseille ce qu'il regarde personnellement comme un bien, je le laisse faire. » Il sera indulgent, doux et bienveillant avec ceux qui ne lui ressemblent pas, pensant que ce sont des ignorants, qui se trompent sur les questions les plus importantes. Il ne sera sévère avec personne, parce qu'il aura constamment à l'esprit le mot de Platon : « C'est toujours malgré elle qu'une âme est privée de la vérité[1] ». Ainsi, bien qu'un stoïcisme rigoureux dédaigne tout ce qui n'est pas le bien moral et défende à l'homme de laisser porter la moindre atteinte à son indépendance, les disciples formés par Épictète ne pourront alléguer les devoirs imposés par une telle doctrine pour s'affranchir des mille petites obligations qu'entraîne, dans la vie privée, la société ou le simple voisinage des autres hommes.

Seront-ils du moins dispensés de s'engager dans les liens, autrement lourds, de la vie publique? Cette vie-là n'est-elle pas, non seulement pleine de dangers pour le philosophe, mais en contradiction avec la philosophie même? Soit qu'on commande, soit qu'on obéisse, il ne paraît guère possible de le faire sans renier ses principes. On est sous la dépendance d'un maître qu'on méprise, investi par lui d'un droit qui est, par suite, de nulle valeur. Et de quel droit? Du droit de commander à des êtres raisonnables par la force et les menaces ; car pour les diriger au moyen de la persuasion, il n'est pas besoin de l'investiture impériale[2]. Le pouvoir, tel que le monde l'entend et le respecte, c'est-à-dire le redoute, est imaginaire, n'ayant pour fondement que la faiblesse des hommes, soit qu'ils aient besoin ou qu'ils aient peur de celui dont ils dépendent[3]. Il permet, il est vrai, de s'enrichir à leurs dépens, ce qui est quelque chose pour ceux qui y tiennent; quant aux honneurs auxquels il donne droit, couronne d'or, places réservées au théâtre, suite nombreuse, le

---

[1] Épictète, *Entretiens*, II, xxii, 36.
[2] Id., *ibid.*, III, vii, 30-37.
[3] Id., *ibid.*, I, xix, 5-8 ; cf. IV, vii, 1-19.

premier venu peut, s'il en a envie, s'offrir tout cela[1]. Et dans ces hautes fonctions, à quelles pauvretés, à quels misérables intérêts n'est-on pas obligé de consacrer ses journées, alors qu'une seule chose est importante[2] ! Sans parler des persécutions dont la philosophie est souvent l'objet de la part du pouvoir central, n'y a-t-il pas là de quoi éloigner tout homme sérieux, et l'abstention ne s'impose-t-elle pas ? Telle est la conclusion qui paraît se dégager des réflexions d'Épictète sur la politique. Son Cynique, en tout cas, plane bien haut au-dessus de ces mesquineries : il ne s'abaisse pas à discourir devant les Athéniens d'impôts et de revenus, de paix et de guerre, mais il préfère parler aux hommes en général de bonheur et de malheur[3].

Telle n'est pourtant pas l'opinion personnelle d'Épictète. C'est plutôt Sénèque, on l'a vu[4], qui pensait ainsi, ou du moins qui fut amené à penser ainsi sur la fin de sa vie. Les événements auxquels il fut mêlé, en même temps que l'âge et la condition de ses correspondants, expliquent assez l'insistance avec laquelle il leur recommande de fuir le monde, c'est-à-dire, avant tout, les affaires ; et d'ailleurs, sous l'influence du régime, l'idée de l'abstention politique, autrefois si rare[5], était de plus en plus à la mode. Épictète ne paraît pas avoir subi cette influence : il est demeuré plus fidèle à la tradition du passé, et, en particulier, de la doctrine stoïcienne, en faisant, dans l'homme, une grande place au citoyen[6]. Les expressions un peu vives qu'il emploie en parlant du pouvoir, des charges et des honneurs ne correspondent pas à son ton habituel : un peu de paradoxe

---

[1] Épictète, *Entretiens*, III, ix, 15 ; III, vii, 16 ; I, xix, 29 ; I, xxiv, 10 ; I, xxv, 26-27.

[2] Id., *ibid.*, I, x, 9-10.

[3] Id., *ibid.*, III, xxii, 83-86.

[4] Cf. plus haut, p. 172.

[5] D'après un vieil adage stoïcien, le sage n'est jamais homme privé : « nunquam privatum esse sapientem. » Cicéron, *Tusc.*, IV, 51.

[6] Épictète, *Entretiens*, II, xiv, 8 ; II, xxiii, 38 ; cf. Diog. Laërce, VII, 121.

est de mise dans l'école quand il s'agit de mettre les jeunes gens en garde contre l'ambition. Quant à la conduite du Cynique, elle s'explique, sur ce point comme sur les autres, par la mission tout à fait exceptionnelle qu'il a reçue d'en haut. Épictète relève lui-même expressément ce caractère spécial, ce cas unique d'un homme dégagé de tout lien social, d'un homme qui, seul au monde, a pour patrie toute la terre, et non pas tel pays particulier [1]. Socrate, au contraire, qu'il cite si souvent comme modèle antique, et son propre maître Musonius, dont il subit directement l'influence, avaient été, dans des circonstances mémorables, mêlés aux affaires de leur pays. Lui-même était en relations personnelles avec des fonctionnaires impériaux ou des magistrats locaux, à qui il se contentait de donner d'utiles conseils pour l'accomplissement de leurs charges. Bon nombre de ses disciples étaient destinés à l'exercice des fonctions publiques, et, loin de les en détourner, il allait jusqu'à gourmander les esprits timorés qui craignaient de s'engager dans cette voie. Nous connaissons déjà les principes sur lesquels il se fondait pour le faire [2]. On n'a pas le droit de fuir le genre de vie auquel on est appelé naturellement, et une chose indifférente ne doit pas plus inspirer la répugnance que la convoitise. Que l'absence d'ambition tienne au désir de voyager, d'étudier ou simplement de ne rien faire, ou à la crainte du bruit et de la fatigue, elle se ramène toujours au désir ou à la crainte d'un objet extérieur [3]. Ceux qui voudraient demeurer encore dans l'école par amour de l'étude ne sont donc pas plus raisonnables que ceux qui, impatients d'agir, rongent leur frein et se lamentent d'être attelés à leurs livres : si les uns ont soif, parce qu'ils ont la fièvre, les autres ont peur de l'eau, parce qu'ils sont enragés ; leur

---

[1] Épictète, *Entretiens*, IV, 1, 159 ; III, xxiv, 66.
[2] Rappelons que dans le passage du *Manuel*, XV, cité plus haut, p. 185, les places, ἀρχαί, sont mentionnées entre la famille et la richesse.
[3] Épictète, *Entretiens*, IV, iv, 1 et 23.

cas n'est pas meilleur[1]. Les uns n'aiment pas le vinaigre, parce qu'il est acide, les autres n'aiment pas le miel, pour un autre motif : nous n'avons pas à préférer la tranquillité au tumulte, mais à prendre de bonne grâce ce qu'on nous offre[2].

Aussi, quand Épictète veut faire honte de sa faiblesse au disciple qui regrette Athènes et sa famille, il lui reproche particulièrement de vouloir se dérober aux fonctions publiques auxquelles il est appelé. « Tu es, dit-il, placé à un poste en vue, tu es sénateur. Ne sais-tu pas qu'un tel homme doit être rarement chez lui, être presque toujours absent pour commander ou pour obéir, pour exercer une magistrature, diriger une expédition ou rendre la justice[3] ? » Et il le compare à un mauvais soldat ou à un mauvais matelot qui refuserait le service, ou, ce qui est plus grave encore dans sa bouche, à un Épicurien. Car celui qui se dérobe aux fonctions publiques, en alléguant l'absence d'ambition, ne cherche, en réalité, qu'à éviter les ennuis et à ne faire que ce qui lui plaît[4]. Ainsi le stoïcien et l'Épicurien s'opposent nettement sur ce point : le stoïcien sera citoyen et, au besoin, homme d'État ; l'Épicurien ne sera ni l'un ni l'autre[5].

---

[1] Épictète, *Entretiens*, IV, IV, 2 et 20.
[2] Id., *ibid.*, IV, IV, 25. Cf. II, XVI, 42 : ἄρχειν με θέλεις, ἰδιωτεύειν, μένειν, φεύγειν, πένεσθαι, πλουτεῖν.....; cf. également III, XXIV, 99 ; M., XVII.
[3] Id., *ibid.*, III, XXIV, 36.
[4] Id., *ibid.*, III, XXIV, 31-35 et 38-42 ; cf. IV, IV, 19.
[5] Id., *ibid.*, III, VII, 19 ; cf. I, XXIII, 6. Ce contraste se retrouve dans Horace, qui, sans nommer les stoïciens, les caractérise par leur activité politique, en opposition avec l'indifférence des Épicuriens ou des Cyrénaïques :

> Nunc agilis fio et mersor civilibus undis,
> virtutis verae custos rigidusque satelles ;
> nunc in Aristippi furtim praecepta relabor.
> Horace, *Ep.*, I, I, 16.

De même, dans ses deux traités : *Si « Cache ta vie » est une maxime bien judicieuse*, et *Si le vieillard doit prendre part aux affaires*, Plutarque prend à partie les Épicuriens plutôt que les stoïciens.

Comment le stoïcien se comportera-t-il dans la vie publique ? Décidé d'avance à ne laisser porter aucune atteinte à sa dignité et à son honnêteté, il ne se tiendra à l'écart et ne se renfermera en lui-même que le jour où il lui faudra choisir entre sa conscience et de faux biens. Mais, d'ici là, il va se mêler sans scrupules aux puissants du jour, et, devant eux, devant l'empereur lui-même, il aura autant de souplesse que les courtisans, avec plus d'aisance et plus d'assurance : car il ne craint rien de ce qu'un maître peut lui faire et ne désire rien de ce qu'il peut lui donner. Il se présente à la porte de l'empereur : si on le renvoie, il ne fait aucune bassesse pour essayer de forcer l'entrée ; s'il est reçu et accueilli avec bienveillance, il ne s'en réjouit pas et ne va pas raconter à tout le monde comment il a été traité[1]. Il obéit, tant qu'on ne lui commande pas de mauvaise action : c'est un jeu auquel il prend part comme les autres ; il s'y prête sans y attacher plus d'importance qu'à un jeu ordinaire[2]. Quand on distribue de l'argent ou des places, prétures, commandements, consulats, il s'imagine qu'on jette des raisins secs et des figues à des enfants. Pendant que les autres se précipitent, se bousculent, se font repousser et frapper, baisent les mains de ceux qui détiennent les faveurs, fussent-ils de simples esclaves, il garde son sang-froid. S'il ne peut mettre la main sur aucun de ces objets, il ne s'en affecte pas ; si une figue arrive dans sa robe, il la prend et la mange. Mais, s'il faut se baisser, faire tomber quelqu'un ou se faire renverser par lui, il ne s'en soucie pas, trouvant qu'une figue ne vaut pas une bassesse[3]. Aussi n'est-il pas jaloux de ceux qui, pensant différemment, ont réussi, convaincu, à part lui, que son lot est le meilleur[4]. Ce n'est pas seulement les échecs, mais les disgrâces les plus re-

---

[1] Épictète, *Entretiens*, IV, VII, 19-20 et 28 ; cf. II, VI, 6-9.
[2] Id., *ibid.*, IV, VII, 30 et 19.
[3] Id., *ibid.*, IV, VII, 22-25.
[4] Id., *ibid.*, IV, VII, 21 ; III, XXIV, 117-118 ; *M.*, XXV.

doutées du vulgaire qu'il accepte avec sérénité. Si on le conduit en prison, il s'y installe sans protester ; si on lui dit d'en sortir, il ne s'obstine pas à y rester sans motif, prêt, d'ailleurs, à y rentrer dès qu'on aura encore besoin de lui [1]. Comme un bon acteur sûr de lui-même, il accepte tous les rôles qu'on lui fait jouer. Si on lui dit : « Accepte ce gouvernement », il l'accepte et fait voir comment se comporte dans cette place un homme qui a étudié la science de la sagesse. Si on lui dit : « Dépose le laticlave, prends des haillons, et fais-toi voir dans ce nouveau personnage », qu'importe ? ne peut-il pas toujours y montrer son talent [2] ?

Ce portrait de l'honnête homme, qui sait rester honnête sous tous les régimes, sans se croire obligé ni à une abstention farouche ni à une opposition tapageuse, ne rappelle guère l'attitude de ces indiscrets dont parle Tacite dans la vie de son beau-père, « qui, sans aucun profit pour le pays, se sont illustrés par leurs protestations bruyantes et par une mort théâtrale [3] ». Épictète, naturellement ennemi de tous les excès, ne pouvait guère manquer de mettre ses élèves en garde contre celui-là. Il devait d'autant plus le faire que la plupart de ces exaltés se disaient stoïciens, compromettant ainsi la doctrine par leurs exagérations et autorisant par là les partisans du régime impérial à la faire passer pour révolutionnaire [4]. Les plus modérés se croyaient, dès lors, en droit d'approuver, au nom de l'ordre, les mesures de rigueur prises successivement par Néron, Vespasien et Domitien contre la philosophie [5]. La

---

[1] Épictète, *Entretiens*, IV, vii, 14 ; I, xxix, 26-28.
[2] Id., *ibid.*, I, xxix, 43-45 ; IV, vii, 13 ; M., XVII.
[3] Tacite, *Agricola*, XLII.
[4] En réalité, ces personnages n'étaient pas stoïciens par eux-mêmes ; ils avaient leur philosophe qui les guidait. C'est ainsi que Thraséa était élève de Démétrius (Tacite, *Ann.*, XVI, 34). Cf. Sénèque, *De tranq. an.*, XIV, 5.
[5] Tacite dit que Plautus portait ombrage à Néron parce qu'il imitait les anciens Romains, *adsumpta etiam stoicorum arrogantia sectaque, quae turbidos et negotiorum appetentes faciat* (Tacite, *Ann.*, XIV, 57).

doctrine prêtait, en effet, à une objection : ceux qui déclarent que le pouvoir est de nulle valeur doivent mépriser ceux qui le détiennent ; ils ne sauraient donc être des citoyens respectueux de l'autorité[1]. Même sans mauvaise foi, on pouvait faire un crime aux stoïciens de leurs théories sur la dignité et l'indépendance de l'homme, et on les représentait volontiers comme des esprits inquiets, incapables de soumission aux lois, en un mot comme des ennemis de l'État[2]. Sénèque s'était déjà préoccupé de réfuter l'accusation ; mais ses raisons, sous lesquelles on sent percer l'ironie et le dédain, sont bien forcées, et son plaidoyer, qui est dominé par le dégoût des affaires, ne peut guère convenir qu'aux désenchantés de la politique, dont la soumission est faite surtout d'indifférence. Les philosophes, dit-il en substance, sont respectueux du pouvoir, parce qu'en se chargeant de la direction des affaires publiques, il les dispense d'y mettre eux-mêmes la main. En faisant régner la paix, il les exempte de porter les armes, de monter la garde sur les remparts, de payer des contributions extraordinaires. L'homme qui a quitté la cour et les charges pour se livrer à de meilleurs emplois aime ceux qui le mettent à même d'y vaquer en sûreté, et il est obligé à celui qui, par sa prévoyance et son administration, lui laisse la libre disposition de son temps et le fait jouir d'un profond repos qui n'est pas distrait par les occupations publiques[3]. Épictète, élève d'un homme qui

---

[1] Épictète, *Entretiens*, IV, vii, 33 ; I, xxix, 9 ; cf. IV, iii, 12.

[2] Cf. dans Tacite, *Ann.*, XVI, 22, le réquisitoire de Cossutianus Capito.

[3] Sénèque, *Ep.*, LXXIII. Nous avons vu plus haut (1re partie, ch. ii, p. 46, n. 3) que Sénèque et Épictète comparent tous deux les fonctions de préfet des subsistances aux occupations philosophiques. Il faut remarquer ici que Sénèque seul conseille de sacrifier celles-là à celles-ci, tandis qu'Épictète se borne à les déclarer moins importantes. La comparaison de la chasse aux places avec les jeux des enfants, citée plus haut, était probablement classique ; car elle se retrouve également dans Sénèque *(De const. sap.*, XII) (cf. aussi, à propos des portes à forcer, Épictète, IV, vii, 19 ; III, xxiv, 44 et Sénèque, *ibid.*, XIV) ; mais, ici encore, il y a chez Sénèque un dédain absolu qui n'est pas dans Épictète.

avait pris franchement parti pour Vespasien et paraît avoir été en faveur auprès de lui, n'est pas si dédaigneux du pouvoir, pour lequel il proteste, lui aussi, de son respect. Alors que Sénèque, en réalité, se dérobait, il va franchement au-devant de l'accusation[1], et sa défense, au lieu de ne convenir qu'à un petit groupe d'indifférents, convient à tous les honnêtes gens qui veulent exercer leur activité. Si, comme il semble, Tacite a proposé l'exemple de son beau-père, qu'il s'est efforcé de suivre lui-même, aux intransigeants de son époque, qui n'admettaient pas qu'un honnête homme pût, sans abdiquer son honnêteté, prendre part aux affaires sous un prince tel que Domitien, on peut dire qu'Épictète leur répond, lui aussi, en même temps qu'à ceux qui accusent la philosophie d'être hostile aux lois et à l'ordre établi. Son apologie est courte, mais elle renferme la substance de la plupart des apologies que feront plus tard les chrétiens en butte à de semblables reproches. Même quand la loi n'est que le caprice d'un imbécile, et ce n'est pas toujours le cas[2], il prouve que la doctrine apprend à se conduire de façon irréprochable envers le pouvoir. Elle nous enseigne à céder quand il s'agit de notre corps, de nos biens, de nos familles, à nous détacher de tout et à renoncer à tout : elle n'excepte que le domaine de la conscience, que Dieu nous a donné en toute propriété. Quelle désobéissance aux lois, quel égarement y a-t-il là[3] ? Si le pouvoir, à son tour, se comporte comme il le doit, il n'essaiera jamais de pénétrer sur ce terrain. Mais, de toute manière, le disciple d'Épictète sera un citoyen correct et respectueux, qui prendra part comme les autres à la vie publique et ne s'en retirera que contraint et forcé.

Ainsi, sur ce point comme sur les autres, en interpré-

---

[1] Épictète, *Entretiens*, IV, VII, 33 ; I, XXIX, 9.
[2] Cf., *Entretiens*, IV, I, 60, une courte réflexion qui paraît être une allusion élogieuse à l'empereur régnant. Par cette restriction, il semble qu'Épictète tienne à affirmer son loyalisme.
[3] Épictète, *Entretiens*, IV, VII, 34-36.

tant et en appliquant la doctrine avec tact, Épictète évite
de mettre ceux qu'il a formés en lutte violente avec les
hommes et les choses. Là n'est peut-être pas son moindre
mérite. Avec une doctrine qui oppose si strictement le
monde de la conscience au monde extérieur, la difficulté
n'était pas de faire des honnêtes gens, mais de faire des
honnêtes gens qui, une fois rentrés dans le monde, fussent
semblables aux autres et pussent vivre au milieu d'eux,
non seulement sans les choquer, mais encore en les atti-
rant doucement et naturellement par le seul prestige de
leur supériorité morale. Le stoïcisme pouvait aisément tomber dans l'excès ; traité par des esprits étroits, systéma-
tiques ou exaltés, il pouvait faire des ascètes ou des
hommes insociables. Pour le rendre, sans le déformer ni
l'affaiblir, abordable aux hommes ordinaires, il fallait
beaucoup de mesure et de sens pratique. Épictète paraît
avoir été, par excellence, celui qui convenait à cette
tâche. Tout en donnant pour assise à son enseignement
des principes sévères qui renouvelaient entièrement les
idées, les habitudes et le caractère de ceux qu'il prenait
au monde, il a su les lui rendre formés pour la vie sociale ;
tout en conservant dans l'école la rigueur et l'austérité
qui étaient au fond de la doctrine, il a eu soin de développer,
en vue de l'avenir, tout ce qu'il y avait en elle de vraiment
pratique. Cet accord entre deux conceptions qu'on ne
trouve pas toujours réunies, cette solution du conflit qui
était au fond du stoïcisme et qui avait déjà préoccupé ses
prédécesseurs, nous semble représenter un apport personnel d'Épictète, et nous croyons pouvoir en faire honneur à
ses qualités d'éducateur. Mais il n'est que juste de reporter
une partie de ce mérite sur l'honnête homme et l'homme
de bon sens dont il avait suivi les leçons dans sa jeunesse.
Du commencement à la fin de cette étude sur l'enseignement d'Épictète, nous avons eu assez souvent l'occasion
de citer le nom de Musonius pour pouvoir affirmer que
l'enseignement du maître avait exercé sur celui du disciple une influence profonde et durable.

TROISIÈME PARTIE

LE CARACTÈRE ET LE TALENT D'ÉPICTÈTE

LE CARACTÈRE ET LE TALENT D'ÉPICTÈTE

CHAPITRE PREMIER

L'humilité, l'indulgence et le dévouement

Bien que nous n'ayons, pour connaître Épictète, que les notes d'un disciple, c'est assurément quelque chose de pouvoir suivre, grâce à elles, l'enseignement de sa doctrine, en prenant, pour ainsi dire, part aux exercices quotidiens, en compagnie des auditeurs ordinaires, au lieu de la voir comme figée sous forme de dogmes dans un traité théorique. C'est ce que nous avons, autant que possible, essayé de faire. Mais ce qui vaudrait encore mieux, ce serait de voir se dégager de cet enseignement la physionomie même de celui qui le professait, ou, tout au moins, d'en retrouver quelques traits fondamentaux. Celui qui écrit pour le public ne lui livre, en général, volontairement ou non, par vanité ou par discrétion, qu'une faible partie de lui-même. Ce n'est pas le cas de celui qui parle, et qui parle d'abondance, et qui parle dans l'intimité, comme faisait Épictète. On est en droit de croire, nous l'avons vu[1], qu'il n'est pas trop défiguré dans les *Entretiens*. Voilà donc ce qu'il faudrait s'efforcer de saisir en dernière analyse, le caractère de l'homme même, dans la mesure où il est possible de le séparer d'une doctrine à laquelle il était étroitement

---

[1] Cf. 1re partie, ch. 1er, p. 28-33.

attaché, avec laquelle il s'était, en quelque sorte, confondu. On peut du moins tâcher de faire ressortir la marque personnelle imprimée par lui sur certains points de la doctrine qu'il avait adoptée. Un esprit tel qu'Épictète reçoit une doctrine comme une matière. Lui-même a dit excellemment : « Toujours nous avons à déployer notre talent à propos de quelque objet extérieur. C'est ainsi que le tisserand ne fabrique pas lui-même sa laine : il exerce son talent sur celle qu'on lui fournit [1]. » On se fait une philosophie comme on se fait une religion. Le christianisme de Pascal n'est pas celui de Fénelon. De même Lucrèce ne se confond pas avec l'Épicurisme : non seulement son imagination de poète a animé d'une vie intense un monde composé d'atomes imperceptibles ; mais son cœur s'est trahi en plus d'un endroit par des aveux qu'il a laissés échapper ou par de simples cris qu'il n'a pu comprimer. Aussi ne peut-on juger un homme d'après la secte à laquelle il est affilié. On risquerait de lui attribuer ainsi les défauts ou simplement les tendances d'une majorité, alors qu'il a pu s'y soustraire par quelque endroit : or, si faible que soit la divergence, elle est précieuse à noter, parce qu'elle témoigne souvent d'un effort personnel considérable. Et même, comme, de tout temps, des sectes entières ont pâti des excès de quelques-uns de leurs membres, on s'exposerait à prêter à un homme les défauts d'un autre, parce que tous deux portent le même titre. Il courait ainsi, dès l'antiquité, des idées toutes faites sur l'Épicurisme et le stoïcisme, souvent mises en circulation par les sectes rivales, qui avaient intérêt à discréditer leurs adversaires. Au quatrième siècle, c'étaient les orateurs qui se déchiraient à l'envi, se traitant mutuellement de vendus à la Macédoine ou au Grand Roi ; plus tard, ce furent les écoles philosophiques qui se calomnièrent les unes les autres, échangeant entre elles des insinuations parfois odieuses. L'Épicurisme évoquait et évoque encore trop facilement

---

[1] Épictète, *Entretiens*, II, v, 21.

l'idée d'avilissement volontaire et de goût pour les voluptés grossières, et, grâce à la mauvaise foi de quelques-uns, les profanes s'imaginaient volontiers que son chef vivait entouré, en guise de cour, d'un *grex porcorum* et était le plus grand débauché de l'antiquité[1], alors que Diogène Laërce prétend qu'il donna le modèle de toutes les vertus et vante particulièrement sa sobriété[2]. On sait que, de son côté, le stoïcisme, au premier siècle de l'Empire, était accusé de faire des ambitieux turbulents, hostiles en principe à l'autorité établie, insupportables par leur opposition systématique et farouche[3]. On a vu ce que devient ce reproche, si on essaie de l'appliquer à Épictète.

Pour essayer de juger Épictète en lui-même, choisissons quelques points de vue, d'où on puisse espérer voir s'ouvrir, à travers la doctrine, quelques perspectives sur l'homme. On peut se demander, par exemple, quelle idée il se faisait de lui-même, de ses semblables, de Dieu. Il faudra chercher aussi à comprendre son esprit, c'est-à-dire le tour particulier qu'il donnait à l'expression extérieure de sa pensée : c'est là encore un « jour » à ne pas négliger, et par où quelque lumière pourra se répandre sur lui.

Quelle idée l'homme se fait-il de lui-même, de sa valeur et de son pouvoir? C'est de ce point de vue que Pascal, dans le célèbre *Entretien avec M. de Saci*, a comparé le stoïcisme et l'Épicurisme, et a vu les deux sectes sous deux angles absolument contraires. C'est peut-être ici qu'on voit le mieux combien il est illégitime de juger les hommes en les confondant absolument avec leurs doctrines. Si, à l'époque de Néron et de Domitien, le stoïcisme passait pour

---

[1] Épictète juge précisément ainsi, sinon Épicure lui-même, dont il ne peut s'empêcher d'admirer, sans le comprendre, le travail acharné (II, xx, 9), du moins les Épicuriens en général (III, vii, 19-21 ; III, xxiv, 38-40 ; cf. Diog. Laërce, X, 6). Cf. 1re partie, ch. ii, p. 41-42.

[2] Diogène Laërce, X, 3-8. Cf. Sénèque, *Ep.*, XVIII, 7.

[3] Cf. plus haut, 2e partie, ch. v, p. 200 et suiv.

une doctrine révolutionnaire, au xvi⁰ et au xvii⁰ siècles, c'est l'orgueil qui passait pour être le défaut dominant et comme la marque distinctive de la secte. Or, entre tous les stoïciens, c'est Épictète que choisit Pascal, quand il s'agit d'opposer leur « superbe diabolique » à l'abaissement volontaire des Épicuriens, représentés par Montaigne. Du Vair, qui avait joint une traduction du *Manuel* à son traité de la *Philosophie morale des stoïques*, avait mis Épictète à la mode et contribué à répandre la légende de son orgueil, et Pascal avait pu être amené ainsi à le mettre en parallèle avec Montaigne, comme s'il eût été contemporain de l'auteur des *Essais*.

Il faut pourtant reconnaître que la légende n'était pas universellement admise : dès le xvii⁰ siècle, Épictète trouva des défenseurs, notamment en la personne d'un autre de ses traducteurs. Scandalisé de voir les stoïciens, et particulièrement Épictète, accusés de n'avoir pas connu l'humilité et d'avoir été victimes de l'orgueil et de l'amour-propre, l'honnête Dacier, en publiant une nouvelle version du *Manuel*, suivie d'extraits des *Entretiens*, éleva la voix en faveur de celui qu'il jugeait calomnié. Il se borna d'ailleurs, pour le réhabiliter, à citer quelques maximes caractéristiques. Il faut, pour pouvoir le juger à ce point de vue, essayer d'approfondir un peu davantage. Les stoïciens, et particulièrement Épictète, vantent par-dessus tout deux choses, la science du bien et du mal et l'indépendance de la volonté. Ces deux supériorités sont le privilège du sage et l'élèvent au-dessus du vulgaire, composé d'ignorants et d'esclaves. La tête assurément peut tourner à ceux qui montent à ces hauteurs, soit qu'ils dédaignent la foule ou veuillent en être admirés, soit que, se contemplant eux-mêmes, ils ne voient rien en dehors ni au-dessus d'eux et se jugent égaux à la divinité.

D'abord, quelle opinion Épictète a-t-il de lui-même et, en général, du philosophe, par rapport à ceux qu'avec tous les stoïciens il appelle les ignorants? On ne conçoit guère, à première vue, que la vanité dédaigneuse puisse tenir beaucoup de place chez un homme qui fait d'un acte d'humilité le point de départ de la philosophie. Socrate ne pouvait songer à être bien fier de la supériorité qu'il s'attribuait sur les autres hommes ; car cette supériorité consistait à savoir qu'il ne savait rien [1]. Or un pareil aveu d'ignorance est, pour Épictète, le commencement de la sagesse. Il déclare, reprenant un mot de Bion [2], qu'avant tout l'homme doit perdre la présomption, qui lui fait croire qu'il n'a besoin de rien ni de personne, et la remplacer par le sentiment de son infirmité et de son insuffisance dans les choses indispensables [3]. Il n'est pas naturel qu'une philosophie qui débute par là puisse être ensuite animée d'un esprit d'orgueil. C'est l'ignorant qui est le véritable orgueilleux, parce qu'il s'imagine connaître à fond des choses dont il n'a que de vagues notions [4]. Celui qui commence à s'instruire comprend, au contraire, qu'il doit tâcher, s'il est possible, d'oublier tout ce qu'il croyait si bien savoir, et, sans fausse honte, se remettre, pour ainsi dire, à l'école, en apprenant la signification des mots dont il se servait tous les jours [5]. C'est pour cela, entre autres motifs, qu'Épictète interdit aux débutants l'étude approfondie de la logique. Il croirait faire un contre-sens en les initiant, dès ce moment, aux subtilités de l'art du raisonnement ; car ce serait annuler l'acte d'humilité initial. C'est, en effet, une grande puissance que l'art d'argumenter et de persuader ; et, en général, toute puissance est dangereuse aux mains des ignorants, parce qu'elle les remplit d'orgueil et leur inspire le mépris de tout conseil et de toute remontrance [6]. Ainsi cette science

---

[1] Platon, *Apol. de Socr.*, p. 21 d.
[2] Diogène Laërce, IV, 50 = Stobée, *Flor.*, IV, 88 : τὴν οἴησιν ἔλεγε προκοπῆς ἐγκοπήν. Cf. Diogène Laërce, VII, 33.
[3] Épictète, *Entretiens*, III, xiv, 8 ; II, xi, 1 ; cf. III, xxiii, 16.
[4] Id., *ibid.*, II, xi, 1-9 ; II, xvii, 1-2.
[5] Id., *ibid.*, II, xvii, 13 et 27 ; cf. I, xi, 39.
[6] Id., *ibid.*, I, viii, 6-7 et 10 ; cf. III, xiii, 20. V. plus haut, 2ᵉ partie, ch. iv, p. 166 et suiv.

aurait pour effet de leur rendre toute la présomption dont on aurait réussi à les débarrasser.

Ceux qui avancent dans la véritable science pourraient être plus raisonnablement tentés d'en être fiers et d'en tirer vanité auprès des profanes. L'amour-propre est si naturel à l'homme que, tout en se défaisant de leurs autres faiblesses, ils pourraient prendre celle qui consiste à s'en glorifier. Mais Épictète ne veut pas que la présomption, qui reposait sur l'ignorance, reparaisse avec la science sous une autre forme. Il prêche la modestie, ordonnant de penser uniquement aux progrès qui restent à accomplir, au lieu de chercher à faire valoir les progrès déjà réalisés. Nous l'avons vu interdire sévèrement tout exercice fait en vue d'exciter l'admiration et de provoquer les applaudissements de la galerie[1]. Il veut qu'on cache sa tempérance et sa force d'âme au dedans de soi-même ; ou, du moins, il défend qu'on prenne de grands airs à cause de ses vertus et qu'on attire l'attention sur elles. En un mot, il ne veut pas qu'on parle de soi, comme si on avait quelque valeur et quelque science[2]. Mais là n'est pas encore le plus grand effort de la modestie. Ce n'est pas assez de ne rien faire pour attirer l'admiration : il faut encore la repousser quand elle vient et la refuser quand elle s'offre. L'élève d'Épictète ne se réjouira pas de passer pour savant ; si on le loue, il se moquera intérieurement de celui qui le loue ; si on le prend au sérieux, c'est alors qu'il se défiera de lui-même[3]. Il fera plus. S'il passe pour un homme dépourvu d'esprit ou de science, il ne s'en inquiétera pas, résigné d'avance à faire l'effet d'un fou et à être raillé à cause de son mépris pour les choses extérieures[4]. S'il s'entend traiter d'ignorant sans être mordu au cœur par ce

---

[1] Épictète, *Entretiens*, III, xii, 2 et 16-17 ; III, xiv, 4 ; *M.*, XLVII. Cf. plus haut, 2e partie, ch. iii, p. 147.

[2] Id., *ibid.*, III, xxiv, 118 ; IV, viii, 27-28 ; *M.*, XLVIII, 2 ; cf. *Entr.*, II, 1, 36.

[3] Id., *M.*, XLVIII, 2 ; XIII.

[4] Id., *M.*, XLVIII, 3 ; XIII.

propos, sans éprouver le besoin de le relever, ce sera bon signe et la preuve qu'il est déjà avancé dans le vrai chemin [1]. Car une telle attitude ne sera nullement dictée par le mépris des autres [2], mais par la défiance de soi-même et le sentiment de sa propre infirmité. Il n'osera pas se justifier, comme le malade qui craint de faire un mouvement, de peur d'ébranler en lui ce qui commence à se remettre; et, si on lui attribue un défaut, il pensera qu'il en a encore beaucoup d'autres dont on ne parle pas [3]. C'est le renversement de toutes les habitudes de la nature humaine. Ordinairement l'homme s'aveugle sur son compte, quand la médisance est trop clairvoyante; mais celui-ci renchérit sur elle : il ne lui reproche que d'être insuffisante, et il prétend voir mieux que personne ses propres imperfections.

Quant à celui qui est déjà assez riche de science pour pouvoir en faire part autour de lui, le devoir de la modestie s'impose à lui plus impérieusement qu'à tout autre, puisqu'il doit l'enseigner par le précepte et par l'exemple. S'il y a encore place au fond du cœur pour l'amour-propre, si on tient à ce que le monde appelle le succès, si on se préoccupe d'avoir un nombreux auditoire et si on se plaît à entendre ses acclamations, c'est qu'on n'est pas digne d'enseigner, c'est qu'on a besoin d'apprendre encore pour son propre compte [4]. Il ne manque pas de ces présomptueux qui s'intitulent philosophes du jour au lendemain sans autre vocation que la vanité et le désir de briller [5]. Celui qui est fait pour la haute mission de l'enseignement est, on l'a vu, plus défiant de lui-même. Il demeure longtemps caché pour mûrir dans l'obscurité et ne se décide à en sortir que sur un appel d'en haut.

---

[1] Épictète, *M.*, XLVI, 2; cf. XLVIII, 3.
[2] C'est ce que pourrait faire croire, par exemple, le ch. I, XXI des *Entretiens*.
[3] Épictète, *M.*, XLVIII, 2 et 3; XXXIII, 9.
[4] Id., *Entretiens*, III, XXIII, 8-13 et 19.
[5] Id., *ibid.*, III, XXI et XXIII; IV, VIII.

Même alors il ne se départit pas de sa réserve modeste ; il ne se proclame pas philosophe ; il se garde même de se faire connaître comme tel à ceux qui attendent de la philosophie autre chose que la science d'être honnêtes[1]. Il ne prie pas les gens de venir à lui, il les attire uniquement par son exemple. Il ne cherche pas à plaire à ses auditeurs et à provoquer leurs acclamations par de belles phrases : il laisse ce cabotinage aux sophistes et aux rhéteurs. Sa maison n'est pas un théâtre où on vient se distraire un instant et applaudir le talent de l'acteur ; c'est un hôpital où on vient pour se faire soigner. Il ne pense qu'à éveiller des inquiétudes chez ceux qui l'écoutent et à les faire rentrer en eux-mêmes. Il ne faut pas qu'on dise en sortant : « Il a bien parlé », mais « Il a bien mis le doigt sur mes défauts ; je dois changer de conduite[2]. » En un mot, l'oubli de soi, c'est-à-dire, en fin de compte, la modestie, est peut-être, pour Épictète, le premier devoir de celui qui instruit les autres. Socrate, en même temps qu'il était le plus savant des hommes, en était aussi le plus modeste ; c'est par cette vertu, en particulier, qu'il se distinguait des sophistes, et c'est une de celles qu'Épictète appréciait le plus chez celui qu'il a si souvent cité comme modèle[3]. De même, ce qu'il admirait surtout chez Agrippinus, c'est que malgré sa haute valeur, ce philosophe ne se vantait jamais, mais rougissait, au contraire, dès qu'il entendait son éloge dans la bouche d'autrui[4]. Enfin, de l'enseignement de son propre maître il avait particulièrement retenu ce mot, que Musonius répétait souvent à ses disciples : « S'il vous reste assez de liberté d'esprit pour m'applaudir, c'est que je ne dis rien qui vaille[5]. »

---

[1] Épictète, *Entretiens*, IV, viii, 22, 36 et suiv. ; III, xxiii, 22 ; *M.*, XLVI, 1.
[2] Id., *ibid.*, III, xxiii, 27, 30, 37.
[3] Id., *ibid.*, III, xxiii, 22 ; IV, viii, 22 ; *M.*, XLVI, 1 ; cf. *Entr.*, III, v, 17.
[4] Fr. 21 = Stobée, *Flor.*, VII, 17.
[5] Épictète, *Entretiens*, III, xxiii, 29 ; cf. Aulu-Gelle, *N. A.*, V, 1. Musonius reprenait là pour son compte, en l'adoucissant, un mot célèbre de Phocion, que rapporte Plutarque, *Phocion*, V, 3. Voy. plus loin, p. 227, un autre mot de Phocion cité par Musonius.

Or nous sommes à même de juger s'il s'est conformé à l'esprit d'un tel enseignement ou s'il se bornait à recommander et à faire admirer la modestie chez les autres. Non seulement, à l'exemple de Socrate et de Musonius lui-même[1], il n'a rien écrit[2], peu soucieux de laisser à la postérité les traces d'une parole souvent éloquente; mais encore, dans ces leçons sauvées par hasard, on voit qu'il s'efface constamment, uniquement préoccupé de communiquer ses idées et visiblement dédaigneux de tout ce qui peut plaire et faire valoir son esprit ou son talent. Arrien dit qu'il n'avait en vue que de persuader[3]; et nous savons par lui-même qu'il se plaisait à causer une déception à ceux qui venaient chercher chez un philosophe ce qu'on trouvait plutôt chez les rhéteurs[4]. Tout en donnant à son enseignement un caractère strictement moral, on dirait parfois qu'il a des scrupules à enseigner, en pensant à tout ce qu'il exige lui-même d'un maître de la jeunesse. Quand il fait la leçon à d'autres, il proteste qu'il n'est rien personnellement, qu'il n'est que le porte-parole de la divinité, comme le corbeau qui, inspiré par elle, avertit l'homme au moyen de ses croassements[5]. De crainte de passer pour présomptueux, il n'ose parler à ses auditeurs de leur imperfection, sans rappeler en même temps la sienne. Il se dit aussi insuffisant dans l'art d'enseigner qu'eux dans l'art d'écouter[6] : il va même jusqu'à s'attribuer en partie l'insuffisance de leurs progrès[7]. Comme faisait Démosthène, quand il reprochait aux Athéniens leurs défauts, il s'enveloppe avec eux dans les mêmes critiques[8].

---

[1] Cf. R. Hirzel, *Der Dialog*, II, p. 241 et suiv.; P. Wendland, *Philo und die kynisch-stoische Diatribe: Anhang : Musonius und Clemens Alexandrinus*, p. 69 et suiv.
[2] Cf. plus haut, 1re partie, ch. 1er, p. 16, n. 1.
[3] Arrien, *Lettre à Gellius*, 5.
[4] Épictète, *Entretiens*, II, xxi, 11; III, ix, 14; cf. II, 1, 32-33. V. plus haut, p. 96, n. 2.
[5] Id., *ibid.*, III, 1, 36-37.
[6] Id., *ibid.*, III, 1, 24.
[7] Id., *ibid.*, II, xix, 33. Cf. plus haut, p. 106.
[8] Id., *ibid.*, II, vi, 26-27; IV, 1, 167.

Et ce n'est pas là un simple procédé; car, même alors qu'il n'a pas à faire passer des reproches, il continue à s'abaisser volontairement, déclarant qu'il est bien au-dessous de l'idéal qu'il rêve pour lui-même[1]. Non seulement il ne se dit pas, mais il ne se croit pas philosophe; ce n'est pas uniquement aux autres qu'il interdit ce titre, comme trop ambitieux; et, quand il s'agit d'appuyer d'exemples ses préceptes et de proposer un modèle, il se dérobe derrière de plus dignes[2]. S'il se met en avant, c'est pour parler, sans fausse honte, non seulement de ses infirmités, comme de sa jambe qui boite, mais de ses sottises passées, de ses maladresses, de ses insuccès, de ses défauts[3]. Il est si loin de penser à briller et à se faire valoir que, quand il se représente ce que les autres diront de lui, il leur prête le langage le moins flatteur[4].

Il est vrai que cette modestie-là, même si elle n'est pas fondée sur le dédain d'autrui, n'exclut pas une autre espèce d'orgueil. Sans chercher à éblouir les autres de la supériorité de son talent ou de sa science, l'homme peut s'éblouir lui-même de la force de sa volonté. Ce n'est plus seulement au-dessus de tous ses semblables, c'est au-dessus de l'univers entier qu'il s'élève alors, en s'en déclarant indépendant. Il proclame sa toute-puissance à la face du monde, que, par une sorte de bravade insolente, il défie de l'atteindre. De même qu'il ne craint aucun obstacle, il prétend n'avoir besoin d'aucune aide et se suffire à lui-même. Cet orgueil intérieur est l'orgueil par excellence des stoïciens, ou plus exactement celui qui leur a été le plus reproché. C'est là ce que Pascal, en particulier, appelle « se perdre dans la présomption de ce que l'on peut ». Il est certain que dans Sénèque, à côté de consi-

---

[1] Épictète, *Entretiens*, II, viii, 24; IV, i, 151.
[2] Id., *ibid.*, I, viii, 14; IV, i, 113 et 151-152.
[3] Id., *ibid.*, I, viii, 14; I, xvi, 20; I, vii, 32; I, ix, 27-28; II, xii, 25; I, x, 8.
[4] Id., *ibid.*, II, vi, 23; III, ix, 12.

dérations sur la faiblesse humaine et de professions d'humilité personnelle, on trouve une conception singulièrement hautaine de la puissance de l'homme. Le traité de la *Constance du Sage*, par exemple, est, dans sa première partie, un assez beau monument d'orgueil. Épictète, qui représente si volontiers l'homme comme étant maître absolu dans le domaine de sa conscience, a, lui aussi, une très haute idée du pouvoir de la volonté ; et même aucun stoïcien n'a peut-être plus fortement ramassé toute la doctrine autour de cette foi dans la plénitude du libre arbitre, de façon à en faire son point d'appui. Sans doute, il reconnaît que l'assurance ne convient qu'à l'égard des choses extérieures, et que l'homme doit être en défiance vis-à-vis de soi-même, parce que le mal ne peut être au dehors, mais au dedans. Et c'est précisément cette défiance qui est le fondement de son assurance ; car, grâce à elle, il n'attend jamais le danger que du côté par où il peut venir [1]. Mais l'orgueil, s'il y en a, n'y perd rien. Ces précautions ne paraissent impliquer aucune restriction, aucune limitation de la toute-puissance ; on peut même dire qu'elles la font mieux valoir. Car Épictète s'empresse d'ajouter : « Si ces précautions s'appliquent à la προαίρεσις et à ses actes, dès que nous avons la résolution de nous tenir sur nos gardes, du même coup nous nous mettons à éviter le mal [2]. » Dès lors, il n'y a pas place pour la crainte, ni même pour l'inquiétude. Celui qui a passé par l'école n'a plus à réfléchir ni à délibérer. S'il est convaincu que les seuls maux sont les choses honteuses, les seuls biens les choses honorables, et que tout le reste est indifférent, il démêle d'un seul coup d'œil ce qu'il a à faire [3]. Si ce n'est pas là de l'arrogance, n'est-ce pas au moins la superbe confiance dénoncée par Pascal? Si le moyen infaillible d'être heureux est de ne jamais désirer ce qui n'est pas

---

[1] Épictète, *Entretiens*, II, 1, 5-8.
[2] Id., *ibid.*, II, 1, 12.
[3] Id., *ibid.*, II, xiii, 11 ; IV, x, 1-8 ; IV, 1, 134-137.

en notre pouvoir, sommes-nous certains de distinguer à coup sûr ce qui dépend de nous et ce qui n'en dépend pas? La science de cette distinction est en réalité extrêmement délicate [1]. On est l'esclave d'habitudes acquises, on se laisse surprendre par une impression, et le mal est fait [2]. N'y a-t-il pas là de quoi se tourmenter? D'autre part, toutes les choses extérieures sont-elles au même degré impuissantes à l'égard de cette force intérieure qu'Épictète appelle la προαίρεσις? Il dit souvent que son corps n'est pas lui-même; ailleurs pourtant il reconnaît notre double nature [3]; il ne peut contester que ce corps ne lui soit mystérieusement uni et ne le touche de plus près que celui des autres hommes. Cette chair, qui n'est pas lui, que parfois il ne peut empêcher de crier [4], ne peut-elle aussi parfois lui faire dire « hélas » malgré lui, et cela du dedans, et non pas seulement du bout des lèvres [5]? La volonté est-elle donc une force absolue, pareille chez tous les hommes et toujours identique à elle-même chez l'individu?

Bien qu'Épictète n'ait pas posé formellement ces questions, gardons-nous de lui prêter gratuitement une aveugle assurance qui n'était pas en lui, et de croire qu'il ait supprimé les difficultés en les niant. S'il n'a pas cru qu'il fût nécessaire de démontrer l'indépendance de la volonté, il n'est pas sans en connaître le fort et le faible. Son maître Musonius lui avait appris qu'il y a entre les esprits des différences profondes, tenant à la nature ou à l'éducation, et son enseignement le mettait lui-même en rapport avec des caractères trop variés pour qu'il n'ait pas distingué entre eux des nuances [6]. En somme, il ne s'est peut-être

---

[1] Épictète, *Entretiens*, IV, v, 7; I, xxii, 10.
[2] Id., *ibid.*, IV, iii, 6.
[3] V. 1re partie, ch. ii, p. 53 et suiv.
[4] Épictète, *Entretiens*, I, xviii, 19; cf. Aulu-Gelle, *N. A.*, XIX, 1.
[5] Cf. plus haut, 2e partie, ch. iv, p. 156 et 157, n. 1. Pour l'influence du physique sur le moral, cf. Musonius dans Stobée, *Flor.*, LVI, 18 (II, p. 337, l. 25 et suiv. M.).
[6] Cf. Musonius dans Stobée, *Ecl.*, II, xxxi, 125 W. (*Flor.*, IV, p. 218, l. 23 et suiv. M.) et Épictète, *Entretiens*, III, xii, 8.

pas fait une trop haute idée du pouvoir de l'individu. Car cette indépendance de la volonté, dont il est si fier, grâce à laquelle il ne connaît pas d'obstacles et se croit plus fort que tous les puissants du monde, qui, en comparaison, ne sont que des esclaves à ses yeux [1], c'est, en réalité, un idéal, dont nous sommes tous plus ou moins éloignés. Il reconnaît qu'il faut être presque un dieu pour ne pas faillir dans certaines circonstances où notre conscience et notre volonté paraissent entièrement soumises à l'influence de notre état physique [2]. Il en est un peu de notre liberté comme de notre dignité, qui n'est pas un absolu : c'est à chacun de s'estimer au prix qu'il lui plaît ; à mesure qu'on vaut davantage, on s'estime davantage [3]. C'est ainsi qu'on s'avance pas à pas sur le chemin qui mène à la liberté complète. Lui-même, s'il en connaît le prix mieux que d'autres, n'a pas la prétention de l'avoir atteinte. Après en avoir fait un magnifique éloge, il va au-devant d'une question qu'on pourrait lui poser. « Mais toi, me dira-t-on, es-tu libre ? — Je le voudrais bien, par tous les dieux, répond-il, et je ne demande qu'à le devenir ; mais je n'ai pas encore la force de regarder mes maîtres en face ; j'attache encore trop d'importance à mon corps, et je tiens encore trop à le conserver intact, bien qu'il ne dépende pas de moi qu'il le soit [4]. » Ainsi, ce qu'il possède, c'est simplement la force de travailler à s'affranchir ; c'est une puissance qui ne peut se développer que par l'effort. Si personne n'a mieux que lui apprécié la liberté, personne aussi n'a plus insisté sur la nécessité de l'effort, et de l'effort persistant. S'il parle si souvent de progrès, c'est qu'il sait bien que le but n'est pas accessible du premier coup et qu'on ne s'en approche que par étapes. Il ne faudrait pas se méprendre sur ce mot : « Sache que rien n'est plus

---

[1] Épictète, *Entretiens*, IV, 1, 6 et suiv.
[2] Id., *ibid.*, II, xvii, 33 ; III, 11, 5.
[3] Id., *ibid.*, I, 11, 11.
[4] Id., *ibid.*, IV, 1, 151.

facile à conduire que l'esprit humain. Il n'y a qu'à vouloir, et la chose est faite : il est corrigé [1]. » Car il vient de dire précédemment qu'il faut s'y reprendre à plusieurs fois [2]. De même, pour rassurer quelqu'un qui craint de mal faire, il compare la science de la vie à celle de l'orthographe, qui donne l'assurance à qui la possède [3]; mais il ne prétend pas que celle-là soit aussi aisée à apprendre que celle-ci. Loin de là, il répète à ceux qui seraient tentés de croire l'entreprise trop facile, qu'il y faut du temps, de la persévérance, une attention de tous les instants [4]. Par là, il échappe aux critiques que Lucien, dans son *Hermotime*, adresse aux philosophes qui leurraient leurs disciples par l'appât de trop belles promesses. Lycinos, par ses railleries, porte un rude coup aux illusions d'Hermotime, qui, après vingt ans d'efforts, n'a pas encore atteint l'absolue félicité [5]. Épictète présente les choses à ses disciples de façon à leur éviter ces sortes de déceptions. Il ne leur dit nullement qu'on devient infaillible du premier coup, mais seulement qu'on peut s'efforcer constamment de ne pas faillir. « Si, grâce à cette surveillance incessante, on réussit à échapper à un certain nombre de fautes, il faut s'estimer heureux [6]. » Mais un seul moment d'inattention peut compromettre tous les résultats acquis [7]. L'effort à accomplir est comparable à celui de l'athlète qui s'entraîne, recommençant indéfiniment les mêmes exercices, sans se rebuter des échecs, ou à celui du pilote qui lutte pied à pied contre la mer et le vent [8]. Parfois même cette lutte est si pénible qu'il faut appeler Dieu à l'aide, comme on invoque les Dioscures au fort d'une tempête [9].

---

[1] Épictète, *Entretiens*, IV, ix, 16.
[2] Cf. plus haut, 2ᵉ partie, ch. iii, p. 141 et suiv.
[3] Épictète, *Entretiens*, II, xiii, 20.
[4] Id., *ibid.*, I, ii, 32.
[5] Lucien, *Hermotime*, II. Cf. M. Croiset, *Essai sur la vie et les œuvres de Lucien*, I, p. 8 et suiv.
[6] Épictète, *Entretiens*, IV, xii, 19.
[7] Id., *ibid.*, IV, iii, 4; IV, xii, 6.
[8] Id., *ibid.*, IV, ix; III, xxv; III, xv.
[9] Id., *ibid.*, II, xviii, 29-30. Cf. 2ᵉ partie, ch. iii, p. 136 et suiv.

Maintenant, l'idéal est-il absolument réalisable? Sénèque déclare formellement que le sage tel qu'il le conçoit s'est rencontré et se rencontrera encore, que ce n'est pas une vaine image proposée à la nature humaine pour l'encourager : il va jusqu'à dire que Caton était peut-être encore supérieur à ce modèle[1]. Épictète, préoccupé avant tout, en qualité d'éducateur, de recommander l'effort, ne pose pas la question avec tant de netteté[2]. Tout ce qu'on peut dire, c'est qu'il met les succès en lumière plus volontiers que les échecs. Suivant ceux à qui il s'adresse, il insiste plus ou moins sur la difficulté d'atteindre le but; mais il évite autant de décourager les gens d'avance que de les leurrer par de trop belles promesses. S'il n'a pas atteint le but lui-même, il paraît dire que Socrate et Diogène y sont arrivés[3]. Il est vrai qu'il les représente comme des êtres exceptionnels et presque surhumains[4]. Mais nulle part il n'éprouve le besoin d'affirmer qu'il soit radicalement impossible à l'homme de réaliser l'idéal. C'est là sans doute ce que Pascal ne lui pardonne pas : il avait ses raisons pour être aussi sévère. Mais aujourd'hui que la question du Jansénisme a perdu son acuité, on ne pense plus à lui faire un crime de n'avoir pas mis la théorie de la grâce en tête de sa doctrine, comme s'il avait pu lire S. Augustin. Tenons-lui donc compte d'avoir dit souvent : « Veillez », et d'avoir ajouté une fois : « Priez[5] », alors que Sénèque avait dit : « Qu'est-il besoin de faire des vœux? Rendez-vous heureux vous-même », ou encore: « Il serait absurde de demander une sagesse que vous pouvez obtenir de vous-même[6] », et ne lui reprochons pas d'avoir cru que l'homme peut être fier du bien qu'il a pu faire

---

[1] Sénèque, *De Provid.*, III, 11; *De const. sap.*, VII, 1.
[2] Épictète, *Entretiens*, IV, I, 177; I, 11, 37.
[3] Id., *ibid.*, IV, 1, 152 et suiv.; 159 et suiv. *Id.*, XV et LI, 3.
[4] Id., *ibid.*, I, 11, 36-37; cf. III, 22, *passim* et IV, 1, 159.
[5] Id., *ibid.*, IV, 1, 176; IV, 11, 7; IV, xii ; II, xviii, 29.
[6] Sénèque, *Ep.*, XXXI, 5 et XLI, 1. Il est vrai qu'ailleurs (*ibid.*, X, 5) il tient un langage un peu différent: « Roga bonam mentem.... Audacter Deum roga. »

et des victoires qu'il a pu remporter sur lui. Car voilà, en fin de compte, à quoi se réduit l'orgueil d'Épictète : l'homme se réjouit des progrès déjà accomplis dans la marche vers l'idéal, et il espère se rapprocher constamment de cet idéal[1]. Ce sentiment-là est une vertu ; il est même le principal, pour ne pas dire le seul ressort de la vie morale.

Ajoutons d'ailleurs, ce qu'un mot pouvait déjà faire pressentir, que ce sentiment est profondément religieux. Épictète ne perd jamais de vue qu'il tient de Dieu la force qui l'anime et que Dieu est cet idéal auquel il doit se conformer. L'homme, étant issu de Dieu, ayant reçu de lui une raison qui est comme une émanation de la raison divine et une liberté contre laquelle il ne s'est réservé à lui-même aucun recours, est, à ce titre, comme l'image de Dieu[2], mais une image qu'il doit sans cesse embellir pour la rendre semblable à son modèle. C'est en ce sens qu'il faut entendre certains mots qui, à première vue, pourraient paraître empreints de quelque arrogance[3]. Il suffit, pour les juger à leur vraie valeur, de les mettre en regard des passages où Sénèque démontre que le sage est supérieur à Dieu[4]. Quand Épictète rappelle à l'homme sa nature divine, c'est à titre d'encouragement moral[5] : la fierté qu'il en doit ressentir est la vertu d'une élite et n'a rien de commun avec l'orgueil. Car l'homme sait qu'il ne deviendra semblable à Dieu qu'en se soumettant à lui et en marchant à sa suite[6] : sa soumission est la garantie de l'indépendance qu'il tient de lui. « Jamais,

---

[1] Épictète, *Entretiens*, II, viii, 25 et 27.

[2] Id., *ibid.*, I, i, 12 ; I, vi, 40 ; II, viii, 25.

[3] Id., *ibid.*, I, xii, 26 ; II, viii, 28 ; II, xix, 27 ; IV, i, 82 et 90 ; cf. I, xiv, 11.

[4] Sénèque, *De const. sap.*, VIII, 2 : « Sapiens.... excepta mortalitate, similis deo » ; *Ep.*, LIII, 12 : « Deus beneficio naturae non timet, suo sapiens » ; *De Provid.*, VI, 5 : « Hoc est quo Deum antecedatis : ille extra patientiam malorum est, vos supra » ; *Ep.*, LXXIII, 13 : « Jupiter uti illis non potest, sapiens non vult. »

[5] Épictète, *Entretiens*, I, iii, 1-2 et 4 ; II, viii, 11-12 et 26 ; cf. I, ix.

[6] Id., *ibid.*, IV, i, 99.

dit, non pas Épictète, mais le sage idéal qu'il fait parler, je n'ai été empêché de faire ce que je voulais ni contraint à faire ce que je ne voulais pas. Et comment ai-je pu en arriver là? J'ai subordonné ma volonté à celle de Dieu[1]. »

Mais le sentiment religieux chez Épictète mérite d'être étudié à part. Ce que nous cherchions ici, c'est uniquement l'idée qu'Épictète se faisait de lui-même. Or nous l'avons vu partir d'un acte d'humilité, d'un aveu d'ignorance; à mesure qu'il perdait cette ignorance, il continuait à vivre modeste au milieu des hommes; enfin, la pleine conscience de sa valeur et de son pouvoir n'a eu d'autre effet que d'éveiller en lui des sentiments d'honneur et de piété. Par là, on peut dire qu'il a réussi à fondre l'humilité et l'orgueil en une seule vertu. Dans cette haute situation, il a trouvé, naturellement et sans effort, le point de vue où il devait se placer pour rester humble.

Mais l'humilité n'est qu'une vertu : ce n'est pas la vertu totale. Si le sentiment de l'indépendance n'a pas nécessairement l'orgueil pour revers, il peut en avoir d'autres, au moins aussi fâcheux. Par exemple, l'homme qui sait que les autres ne peuvent agir sur lui et qu'il ne peut agir sur les autres à coup sûr, peut-il éviter l'égoïsme en suivant une doctrine qui lui permet et lui ordonne de rechercher en tout son bien propre[2]? Ici encore, y aurait-il un point de vue à trouver, d'où il soit possible de regarder néanmoins les autres hommes avec intérêt et affection, et de leur témoigner, non seulement pitié et indulgence, mais bonté et dévouement?

Ce qui est certain, c'est que la doctrine de l'indépendance exige avant tout qu'on soit sévère et impitoyable pour soi-même. Cette indépendance, qu'en toute occasion Épictète revendique si âprement et si jalousement, afin

---

[1] Épictète, *Entretiens*, IV, 1, 89-102.
[2] Id., *ibid.*, I, xix, 11 et 15.

d'échapper à toute atteinte de la part des hommes et des choses, a pour conséquence, dès qu'on en a conscience, le sentiment très vif de la responsabilité. Dire que la προαίρεσις, soustraite aux influences extérieures, fait seule le bien ou le mal suivant qu'elle est ou n'est pas dans la droite voie, et que nos opinions sont les seuls motifs de nos actes, c'est dire que nous ne devons jamais nous en prendre qu'à nous-mêmes du mal que nous faisons, comme des chagrins que nous éprouvons[1]. Épictète en tire effectivement cette conséquence, et invite ceux qu'il instruit à acquérir cette habitude et à l'opposer aux préjugés de leur éducation antérieure. Quand ils étaient enfants et que, courant le nez au vent, ils se heurtaient contre une pierre, leur nourrice, au lieu de les gronder de leur étourderie, battait la pierre. La plupart en sont encore là, et continuent à faire ce qu'on faisait autrefois pour eux, accusant les hommes et les choses quand ils ne devraient accuser qu'eux-mêmes. Ils sont restés de grands enfants; car c'est être enfant que d'être ignorant. Mais c'est précisément ici que se fait sentir le premier effet de l'éducation : l'homme qui commence à s'instruire ne dit jamais « hélas », à cause de son père ou de son frère, mais à cause de lui, en attendant le jour où le mot n'aura même plus à sortir de sa bouche[2]. En d'autres termes, il prend conscience de sa responsabilité, et, par suite, devient sévère et exigeant envers lui-même. « A l'avenir, quand nous ferons mal, nous n'en accuserons que l'opinion qui nous aura fait agir, et nous tâcherons de l'extirper de notre âme, encore plus que de notre corps les abcès et les tumeurs[3]. »

Il semble que nous devrions juger les actions d'autrui d'après les mêmes principes. Peut-on croire, en effet, à

---

[1] Épictète, *Entretiens*, II, xxiii, 19 et 26; I, xi, 28-34 et 37; I, xviii, 2; I, xxviii, 5; *M.*, V.
[2] Id., *ibid.*, III, xix, 1-6; cf. III, v, 4 et *M.*, V.
[3] Id., *ibid.*, I, xi, 35.

son libre arbitre et ne pas croire, en même temps, à celui des autres? Ne serait-ce pas avoir deux poids et deux mesures que d'être sévère pour soi et indulgent pour eux? Encore que la contradiction inverse soit plus répandue, celle-ci même est-elle digne d'un sage? Le stoïcisme primitif paraît se l'être interdite : le sage tel qu'il le concevait ne devait pas avoir d'indulgence, parce que les hommes étaient responsables de leurs vices; il ne devait pas modérer les châtiments prescrits par les lois, parce que ces châtiments étaient justes[1]. On chercherait inutilement dans Épictète des déclarations empreintes d'une semblable sévérité. On y trouverait au contraire l'ordre de pardonner les injures : s'il veut que l'homme s'accuse de ses fautes, il veut qu'il excuse les fautes d'autrui, et particulièrement les fautes de ceux qui cherchent à lui nuire.

Il ne s'est pas borné, remarquons-le bien, à défendre de s'emporter contre ses ennemis et de s'abstenir de tout désir de vengeance. Pour cela, des motifs tirés de la simple raison suffisaient; et, pour démontrer qu'il est au moins inutile de rendre le mal pour le mal, Épictète, sans remonter jusqu'à Socrate, n'avait qu'à se souvenir de l'enseignement de Musonius. « Je prétends, disait celui-ci, que quiconque est en faute fait tort par là, sinon à autrui, du moins à soi-même[2]. » « Si on nous exile injustement, disait-il encore, le mal est pour ceux qui nous exilent, et non pour nous[3]. » Ailleurs enfin, il a développé assez longuement le thème bien connu, que l'injure ne peut atteindre l'homme de bien : « la honte est, en effet, pour celui qui la fait, et non pour celui qui la reçoit, puisque toute faute est du même coup une honte et qu'il n'y a point de faute à recevoir une injure »; et il en concluait qu'il n'y a pas lieu

---

[1] Stobée, *Ecl.*, II, vi, 6 (II, p. 62, l. 14 M.); Diog. L., VII, 123. Cf. Cicéron, *Pro Mur.*, 61 : « sapientem nunquam cujusquam delicto ignoscere ».
[2] Stobée, *Flor.*, VI, 23 H. (I, p. 166, l. 22 M.).
[3] Id., *ibid.*, XI, 9 (II, p. 75, l. 23 M.).

15

pour un homme sensé d'en vouloir tirer vengeance[1]. Épictète ne dédaigne pas, à l'occasion, de reprendre ces motifs pour son propre compte[2] : il fait même ressortir avec une force nouvelle, au moyen d'une sorte de démonstration par l'absurde, l'inconséquence qu'il y a à vouloir rendre le mal pour le mal. Outre qu'il n'est pas besoin de nuire à ceux qui se nuisent déjà suffisamment et se privent des plus grands de tous les biens, c'est à nous-mêmes que nous ferions tort en nous emportant contre eux[3]. Autant vaudrait dire : « Quoi ! celui-ci s'est fait tort en cherchant à me nuire, et je ne voudrais pas me faire tort à mon tour en lui rendant la pareille[4] ! » Spirituelle transposition d'une erreur populaire, qui est l'un des principes de la morale courante. Après cela, quel homme simplement sensé n'aurait pas à l'égard de ses ennemis la patience de Socrate envers Xanthippe[5] ? Mais ces motifs purement raisonnables aboutissent, en dernière analyse, à l'indifférence, et derrière l'indifférence, il y a place pour un sentiment qui ressemble fort à l'orgueil. La constance du sage de Sénèque en face des injures est faite en grande partie d'un pareil sentiment : le dédain qu'il oppose à ceux qui l'injurient est plus insultant que l'insulte elle-même. « Il y a d'autres disgrâces qui le frappent sans l'abattre, comme la douleur physique, les infirmités, la mort de ses amis et de ses enfants, le malheur de sa patrie en proie à la guerre... Quant à ces outrages, il ne les sent même pas ;... il se dit que tous sont placés trop bas pour regarder avec mépris celui qui est si fort au-dessus d'eux[6]. » C'est bien là le sens de l'impassi-

---

[1] Épictète, *Entretiens*, XIX, xvi (I, p. 304, l. 2 M.).

[2] Voici, par exemple, ce qu'il dit à propos de la calomnie : « Si un homme croit faux un syllogisme conjonctif qui est juste, ce n'est pas au syllogisme que cela fait tort, mais à celui qui s'est trompé. » *(M.,* XLII ; cf. *Entr.,* I, xxix, 51 et 53, et IV, v, 10).

[3] Épictète, *Entretiens*, III, xviii, 5. Cf. Musonius dans Stobée, *Flor.,* XIX, 16 (I, p. 305, l. 9 M.) : « En croyant se défendre, on s'abaisse en réalité et on se met en contradiction avec soi-même. »

[4] Épictète, *Entretiens*, II, x, 24-27.

[5] Id., *ibid.,* IV, v, 33.

[6] Sénèque, *De const. sap.,* X, 3 et XI, 1-2 ; cf. IX, 1.

bilité avec laquelle Caton reçut un jour un soufflet. « Mais le sage qui reçoit un soufflet, que fera-t-il? — Ce que fit Caton en pareille circonstance : il ne prit pas feu, il ne se vengea pas de l'affront, il ne le pardonna même pas; il nia l'existence de cet affront. » Et Sénèque, non seulement admire hautement cette attitude, mais la met nettement au-dessus du pardon. « Il y avait plus de grandeur d'âme à désavouer ainsi qu'à pardonner[1]. »

Mais ce n'est pas là l'attitude que recommandent de préférence Musonius et Épictète. Si Musonius rapporte un trait tout à fait semblable de Phocion, qui, insulté, ne crut pas avoir à pardonner[2], et si Épictète dit quelque part qu'il faut être comme une pierre en face de l'outrage[3], ils ne s'abstiennent pas de l'indulgence et du pardon. Ils ne sont indifférents qu'à l'injure et non à celui de qui elle vient, et au lieu de mépriser l'insulteur en affectant de ne pas le voir, de ne pas même savoir qu'il existe, ils l'excusent en raison de son ignorance. De la part d'Épictète en particulier, cela est d'autant plus frappant qu'il met en avant, pour recommander l'indulgence, les mêmes motifs pour lesquels il veut que nous soyons sévères envers nous. S'il répète volontiers, d'après Socrate et Platon, que nos actes résultent naturellement de nos jugements, il ne tire pas les mêmes conséquences de ce principe selon qu'il l'applique à notre conduite ou à celle d'autrui. Autant il tient, quand il s'agit de nous, à affirmer la responsabilité, autant on dirait qu'il cherche à l'atténuer quand il s'agit du prochain. Tout acte est à la fois libre et déterminé, puisqu'il résulte d'un jugement librement formé, mais suit nécessairement le jugement par lequel on a reconnu qu'une chose est bonne[4]. Or Épictète, qui ne considère que le premier point

---

[1] Sénèque, *De const. sap.*, XIV, 3 ; cf. *De clementia*, II, VII, où Sénèque développe copieusement et consciencieusement, dans la manière de l'école, le paradoxe *sapientem nunquam cujusquam delicto ignoscere*.
[2] Stobée, *Flor.*, XIX, 16 (p. 304, l. 17 M.).
[3] Épictète, *Entretiens*, I, xxv, 29.
[4] Id., *ibid.*, I, xi, 30 et 33 ; I, xviii, 2 ; I, xxviii, 6.

quand il s'agit de nos propres actes, ne considère que le second quand il s'agit de ceux d'autrui[1]. Toute chose a deux anses, la bonne et la mauvaise, dit un célèbre article du *Manuel*[2] : nous avons ici l'anse par laquelle on doit prendre et supporter les fautes et les torts du prochain. « S'il n'est pas possible aux hommes de désirer autre chose que ce qu'ils croient convenable, pourquoi nous emporter contre la plupart d'entre eux? » Médée elle-même, en tuant ses enfants, a cru bien faire, malgré deux vers d'Euripide où elle semble dire le contraire : cela suffit pour justifier sa conduite, du moins à nos yeux, et pour nous ôter le droit de nous indigner contre elle[3]. Épictète va jusqu'à dire, tout à fait dans la manière d'Euripide, que l'homme est quelquefois contraint par l'amour à agir contre sa conviction, et que, tout en voyant où est le meilleur, il n'a pas la force de s'y conformer, empêché qu'il est par une force en quelque sorte divine; et il n'hésite pas à le déclarer excusable[4]. Mais le plus souvent, quand aucune réminiscence poétique ne vient modifier l'expression de sa pensée, c'est en considération de l'ignorance des coupables qu'il prêche l'indulgence en leur faveur ; il veut qu'on leur pardonne, parce qu'ils ne savent ce qu'ils font[5]. « Celui qui veut être un véritable

---

[1] C'est ce que fait bien voir, en particulier, le ch. I, xxviii. Dans la première partie, l'examen des motifs de tout acte humain a pour conséquence l'indulgence envers autrui (I, xxviii, 10). De la seconde partie, au contraire, il ressort que nous devons redoubler de surveillance, c'est-à-dire de sévérité envers nous-mêmes. Épictète aime ces changements de points de vue qui font prendre aux questions un aspect inattendu; et il y a recours, le plus souvent, quand il veut nous empêcher d'incriminer ceux dont nous croyons avoir à nous plaindre. V. les passages du *Manuel*, XLII, et des *Entretiens*, IV, v, 8-9, cités p. 229, n. 1; cf. également M., XXXIII, 9. Nous retrouverons au chapitre suivant, des changements de front tout à fait comparables, à propos des rapports de l'homme, non plus avec ses semblables, mais avec Dieu.
[2] Épictète, *M.*, XLIII.
[3] Id., *Entretiens*, I, xviii, 2 ; I, xxviii, 7-9.
[4] Id., *ibid.*, IV, I, 147.
[5] Ailleurs il soutient que c'est nous qui ne savons pas ce que font les autres, ou du moins pourquoi ils agissent de telle et telle façon. Par suite, il défend de porter sur le prochain des jugements téméraires et,

ami, dit-il, se donnera tout entier à ceux qui lui ressemblent; avec ceux qui ne lui ressemblent pas, il sera patient, plein de bonté et de douceur; il leur pardonnera en se disant que ce sont des ignorants, qui s'égarent dans les questions les plus importantes, et en se rappelant le mot de Platon, « que c'est toujours malgré elle qu'une âme est privée de la vérité¹ ». Ces maximes, empreintes d'un véritable esprit de charité, font le plus grand honneur à Épictète : mais il est juste de dire qu'elles ne font pas moins d'honneur à Musonius, et ce n'est pas sans raison que nous citions plus haut les deux noms côte à côte. Car l'élève n'a eu qu'à s'approprier ici, en les développant avec une conviction sincère, les enseignements de son maître. Si Musonius vante l'impassibilité de Phocion comme Sénèque celle de Caton, au lieu d'ajouter, comme Sénèque, qu'il y a plus de grandeur d'âme à désavouer qu'à pardonner, il ajoute : « Essayer de mordre qui vous mord et de rendre le mal pour le mal est le fait d'une bête et non d'un homme : c'est ne pas savoir se rendre compte que la plupart des fautes proviennent de l'ignorance et cessent par suite de l'instruction. Considérer les fautes d'autrui sans colère, ne pas se montrer impitoyable envers ceux qui pèchent, ne pas désespérer d'eux, voilà qui est d'un homme sociable et d'un bon cœur. Ne vaut-il pas beaucoup mieux qu'un philosophe pardonne à ceux qui ont commis quelque faute envers lui, que de les poursuivre en croyant ainsi se défendre, mais en s'abaissant en réalité² ? »

en général, de critiquer sa conduite. « Tant que vous ne savez pas l'idée d'après laquelle un homme fait ceci ou cela, ne louez ni ne blâmez son acte. Or il n'est pas facile de juger une idée d'après des faits extérieurs. » (Épictète, *Entretiens*, IV, viii, 3 = M., XLV; cf. *Entr.*, IV, iv, 44). Cf. Marc-Aurèle, II, 13 et IX, 20.

¹ Épictète, *Entretiens*, II, xxii, 36; cf. M., XLII, début et fin; cf. également *Entretiens*, IV, v, 9-10; « Un tel m'a insulté,..... — C'est très beau de sa part de ne pas l'avoir tué. En effet, quand lui a-t-on appris que l'homme est un animal fait pour vivre en société et pour aimer ses semblables, et que l'injustice est, par elle-même, très nuisible à celui qui la commet ? Du moment qu'on ne lui a pas appris ces choses-là, pourquoi voudrais-tu qu'il n'aille pas là où il croit voir son intérêt ? »

² Stobée, *Flor.*, XIX, 16 (I, p. 304, l. 30 et suiv. M.).

Sénèque avait mis plus haut le sage parfait en face des fous : il y avait un tel abîme entre les deux extrêmes que l'éloignement expliquait la souveraine indifférence du sage. Mais Épictète, plus préoccupé de donner des conseils pratiques que de représenter un idéal de vertu difficilement accessible, se contente de mettre en regard de ceux qu'il appelle les ignorants, ceux mêmes à qui il s'adresse et qui commencent à s'instruire, et une telle comparaison est beaucoup plus salutaire. « Laisse donc à la multitude les exclamations de colère.... Et toi, pour te montrer aussi sévère, es-tu devenu sage du premier coup¹? » Ainsi ceux qui commencent à s'instruire comprennent d'autant mieux ce qui manque aux autres qu'eux-mêmes ont été autrefois plongés dans une semblable ignorance. Et de ce rapprochement naît un sentiment encore plus élevé que l'indulgence, la pitié; non pas la pitié dédaigneuse et hautaine, mais la pitié affectueuse. Épictète fait comprendre par une belle comparaison la nature du sentiment qu'on doit éprouver pour ses ennemis. Tout le monde sent quelque commisération pour les aveugles et les estropiés, et ceux qui ont l'usage de leurs yeux et de leurs membres ne pensent qu'à plaindre ceux qui sont moins bien partagés qu'eux². Si donc on a pitié des boiteux et des aveugles dont les yeux ne peuvent distinguer le blanc du noir, il serait odieux d'avoir des sentiments de haine pour ces autres infirmes qui ne savent pas marcher droit dans la vie et ces autres aveugles qui ne savent pas distinguer le bien du mal³. C'est à ceux-ci

---

¹ Épictète, *Entretiens*, I, XVIII, 10. Le texte de ce beau passage est malheureusement très mutilé, et on n'en peut saisir que le sens général.
² Id., *ibid.*, I, XVIII, 7.
³ Id., *ibid.*, I, XVIII, 6 et 9 ; I, XXVIII, 9. Épictète n'est sans doute pas l'inventeur de la comparaison ; car Cicéron, dans un passage des *Tusculanes* (V, 114), qui provient évidemment d'une source grecque (cf. plus loin, ch. III, p. 286, n. 1), établit, au moyen de la même image, une antithèse entre la cécité physique et la clairvoyance morale. Mais l'idée charitable qui fait tout l'intérêt du passage des *Entretiens* ne se retrouve pas dans celui des *Tusculanes*.

au contraire qu'il faut réserver la plus grande part de sa pitié. Ils sont infiniment plus à plaindre que ceux dont les infirmités sont purement physiques, puisque le plus grand des maux est d'être privé du plus grand des biens, à savoir un jugement droit[1]. Ailleurs, on devine une autre comparaison, plus discrètement indiquée, entre l'ennemi qui nous insulte et un homme qui a perdu tout ce qu'il possédait. On s'apitoie sur le sort de celui-ci : c'est l'autre surtout qui mérite notre compassion. L'un, en effet, n'a perdu qu'une fortune, c'est-à-dire des choses extérieures, l'autre a perdu, de son vivant, sa qualité d'homme[2].

Ainsi l'impassible stoïcisme s'est attendri jusqu'à prêcher la pitié[3] : mais on est en droit de trouver que ce n'est pas encore assez. Si charitable que soit ce sentiment, surtout quand il a nos ennemis pour objet, il est, par lui-même, purement passif. La comparaison des aveugles et des boiteux n'est pas tout à fait exacte, en ce sens que les coupables, victimes d'infirmités morales, sont incomparablement plus à plaindre. Mais, autre différence qui vient compenser la première, le sentiment qu'ils inspirent est capable de devenir plus efficace. Quand il s'agit d'infirmités physiques, la pitié n'établit pas de communication entre celui qui l'éprouve et celui qui en est l'objet, et même les plus favorisés doivent jouir aussi discrètement que possible de leurs avantages, pour éviter des comparaisons pénibles[4]. Il n'en est pas de même en morale : là, celui qui voit clair peut contribuer à éclairer l'aveugle, qui confond le bien et le mal. Sans doute, Épictète répète souvent que l'individu est soustrait à toute influence extérieure,

---

[1] Épictète, *Entretiens*, I, XVIII, 8.
[2] Id., *ibid.*, IV, v, 15-16.
[3] A la fin du *De clementia*, Sénèque, comme il est naturel à propos d'un pareil sujet, relève en très beaux termes tout ce qu'il y a d'humain et de généreux dans la doctrine stoïcienne (II, v, 2-3) ; mais on dirait qu'il est préoccupé, avant tout, de sauver les deux paradoxes : *neminem misericordem esse nisi stultum et levem; sapientem nunquam cujusquam delicto ignoscere* (II, v, 1 et 4-5; vi; vii). Cf. plus haut, p. 227, n. 1.
[4] Épictète, *Entretiens*, IV, VIII, 28.

qu'il ne dépend que de ses opinions, et que ses opinions lui sont personnelles. Mais c'est là un idéal, dont l'ignorant est aussi éloigné que possible ; et, s'il n'est qu'à peine, comme on l'a vu, responsable de ses actes, c'est précisément parce que ses actes sont fondés sur des opinions peu éclairées. C'est parce qu'il est ignorant qu'il peut subir l'influence de la science d'autrui[1]. Or, en l'aidant à voir ce qu'il ne voyait pas, on peut l'aider, du même coup, à réformer sa conduite. L'homme, dit Épictète, a l'esprit ainsi fait qu'il évite nécessairement la contradiction dès qu'il la voit. Or toute faute est une contradiction, puisqu'elle est contraire à l'intérêt, et qu'on recherche l'intérêt en toute chose. Tant donc qu'on ne montre pas sa faute à quelqu'un, il n'est pas étonnant qu'il y persiste ; mais, qu'on la lui fasse comprendre, et de lui-même il renoncera au mal[2].

Peut-on se dérober, quand on a l'occasion de rendre à son prochain un service d'un si haut prix ? Dans un fragment, conservé par Stobée, où on croit qu'Épictète citait Musonius, celui-ci rappelait un trait de la vie de Lycurgue, qu'on trouve également dans Plutarque. Le législateur des Lacédémoniens, ayant été victime des brutalités d'un jeune insolent, se le fit livrer par le peuple pour le punir comme il l'entendrait, et se borna, pour toute vengeance, à l'instruire et à en faire un honnête homme ; puis, l'ayant un jour conduit dans un lieu public : « Voyez, dit-il aux Lacédémoniens surpris, vous m'avez livré un brutal et un insolent, et je vous rends un homme doux et sociable[3]. » Dans un autre fragment de même provenance, Musonius disait : « Il est peu généreux, en même temps que peu sensé, de croire qu'on se fait mépriser en

---

[1] Ainsi s'explique la réponse d'Épictète à la question suivante : « Que dois-je faire pour que mon frère ne soit plus fâché contre moi ? — Amène-le moi, et je lui parlerai ; mais je n'ai rien à te dire, à toi, au sujet de sa colère à lui. » (I, xv, 5.) C'est à cause de la supériorité de sa science qu'il espère agir sur lui ; aussi ne veut-il pas s'en remettre à un intermédiaire presque aussi ignorant que celui qu'il s'agit d'éclairer.
[2] Épictète, *Entretiens*, II, xxvi, 1-8 ; cf. II, xii, 4 ; I, xviii, 4 ; I, xxviii, 8.
[3] Id., fr. 5 = Stobée, *Flor.*, XIX, 13.

ne faisant pas tout le mal possible à ses ennemis : en réalité, ce n'est pas quand on est incapable de nuire qu'on est méprisable, mais bien plutôt quand on est incapable d'être utile[1]. » Ces deux passages, qui paraissent extraits d'un chapitre d'Épictète sur l'amitié[2], se ramènent, en définitive, à cette conclusion pratique : Aimez ceux qui vous haïssent; faites du bien à ceux qui veulent vous nuire, en éclairant leur ignorance. Cela complète bien la pensée de l'homme qui tout à l'heure recommandait de ne pas se montrer impitoyable envers les coupables et de ne pas désespérer d'eux[3], et on voit qu'il ne se contentait pas d'une indulgence et d'une pitié purement passives. Épictète, à son tour, ne se bornait pas à citer son maître, et son enseignement personnel s'inspirait des mêmes principes. Son philosophe idéal doit s'attendre, au cours de son divin apostolat, à toutes les persécutions; mais, « roué de coups comme un âne, il aimera ceux mêmes qui le battent, en se disant qu'il est le père et le frère de tous les hommes[4] », et il continuera sa prédication obstinée. Il est vrai qu'il s'agit là d'un être exceptionnel. Mais, dans plusieurs autres passages des *Entretiens*, on voit Épictète conseiller à des mortels ordinaires de pratiquer la bienfaisance sous sa forme la plus élevée, c'est-à-dire d'instruire les ignorants. Il applique pour cela un principe dont il fait souvent usage, à savoir que, s'il ne faut pas vouloir à toute force ce qui n'est pas en notre pouvoir, du moins nous devons faire ce qui dépend de nous; car la négligence n'est pas chose indifférente[5]. Par exemple, une mère pleure parce qu'elle est séparée de son fils. Notre chagrin seul est à nous; c'est

---

[1] Épictète, fr. 7 = Stobée, *Flor.*, XX, 61.
[2] Voy., sur ce point particulier, Asm, *Quaest. Epict.*, p. 41 et suiv.
[3] Ce mot fait penser précisément à un médecin qui ne se décide pas à condamner un malade et à renoncer à le soigner. Les mots μηδὲ ἀνήκεστον εἶναι, qui précèdent immédiatement, confirment cette impression, bien qu'ils soient appliqués, non pas à celui qui correspond au malade, mais à celui qui correspond au médecin.
[4] Épictète, *Entretiens*, III, XXII, 54.
[5] Id., *ibid.*, II, v, 1 ; II, vi, 1-2.

notre seule faiblesse que nous pouvons corriger à coup sûr.
Mais, parce que le chagrin des autres est en dehors de
nous, ce n'est pas un motif pour nous en désintéresser, et,
si leur faiblesse est pire que la nôtre, nous devons essayer
au moins de les aider à s'en défaire. Si cette femme pleure,
elle prouve qu'elle ne connaît pas un mot de la doctrine :
c'est à son fils, un peu plus avancé qu'elle, de faire tous
ses efforts pour la consoler[1]. De même, pour vivre en paix
avec tout le monde, il est bon de se dire qu'on n'agit à coup
sûr que sur soi, que le principal est de vivre conformément à la nature, sans prétendre obliger les autres à nous
imiter ; mais ce n'est pas un motif pour les laisser vivre
au hasard : notre devoir est de travailler, autant du moins
qu'il est en nous, à les faire vivre, eux aussi, conformément à la nature[2]. Épictète pousse même assez loin nos
obligations sur ce point, et prouve qu'il donne aux mots
« autant qu'il est en nous », qui ont l'air d'une restriction,
leur signification la plus étendue. Il ne faudrait pas, de
peur de dépasser le but, s'arrêter à mi-chemin, et se croire,
à la moindre résistance, dispensé d'insister. Ne nous
hâtons pas de condamner, comme inguérissable, celui que
nous ne réussissons pas à guérir. Qui sait si la faute en
est à lui ou à nous[3]? Un bon guide sait bien, quand il
trouve un homme égaré, le remettre dans le bon chemin.
Celui qui, dès la première tentative, se décourage, se
moque ou se fâche, prouve qu'il ne sait pas instruire[4]. Le
sentiment de sa propre impuissance est souvent la seule

---

[1] Épictète, *Entretiens*, III, xxiv, 22-23.
[2] Id., *ibid.*, IV, v, 4-5.
[3] C'est ainsi qu'il s'accuse lui-même de l'insuffisance des progrès de ses élèves (II, xix, 33).
[4] Une phrase du célèbre passage où Sénèque donne un échantillon des examens de conscience auxquels il se livrait tous les soirs, à l'exemple de son maître Sextius, pourrait faire croire qu'il était de ceux qui ne savent pas instruire et qui, après un premier essai malheureux, se promettent de ne plus recommencer : « In illa disputatione pugnacius locutus es : noli postea congredi cum imperitis ; nolunt discere qui nunquam didicerunt » *(De ira,* III, xxxvi, 3). Mais il serait évidemment peu équi-

impression qu'il ait le droit d'éprouver, et, s'il a des reproches à adresser à quelqu'un, c'est à lui-même[1]. Qu'est-ce à dire ? Qu'il n'est pas facile de faire voir la vérité ; mais cela ne diminue nullement l'étendue de notre devoir.

Sans doute, on voit Épictète plus souvent occupé à modérer qu'à encourager chez ses élèves le goût de la prédication. On pourrait réunir de nombreux passages dont la signification générale est : Qu'importe que les autres se trompent ? C'est leur affaire. Le principal est d'être soi-même en possession de la vérité[2]. Mais ici, comme lorsqu'il était question de l'étude de la logique, il ne faut pas prendre pour des préceptes absolus de simples précautions qui ne s'appliquent qu'à des cas déterminés. Ce qu'Épictète déconseille, c'est la prédication intempestive. C'est précisément parce que l'enseignement de la vérité est chose très délicate qu'il ne doit pas être permis au premier venu. A plus forte raison doit-il être interdit à des débutants, à des novices, comme le sont la plupart des élèves d'Épictète. D'ailleurs, quand ces jeunes gens sont-ils tentés d'éclairer les autres ? C'est surtout quand ils sont personnellement mis en cause, quand on dit du mal d'eux, ou simplement quand on les plaint[3] : c'est alors qu'ils éprouvent le besoin de se justifier aux yeux des autres ou de leur démontrer qu'ils ne méritent pas leur pitié. Il est tout naturel qu'Épictète les engage, en ce cas, à se désintéresser des erreurs d'autrui ; le véritable sentiment qui les pousse fait bien voir que leur zèle est intempestif : s'ils se préoccupent, par amour-propre, de l'opinion du prochain,

---

table de juger Sénèque sur un mot qui lui a échappé et qui, d'ailleurs, est corrigé par la suite, alors que le directeur de conscience de Lucilius nous a laissé, dans sa correspondance, un monument authentique de sa patience et de sa persévérance.

[1] Épictète, *Entretiens*, II, xii, 3-4 ; II, xxvi, 7.
[2] Par ex., *Entretiens*, I, xii, 19 ; I, xxix, 31 et 53-54 ; III, x, 19-20 ; III, xviii, 7 ; III, xxiv, 4-5 ; IV, vi, 5 et 11 ; IV, viii, 24-25 ; *M.*, XII, 1 et 2 ; XLII.
[3] Épictète, *Entretiens*, III, xviii, 2 ; III, ii, 10 ; I, xxix, 53-54 ; IV, vi, 1-2.

c'est que personnellement ils attachent encore quelque importance aux choses extérieures. Le moment n'est pas venu de vouloir changer les opinions d'autrui, quand on a encore besoin de réformer les siennes [1].

En revanche, ce que chacun peut se permettre sans s'exposer à se voir reprocher un zèle déplacé, c'est la prédication par l'exemple. Édifier les autres par sa conduite est un enseignement à la fois discret et efficace, à la portée de tout le monde. Épictète estime qu'il vaut souvent mieux, non seulement pour nous, mais pour notre entourage, accepter les injures et supporter les torts d'un parent, d'un ami ou d'un voisin que d'ouvrir une école de morale [2]. « Tu veux rendre service aux autres ? Montre-leur par ton propre exemple quels hommes la philosophie sait faire : cela vaut mieux qu'un vain bavardage. Par ta façon de manger ou de boire, sois utile à ceux qui boivent ou qui mangent avec toi ; fais-leur des concessions, supporte tout de leur part : voilà de quelle façon tu peux te rendre utile [3]. » Mourir même peut être plus utile que de vivre pour prêcher les autres. Aujourd'hui que Socrate n'est plus, le souvenir de ce qu'il a dit ou fait à ses derniers moments est toujours là [4]. Mais il s'agit ici d'un de ceux qui ont reçu du ciel l'influence secrète et que Dieu a désignés pour être ses interprètes. A ceux-là, on l'a vu, s'impose, en attendant l'occasion du martyre, le devoir plus positif de la prédication proprement dite, et c'est d'eux que Musonius a pu dire cette belle parole : « Quand la vie d'un homme est utile à un grand nombre, il n'a le droit de mourir que si sa mort doit être utile à un plus grand nombre encore [5]. » Épictète ne s'est pas fait une moins haute idée des devoirs du philosophe. L'un des plus graves

---

[1] Épictète, *Entretiens*, IV, VI, 9-10 et 18-20 ; cf. III, XIII, 22, et, en général, III, XVI ; III, XXI ; III, XXIII. Cf. plus haut, 2e partie, ch. Ier, p. 88-90.
[2] Id., *ibid.*, III, XXI, 5.
[3] Id., *ibid.*, III, XIII, 22-23.
[4] Id., *ibid.*, IV, I, 168-169.
[5] Stobée, *Flor.*, VII, 23.

reproches qu'il adresse à l'Épicurisme, c'est d'être égoïste en son principe, et il estime qu'Épicure s'est mis en contradiction avec l'esprit de sa doctrine en la communiquant[1]. La prédication, au contraire, a été la vie même de ceux dont il prétend relever. Socrate était poussé à enseigner la jeunesse par une force irrésistible, qu'il considérait lui-même comme une vocation d'en haut. S'il disait que vivre sans examiner n'est pas vivre[2], il pensait aussi que vivre sans prêcher n'est pas vivre davantage, et la preuve, c'est que, du jour où la prédication lui fut interdite, il se décida à donner, par sa mort, à ceux qu'il ne pouvait plus instruire autrement, un dernier et sublime enseignement[3]. Le Cynique, lui aussi, ce philosophe idéal, qui est à la fois Socrate, Diogène, et Épictète lui-même avec quelque chose de plus, ne se contente pas de donner à l'humanité le modèle d'une vie irréprochable : il doit élever la voix et monter sur la scène tragique pour crier aux hommes que le bonheur n'est pas dans la richesse et la puissance, mais dans l'indépendance de l'esprit[4]. A l'exemple de ces maîtres illustres, Épictète paraît n'avoir vécu que pour enseigner. Dans le passage célèbre où il raconte comment il veut mourir, il fait comprendre assez nettement que son idéal n'est pas la contemplation égoïste, et il trouve qu'il a mieux à faire que de travailler dans la solitude à son propre perfectionnement. Il souhaite avant tout d'être surpris par la mort au milieu d'une occupation digne d'un homme; et ce qu'il entend par là, c'est un acte de bienfaisance, un acte utile à ses semblables[5]. C'est dire qu'il rêve de mourir comme il a vécu; car il a passé sa vie à exercer la bienfaisance sous sa forme la plus élevée.

---

[1] Épictète, *Entretiens*, II, xx, 6-21.
[2] Platon, *Apol. de Socr.*, p. 38 a, cité par Épictète, *Entretiens*, I, xxvi, 18.
[3] Épictète, *Entretiens*, III, i, 19 ; II, ii, 18 ; IV, i, 169.
[4] Id., *ibid.*, IV, viii, 30-33 ; III, xxii, 13-18 et 26-50.
[5] Id., *ibid.*, IV, x, 12-13.

CHAPITRE II

Le sentiment religieux

Quelle que soit la sincérité et l'élévation des sentiments qui viennent d'être examinés chez Épictète, ce n'est pas sur eux qu'il convenait de s'arrêter le plus longuement. Il y a un sentiment, plus élevé encore, sur lequel il y a lieu d'insister davantage, si c'est du côté de la divinité, comme on l'a dit, qu'il a vraiment laissé aller son cœur[1]. De la lecture des *Entretiens*, en effet, se dégage une réelle impression religieuse : si ce n'est l'impression dominante, c'est au moins l'une des principales; on dirait volontiers après cette lecture : « Ceci est un livre de piété. » Cette impression demande à être analysée. Nous avons vu quelle place Dieu occupe en tête de la philosophie morale d'Épictète[2] : il faut voir quelle place ce même Dieu occupe au fond de son âme. Pour cela, il n'y a guère à sortir des *Entretiens*, et le *Manuel* ne peut être d'une grande utilité : c'est même un des points sur lesquels les deux ouvrages contrastent le plus entre eux. Il n'y a pas lieu d'en être surpris, si Arrien a rédigé le *Manuel* sur le tard, ou du moins après une période assez active de sa vie. Préoccupé avant tout de recueillir des maximes d'un caractère pratique, il a laissé en quelque sorte s'évaporer le parfum assez délicat de piété qu'exhalent les *Entretiens*.

[1] C. Martha, *Les Moralistes sous l'Empire Romain*, p. 167.
[2] V. 1re partie, ch. II, p. 50-53.

Ce contraste tend du moins à prouver une fois de plus qu'il avait été pour ceux-ci un rédacteur fidèle et impersonnel.

Pour pouvoir juger cette piété à sa valeur et en dégager les traits caractéristiques, on aimerait de savoir si Épictète en avait reçu les germes de Musonius et dans quelle mesure il avait subi, sur ce point, l'influence de l'enseignement de son maître. Mais les expressions du sentiment religieux sont chez celui-ci aussi rares que peu significatives. Est-ce aussi à son rédacteur qu'il faut s'en prendre, si ce sentiment est à peu près aussi sacrifié dans les extraits de Stobée que dans le *Manuel* d'Arrien ? Toujours est-il que les rapports entre le maître et le disciple sont difficiles à établir ici. Par contre, l'œuvre de Sénèque peut fournir matière à plus d'une comparaison avec Épictète. Il ne s'agit, du reste, ni pour l'un ni pour l'autre, de chercher comment ils réussissent à concilier le polythéisme populaire, le panthéisme stoïcien et la conception d'un Dieu qui rappelle celui de Socrate et de Platon, « mélange peu compréhensible pour nos idées modernes[1] », qu'on rencontre d'ailleurs chez d'autres que chez eux[2]. Épictète nous donne ici un exemple de prudence. Très défiant, on l'a vu, des spéculations de cette nature, il ne paraît pas avoir initié ses élèves à des discussions qui sans doute l'intéressaient peu lui-même. Ce sont des sentiments religieux, en relation étroite avec la conduite morale, qu'il exprimait devant eux, plutôt que des idées théologiques et des conceptions métaphysiques : c'est cela surtout que nous devons chercher chez lui, et c'est sur ce point qu'il peut être utilement rapproché de Sénèque.

---

[1] A. Bonhöffer, *ouvr. cité*, t. II, p. 82.
[2] Ainsi chez Musonius (Stobée, *Flor.*, XVII, 43 H. = I, p. 286, l. 11 M.), les dieux se nourrissent des vapeurs qui s'exhalent de la terre et de l'eau ; ils sont l'objet d'un culte qui consiste en sacrifices et en initiations (LXXXV, 20 = III, p. 140, l. 32 M.) ; les grands dieux Héra, Éros et Aphrodite président aux mariages (LXVII, 20 = III, p. 6, l. 12 et suiv. M. ; cf. LXXV, 15 = III, p. 74, l. 24-25 M.). Ailleurs (LXXIX, 51 = III, p. 93, l. 32, M.), Zeus, père commun des dieux et des hommes, commande à ceux-ci la pratique des vertus cardinales, dont il leur offre le modèle (cf. CXVII, 8 = IV, p. 88, l. 19 et suiv. M.).

Celui-ci, tout en ayant un goût prononcé pour la spéculation, développe volontiers, dans la théologie de ses prédécesseurs, les points qui touchent de près à la morale. L'idée stoïcienne de la communauté d'origine des dieux et des hommes, qui revient fréquemment chez lui, est traitée plusieurs fois dans ses rapports avec nos pensées et nos actes[1]. Dans un passage célèbre, en particulier, il présente l'homme de bien comme le temple de la divinité : « C'est, dit-il, par ce Dieu qui réside au dedans de nous qu'on est vertueux ; c'est par lui qu'on échappe au pouvoir de la fortune ; c'est lui qui inspire les idées nobles et élevées... Tout en séjournant ici-bas, une grande âme demeure attachée à son lieu d'origine ; c'est de là qu'elle relève ; c'est là que vont ses regards et que tendent ses aspirations[2]. »

L'idée de la parenté des hommes avec Dieu, de l'union étroite qu'établit d'eux à lui une raison émanée directement de la raison divine, est encore plus chère à Épictète[3], et il en tire des conséquences morales très précises. Il la présente notamment, avec une prédilection marquée, comme le principe le plus efficace de la grandeur d'âme[4]. L'homme pieux, tel qu'il le conçoit et le propose à ses disciples, est en communion perpétuelle avec la divinité, dont il a été détaché. Il pense à Dieu comme il respire, aussi constamment et aussi naturellement. Il croit le voir à tout moment, ou du moins il sait que Dieu le voit ; car Dieu est toujours là, auquel rien n'échappe. « Lors donc, dit-il, que vous avez fermé votre porte et fait l'obscurité dans votre chambre, souvenez-vous de ne jamais dire que vous êtes seuls. Non, vous n'êtes pas seuls : Dieu est là, qui n'a pas besoin de lumière pour voir ce que vous faites[5]. » La

---

[1] V. une indication analogue chez Musonius (Stobée, *Flor.*, CXVII, 8, = IV, 88, l. 19 M.; cf. XVII, 43 H. = I, p. 286, l. 11 M.).

[2] Sénèque, *Ep.*, XLI, 2 et 5 ; cf. *Ep.*, XXXI, 11 ; LXXIII, 14 ; CXX, 14 ; XCII, 1 ; LXVI, 11 ; *De vita beata*, XX, 4 ; *Ad. Helv.*, VI, 7.

[3] Épictète, *Entretiens*, I, III ; I, IX ; I, XIII, 3 ; I, XIX, 9 ; IV, I, 154 ; IV, XI, 3 ; I, I, 12 ; I, XIV, 6 ; I, XVII, 27 ; II, VIII, 11.

[4] Id., *ibid.*, I, III, 2 ; I, IX, 7 ; II, VIII, 18.

[5] Id., *ibid.*, I, XIV, 13-14 ; cf. I, XXX, 1 ; II, XIV, 11.

pensée de ce Dieu dont il est l'image, ou plutôt dont il a une partie au dedans de lui-même, lui tient l'âme élevée au-dessus de la terre. Si celui qui regarde la mort en face ne conçoit jamais de basses pensées, que dire de celui qui regarde plus haut encore et dont la vue monte jusqu'à Dieu [1] ? L'homme qui a conscience de son origine divine oublie presque qu'il a un corps : s'il n'est pas un pur esprit, il se rapproche de cet état autant qu'il est possible [2]. Voilà vers quel idéal Épictète voudrait voir marcher ses élèves. Mais combien la réalité répond mal à son rêve! Dans les esprits de jeunes gens bien nés, l'idée d'un pieux suicide devrait naître, à la suite des leçons où ils apprennent qu'ils sont parents de Dieu ; et le maître devrait être obligé de couper les ailes à ces âmes qui voudraient s'envoler avant le temps et de les retenir de force sur la terre, jusqu'à l'appel de Dieu [3]. Mais il n'a pas à craindre ces égarements d'un mysticisme exagéré, et il n'a pas trop de tous ses efforts pour élever un peu leurs pensées au-dessus des préoccupations de la vie physique. Sans doute, ils en veulent quelquefois à ce corps, à cause des nécessités qu'il leur impose ; mais ils oublient qu'ils sont autre chose qu'une chair misérable ; ils déplorent quelquefois leur servitude, mais ils ne font rien pour s'en affranchir. Il ne faut pas que l'homme se méprise trop : à force de répéter qu'ils sont pareils aux animaux, même pour s'en plaindre, ils arrivent à se donner raison à eux-mêmes [4]. Et voilà comment, au lieu de penser à devenir de purs esprits, ils raisonnent comme s'ils étaient des estomacs, des intestins et pis encore [5]. Aussi, pour réagir, Épictète, accusant dans le sens platonicien la différence des deux éléments dont nous sommes formés, appelle l'attention de ses auditeurs sur cette raison qui distingue essentiellement l'homme de

---

[1] Épictète, *Entretiens*, I, III, 1 ; II, VIII, 11-14 ; *M.*, XXI.
[2] Id., *ibid.*, I, IX, 8-9 ; cf. III, XXVI, 27-28.
[3] Id., *ibid.*, I, IX, 10-18.
[4] Id., *ibid.*, I, III, 3-fin.
[5] Id., *ibid.*, I, IX, 19-26.

l'animal et le confond presque avec Dieu, puisqu'elle est une partie de Dieu même. Quoi qu'ils disent ou fassent, ils devraient se rappeler constamment leur noble origine : « Tu as un Dieu en toi, et tu n'en sais rien, malheureux ! Et ne crois pas que je parle ici d'un Dieu d'or ou d'argent en dehors de toi. Non : ce Dieu dont je parle, tu le portes en toi-même, et tu ne t'aperçois pas que tu le souilles par tes pensées impures et tes actions infâmes[1]. » Les jeunes gens qui sortent de l'école rougiront de porter des guenilles ou seront fiers d'avoir de beaux habits. Orgueil et amour-propre mal placés ! Ce n'est pas de ceci qu'ils devraient être fiers, ni de cela qu'ils devraient rougir. De même qu'il serait absurde, quand on a Dieu pour compagnon de route, de chercher des amis dans le monde, de même, quand on se sent enfant de Dieu, on ne doit rougir que d'être indigne de lui, et ne se préoccuper que de faire honneur à celui dont on est fier d'être l'œuvre[2]. Cette idée que l'homme est l'œuvre de Dieu, en même temps qu'un être libre, inspire à Épictète une belle comparaison empruntée à la sculpture. Si l'homme était l'Athéna ou le Zeus de Phidias et qu'il eût quelque sentiment, il se souviendrait et de lui-même et de son auteur ; il aurait honte de rien faire qui fût indigne de l'artiste et de lui, et de se présenter aux regards dans une attitude inconvenante. Or ici l'artiste est Zeus lui-même, et, non content de donner à son œuvre la vie et l'intelligence, alors que les dieux de Phidias conservent éternellement une pose invariable, c'est à nous qu'il a donné la garde du chef-d'œuvre, ne voyant personne à qui il se fiât davantage. Oserait-on lui faire honte et trahir sa confiance en laissant envahir par de basses passions l'âme qu'il nous avait chargés de conserver honnête, élevée au-dessus des troubles et des perturbations ? Qui se dira tout cela aura l'âme si haute qu'il aura vraiment le droit de se comparer à un Dieu. Il aura la

[1] Épictète, *Entretiens*, II, VIII, 1-15.
[2] Id., *ibid.*, II, VIII, 15-16.

même tranquillité, la même majesté souveraine, le même regard assuré que le Zeus d'Olympie ; aucune arrogance d'ailleurs dans la physionomie, mais seulement une noble fierté, inspirée par cette conviction que celui qui fait son devoir se conserve semblable à Dieu [1].

Mais ce n'est pas assez d'avoir la pensée remplie du respect de Dieu et de soi-même. Épictète demande un sentiment en quelque sorte plus tendre et qui mette plus d'intimité dans les rapports de l'homme avec Dieu, en même temps qu'il sera un motif moral plus puissant encore : c'est la continuelle préoccupation de lui plaire [2]. Car, de son côté, Dieu a pour les hommes une continuelle sollicitude. Épictète aime à prendre au pied de la lettre la formule stoïcienne : « Zeus est le père des dieux et des hommes [3] » : il la développe complaisamment dans toutes ses conséquences, et représente volontiers Dieu comme un père très bon, qui veut que ses enfants soient heureux [4]. Les théories de Socrate et de Chrysippe sur la Providence trouvent en lui un interprète éloquent et passionné. Il voit partout dans le monde, et surtout dans l'homme, des moyens adaptés à des fins, qui lui révèlent à la fois une intelligence et une bonté souveraines [5]. Dieu a fait de l'homme le roi de la nature, le centre de l'univers, en un mot sa créature de prédilection, à laquelle il a subordonné toutes les autres. Il a destiné les animaux à notre service : tout ce qu'il leur a donné, c'est en vue de notre commodité qu'ils l'ont reçu, et, s'ils n'ont pas la raison, c'est parce que la raison les aurait empêchés de nous obéir [6]. C'est à nous qu'il a réservé

---

[1] Épictète, *Entretiens*, II, VIII, 24-29.
[2] Id., *ibid.*, I, XII, 8 ; I, XIII ; II, XVIII, 19 ; cf. I, XXX, 1 ; IV, XII, 11.
[3] V., par ex., Diog. L., VII, 147 ; Musonius dans Stobée, *Flor.*, LXXIX, 51 (III, p. 93, l. 32 M.) ; Épictète, *Entretiens*, I, XIX, 12.
[4] Épictète, *Entretiens*, I, III, 1 ; I, VI, 40 ; I, IX, 7 ; I, XIX, 9 ; III, XXIV, 2-3, 15-16, 63 ; III, XXVI, 27 et 37.
[5] Id., *ibid.*, I, VI, 6-7 ; cf. Cicéron, *De nat. deor.*, II, 37.
[6] Id., *ibid.*, I, VI, 18 ; II, VIII, 7 ; cf. Cicéron, *De off.*, I, 22 ; Chrysippe dans Plutarque, *De stoic. repug.*, XXXII, 1 ; Cicéron, *De nat. deor.*, II, 158 et suiv.

ce bienfait suprême, qui nous permet de commander au reste de l'univers et de le comprendre, lui et ses œuvres. Cette raison, avec son organisation merveilleuse, est assurément le plus magnifique don de Dieu et la preuve la plus frappante de sa providence [1]. Mais il n'a rien fait d'inutile à l'homme : il n'y a pas de hors-d'œuvre dans la nature. Les fruits de la terre, les saisons, les organes des sens, que dis-je ? le lait et la laine d'une brebis suffisent pour révéler à Épictète la sollicitude divine [2].

Il est vrai que ce n'est pas assez, pour s'en rendre compte, d'avoir des yeux; car il y a des aveugles volontaires : il faut encore avoir du cœur. C'est lui-même qui le déclare à plusieurs reprises [3], et il semble avoir pris à tâche de joindre l'exemple au précepte. Il prêche la reconnaissance envers Dieu et il démontre la nécessité de ce sentiment avec une insistance, un accent de conviction, une abondance, et quelquefois une ingéniosité d'arguments, qui représentent sa part de collaboration à la doctrine de la Providence. On est tenté un instant d'être surpris, quand on l'entend célébrer avec enthousiasme des objets extérieurs, des biens matériels qu'ailleurs il sacrifie si aisément. C'est lui qui est passionné, quand le vulgaire est indifférent : les rôles sont renversés. La plupart des hommes ne soupçonnent même pas qu'il y ait lieu de remercier Dieu pour des choses aussi simples que de manger ou de voir clair; mais sa piété leur découvre un prix inestimable [4]. Il applique ici un principe qu'il recommande souvent aux autres : s'exercer en commençant par les petites choses [5]. De même qu'il conseille de s'entraîner graduellement pour se rendre insensible aux désagréments et à l'adversité, de

---

[1] Épictète, *Entretiens*, II, viii, 11 ; I, vi, 10-11 et 19; cf. II, xxiii, 6-23.
[2] Id., *ibid.*, I, xvi, 6-15, 16-18 ; II, xxiii, 2-6 ; I, xvi, 8. Cf. 2ᵉ partie, ch. iii, p. 129-130, où nous avons vu Épictète appliquer, d'une façon inattendue, à la démonstration de la Providence, des idées qui n'avaient sans doute pas ce sens dans la source d'où elles provenaient.
[3] Id., *ibid.*, I, vi, 1; I, xvi, 7.
[4] Id., *ibid.*, I, vi, 3-4 ; II, xxiii, 2-6.
[5] Cf. 2ᵉ partie, ch. iii, p. 135, n. 1 et 2.

même il fait comprendre la bonté de Dieu en établissant une hiérarchie entre ses bienfaits[1]. Plus tard, devenus plus instruits, nous pourrons lui savoir gré de nous avoir donné la raison et la liberté, ou encore des vertus et des forces morales pour surmonter les difficultés de la vie. Mais, parce que ce ne sont pas les plus grandes choses qui touchent d'abord les simples, il est bon de commencer par le remercier pour les fruits de la terre et les organes des sens.

Cependant, même ici, Épictète trouve en faveur de la Providence des arguments dont les simples ne s'aviseraient pas : car les objections mêmes des incrédules lui servent à démontrer ce qu'ils nient. Au lieu de présenter l'homme raisonnable comme la créature de prédilection de Dieu et le roi de l'univers, les Épicuriens se plaisaient à faire voir en lui le rebut de la création. La raison, disaient-ils, lui permet surtout de comprendre sa misère, au point même que son premier cri exprime déjà l'obscur pressentiment des maux qui l'attendent ; et physiquement l'animal est incomparablement mieux partagé. Cette dernière objection avait été mise par Lucrèce en vers célèbres :

> At variae crescunt pecudes armenta feraeque,......
> nec varias quaerunt vestes pro tempore coeli.
> Denique non armis opus est[2].....

Elle s'imposait, en quelque sorte, et les élèves d'Épictète n'ont sans doute pas manqué de la lui faire. Mais il ne paraît pas embarrassé de la résoudre. Si les animaux sont mieux pourvus que nous en arrivant au monde, c'est la preuve qu'ils ne sont pas nés pour eux-mêmes, mais pour nous. Dieu ne veut pas que nous ayons à nous occuper d'eux en même temps que de nous, et voilà pourquoi il les fait naître tout équipés pour notre service[3]. Ainsi ce prétendu désavantage prouve notre supériorité. Cette différence qu'on

---

[1] Cette gradation est indiquée parallèlement I, xvi, 1-8 et II, xxiii, 5.
[2] Lucrèce, D. R. N., V, 228 et suiv.
[3] Épictète, Entretiens, I, xvi, 2-8.

reproche à Dieu d'avoir mise entre ses créatures, on doit au contraire l'en remercier : ceux qui accusent Dieu en comparant l'homme aux animaux devraient le bénir en comparant les animaux à l'homme. Si l'argument est de l'invention d'Épictète[1], il fait honneur à son ingéniosité : nous verrons, en tout cas, que cette tactique lui est familière[2]. Mais ce qui doit nous frapper ici, c'est la simplicité avec laquelle il l'emploie. Quoi qu'on pense de l'argument en lui-même, on ne peut s'empêcher d'admirer cette foi sereine pour qui le doute est inconnu et qui se place naturellement au point de vue d'où la bonté de Dieu lui apparaît en pleine lumière. Pour lui, la reconnaissance s'impose d'elle-même ; c'est l'ingratitude qui exige le plus d'efforts[3]. On peut, dès lors, prévoir l'impression que doit produire sur lui l'incrédulité des esprits forts. Dans la violente diatribe qu'il dirige contre les Épicuriens et les Académiciens, le reproche d'ingratitude est le pire qu'il leur adresse ; c'est celui qu'il réserve pour le dernier, et là son indignation éclate en exclamations passionnées[4]. Quant à lui, leur aveuglement volontaire ne fait qu'exciter sa foi. Il fait pour eux amende honorable, en célébrant la bonté de Dieu avec des effusions véritablement lyriques, capables, sinon d'éclairer ceux qui ne veulent pas voir, du moins d'ouvrir les yeux aux insouciants. Si on l'écoutait, toute la vie serait occupée à chanter un cantique perpétuel d'actions de grâces à la Providence : « Ne devrions nous pas, en bêchant la terre, en labourant, en mangeant, chanter cet hymne à Dieu : « Dieu est grand, parce qu'il nous a « donné des mains, un gosier, un estomac, parce qu'il « nous a permis de croître sans nous en apercevoir et de « réparer nos forces en dormant[5]. » Mais, puisque le grand

---

[1] Sénèque (De ben., II, xxix) discute la même objection, mais avec des arguments différents.
[2] C'est l'occasion de rappeler le mot déjà cité : « Toute chose a deux anses, la bonne et la mauvaise. » Cf. plus haut, ch. 1ᵉʳ, p. 228.
[3] Épictète, Entretiens, I, vi, 43.
[4] Id., ibid., II, xx, 32-33.
[5] Id., ibid., I, xvi, 15-18.

nombre est aveugle, il faut bien que quelqu'un remplisse ce rôle et chante, au nom de tous, cette litanie en l'honneur de la bonté divine. Puisque les jeunes et les forts manquent à leurs devoirs, c'est ce pauvre vieillard boiteux, qu'ils trouvent sans doute beaucoup plus mal partagé qu'eux, qui leur donnera l'exemple de la gratitude envers la Providence et entonnera pour eux l'hymne à la divinité. S'il était un rossignol ou un cygne, il ferait le métier d'un cygne ou d'un rossignol : il est un être raisonnable, et, à ce titre, son métier est de chanter Dieu. « C'est là, conclut-il, un poste que je n'abandonnerai jamais, tant que ce sera en mon pouvoir, et je vous invite tous à chanter avec moi[1]. » Ailleurs, c'est sous la forme d'un serment solennel qu'il leur propose d'exprimer leur reconnaissance. « Vous devriez, leur dit-il, prêter serment à Dieu, comme les soldats à César. Si ceux-ci, pour prix de la solde qu'ils touchent, jurent de faire passer le salut de César avant toute chose, pouvez-vous refuser à Dieu un semblable serment, après les magnifiques dons que vous avez reçus de lui[2] ? »

Pour bien apprécier le caractère de ces éloquentes manifestations du sentiment religieux chez Épictète, il faudrait mettre en regard les passages où Sénèque, à propos des bienfaits, parle incidemment de la bienfaisance divine. Il y démontre, par exemple, qu'il faut être reconnaissant envers le soleil et la lune, quoiqu'ils ne puissent pas se dispenser de nous éclairer; loin que leur mérite en soit diminué, il estime que c'est là précisément la meilleure preuve de leur bonne volonté à notre égard : « car celui qui est contraint à vouloir parce qu'il n'a rien de mieux à vouloir, c'est lui-même qui se contraint[3]. » En général,

---

[1] Épictète, *Entretiens*, I, xvi, 10-fin.
[2] Id., *ibid.*, I, xiv, 15-fin.
[3] Sénèque, *De ben.*, VI, xx-xxi. Cf. *Ep.*, LXXIII, 6 : « Je suis très redevable au soleil et à la lune, quoique ces astres ne se lèvent pas pour moi seul. J'ai des obligations personnelles envers les saisons et envers Dieu qui les gouverne, bien que la considération de ma personne n'ait été pour rien dans ce bel ordre »

ajoute-t-il, bien que les dieux ne puissent revenir sur l'ordre établi par eux au commencement du monde, nous avons envers eux des obligations, parce que c'est eux qui ont voulu faire durer ce qu'ils ne peuvent interrompre. D'autre part, « quoiqu'ils aient en vue un but plus élevé que nous, ils nous servent, et nous servent consciemment, tout en marchant à de plus hautes destinées : car ce que nous recevons, ils savaient que nous devions le recevoir un jour[1]. » Les raisonnements de Sénèque sont assurément moins naïfs que l'admiration d'Épictète : il veut savoir exactement ce qu'il doit; il ne croit pas que l'univers est organisé spécialement en vue de l'homme et que les animaux sont conformés pour notre utilité[2]. Mais une reconnaissance qui s'analyse et se justifie par des raisons aussi subtiles est bien près de n'être plus un sentiment : du moins le sentiment perd, pour ainsi dire, sa fraîcheur en cessant d'être spontané. Ailleurs, après avoir, en fort beaux termes, passé en revue les faveurs dont l'homme est comblé sur la terre, Sénèque, sur la demande d'un esprit plus positif, par lequel il se fait interrompre, consent à appeler *nature* l'auteur et le dispensateur de tous ces biens. Puis, allant plus loin, il propose spontanément à son interlocuteur de l'appeler *destin*, ce nom étant, comme le précédent, synonyme de Dieu : « car, dit-il, puisque le destin n'est autre que la série des causes, Dieu est la première de toutes les causes, celle d'où les autres découlent[3]. » Le panthéisme et le déterminisme stoïciens ne perdent pas leurs droits, et Sénèque, dans sa reconnaissance, reste assez maître de lui pour respecter les définitions de la métaphysique. Mais, sous ces formes abstraites, la cause première ne saurait être l'objet de bien vives effusions de sentiments. Aussi s'étend-il beaucoup plus sur les bienfaits eux-mêmes, c'est-à-dire sur les choses, que sur celui à qui doit s'adresser la reconnaissance.

[1] Sénèque, *De ben.*, VI, xxiii.
[2] Cf. Épictète, *Entretiens*, II, viii, 7.
[3] Sénèque, *De ben.*, IV, vi et vii.

Au contraire, c'est de Dieu lui-même qu'Épictète paraît avant tout préoccupé : quoi qu'il arrive, il trouvera des raisons pour le remercier. Ce que nous avons pu apprécier jusqu'ici, c'est surtout l'expression lyrique de ses sentiments : nous n'en avons pas encore vu toute la profondeur. Car ce n'est pas quand il s'agit de jouir des biens matériels qu'elle se manifeste le mieux, mais plutôt quand il s'agit de les perdre, et surtout d'être aux prises avec le malheur positif ; ce qui la fait valoir, c'est le contraste, non plus avec l'indifférence du plus grand nombre, mais avec leurs récriminations. A mesure que les motifs de reconnaissance semblent faire défaut, il s'ingénie, en quelque sorte, à les découvrir, et, plus les autres se croiront en droit de se plaindre, plus il leur montrera de matières à bénédictions. Il ne veut à aucun prix que Dieu puisse être accusé. Sénèque, pour répondre à une objection de Lucilius, avait consenti à se charger une fois, comme il le dit en tête de son traité *De la Providence,* de plaider la cause de Dieu. Ce rôle d'avocat de Dieu, Épictète se l'attribue spontanément en toute occasion [1], et il n'est pas embarrassé de retourner tous les chefs d'accusation en faveur de celui qu'il défend. Ce n'est pas assez pour lui de prêcher la résignation au nom de la froide raison, et son accent fait voir à quel point il a à cœur les intérêts de son client.

D'abord, si on vient à perdre ces biens matériels que nous l'avons vu célébrer avec tant d'enthousiasme, il estime que la reconnaissance due à Dieu, loin de subir la moindre atteinte, doit trouver là, au contraire, une nouvelle occasion de se manifester ; c'est la piété qui doit dicter l'attitude à prendre. Ce n'est pas que la raison ne fournisse, à elle seule, assez de motifs pour arrêter au passage les tentatives de protestation, et ces motifs ont été largement mis à profit par les auteurs de « consolations » et par

---

[1] Épictète, *Entretiens,* I, XXIX, 46-50 ; II, XVI, 42 ; III, XXIV, 112-113 ; III, XXVI, 28.

Épictète lui-même[1]. Ils peuvent, chez ce dernier en particulier, se réduire essentiellement à ceci. Notre volonté mise à part, nous ne possédons rien à titre définitif : les choses nous sont seulement prêtées, et nous n'avons droit qu'à l'usufruit[2] ; d'autre part, la durée de la jouissance est subordonnée à la marche générale de l'univers[3]. Dès lors, non seulement la loyauté nous fait un devoir de restituer quand l'échéance est venue, mais le simple bon sens nous commande de nous incliner devant la nécessité. Vouloir l'impossible est le fait d'un sot, qui s'attaque vainement, avec des armes insuffisantes, à plus fort que lui[4]. Mais Épictète ne se borne pas à ces considérations : il tient en réserve un argument d'un autre ordre, et c'est dans le sentiment religieux qu'il trouve les vrais motifs de sa soumission. Il cherche moins à éviter l'absurdité que l'ingratitude ; il craint moins de se consumer en efforts impuissants que de manquer aux devoirs élémentaires de la reconnaissance. « Quoi ! dit-il, c'est Dieu qui a fait le soleil, les saisons et les fruits de la terre ; c'est lui qui a fait l'association des hommes entre eux », c'est-à-dire les biens matériels et les joies de la famille, « et tu accuserais celui dont tu tiens tout, pour peu qu'il te reprenne quelque chose[5] ! » « La loi de Dieu, dit-il ailleurs, est de n'émettre aucune prétention sur ce qui n'est pas à nous, d'user de ce qu'il nous donne, sans regretter ce qu'il ne nous donne pas, de rendre spontanément et sans hésiter ce qu'il nous enlève, en le remerciant du temps qu'il nous a laissés en jouir[6]. » Ainsi, quand on subit quelque perte, Épictète ne veut pas que l'on considère ce qu'on n'a plus, mais ce qu'on tenait jusque-là de la bonté de Dieu. Il suffit de

---

[1] Voy. C. Martha, *Études morales sur l'antiquité*, p. 135 et suiv.; P. Wendland, *Philo und die kynisch-stoische Diatribe*, ch. IX, p. 50 et suiv. Cf. plus loin, ch. III, p. 288 et n. 5.
[2] Épictète, *M.*, XI ; *Entretiens*, I, XXIV, 11-15 ; IV, I, 101, 172.
[3] Épictète, *Entretiens*, IV, I, 100 ; fr. 4 et 8.
[4] Id., *ibid.*, III, XXIV, 23-24, 86-87 ; IV, I, 101. Cf. I, XII, 15 ; II, XIV, 7 ; M., VIII, et Stobée, *Flor.*, I, 20 H. (III, 63 M.) ; I, 98 H. (I, p. 124, l. 26 M.).
[5] Id., *ibid.*, IV, I, 102-103.
[6] Id., *ibid.*, II, XVI, 28.

détourner ses regards du présent, et de les reporter vers le passé, et les récriminations se changeront en remorciements[1]. Voilà l'anse par où il faut prendre ces sortes de désagréments. Bien qu'il estime, on l'a vu, que la reconnaissance est plus naturelle et exige moins d'efforts que l'ingratitude[2], il faut rendre ici justice à l'ingéniosité de l'avocat. Ce n'est pas que ce changement de point de vue soit, en lui-même, de l'invention d'Épictète : c'était même un procédé de consolation couramment employé. Ainsi Télès avait déjà dit qu'au lieu de se plaindre et de maudire la vie, on ferait mieux de mettre le bien en regard du mal et d'établir par là une sorte de compensation. « Parce que ton ami est mort, tu trouves que tu n'as pas de chance : n'est-ce donc pas une chance qu'il ait existé ? Parce que, depuis qu'il est mort, il ne te rendra plus de services, te voilà bien malheureux ; mais n'es-tu pas heureux qu'il t'en ait rendu de son vivant[3] ? » Voilà le changement de point de vue et le retour sur les biens passés ; mais il n'est nullement question de savoir gré de ces biens à celui dont on les tient[4], et le détail, on en conviendra, a son importance[5]. Sénèque, qui développé complaisamment la même antithèse dans sa *Consolation à Polybe*, n'est pas tout à fait aussi discret sur ce point. « Avec cet esprit de justice que vous portez en toutes choses, lui dit-il, ce qui ne peut manquer de vous consoler, c'est de penser, non pas que vous avez subi un tort en perdant un tel frère, mais que

---

[1] Cf. plus haut, p. 246 et suiv., un changement de point de vue analogue, à propos de la comparaison des hommes et des animaux.

[2] Épictète, *Entretiens*, I, vi, 43.

[3] Télès dans Stobée, *Flor.*, CVIII, 83 (IV, p. 52, l. 30 et suiv. M.).

[4] L'idée même de cette compensation n'est exprimée qu'accessoirement : ce que Télès veut dire avant tout, c'est qu'il faut être conséquent avec soi-même, et s'appliquer les consolations qu'on trouvait bonnes pour autrui. Cette idée, souvent reprise dans la suite, se rencontre, en particulier, dans l'article XXVI du *Manuel*.

[5] Il vaut aussi la peine de remarquer tel qu'entre tous ceux qui ont utilisé la comparaison classique de la vie à un banquet auquel les hommes sont invités (cf. plus loin, ch. III, p. 311, n. 3), Épictète seul a eu la politesse de penser à celui qui a fait les invitations (fr. 17 = Stobée, *Flor.*, IV, 92).

vous avez reçu une faveur en étant admis à jouir si longtemps de sa tendresse. C'est être injuste de ne pas laisser à celui qui donne plein pouvoir sur ce qu'il donne ; c'est être avide de compter comme perte ce qu'on a restitué, au lieu de compter comme gain ce qu'on a reçu ; c'est être ingrat de crier à l'injustice parce que le bonheur a un terme ; c'est être insensé de croire qu'on ne jouit que des biens présents, au lieu de se reposer aussi sur le souvenir des biens passés[1]. » Il dit la même chose à Marcia, mais plus brièvement et plus nettement. « Si votre fils ne vous avait donné aucune joie, vous n'auriez pas fait une grande perte : car on regrette peu ce qui n'a procuré ni bonheur ni plaisir. Si vous reconnaissez qu'il vous a donné beaucoup de jouissances, vous ne devez pas vous plaindre de ce qui vous a été enlevé, mais plutôt remercier de ce que vous avez reçu[2]. » Cette fois, l'idée de reconnaissance est positivement exprimée, mais elle reste à l'état vague, et Sénèque semble éviter de dire à qui doit s'adresser ce sentiment. Le nom de Dieu n'est pas prononcé à ce propos ; tout au plus est-il question de la nature, présentée, par une comparaison classique, comme un créancier qui vient réclamer son dû[3]. Personne, avant Épictète, n'a dit aussi formellement que lui que l'homme doit bénir Dieu quand Dieu lui reprend quelque chose[4].

[1] Sénèque, *Ad Pol.*, XXIX, 1-2.
[2] Id., *Ad Marc.*, XII, 1. Cf. *De tranq. an.*, XI, 2.
[3] Id., *Ad Pol.*, XXIX, 4 ; cf. *De tranq. an.*, XI, 1.
[4] Voici un autre exemple qui prouve qu'Épictète, à la différence de ses prédécesseurs, n'aime pas d'employer des abstractions vagues, quand il veut parler de la puissance, quelle qu'elle soit, qui est supérieure à l'homme et qui régit le monde. Ce même Télès, cité plus haut, avait dit, probablement d'après Bion, à qui est rapportée expressément la phrase qui suit : « De même que l'acteur, s'il est bon, doit savoir jouer tous les rôles que lui donne l'auteur, de même l'homme doit savoir jouer tous les rôles que lui donne la fortune. » (Stobée, *Flor.*, I, 98 H. = *Teletis reliquiae*, éd. Hense, p. 3 = V, 67, l. 1, p. 123, l. 2-4 M. ; cf. *ibid.*, CVIII, 82 = IV, p. 49, l. 2 M.). Épictète, entre autres, a repris plusieurs fois (par ex., *Entr.*, I, XXIX, 41 ; IV, VII, 13) cette comparaison évidemment classique (cf. plus loin, ch. III). Or, dans l'article XVII du *Manuel*, il a fondu les deux termes de la comparaison en un seul, de façon à laisser le mot concret *l'auteur* (en l'espèce, Dieu) dans l'application

Encore l'homme n'a-t-il pas été mis jusqu'ici en présence de ce qu'il nomme proprement le malheur. La perte des biens dont on a du moins joui quelque temps n'est rien, semble-t-il, au prix de ce qu'on est convenu d'appeler l'adversité ou les maux de la vie, comme la pauvreté, l'ignominie, l'exil, la servitude. Or ces choses fâcheuses ébranlent si peu la robuste foi d'Épictète en la bonté de Dieu que c'est dans ce sentiment qu'il trouve les ressources nécessaires pour les supporter. Sans doute, l'homme qui a conscience de l'indépendance de sa volonté peut déjà trouver dans cette conviction une consolation et un soutien sérieux, en songeant qu'il est invulnérable et plus fort que tous les ennemis qui croient lui nuire[1]. Mais c'est moins encore pour lui-même que pour Dieu qu'Épictète s'interdit l'affliction, qui, à ses yeux, ne peut avoir d'autre sens que celui d'un reproche. Chaque fois qu'il défend de placer son intérêt et son bien dans les choses extérieures, c'est moins parce que cette erreur rend malheureux que parce qu'on s'en prend à Dieu de son malheur : de toutes les fautes qu'elle entraîne, c'est toujours l'impiété qu'il présente en dernier lieu, comme la plus criminelle[2]. Sa foi en Dieu ne connaît pas d'hésitation. Quand ses disciples font mine de s'émouvoir en présence de quelque danger ou de quelque désagrément, les remontrances qu'il leur adresse pourraient souvent se ramener au mot célèbre : « De quoi vous inquiétez-vous, hommes de peu de foi ? » Dieu est notre père, et le titre d'enfants de Dieu est infiniment plus efficace à nous sauvegarder que la parenté d'un grand

morale, au lieu de le remplacer par l'abstraction de la fortune : ὑποκριτὴς εἶ δράματος, οἵου ἂν θέλῃ ὁ διδάσκαλος. On dira peut-être qu'il a (ou qu'Arrien a) voulu seulement donner un tour plus vif à l'expression de la pensée. Nous rapprocherons alors le fr. 11, l. 11 (= Stobée, *Flor.*, XCVII, 28), où cette fois la fortune est remplacée expressément par la divinité : πᾶν τὸ περιτεθὲν ἐκ τοῦ δαιμονίου πρόσωπον ὑποκρίνασθαι καλῶς.

[1] Épictète, *Entretiens*, IV, v, 24-27.
[2] Id., *ibid.*, I, xxii, 15 ; I, xxvii, 13-14 ; II, xxii, 17 ; IV, v, 35 ; IV, vii, 9 et 11 ; *M.*, XXXI, 1 et 4.

personnage ou de l'empereur lui-même[1]. Dieu est un excellent maître, incapable de négliger les bons serviteurs qui travaillent pour lui[2]. Dieu est un roi qui assure à ses sujets une entière sécurité : celle dont on jouit dans l'Empire Romain n'est rien au prix de celle qui règne dans ses états. César n'a pu supprimer que les guerres, les pirateries et les brigandages : dans le royaume de Dieu, on n'a rien à redouter de la nature elle-même[3]. Dieu enfin est le meilleur des compagnons : celui qui se met en route sous sa protection est plus en sûreté que le voyageur qui se joint à l'escorte d'un légat, d'un questeur ou d'un proconsul pour se rendre dans les provinces. Les chemins sont infestés de dangers de toute sorte; tyrans, tempêtes, privations, pertes des êtres chers. Quel autre compagnon que Dieu est assez puissant pour nous protéger contre tous ces dangers sans en avoir lui-même rien à craindre, assez bon pour ne se tourner jamais contre nous? Et le sage conclut que c'est en se mettant à la suite de Dieu qu'il fera en sûreté le voyage de la vie : or se mettre à la suite de Dieu, c'est, d'après la définition d'Épictète, vouloir ce qu'il veut, ne pas vouloir ce qu'il ne veut pas, en un mot subordonner entièrement sa volonté à la volonté divine[4].

Qu'est-ce donc qui justifie une telle confiance et l'absolue soumission qu'elle entraîne? Ce n'est pas sur des espérances ni sur des promesses qu'elle repose : Épictète prétend tenir en main les preuves de la bonté de Dieu, au moment même où l'homme est aux prises avec le malheur. Tout à l'heure, c'est en détournant les yeux du présent pour les reporter vers un passé meilleur qu'il trouvait des raisons de ne pas se plaindre : ici, c'est l'adversité même qui lui fournit l'occasion de remercier Dieu. Celui-ci, en

---

[1] Épictète, *Entretiens*, I, ix, 4-10.
[2] Id., *ibid.*, III, xxvi, 27-28.
[3] Id., *ibid.*, III, xiii, 9-14.
[4] Id., *ibid.*, IV, i, 92-100.

effet; nous a donné des forces, ou, pour employer un synonyme, des vertus pour supporter tous les événements sans nous laisser abattre ni briser par eux : tels sont, par exemple, le courage, l'élévation de l'âme, la patience, la maîtrise de soi[1]. Il a voulu que ces forces pussent toujours égaler la résistance à vaincre ; de plus, et c'est en cela surtout qu'il s'est montré bon roi et véritable père, il a voulu qu'elles fussent entièrement indépendantes, il ne s'est même pas réservé le pouvoir de les entraver et de leur faire obstacle[2]. Dès lors, pleurer et gémir sur les événements au lieu d'utiliser ces ressources, c'est ignorer pour quel usage la vie nous a été donnée et fermer les yeux en face des couleurs[3]. Mais ce qu'il y a de plus grave dans cet aveuglement, c'est qu'il est compliqué d'ingratitude. Se plaindre n'est pas seulement méconnaître les ressources dont on peut disposer, c'est surtout méconnaître son bienfaiteur. Ceux qui ferment les yeux au moment même où il faudrait les ouvrir feraient mieux de remercier Dieu de les avoir placés au-dessus des choses extérieures et de ne les avoir soumis qu'à l'action de leur propre volonté[4]. C'est la troisième fois que nous voyons la reconnaissance obstinée d'Épictète s'ingénier à adresser à Dieu des actions de grâces, là où le vulgaire se croit autorisé à lui adresser des reproches. Il pourrait du moins être tenté de se réfugier dans son indépendance et d'y braver insolemment les choses, les hommes et Dieu lui-même ; mais la conscience de sa force ne lui inspire que cette prière : « Envoyez maintenant, mon Dieu, les circonstances qu'il vous plaira : j'ai des ressources et des moyens *donnés par vous* pour tirer parti de tous les événements[5]. » Il sait que sa volonté est indépendante de Dieu lui-même ; mais il a soin de faire hommage à Dieu précisément de cette indé-

---

[1] Épictète, *M.*, X ; *Entretiens*, I, vi, 28 et 37 ; II, xvi, 14 ; III, viii, 6 ; cf. IV, 1, 109.

[2] Id., *Entretiens*, I, vi, 40.

[3] Id., *ibid.*, I, xii, 30 ; cf. I, vi, 30-31 ; II, xvi, 13-14.

[4] Id., *ibid.*, I, vi, 41-42 ; I, xii, 32.

[5] Id., *ibid.*, I, vi, 37.

pendance et de la reconnaître comme la suprême faveur qu'il lui doit[1]. Il tient à rester attaché à lui en dépit de tout, comme ces affranchis qui demeuraient obstinément attachés à la personne de leurs maîtres, et, soit en présence des événements, soit en vue des accidents éventuels, il se maintient en communication constante avec lui. Dans les tentations, quand tous les moyens de résistance sont insuffisants, c'est dans l'appel à Dieu qu'il voit la suprême ressource, comme les marins désemparés invoquent les Dioscures[2]. Quand il est aux prises avec la maladie ou bien contraint à un séjour ou à une société qui lui déplaît, il lève les mains au ciel; sa pensée monte vers Dieu et va chercher près de lui consolation et réconfort[3]. Il s'exerce même d'avance, et comme préventivement, par des « actes » continuels de soumission, à se conformer à la volonté divine, quelle qu'elle puisse être : il s'aguerrit ainsi contre la déportation, les tortures ou la peine capitale. Voici la belle « élévation » qu'il dicte à ses disciples comme modèle, en leur recommandant de la méditer jour et nuit, de la lire et de l'écrire, de la répéter tout bas ou tout haut, à part ou avec d'autres. « Si vous n'avez plus besoin de moi, mon Dieu, qu'il soit fait selon votre volonté. Vous plaît-il que je continue à vivre? Ce sera avec des sentiments indépendants et élevés, comme vous l'avez voulu en me créant libre. Tant que je demeurerai dans votre empire, que voulez-vous que je sois? magistrat ou simple citoyen? sénateur ou plébéien? soldat ou général? précepteur ou maître de maison? Quelque lieu, quelque poste qu'il vous plaise de m'assigner, comme dit Socrate, je subirai mille morts avant de l'abandonner. Où voulez-vous que je sois? à Rome ou à Athènes? à Thèbes ou à Gyaros? Souvenez-vous y seulement de moi[4]... »

---

[1] Cf. plus haut, 1re partie, ch. II, p. 55, n. 5 et 6.
[2] Épictète, *Entretiens*, II, xviii, 29.
[3] Id., *ibid.*, III, v, 7-12 (cf. IV, x, 14); II, xvi, 42.
[4] Id., *ibid.*, III, xxiv, 96-103.

Cet éloquent commentaire de l' « Ainsi-soit-il » de Socrate [1] mérite de marquer une date dans l'histoire de l'expression du sentiment religieux : c'est peut-être la première fois que, dans la Grèce païenne, on parle à Dieu sur ce ton. Il est vrai que Philon s'adressait à lui avec plus d'élan encore, quand, développant les paroles prononcées par Moïse devant le buisson ardent, il le suppliait de se révéler à lui dans son essence, et se jetait à ses pieds, impatient de le mieux connaître afin de l'aimer davantage [2]. Mais Philon était nourri de la Bible : imprégné de l'esprit juif, croyant à une inspiration et à une révélation divines, cet alexandrin était, par son éducation, naturellement porté au mysticisme. Épictète n'était nourri que de philosophie grecque : pour tourner le déterminisme stoïcien en effusions de confiance et d'abandon, il lui a fallu apporter une grande part de piété personnelle. Il est juste pourtant — et cela ne la diminue en rien — de signaler avant lui, chez un philosophe cynique, qui fut un des maîtres de Sénèque, une disposition d'esprit semblable. Chez Démétrius, les doctrines de l'école, mises en contact avec une âme particulièrement pieuse, avaient déjà fait entendre une note qui rappelle le ton de la prière d'Épictète. Voici, en effet, celle que son disciple dit avoir recueillie de sa bouche : « Tout ce que je vous reproche, disait-il, dieux immortels, c'est de ne m'avoir pas fait connaître votre volonté d'avance. Je serais venu spontanément au-devant d'elle, au lieu de me rendre aujourd'hui à votre appel. Voulez-vous prendre mes enfants? C'est pour vous que je les ai élevés. Voulez-vous quelque partie de mon corps? Prenez. Ce que je vous offre là est peu de chose, mais je ne tarderai pas à vous l'offrir tout entier. Voulez-vous ma vie? Pourquoi non? Je vous laisserai sans difficulté reprendre ce que vous m'avez

---

[1] Platon, *Criton*, p. 43 d ; Épictète, *Entretiens*, I, xxix, 18 ; III, xxii, 95 ; *M.*, LIII, 3.

[2] Philon, *De monarch.*, I, 6 ; cité par M. Croiset, *Hist. de la Litt. Gr.*, V, p. 432.

donné. Tout ce que vous demanderez, vous l'aurez sans protestation de ma part : car j'aurais mieux aimé vous l'offrir que de vous le remettre. Qu'aviez-vous besoin de m'enlever ce que vous pouviez recevoir de mes mains ? Mais même ainsi vous ne m'enlevez rien : on n'arrache qu'à celui qui ne veut pas lâcher[1]... »

Sénèque apprécie vivement, au moins pour son élévation, cette prière, qu'il appelle le cri d'un homme de cœur, mais il se borne à la citer; il l'admire, mais il ne la continue pas, et rien dans le reste du traité *De la Providence* ni dans les *Consolations* n'est écrit sur ce ton. Ailleurs, il dicte à son sage « un acte » de résignation et de détachement[2]; mais c'est à une fortune et à une nature abstraites qu'il le lui fait adresser[3]; et ce n'est pas la première fois que, dans de telles circonstances, on dirait qu'il évite de prononcer le nom de Dieu[4]. Ici, quand il reprend la parole pour son compte après la prière de Démétrius, c'est pour parler des destins et de la nécessité. Cette prière elle-même se terminait par un bref rappel de la loi immuable écrite de toute éternité[5] : or c'est là tout ce qu'il en retient, tout ce qu'il croit devoir reprendre et développer. « Les destins nous mènent, les causes s'enchaînent... L'homme de bien n'a qu'une chose à faire, s'abandonner au sort. C'est une grande consolation d'être emporté avec l'univers. Quelle que soit la puissance qui nous ordonne ainsi de vivre ou de mourir, elle enchaîne les dieux à une semblable nécessité... Celui même qui a créé et qui dirige toutes choses a pu écrire la loi du destin, mais il la suit; il obéit toujours, il n'a ordonné qu'une fois[6]. » Déjà, on s'en souvient, l'idée de

---

[1] Sénèque, *De Provid.*, V, 4.

[2] « Il serait plus exact de dire un acte de restitution »; car il développe avec complaisance la classique comparaison du débiteur.

[3] Sénèque, *De tranq. an.*, XI, 2.

[4] Cf. plus haut, p. 249 et 253, et plus loin, p. 270.

[5] Sénèque, *De Provid.*, V, 4 : « Nec servio Deo, sed assentio, eo quidem magis quod scio omnia certa et in aeternum dicta lege decurrere. »

[6] Id., *ibid.*, V, 5-6.

la loi éternelle dominait la reconnaissance qu'inspiraient à Sénèque les faveurs positives du ciel [1]. La Providence apparaît le plus souvent chez lui sous l'aspect de ce pouvoir immuable devant lequel l'homme n'a qu'à s'incliner.

Il est cependant juste de reconnaître que, chez Sénèque aussi bien que chez Épictète, la résignation n'a rien d'aveugle et a conscience de rester parfaitement libre. Déjà Démétrius disait : « Je ne subis aucune contrainte et ne suis point passif ; je n'obéis point à Dieu, j'agis de concert avec lui [2]. » Sénèque dit à son tour : « C'est être libre que d'obéir à Dieu [3]. » C'est dans le même sens qu'Épictète dit : « Dieu veut-il que quelque chose m'arrive ? je le veux ; que quelque chose ne m'arrive pas ? je le veux encore. Veut-il que je meure, que je sois mis à la torture ? je veux mourir, je veux être torturé [4]. » Dans la prière qu'il prononce plus haut, vivre et mourir libre signifient, pour lui, vivre et mourir comme Dieu l'a voulu ; c'est rester au monde pour Dieu et non pour un autre, c'est partir pour lui obéir [5]. Indépendant et serviteur de Dieu sont termes synonymes, loin d'être contradictoires : c'est celui qui veut l'impossible qui se conduit en esclave, car il fait éclater son impuissance [6]. Mais chez Épictète cette résignation n'est pas seulement sereine et tranquillement raisonnée : elle est joyeuse, d'une joie pure et élevée, empreinte d'une noble fierté. Le mot de résignation évoque naturellement l'idée d'une certaine mélancolie. Ici rien de semblable : l'homme pieux est véritablement heureux de penser qu'en supportant l'adversité il travaille pour Dieu sous les yeux des autres hommes. Chargé par lui de déposer en sa faveur, il accepte ce rôle avec empressement : « Voulez-vous, lui dit-il, que je sois magistrat ou simple particulier ? que je

---

[1] Cf. plus haut, p. 248 et suiv.
[2] Sénèque, *De Provid.*, V, 4.
[3] Id., *De vita beata*, XV, 6 ; cf. *Ep.*, LXXIV, 20 ; CVII, 9-11.
[4] Épictète, *Entretiens*, IV, I, 89.
[5] Id., *ibid.*, III, xxiv, 96 et 98.
[6] Id., *ibid.*, III, xxiv, 21, 43 et 75 ; IV, I, 131 ; IV, iv, 38 ; M., XIV, 2.

reste ici ou que j'aille en exil ? que je sois riche ou pauvre ? Je vous justifierai sur tous ces points devant les hommes : je leur ferai voir ce qu'est en elle-même chacune de ces choses [1]. » Est-il possible de se déplaire en quelque endroit, de regretter à Rome les plaisirs d'Athènes, à Gyaros les plaisirs de Rome, quand, à la place de tous ces plaisirs, on peut mettre celui de comprendre qu'on est ministre de Dieu, choisi par lui pour réaliser le sage idéal ? La joie d'avoir reçu de lui une telle magistrature doit dominer tout autre sentiment, au point même qu'Épictète croit devoir la surveiller, pour l'empêcher de dégénérer en un coupable orgueil [2].

Quand un homme, par piété, va jusqu'à se réjouir ainsi de ce que le monde appelle les maux de la vie, comment ne se trouverait-il pas pleinement heureux ? La joie qu'Épictète éprouve à vivre est liée étroitement à ses sentiments religieux : c'est ce qui lui donne un caractère particulièrement élevé. Le sentiment qu'éprouve Lucrèce réfugié dans les *sapientum templa serena* n'est pas la félicité complète et absolue. On dirait qu'il a encore besoin de se démontrer à lui-même autant qu'aux autres qu'il a trouvé le bonheur dans la sagesse. Quoi qu'il en dise, ce bonheur n'est pas entièrement pur; il s'y mêle un peu d'amertume : *medio de fonte leporum surgit amari aliquid.* Si le plaisir, dans la doctrine d'Épicure, peut être fait de la pensée des maux absents, celui de Lucrèce, en particulier, paraît fait surtout du souvenir des maux passés, et rappelle la joie du convalescent, qui jouit de la santé en pensant constamment à la maladie dont il relève à peine. Pour raviver et renforcer ce souvenir, il a besoin du contraste de la foule, moins heureuse, pour qui ces maux sont encore actuels, et, tout en se défendant de jouir des maux d'autrui, il avoue que ce spectacle l'aide à comprendre son bonheur. Même dans la *divina voluptas* que lui donne la

---

[1] Épictète, *Entretiens*, II, xvi, 42.
[2] Id., *ibid.*, III, xxiv, 110-fin.

science, on démêle de la haine contre cette superstition qui vient encore, de temps en temps, le mordre au cœur, et continue à régner, sous ses yeux, sur la plus grande partie de l'humanité. Il n'est pas étonnant qu'une félicité où entrent ces éléments en soit un peu troublée et que l'éclat en soit comme voilé d'un nuage de tristesse. Le bonheur d'Épictète n'est pas, comme celui de Lucrèce, le bonheur d'un désabusé. Ce n'est pas qu'il se prive de proclamer le néant de toutes les choses auxquelles les hommes attachent de l'importance, de tout ce qu'ils recherchent comme des biens ou fuient comme des maux[1]. Il les traite parfois avec ironie[2]; mais son ironie n'est jamais amère : il n'en est pas désenchanté, mais détaché. Aussi n'a-t-il pas besoin de penser à ces choses pour être heureux : tout ce qu'on peut dire, c'est qu'elles ne gênent pas son bonheur ; elles sont pour lui comme si elles n'étaient pas. Ce bonheur vient de plus haut : il descend de Dieu en droite ligne ; il mérite vraiment le nom de *divina voluptas*. La joie d'Épictète est une vertu.

Pour lui, en effet, la vie est bonne, parce que Dieu est bon : l'univers serait vraiment mal gouverné, si Dieu n'y veillait pas sur les hommes, ses concitoyens, pour leur faire part de son bonheur[3]; or une pareille supposition lui fait l'effet d'un blasphème. Il n'admet pas un instant que la raison, le plus grand bienfait de Dieu, ne serve pas à nous rendre heureux[4]. Nous l'avons reçue pour regarder et comprendre la vie, et cette contemplation, qui d'ailleurs n'est pas oisive, parce qu'elle sert au perfectionnement moral et à l'accomplissement du devoir, est une jouissance[5]. Car cette vie est une fête, et la plus belle qui se

---

[1] Voy., par ex., *Entretiens*, I, xxiv, 7, citation d'un mot de Diogène sur la mort et sur la gloire.
[2] Voy., par ex., *Entretiens*, I, xxi, 3-4. Cf. plus haut, 2ᵉ partie, ch. v, p. 196, n. 1 et 2, et plus loin, ch. iii, p. 325-328.
[3] Épictète, *Entretiens*, III, xxiv, 10; cf. 63.
[4] Id., *ibid.*, III, xxiv, 2 et 7; cf. II, vi, 14.
[5] Id., *ibid.*, I, vi, 19; I, xxix, 58-61; II, xiv, 23-29.

puisse imaginer. Un vrai Grec ne voudrait pas mourir avant d'avoir vu Olympie et le chef-d'œuvre de Phidias : qu'est-ce au prix du spectacle auquel Dieu convie tout homme venant en ce monde? A Olympie, la magnificence de la fête fait oublier tous les ennuis du voyage et tous les désagréments inséparables de ces innombrables réunions d'hommes : comment pourrait-on, non pas seulement se plaindre, mais même penser à autre chose qu'à se réjouir en présence de l'œuvre de Dieu[1]? D'ailleurs, c'est Dieu lui-même qui exige qu'on fasse honneur à la fête qu'il donne : il n'a que faire des mécontents, il veut des spectateurs qui applaudissent et manifestent hautement leur joie et leur enthousiasme[2]. Se plaindre de l'existence est une sorte de blasphème : se trouver heureux de vivre est une forme de la piété. Prêter serment de fidélité à Dieu, à la façon des soldats de César, c'est lui jurer de n'être jamais mécontent de son sort et de ne jamais sacrifier son propre bonheur à quoi que ce soit[3].

En proclamant ainsi que le bonheur est toujours possible dans toutes les situations et en le représentant comme le sentiment naturel et le strict devoir de l'homme pieux, Épictète ne répète pas de simples formules d'école, mais on voit bien que la bouche parle ici de l'abondance du cœur. D'un bout à l'autre des *Entretiens* on sent régner une félicité tranquille, une égalité d'humeur que rien ne peut déconcerter. Il a vraiment le droit de dire pour son compte ce qu'il fait dire au stoïcien idéal : « Puisque j'ai l'élévation de l'âme, qu'est-ce qui peut me mettre hors de moi, m'ôter mon calme et me sembler pénible?... Il faut que je parte pour l'exil? Eh! qui m'empêche de partir gaîment, la joie dans le cœur[4]? » Quand il adjurait ses disciples de lui montrer enfin le stoïcien de ses rêves, c'est-à-dire un

---

[1] Épictète, *Entretiens*, I, vi, 23-28.
[2] Id., *ibid.*, IV, i, 108.
[3] Id., *ibid.*, I, xiv, 15-fin.
[4] Id., *ibid.*, I, vi, 29 ; I, i, 22.

homme qui sût être à la fois flétri et heureux, exilé et heureux [1], il leur mettait en sa personne ce modèle sous les yeux. En leur répétant sans cesse que, dans la solitude comme dans la société des hommes, il y a moyen d'être toujours heureux, que la vie est une fête, pendant laquelle devrait retentir un perpétuel cantique d'actions de grâces en l'honneur de la Providence [2], ce vieillard estropié, qui avait d'abord connu l'esclavage, ensuite l'exil, et toujours la pauvreté, leur donnait un exemple plus frappant que toutes les démonstrations.

Mais nulle part peut-être la piété d'Épictète ne se manifeste mieux qu'en face de la mort. Il est difficile, en général, de penser à la mort avec calme. Les philosophes mêmes, qui prétendent la regarder en face, ne réussissent pas toujours à la traiter avec une entière indifférence et à la considérer avec un sang-froid absolu. Lucrèce dresse contre elle une formidable machine de guerre et triomphe orgueilleusement d'avoir démontré qu'elle n'est rien. Sénèque redit avec tant d'insistance qu'elle ne doit pas nous préoccuper qu'on peut croire qu'elle le préoccupe en effet [3]. L'opposition de l'Empire, imbue des principes stoïciens, provoque volontiers la mort avec une certaine emphase et avec un mépris qui a quelque chose de théâtral. Le mot de mort tapageuse, de mort à effet, *ambitiosa mors*, que Tacite applique à la fin de quelques-uns de ces prétendus stoïciens [4], laisse entendre qu'ils ne dédaignaient pas du moins de prendre, grâce à la mort, une belle attitude en face des contemporains et de la postérité. Épictète, qui défend à ses élèves de rien faire pour la montre, se borne à ranger, sans fracas, la mort, comme la vie, au rang des choses indifférentes [5]. Il n'est jamais aussi serein

---

[1] Épictète, *Entretiens*, II, xix, 23-24.
[2] Id., *ibid.*, IV, iv, 26-29; I, xii, 21; III, xxvi, 29-32; I, xvi, 20-21.
[3] Voy., par ex., le morceau déclamatoire qui termine le *De Providentia*.
[4] Tacite, *Agric.*, XLII.
[5] Épictète, *Entretiens*, II, xix, 13.

qu'en parlant de cette loi fatale dont la pensée, comme dit Lucrèce, « étend sur la vie de tant d'autres un sombre nuage et ne leur permet de goûter aucun plaisir pur [1] ». Cette tranquillité vient d'abord d'une juste connaissance de la réalité. Regarder la mort en face, pour lui, ce n'est pas la braver, c'est en analyser la notion avec sang-froid. Dès lors, pourquoi la traiterait-il autrement que la vie elle-même? Il ne voit pas en elle le contraire, mais, à proprement parler, la conséquence logique et comme le couronnement naturel de cette vie, la contre-partie de la naissance, le retour à ce qui était avant. « Peut-on déplorer que ce qui est né périsse[2]? » Aussi n'emploie-t-il jamais, en parlant de la mort, que les expressions les plus adoucies, qui l'assimilent, non pas même aux accidents, mais aux phénomènes les plus simples et les plus connus de la vie de chaque jour. Le mot « mourir » même lui fait l'effet d'une exagération théâtrale, et l'homme qui dit à un autre : « Tu vas mourir », en croyant l'effrayer, devrait dire plutôt : « Ta substance va se résoudre aux éléments dont elle est composée[3]. » Or qu'y a-t-il là d'extraordinaire? Pourquoi se désespérer quand le médecin prononce le mot de maladie grave? Être en danger de mort, c'est approcher du moment où l'âme se sépare du corps. Ce n'est pas cela qui bouleversera le monde [4]. Nous avons peur des grands mots, comme les enfants ont peur des masques, faute de savoir ce qu'il y a derrière. La mort est un de ces masques; retournons-le, et nous verrons qu'il ne recouvrait pas un monstre dangereux, mais une chose extrêmement simple[5]. La mort vient après la vie, comme l'hiver après la saison des fruits, et il est aussi naturel de perdre les êtres qui nous sont chers que de n'avoir ni figues ni raisins en hiver. Aussi faut-il s'habituer, en y

---

[1] Lucrèce, *D. R. N.*, III, 39.
[2] Épictète, *Entretiens*, II, vi, 17; IV, vii, 27.
[3] Id., *ibid.*, IV, vii, 15.
[4] Id., *ibid.*, III, x, 14.
[5] Id., *ibid.*, II, 1, 15 et 17.

pensant continuellement, à l'idée d'en être privé tôt ou tard, comme on est habitué à n'avoir plus de fruits passé l'automne. Seule une sotte superstition peut y éprouver quelques scrupules. Les noms qui désignent les vices, voilà des mots de fâcheux augure, parce qu'ils représentent des choses réellement fâcheuses. Mais peut-on qualifier ainsi un mot qui désigne un fait tout naturel ? Épis moissonnés, feuilles tombées, figues et raisins desséchés seraient à ce compte des expressions fâcheuses. Il n'y a dans tout cela que changement et transformation. Un départ est un petit changement, la mort est un changement un peu plus grand, voilà tout[1]. Qu'importe le moment où il aura lieu? Si ce n'est pas aujourd'hui, ce sera demain. Qu'importe encore la façon dont il se produira? Qu'on s'en aille par accident ou par maladie, c'est toujours au même point qu'on aboutit[2].

Pour arriver à cette absence totale, je ne dirai pas de plaintes ou de protestations, mais de tout ce qui peut ressembler à un regret sur la nécessité de mourir imposée à tout individu humain, ce n'est pas assez d'avoir constaté que l'idée de mortalité fait partie de la définition de l'homme, au même titre que l'idée de raison[3]; il faut un sentiment plus élevé. Épictète, qui se souvient et rappelle souvent aux autres que l'homme n'est pas un tout isolé dans la nature, éprouve une satisfaction réelle à collaborer, par une soumission volontaire, avec l'ensemble de l'univers. Si les épis raisonnaient, ils ne devraient pas désirer de n'être jamais moissonnés, parce qu'ils ne sont pas seuls dans le monde; et nous, qui sommes à la fois destinés à être moissonnés et capables de comprendre pourquoi on nous moissonne, en profiterons-nous pour nous en in-

---

[1] Épictète, *Entretiens*, III, xxiv, 86-94.
[2] Id., *ibid.*, II, i, 17; III, x, 14; II, v, 14; II, vi, 18; III, xxii, 33 ; III, xxvi, 4-5 (cf. fr. 13); IV, vii, 25-28. Cf. Télès (mot de Théognis) dans Stobée, *Flor.*, XCV, 21 (III, p. 201, l. 1 M.); (mot d'Aristippe), *ibid.*, XL, 8 (II, p. 69, l. 10 M.).
[3] Épictète, *Entretiens*, II, ix, 2; III, i, 25.

digner¹? Ce n'est pas là l'usage qu'Épictète entend faire de sa raison. Il accepte d'avance la mort, sous quelque forme qu'elle se présente, parce qu'il sait que tout ce qui est né doit périr, pour que le monde ne s'arrête pas entravé dans son mouvement². « Je ne suis pas l'éternité, je ne suis qu'un homme, c'est-à-dire une partie de l'univers, comme l'heure est une partie du jour : je dois venir comme elle, et, comme elle, passer³..... » « Place à d'autres. Il faut bien que d'autres naissent à leur tour, comme tu es né toi-même, et qu'une fois nés ils aient de la place, de quoi se loger et de quoi vivre. Que leur restera-t-il, si les premiers ne se retirent pas? Pourquoi n'être jamais satisfait, jamais rassasié? pourquoi vouloir encombrer le monde⁴? »

Quand la soumission s'inspire d'aussi hautes raisons, on peut être sûr que la pensée de Dieu n'est pas loin. Car c'est lui qui dirige le mouvement de l'univers et commande à l'homme, par la bouche de son philosophe, de se résigner à mourir pour n'y pas faire obstacle. Or ce Dieu n'est pas, comme la Nature de Lucrèce, animé par un procédé oratoire et poétique : c'est un être véritable, qui parle au cœur de l'homme autant qu'à sa raison. Aussi est-ce dans son cœur qu'Épictète trouve les plus puissants motifs pour faire bon accueil à la mort et à celui qui l'envoie. Dès que la pensée de Dieu apparaît, il semble que ce soit un rayon de soleil qui dissipe ce sombre nuage dont parlait Lucrèce illuminant toutes choses, même la mort, d'une joie céleste. La forme la plus simple de cette joie, c'est la reconnaissance, inspirée par un retour vers le passé. Épictète ne se plaint pas de la mort, il se réjouit de la vie ; au lieu d'adresser des reproches à celui qui le fait mourir, il le remercie de l'avoir fait vivre. On ne saurait être plus conséquent avec soi-même. Que de fois, en effet, ne l'avons-

---

¹ Épictète, *Entretiens*, II, vi, 12-15 ; cf. II, v, 24-26 et II, x, 3-4.
² Id., *ibid.*, IV, vii, 27 ; II, i, 18 ; cf. III, xxiv, 92-95.
³ Id., *ibid.*, II, v, 10-14.
⁴ Id., *ibid.*, IV, i, 106.

nous pas déjà vu opposer ainsi sa gratitude aux récriminations des autres hommes. « Quoi! dit-il au mécontent, n'est-ce pas Dieu qui t'a amené ici et t'a tout donné? Et comment t'y a-t-il amené? Mortel, n'est-il pas vrai, destiné à vivre sur terre associé à un peu de chair, pour y contempler la façon dont il gouverne le monde, suivre le cortège avec lui, et avec lui célébrer la fête pendant quelque temps. Une fois donc que tu as contemplé la cérémonie et la panégyrie tant qu'il l'a voulu, ne consens-tu pas, quand il te fait partir, à t'en aller en lui rendant hommage et en le remerciant de tout ce qu'il t'a fait voir et entendre[1]? » Sans doute, on aimerait que la fête durât encore, comme ceux qui sont à Olympie voudraient voir encore d'autres athlètes. Mais la cérémonie est finie : il faut se retirer en homme discret et reconnaissant[2]. Ainsi, alors que la vie était une fête donnée par Dieu, la mort n'est autre chose que le retour de la fête; et ces retours de fêtes sont souvent aussi gais que les fêtes elles-mêmes. On revient encore tout rempli d'impressions joyeuses, que ne gâte aucun sentiment de regret. Il y a des soirées qui conservent toute la sérénité des belles journées qu'elles terminent. De même, le souvenir de la bonté de Dieu, qui a comme illuminé toute l'existence, en éclaire la fin d'un dernier rayon.

Un autre sentiment religieux, plus élevé encore, embellit la mort comme il avait embelli la vie. C'est la joie d'obéir à Dieu et de lui complaire une dernière fois. Toutes les autres joies de l'existence, même les plus nobles et les plus légitimes, s'effacent devant celle-là, et si, pour rien au monde, Épictète ne consentirait à abandonner son poste sans un ordre formel, en revanche, au premier signal, il renonce à tout, non seulement sans hésitation, mais avec empressement[3]. La joie pure qui accompagne ce dernier

---

[1] Épictète, *Entretiens*, IV, 1, 104-105.
[2] Id., *ibid.*, IV, 1, 106.
[3] Id., *ibid.*, III, xxiv, 97; I, ix, 16-17 et 24; I, xxix, 29; II, vi, 15; *M.*, VII.

acte de soumission est portée au comble, quand l'homme peut, dans l'examen de conscience final, passer en revue toute sa vie sans y trouver aucune révolte, aucune protestation, aucun murmure contre la volonté divine. Tout à l'heure, le souvenir de tous les bienfaits de Dieu était comme ramassé dans une minute suprême de reconnaissance; ici, la joie de la soumission est comme multipliée par le souvenir d'une existence consacrée tout entière au service de Dieu. La mort acceptée de bon cœur est le digne couronnement de toute une vie d'obéissance; et on peut dire alors : « Mon Dieu, je n'étais resté jusqu'ici que pour vous : à présent je pars pour vous obéir encore[1]. » C'est dans ces sentiments qu'a dû mourir Épictète, si toutefois il a pu réaliser son rêve. Nous ignorons comment il mourut, mais nous savons du moins qu'il pensait souvent à la mort[2], et il a pris soin de nous dire comment il souhaitait d'être surpris par la dernière maladie. Nous avons l'heureuse fortune de posséder, et même à deux exemplaires, la prière qu'il se proposait de faire à son lit de mort et qu'il avait composée par avance. Il est probable qu'il la méditait souvent intérieurement, comme cette autre prière qui a été citée plus haut ; en tous cas, il la récite, à deux reprises, une fois en particulier au chevet d'un disciple malade : « Puisque de toute façon, dit-il, la mort doit nous trouver occupés à quelque chose, je souhaite, pour ma part, qu'elle me trouve occupé à accomplir une noble tâche, un acte de bienfaisance, utile à tous; je veux au moins — car ceci est toujours possible — qu'elle me trouve occupé à me perfectionner moi-même[3]. Dès lors, il me suffira de pouvoir élever mes mains vers Dieu et de lui dire : « Voilà l'emploi
« que j'ai fait de ma vie et des facultés que vous m'aviez
« données : je crois vous avoir toujours fait honneur.
« Ai-je jamais manqué à un seul de mes devoirs ? Vous

---

[1] Épictète, *Entretiens*, III, XXIV, 97.
[2] Id., *M.*, XXI.
[3] Id., *Entretiens*, IV, X, 11-14 ; cf. III, V, 5-8.

« ai-je jamais adressé un seul reproche? J'ai été malade,
« pauvre, ignoré, d'autres aussi l'ont été; mais moi, j'ai été
« content de l'être. M'en avez-vous jamais vu plus triste?
« ne me suis-je pas toujours présenté à vous le front ra-
« dieux, n'attendant qu'un ordre, un signe de vous? Vous
« me rappelez : je m'en vais, en vous rendant grâces sans
« réserve de m'avoir admis avec vous à ce grand spec-
« tacle du monde, pour y contempler votre œuvre et com-
« prendre votre gouvernement. Merci pour m'avoir fait
« naître; merci pour tous vos autres présents. Le temps
« que j'ai eu pour en jouir me suffit. Reprenez-les et faites-
« en ce qu'il vous plaira. Ils étaient à vous, car c'est de
« vous que je les tenais. » Quand on peut partir ainsi, conclut-il, que peut-on désirer de plus? Peut-on vivre mieux
et plus dignement, peut-on mourir plus heureusement
qu'avec de pareils sentiments[1]? Ici encore, Sénèque provoque lui-même un rapprochement que nous n'avons pas
cherché. L'élève de Sextius, qui tenait de son maître l'habitude des examens de conscience quotidiens, pensait à la
mort de plus en plus souvent, à mesure qu'il la sentait
plus prochaine, et, comme Épictète, il faisait quelquefois,
à l'avance, son examen de conscience final. Il récapitulait,
lui aussi, son passé, et, évoquant la scène de sa propre
mort, se plaçait ainsi, en imagination, au moment le plus
favorable pour le juger en toute liberté, sans arrière-pensée
et sans préoccupation de l'opinion du monde. Or cet
examen de conscience, que Sénèque transcrit une fois[2]
à l'intention de Lucilius, est un monologue pur et simple :
c'est à lui-même qu'il s'adresse. Épictète, lui, n'oublie
pas qu'il n'est jamais seul, même quand il a fermé sa
porte et éteint sa lampe[3], et c'est à Dieu qu'il s'adresse :
son examen de conscience suprême n'est pas un mo-

---

[1] Épictète, *Entretiens*, IV, x, 14-18; cf. III, v, 8-12.
[2] Sénèque, *Ep.*, XXVI, 4-7.
[3] Cf. plus haut, p. 241. Il est juste, d'ailleurs, de rapprocher également Sénèque, *Ep.*, LXXXIII, 1, où il s'agit précisément d'examen de conscience.

nologue, mais une sorte de confession et, comme nous le disions, une prière [1].

La sérénité avec laquelle Épictète parle de la mort n'a pourtant pas sa source dans l'espérance d'une vie ultra-terrestre. Si sa fin doit être le soir d'un beau jour, il ne prévoit pas que ce jour doive être suivi d'un lendemain. En tout cas, il ne fait jamais entrer en ligne de compte, comme motif moral, une semblable espérance. Soit qu'il blâme, comme un manque de courage, l'amour excessif de la vie, soit qu'il énumère les avantages d'une mort héroïque [2], il ne fait, à cette occasion, aucune allusion à une existence postérieure, quelle qu'elle soit. La vie est une fête qui prend fin comme toutes les fêtes, ou, du moins, à laquelle chacun n'assiste que pendant un temps déterminé : ce temps écoulé, il faut laisser la place à d'autres sans rien demander de plus pour soi-même. A ce moment, on doit chercher des motifs de reconnaissance dans le passé et non des motifs d'espérance dans l'avenir [3].

La discrétion d'Épictète sur ce point mérite d'être notée comme originale et caractéristique. Ce n'est pas cependant qu'il fût conforme aux traditions stoïciennes de faire état d'une telle perspective : le besoin moral de l'immortalité n'était guère connu de l'ancien stoïcisme. La question de la vie future n'avait pas, dans le système primitif, l'importance qu'elle a, par exemple, dans le christianisme, et ce que Chrysippe ou Cléanthe ont pu dire du sort des âmes après la mort jusqu'à l'embrasement du monde est plutôt d'ordre physique et spéculatif. Mais, par suite, les moralistes postérieurs avaient sans doute le champ assez libre pour se livrer à leurs fantaisies individuelles, et il n'est pas étonnant qu'ils aient pu parfois, dans

---

[1] « Un admirable recueil de prières, même pour des chrétiens, pourrait, a-t-on dit, être extrait du livre d'Arrien » (R. Thamin, *ouvr. cité*, p. 272). Pour notre part, nous croyons avoir justifié l'expression de « livre de piété », que nous avons appliquée plus haut (p. 239) aux *Entretiens*.
[2] Épictète, fr. 24 ; III, xx, 10 et 5.
[3] Id., *Entretiens*, III, v, 10 ; IV, i, 105-106.

cette voie, se rapprocher des conceptions de Socrate et de Platon. Sénèque, en particulier, a émis à ce sujet les idées les plus variées. Dans les consolations, il met volontiers en avant l'espérance d'une vie plus heureuse. « Votre fils, dit-il à Marcia, est désormais éternel, en possession d'un état meilleur, débarrassé de tout fardeau étranger et rendu tout à lui-même... Il plane maintenant au plus haut des cieux, au milieu des âmes bienheureuses, admis dans la société des Scipions et des Catons [1]. » Ailleurs, c'est lui-même qu'il console ainsi, en même temps que Lucilius ; car ils ont, chacun de leur côté, éprouvé une perte cruelle : « Pensons, dit-il, que nous irons bientôt où nous nous plaignons que notre ami soit allé, et, s'il y a vraiment, comme le prétendent les sages, un lieu qui nous reçoive après la mort, disons-nous que celui que nous croyons perdu n'a fait que nous y précéder [2]. » Mais attache-t-il lui-même une grande importance à ces hypothèses? Elles sont plutôt pour lui l'occasion de belles rêveries. C'est ainsi que, dans une autre épître, il développe avec complaisance et non sans poésie la comparaison de la mort avec une nouvelle naissance, qui nous fera sortir des ténèbres et arriver à la pleine lumière, « ce séjour mortel n'étant que le prélude d'une vie meilleure et plus longue ». Et il tire de cette considération la conclusion morale que nous avons déjà vu Épictète tirer d'autres motifs. « Cette idée doit enlever de notre âme toute préoccupation basse, vile et coupable, en nous rappelant que les dieux sont témoins de toutes nos actions, que nous devons rechercher leur approbation, nous préparer à leur société et avoir l'éternité devant les yeux [3]. » Mais il a eu soin d'avertir d'abord son correspondant que tout cela n'est que la reprise d'un rêve interrompu, où il se laissait convaincre sans trop de peine par les opinions des grands hommes

---

[1] Sénèque, *Ad Marc.*, XXIV, 3, et XXV, 1 ; cf. *Ep.*, LXXXVI, 1.
[2] Id., *Ep.*, LXIII, 13 ; cf. *Ep.*, LXXVI, 19.
[3] Id., *Ep.*, CII, 29. Cf. par ex., avec ce passage, l'art. XXI du *Manuel*.

« qui promettent plus qu'ils ne prouvent¹ ». Ailleurs, allant plus loin et comme pour mieux accuser l'incertitude de son esprit, il se plaît à opposer deux théories contradictoires, le prolongement de l'existence et la cessation de toute vie, ou, du moins, de toute vie individuelle². Très souvent enfin, cette dernière hypothèse est la seule qu'il envisage, comme la plus simple et la plus naturelle, sans même prendre la peine de la mettre en regard d'hypothèses différentes.

Ces fluctuations, capables de déconcerter celui qui pourrait se flatter de saisir la pensée définitive de Sénèque, révèlent du moins un homme qui n'a jamais pris pleinement son parti de la loi de mortalité. Ses rêveries mystiques, alternant avec des restrictions sceptiques, montrent jusqu'à quel point il était préoccupé de la question du sort de l'âme après la mort. Le contraste est grand avec Épictète, dont l'indifférence sur ce point est complète. Pour celui-ci, la mort n'est jamais rien de plus que le terme de la vie actuelle. Ce n'est pas un anéantissement assurément ; c'est la décomposition des éléments dont nous sommes formés : ceux-ci retournent à leurs principes, quand le monde en a besoin pour former autre chose³. Mais, même quand il emploie comme motif moral la considération de la mort⁴, jamais il ne nous invite à porter nos aspirations au delà du moment où aura lieu cette décomposition. Une seule fois, on pourrait, à la rigueur, être tenté de croire qu'il étend ses regards plus loin que cette vie et qu'il prévoit, après la mort, ce *melior status* dont parle Sénèque : c'est dans ce passage, rappelé précédemment, où il reproche à ses disciples d'être trop courbés vers la terre, alors qu'ils devraient être impatients de s'affranchir de leurs corps par une mort volontaire et de retourner vers le Dieu dont ils descendent ;

---

¹ Sénèque, *Ep.*, CII, 1.
² Id., *De Provid.*, VI, 5 ; *Ep.*, LXV, 25 ; XXIV, 18 ; XCIII, 9.
³ Épictète, *Entretiens*, III, xxiii, 14-15 ; IV, vii, 15 ; III, xxiv, 92-95 ; cf. II, i, 17.
⁴ Par ex., *M.*, XXI. Cf. p. 272, n. 3.

pour lui, au lieu d'être occupé sans cesse à élever leurs pensées, il voudrait n'avoir qu'à les retenir ici-bas : « Mes amis, leur dirait-il, attendez que Dieu vous donne le signal et vous libère de votre service : alors seulement vous pourrez aller le retrouver[1]. » Mais, pour empêcher d'attribuer à ce passage une portée exceptionnelle, peut-être suffirait-il de mettre en regard cet autre, où la mort, tout en étant présentée comme un rappel de Dieu, se réduit nettement à la décomposition des éléments dont l'homme est formé : « Quand Dieu ne te fournit pas le nécessaire, c'est qu'il te donne le signal de la retraite, et t'ouvre la porte en te disant : « Viens. — Où donc? — Vers quelque chose de bien simple, vers des amis et des parents, vers les éléments. Tout ce qui en toi était de feu s'en ira retrouver le feu...[2]. » Il faut ajouter que ce même passage paraît inspiré par le début du *Phédon*, où Socrate explique au jeune Cébès que le philosophe désire la mort, pour s'affranchir des servitudes du corps, sans avoir le droit de se la donner[3]. Enfin Épictète exagère à dessein le mysticisme qu'il semble présenter comme idéal à ses disciples, pour faire mieux valoir, par le contraste, la bassesse de leurs préoccupations, et nous savons qu'il aime à combattre un excès en lui opposant l'excès inverse. Ce mysticisme est même tellement exagéré que, tout éventuel et tout imaginaire qu'il soit, Épictète intervient pour le ramener en arrière. En réalité, dans l'expression de sa pensée personnelle, rien ne trahit le désir d'aller retrouver Dieu après la mort, ni l'espérance de connaître un jour un état plus parfait, une science ou un bonheur plus complet.

Que faut-il penser de cette discrétion voulue, de ce silence obstiné, qui a la valeur d'une déclaration positive et d'une profession de foi? Lui, dont la piété et la reconnaissance allaient si volontiers et si naturellement à Dieu,

---

[1] Épictète, *Entretiens*, I, ix, 16.
[2] Id., *ibid.*, III, xiii, 14-15.
[3] Platon, *Phédon*, p. 61 d - p. 62 d.

quand la foule se plaignait ou, tout au moins, se montrait indifférente, se passe de Dieu après la mort, quand d'autres éprouvent le besoin d'aller à lui. En réalité, il n'y a pas lieu d'en être surpris. Celui que nous avons vu constamment préoccupé de justifier la Providence ne change pas d'attitude : l'avocat de Dieu reste fidèle à son rôle. Le désir de l'immortalité et la croyance à une vie future impliquent, en général, l'idée que la vie est insuffisamment bonne et la justice insuffisamment réalisée ici-bas. Plutarque, qui a écrit un dialogue sur les délais de la justice divine, le termine par la description des tourments de l'enfer ; et un autre dialogue sur l'immortalité de l'âme, dont il reste, en particulier, un tableau du bonheur des justes après la mort, était sans doute inspiré par la même idée fondamentale, car la discussion y est conduite par les mêmes personnages[1]. Ainsi encore et plus récemment, Bossuet, plaidant la cause de la Providence, admettait que l'ordre qui règne dans l'ensemble de l'univers ne règne pas dans l'humanité, où les bons et les méchants sont confondus, et il en concluait que Dieu n'a pas mis la dernière main à son ouvrage, voulant par là « nous tenir en attente du grand jour de l'éternité, où toutes choses seront démêlées par une décision dernière et irrévocable[2] ». Or c'est là ajourner, plutôt que résoudre la question de la Providence ; c'est sauver la justice de Dieu en lui faisant crédit de l'avenir. Épictète ne paraît pas avoir admis un instant que l'œuvre de Dieu pût être incomplète : évitant soigneusement de porter ses regards vers l'avenir, c'est dans le présent qu'il a voulu voir entièrement réalisée la justice divine.

D'abord, si vraiment cette justice exige que les méchants

---

[1] Cf. Gréard, *De la morale de Plutarque*, p 286 et suiv.
[2] Bossuet, *Sermon sur la Providence* (IX, 151, Lachat; 134, Gandar; IV, cxx, Lebarq), 1ᵉʳ point. Cf. Sénèque, *De Provid.*, IV, 7-8 : « Ceux que Dieu semble traiter avec douceur et ménagements, il les réserve, en les laissant s'amollir, pour les maux à venir. C'est une erreur de croire qu'il y ait personne d'exempté. Cet homme longtemps heureux aura son tour. Tous ceux qui paraissent dispensés n'ont eu, en réalité, qu'un sursis. »

soient punis, il estime que leur châtiment est dès maintenant suffisant. Car il y a d'autres dommages que les pertes matérielles et les souffrances physiques. Si c'est quelque chose que de perdre de l'argent ou un membre, ses connaissances en grammaire et en musique, qu'est-ce, quand on perd, par exemple, l'honnêteté ou la modération, la douceur ou la loyauté, l'amour du prochain ou la patience ? Le dommage qui résulte d'une faute est le plus grand de tous, ou, pour mieux dire, il n'y en a pas d'autres [1]. Une fortune, un champ, une maison, des esclaves, ne sont pas à l'individu : ils sont au pouvoir et à la merci d'autrui, et ceux qui peuvent en disposer les font passer de main en main. Les qualités morales, voilà ce qui fait vraiment l'homme et ce qu'il ne peut perdre sans être réellement diminué [2]. Le mal est, pour tout être, ce qui est contraire à sa nature ; le mal vraiment déplorable et honteux pour l'homme est de cesser d'être un homme pour devenir un animal méchant [3]. Ainsi ceux qui, en faisant le mal, perdent leurs qualités naturelles, sont vraiment malheureux et à plaindre ; et ils sont parfois les premiers à s'en rendre compte [4]. Les prétendues victimes de leurs injustices ne sont donc pas fondées à leur souhaiter un châtiment. Non seulement elles n'en sont pas atteintes, car la faute ne saurait être d'un côté et la souffrance de l'autre [5], mais les méchants se font assez de tort à eux-mêmes en croyant en faire à autrui. Leur faute est leur mal, et elle est le plus grand des maux, puisque par elle ils se privent du plus grand des biens. Pourquoi demander qu'ils perdent autre chose en ne remplissant pas leur devoir ? Quel châtiment peut-on imaginer qui soit plus grand que celui-là [6] ? Dès lors, on comprend que l'idée de

---

[1] Épictète, *Entretiens*, II, x, 13-fin ; IV, ix, 6-11.
[2] Id., *ibid.*, IV, v, 13-22.
[3] Id., *ibid.*, IV, I, 125-128.
[4] Id., *ibid.*, I, xxix, 21 ; IV, ix, 3.
[5] Id., *ibid.*, I, xxviii, 10 ; II, xiii, 18 ; cf. III, xx, 11.
[6] Id., *ibid.*, I, xviii, 8 ; III, xviii, 5 ; cf. fr. 13 : « Quand donc on

peines à infliger aux coupables après la mort n'apparaisse jamais chez Épictète. Rien n'est plus étranger à sa conception de la justice. Car on n'est puni, au sens littéral du mot, que par sa faute : dès qu'on s'écarte du devoir sur un point, le châtiment vient tout de suite, non du dehors, mais de l'acte même[1]. Épictète dit quelque part à un magistrat qu'il faut gouverner les êtres raisonnables autrement que les bêtes, c'est-à-dire par autre chose que la force et la peur. « Au lieu de dire : « Fais ceci sous peine de prison », il faut dire : « Obéis à Zeus sous peine de châtiment. » Lequel ? Celui de n'avoir pas fait son devoir, d'avoir perdu la droiture, l'honnêteté, la modération. Ne cherchez pas de châtiments plus grands que celui-là[2]. » Or l'idéal de gouvernement qu'Épictète propose à ce magistrat est évidemment identique au gouvernement de Dieu lui-même. Car c'est Dieu qui a établi la loi qui punit, pour ainsi dire, automatiquement ceux qui lui désobéissent, nous dispensant ainsi de souhaiter que les méchants soient châtiés[3].

Aussi bien, le sort des méchants n'est pas l'affaire des bons[4]. Peu importe, après tout, à ceux-ci que ceux-là soient punis ; l'essentiel est qu'eux-mêmes ne soient pas les plus mal traités, mais au contraire récompensés suivant leurs mérites. Les deux idées de justice et de bonté divines se réunissent ici pour l'exiger impérieusement. Or le spectacle actuel du monde ne paraît pas fait pour leur donner satisfaction. Les élèves d'Épictète, en particulier, s'étonnaient que l'honnête homme fût le plus mal partagé, au point d'être pris en pitié par les méchants eux-mêmes. Ils trouvaient injuste qu'il fût pauvre, dédaigné,

---

reproche à la Providence de laisser les méchants impunis, parce qu'ils sont riches et puissants, c'est un peu comme si on disait qu'après avoir perdu la vue, ils sont impunis parce qu'ils ont les ongles en bon état. Car si les yeux valent mieux que les ongles, que dire de l'honnêteté, au prix de la puissance et de la richesse ? »

[1] Épictète, *Entretiens*, III, XVIII, 5 ; IV, I, 119-120 ; IV, XII, 18.
[2] Id., *ibid.*, III, VII, 35-36.
[3] Id., *ibid.*, III, XI, 1.
[4] Id., *ibid.*, II, XIII, 18 ; III, XVIII, 8.

parfois mis à mort comme Socrate, pendant que d'autres avaient l'argent, les honneurs, le pouvoir[1]. Mais Épictète leur démontre leur erreur et réhabilite la Providence. Les raisons qui font que le méchant est à plaindre font que l'honnête homme est à envier, fût-il seul de son avis. Sans doute, l'homme malhonnête a plus d'argent, mais moins de probité, de conscience et d'honneur; car c'est avec ceci qu'il a dû acheter cela. Peut-on l'envier d'avoir acquis sa fortune à un prix dont on ne voudrait pas la payer[2]? L'honnête homme a en réalité le meilleur lot. S'il n'a pas les honneurs, l'argent et les plaisirs, il a — et cela est bien à lui — des vertus, comme la modération, qui lui permettent de s'en passer[3]. On ne saurait avoir tout à la fois : il faut sacrifier l'accessoire pour avoir l'essentiel. Mais l'inverse n'est pas moins vrai, car c'est en convoitant ce qui n'est pas à soi qu'on perd ce qui est à soi[4]. Aussi l'honnête homme renonce-t-il sans regret à des choses extérieures, pour être plus riche des véritables biens[5].

Or ce n'est là que l'application d'une loi de justice établie par Dieu même, et qui ne souffre pas d'exceptions: le plus fort a toujours l'avantage sur le plus faible, non pas en tout, ce qui serait absurde, mais là où il est le plus fort. L'honnête homme est donc sûr de n'avoir jamais le dessous sur le terrain de l'honnêteté, la seule chose à laquelle il tienne[6]. A l'aide de cette loi, Épictète justifie la Providence toutes les fois que l'occasion s'en présente : il est visiblement préoccupé de ne la laisser jamais sous le coup du moindre soupçon. Par exemple, il n'admet pas qu'on s'indigne de voir la vertu pauvre : « Est-ce que l'honneur ne vaut pas mieux que l'argent? Quel mal fait la Providence en accordant ce qui vaut le mieux à celui qui vaut le

---

[1] Épictète, *Entretiens*, IV, vi, 1, 25, 28 ; cf. I, xxix, 16.
[2] Id., *ibid.*, IV, vi, 20-28; III, xvii, 1-6; *M.*, XXV.
[3] Id., *ibid.*, IV, ix, 1-2.
[4] Id., *ibid.*, IV, x, 18-27 ; I, xxv, 4 ; I, xxix, 21.
[5] Id., *ibid.*, II, x, 8-9.
[6] Id., *ibid.*, I, xxix, 13-16 et 19; III, xvii, 6 ; cf. IV, vi, 28.

mieux¹? » — « Un tel vient d'être arrêté. — Eh bien ! et après?.... — Zeus n'a pas été juste en cela. — Pourquoi donc? parce qu'il nous a donné le courage et l'élévation de l'âme? parce qu'il n'a pas mis le mal dans les choses? parce qu'il nous a donné le moyen de souffrir tout cela sans cesser d'être heureux²? » Par suite, la mort de Socrate cesse d'être un scandale. Le corps de Socrate a eu le dessous devant d'autres corps plus forts et plus nombreux : qu'y a-t-il là d'étonnant et d'injuste? quel reproche peut-on faire à Dieu, si les idées de Socrate, c'est-à-dire Socrate lui-même, ont été invincibles³? En un mot, quand on reproche quelque chose à la Providence, il suffit de réfléchir pour reconnaître que ce qui est arrivé était logique⁴. Dès lors, l'idée d'une récompense particulière accordée à la vertu est si peu nécessaire aux yeux d'Épictète qu'elle ne peut guère avoir de sens pour lui. Comme le mal est à lui-même sa punition, le bien est à lui-même sa récompense, et toute autre serait sans valeur au prix de celle-là. « Quel intérêt, disait un débauché, puis-je avoir à changer de vie? — Le plus grand de tous : tu auras le respect de toi-même au lieu de l'impudence, l'ordre au lieu du désordre, la loyauté au lieu de la déloyauté, la tempérance au lieu de la débauche. Si tu veux quelque chose de mieux que cela, continue : un Dieu même ne pourrait te sauver⁵. » De même qu'on n'écrit correctement que pour écrire correctement, veut-on pour l'homme de bien une récompense plus grande que d'agir suivant l'honnêteté et la justice? Une couronne suffit aux athlètes vainqueurs; est-ce donc si peu de chose d'être sage et heureux⁶?

Sage et heureux sont en effet termes synonymes. L'ob-

---

¹ Épictète, *Entretiens*, III, XVII, 5.
² Id., *ibid.*, III, VIII, 5-6.
³ Id., *ibid.*, I, XXIX, 16-19; cf. IV, I, 123.
⁴ Id., *ibid.*, III, XVII, 1.
⁵ Id., *ibid.*, IV, IX, 17-18; I, XXIX, 25; I, II, 22.
⁶ Id., *ibid.*, III, XXIV, 50-53.

jection du sage malheureux, ayant droit à une compensation ultérieure, eût été entièrement dépourvue de sens pour Épictète, comme impliquant contradiction. Le sage n'est pas malheureux ; car, s'il l'était, il ne serait pas sage[1]. Le sage est à envier, fût-il seul à penser ainsi : encore faut-il qu'il le pense. Épictète ne fait même aucune distinction entre ceux qui se trouvent malheureux et les coupables proprement dits. Ceux-ci croient à quelque bien, ceux-là à quelque mal indépendant de la volonté : les uns et les autres désobéissent au gouvernement de Dieu et sont punis en conséquence[2]. « Il y a, dit-il, une loi divine, toute-puissante, inévitable, qui inflige les plus grands châtiments à ceux qui ont fait les plus grandes fautes[3]. » Quels sont donc les criminels dont il veut parler ici ? Ce sont ceux qui osent se donner pour stoïciens et se plaindre de leur sort ; et, s'il est si sévère pour eux, c'est qu'ils donnent, plus que personne, prétexte aux impies pour accuser Dieu d'injustice. Or il ne veut pas que Dieu puisse être soupçonné de rendre, même pour un temps, son sage malheureux, et qu'on lui prête une justice au pied boiteux, dont les retards doivent être compensés un jour par des exécutions terribles et par d'éclatantes satisfactions. C'est pourtant, semble-t-il, montrer déjà une assez belle confiance en Dieu que de lui faire crédit de l'éternité et d'accepter un mal actuel dans l'espérance d'un bien futur. Mais l'accepter comme un bien est plus généreux encore. Or Épictète ne fait pas autre chose quand il dit : « En te donnant le courage et l'élévation de l'âme, en ôtant le mal des choses, Dieu t'a permis de tout souffrir et d'être heureux[4]. » Il admet que les épreuves sont l'honneur et la beauté même de la vie[5]. Aussi est-il prêt à la quitter sans désirs comme

---

[1] Épictète, *Entretiens*, IV, vi, 20-25 ; III, xxiv, 20.
[2] Id., *ibid.*, III, xi, 1-2.
[3] Id., *ibid.*, III, xxiv, 42-43.
[4] Id., *ibid.*, III, viii, 6 ; cf. I, xiv, fin.
[5] Id., *ibid.*, III, xxiv, 110-fin ; cf. IV, 1, 124, et surtout I, vi, 37 : ἔχω.... ἐκ σοῦ.... ἀφορμὰς πρὸς τὸ κοσμῆσαι διὰ τῶν ἀποβαινόντων ἐμαυτόν.

sans regrets : s'il ne tourne pas la tête en arrière, il ne jette pas non plus en avant des regards indiscrets. Sénèque, nous l'avons vu, s'était laissé aller, à plusieurs reprises, à rêver d'un « au-delà » ; Marc-Aurèle se demandera une fois, sans d'ailleurs en douter, s'il est compatible avec la bonté divine qu'il n'y ait pas de résurrection au moins pour les hommes vraiment bons et pieux[1]. Épictète n'a jamais permis à sa pensée de s'égarer, même un instant, de ce côté. S'il s'est interdit sévèrement un rêve consolant que de grands esprits ont, en tout temps, trouvé légitime et dont le christianisme a fait la vertu d'espérance, ce n'est pas seulement parce que sa doctrine lui défendait d'affirmer ce qu'il ignorait et de désirer ce qui ne dépendait pas de lui. Avec l'idée qu'il s'était faite de la bonté de Dieu, il ne s'est pas cru le droit de lui demander plus que ce qu'il avait reçu, élevant ainsi le sentiment religieux à une hauteur où il n'est pas accessible à tous[2].

[1] Marc-Aurèle, XII, 5.

[2] Des admirateurs d'Épictète, ne comprenant pas, sans doute, que cette robuste sécurité pût s'allier avec une hauteur d'âme incontestable, ont voulu, à défaut de la foi, lui prêter l'espérance, ou du moins quelque chose qui y ressemblât, et ils se sont efforcés de démêler chez lui la trace d'une incertitude ou de saisir l'ombre d'un doute. Nous aimons mieux, d'accord avec M. Bonhöffer, lui laisser sa sécurité que de mettre dans sa physionomie un trait que nous n'y avons pas vu et qui ne paraît même pas lui convenir. Comment, par exemple, M. Thamin (ouvr. cité, p. 270) a-t-il pu dire, parlant d'Épictète en même temps que de Marc-Aurèle : « On sent que, s'ils ne croient pas, ils voudraient croire. Ce n'est pas la foi, c'est le besoin de la foi. Ils ont peur d'affirmer leur scepticisme, comme on a peur de prononcer une parole de mauvais augure. Devant la perspective de l'anéantissement final qui se présente souvent à eux, ils détournent les yeux ou se réfugient dans l'incertitude. » Épictète aurait probablement protesté contre une semblable interprétation de ses sentiments : en tout cas, il est difficile, après ce qu'il a dit lui-même de la crainte de la mort (Entretiens, III, xxiv, 89-93 : Ἀλλὰ δύσφημά ἐστι ταῦτα....; cf plus haut, p. 266), de lui prêter la peur d'une parole de mauvais augure. La vérité est ailleurs (ouvr. cité, p. 151). L'auteur reconnaît qu'avec leur définition de la liberté, il est tout naturel que les stoïciens n'aient pas éprouvé le besoin de prêcher l'abolition de l'esclavage. « Un trop grand souci de la liberté idéale empêcha les stoïciens de songer à la liberté dans le sens vulgaire du mot. » C'est à peu près de la même manière qu'Épictète, par sa définition du bien et du bonheur, a échappé à la tentation de demander à l'avenir réparation du présent.

CHAPITRE III

La forme des « Entretiens »

Il y a beaucoup de choses qui demandent à être vues du dehors aussi bien que du dedans. De même, on s'exposerait à ne prendre d'un homme comme Épictète qu'une connaissance imparfaite en le considérant uniquement d'un des deux points de vue. L'aspect d'une doctrine change, non seulement en raison des sentiments intérieurs qu'y met le philosophe qui l'a adoptée, mais en raison du tour particulier qu'il donne à l'expression extérieure de ces sentiments. Et qu'on ne dise pas qu'ici le vêtement de la pensée importe peu, que le fond est tout et que le reste est négligeable, comme une question de pure forme. En admettant qu'Épictète eût fait entièrement fi de la forme, nous ne serions nullement autorisés par là à en faire autant, et nous aurions au moins à étudier en lui cette négligence. Un homme livre une partie de lui-même, à la fois par les choses qu'il dit et par la façon dont il les dit. Si quelques-uns prétendent aujourd'hui que le tempérament et le caractère se reflètent en partie dans l'écriture, les mouvements de la main étant soumis à l'influence du cerveau, avec combien plus de raison et de vraisemblance n'interrogera-t-on pas le langage, comme interprète de l'état de l'âme. Si le vers se sent toujours de la bassesse du cœur, et sans doute aussi de sa noblesse, il y a des chances pour que les improvisations d'Épictète donnent quelque idée de son caractère.

On a vu que ses leçons produisaient sur les auditeurs des impressions singulièrement vives. Or nous savons que la forme y contribuait autant que le fond, et qu'elle était assez originale pour qu'Arrien éprouvât le besoin de la fixer dans ses notes : ce n'est pas seulement de la διάνοια de son maître, mais de sa παρρησία qu'il avait voulu, en recueillant les *Entretiens,* conserver fidèlement le souvenir[1]. Le mot employé par lui est significatif : il donne l'idée de quelque chose de libre et d'énergique, de familier et de hardi, de naturel et de vivant, et on est tout disposé à admettre qu'il devait être juste de tous points. Mais il rend par trop sommairement les impressions variées que les *Entretiens* produisaient sans doute sur l'auditeur et produisent encore sur le lecteur. De plus, si l'auditeur, de son propre aveu, était absorbé tout entier par elles, le lecteur conserve assez de liberté d'esprit pour se rappeler qu'il a déjà entendu ailleurs des choses analogues et dites d'une façon analogue, et il est naturel qu'il cherche à préciser, autant que possible, cette impression spéciale. Quelle que fût la liberté des improvisations d'Épictète, dans quelle mesure, en s'y livrant, suivait-il des traditions d'école et s'inspirait-il de la manière de ses prédécesseurs ? C'est là une question que doit se poser celui qui ne veut pas se faire une idée trop inexacte de cette originalité dont nous parlions tout à l'heure. Quand même il serait établi qu'il n'a pas créé de toutes pièces la forme plus que le fond, il n'en résulterait nullement qu'une étude de ce genre n'ait rien à nous apprendre sur lui.

Nous avons déjà remarqué, en parlant de l'exercice moral auquel Épictète soumettait ses disciples, que bon nombre des conseils qu'il leur adressait étaient, en quelque sorte, traditionnels. Ce qui a été dit incidemment[2], à propos de certaines instructions relatives au règlement du désir, s'applique, avec plus de raison encore, à tout ce

---

[1] Arrien, *Lettre à Gellius,* 2.
[2] Voy. 2ᵉ partie, ch. III, p. 125, n. 5.

qui concerne le règlement de la crainte. Là surtout, il était difficile qu'il ne marchât pas dans un sentier déjà tracé par ses prédécesseurs; et effectivement leur influence se laisse souvent saisir jusque dans le détail des idées. Les stoïciens et les cyniques [1] se transmettaient, comme les matières du programme de l'enseignement de l'école, un certain nombre de thèmes où étaient traités, à leur point de vue, les principaux événements que l'homme est habitué à considérer comme fâcheux. Cicéron nous dit expressément qu'il y avait, pour ainsi dire, des développements tout faits sur la pauvreté et l'obscurité, sur l'exil et la servitude, sur les infirmités physiques, et en général sur tout ce que, dans le langage ordinaire, on appelle calamité [2]. L'idée stoïcienne qu'il n'y a d'autre mal que le mal moral donnait naturellement à ces lieux communs une allure paradoxale. Et même cette idée que la façon d'user des choses indifférentes n'est pas indifférente, au point que ces prétendus maux peuvent être l'occasion d'un bien, conduisait à célébrer ceux-ci par des éloges en règle. Épictète, vantant la modestie du philosophe Agrippinus, qui n'aimait ni à se louer ni à s'entendre louer, ajoute qu'en revanche, si quelque désagrément lui survenait, il en écrivait l'éloge :

---

[1] Des recherches pénétrantes, faites surtout dans ces quinze dernières années, particulièrement par O. Hense, l'éditeur de l'*Anthologie* de Stobée, tendent à faire croire que les *Diatribes* de Bion, citées par Diog. Laërce, II, 77, exercèrent, soit directement, soit par l'intermédiaire d'Ariston de Chios, une influence considérable sur les développements variés que subirent, dans la suite, une grande partie de ces lieux communs ou, si on aime mieux, de ces paradoxes. Voy. notamment l'importante préface des *Teletis reliquiae* de Hense; voy. également, du même auteur, un article sur « Bion dans Philon », *Rhein. Mus.*, 3ᵉ série, XLVII (1892), p. 219-240. Cf. R. Heinze, *De Horatio Bionis imitatore*, Bonn, 1889; A. Giesecke, *De philosophorum veterum quae ad exilium spectant sententiis*, Leipzig, 1891 ; P. Wendland, *Philo und die kynisch-stoische Diatribe*, ch. 1ᵉʳ, p. 3-8.

[2] Cicéron, *Tuscul.*, III, 81 : « Sunt certa quae de paupertate, certa quae de vita inhonorata et ingloria dici soleant; separatim certae scholae sunt de exsilio, de interitu patriae, de servitute, de debilitate, de caecitate, de omni casu in quo nomen poni solet calamitatis. Haec Graeci in singulas scholas et in singulos libros dispertiunt. » Cf. P. Wendland, *Quaest. Muson.*, p. 26, n. 2; *Philo*, p. 6.

c'est ainsi qu'il fit celui de la fièvre, de l'humiliation, de l'exil[1]. Quoique proprement philosophiques à l'origine, de tels panégyriques, étant une sorte de défi à l'opinion, étaient bien faits pour tenter la virtuosité des rhéteurs et dégénérer, entre leurs mains, en déclamations pures. Il n'est pas surprenant, dans ces conditions, que les moralistes et les déclamateurs, les prédicateurs populaires et les poètes philosophes se soient souvent rencontrés en démontrant que tout ce que les hommes estiment est sans valeur et tout ce qui leur fait peur sans danger[2]. Il y avait là comme un fonds commun d'idées, d'arguments et d'exemples où ils venaient tous s'approvisionner, comme faisaient autrefois les panégyristes attiques et comme allaient faire bientôt les apologistes chrétiens.

Mais il n'était pas impossible de donner à ces idées empruntées quelque air de nouveauté. D'abord, appliqués à des cas particuliers, ces thèmes connus perdaient l'allure dogmatique qu'ils devaient avoir dans un traité en règle[3]. De plus, grâce aux points de contact qu'ils présentaient

---

[1] Épictète, fr. 21 = Stobée, *Flor.*, VII, 17. Cf. l'éloge de la fièvre fait par Favorinus (Aulu-Gelle, *N. A.*, XVII, XII, 2). Cicéron, qui cite la cécité dans le passage rapporté plus haut, s'amuse à esquisser lui-même l'éloge de la surdité (*Tusc.*, V, 116). Cf. l'éloge de la vieillesse dans le *Cato major* de Cicéron, qui paraît s'être inspiré d'Ariston de Chios (v. Hense, *Teletis reliquiae*, p. ci), dans Musonius (Stobée, *Flor.*, CXVII, 8), dans Favorinus (*ibid.*, CXV, 17 ; 22 ; CXVI, 44 ; CXIX, 16), dans Juncus (*ibid.*, CXV, 26 ; CXVI, 49 ; CXVII, 9). Cf. Plutarque, *De l'utilité des ennemis*, et l'indication d'Épictète, *Entretiens*, III, xx, 9-12, suivie d'allusions à la maladie, à la mort, à l'indigence, etc., dont chacune peut être l'occasion d'un développement analogue. Le mépris de tous ces prétendus maux avait pour conséquence la tranquillité de l'âme ; et c'était là un des sujets les plus fréquemment traités dans les écoles philosophiques, particulièrement par les stoïciens (Diogène Laërce, IX, 20 ; cf. Gréard, *De la morale de Plutarque*, p. 189, à propos de Plutarque et de Sénèque).

[2] Épictète, *Entretiens*, III, xxii, 26 et suiv. ; I, xxiv, 6-7. Cf., par ex., à propos de la folie de ceux qui souhaitent une longue vie, Cicéron, *Tusc.*, I, 86, Sénèque, *Ad Marc.*, XX, 4-5, et Juvénal, *Sat.*, X, 283 et suiv., qui citent tous trois la maladie de Pompée à Naples et sa mort à Alexandrie. Sur la mort de Priam, Cicéron, *Tusc.*, I, 85 = Juvénal, *Sat.*, X, 258 et suiv.

[3] Cf. plus haut, 2ᵉ partie, ch. III, p. 140, n. 2.

souvent entre eux, on pouvait passer de l'un à l'autre, ou, plus exactement, aller prendre ici, pour l'utiliser là, des développements qu'on aurait pu croire réservés à un thème déterminé. Nous avons déjà vu Épictète en user ainsi d'une façon assez ingénieuse et assez inattendue [1]. On peut voir, par d'autres exemples, que c'était là, chez lui comme autour de lui, un procédé courant.

Parmi les thèmes indiqués par Cicéron, l'un des plus souvent traités était celui de l'exil, et les événements de cette période [2] justifient suffisamment cette préférence. Après Télès et Cicéron lui-même, Sénèque, Musonius et Plutarque l'ont repris chacun pour son compte [3]. Sénèque, exilé en Corse, laisse entendre qu'avant de consoler sa mère de son propre exil, il a relu « toutes les leçons que les plus illustres génies ont composées sur les moyens de maîtriser et d'adoucir la douleur [4] ». Musonius et Plutarque, à leur tour, ont développé dans l'ordre traditionnel les arguments classiques qui servaient à réfuter les préjugés habituels contre l'exil [5]. Tous deux ont rappelé, après Cicéron, que Socrate se disait citoyen du monde [6]; tous deux ont discuté, après Télès, et probablement d'après Bion, un célèbre passage des *Phéniciennes* d'Euripide sur les malheurs de l'exilé [7]. Épictète, qui n'a pas traité ce thème

---

[1] Voy. 2ᵉ partie, ch. III, p. 127, 129, 131. Le chap. III, XXVI, où se trouve la sortie contre le luxe dont il est question p. 127, renferme (5, fin ; cf. fr. 13, l. 4) une allusion à un vers de Théognis cité par Télès dans Stobée, *Flor.*, XCV, 21 (IV, p. 201, l. 1 M.). Ce détail confirme bien notre supposition qu'Épictète s'inspire là d'une diatribe antérieure.

[2] Cf. Tacite, *Histoires*, I, 2 : « plenum exiliis mare ».

[3] Télès dans Stobée, *Flor.*, XL, 8 ; Cicéron, *Parad.*, IV ; *Tusc.*, V, 105-109 ; Sénèque, *Ad Helv.* (cf. Zeller, *Ph. d. Gr.*, III, I, p. 716, n. 4) ; Musonius dans Stobée, *Flor.*, XL, 9 ; Plutarque, *De l'exil*; Agrippinus cité par Épictète, fr. 11. Voy., sur ce lieu commun, notamment sur la question des sources, la dissertation de A. Giesecke, *De philosophorum veterum quae ad exilium spectant sententiis*; cf. le compte rendu de P. Wendland, *Berl. phil. Woch.*, XII (1892), p. 108-111.

[4] Sénèque, *Ad Helv.*, I, 3.

[5] Cf. Gréard, *De la morale de Plutarque*, p. 212.

[6] Cicéron, *Tusc.*, V, 108 ; Musonius dans Stobée, *Flor.*, XL, 9 (II, p. 70, l. 22 M.) ; Plutarque, *De l'exil*, V, p. 600 f. Cf. Épictète, *Entretiens*, I, IX, 1.

[7] Télès ne cite textuellement, à la fin (Stobée, *Flor.*, XL, 8 = II, p. 69,

en lui-même, on a pourtant développé quelques parties pour ces jeunes gens qui, sans être proprement exilés, se sentaient dépaysés en Épire et considéraient Nicopolis comme un lieu d'exil[1]. Car l'idée qu'il ne faut pas s'attacher aux lieux était une de celles qui servaient communément à réfuter le préjugé de l'exil. D'autre part, comme ces jeunes gens regrettaient leurs familles en même temps qu'Athènes, il a utilisé aussi, pour les réconforter, des pensées qui figuraient le plus souvent dans les consolations proprement dites[2]. Car il est naturel de faire entrevoir la perspective de la séparation définitive à ceux que suffit à abattre une séparation momentanée[3]. Or la consolation était aussi un des thèmes favoris des moralistes de l'antiquité, et il y avait également, sur ce sujet, des arguments traditionnels, qu'on retrouve dans Télès[4], dans Cicéron et dans Philon, dans Sénèque et dans Plutarque, dans Musonius et dans Épictète[5].

---

1. 16 M.) d'après Bion (cf. *ibid.*, l. 13), que les dernières paroles de Polynice mourant, relatives à sa sépulture ; mais les mots οὐκ ἄρχουσι, φησίν, οὐ πιστεύονται, οὐ παρρησίαν ἔχουσιν (p. 69, l. 3), sont une allusion évidente à un vers bien connu du célèbre dialogue entre la mère et le fils, vers qui sert de point de départ à une longue discussion de Musonius (p. 73, l. 24). Cf. Plutarque, *De l'exil*, II.

[1] Épictète, *Entretiens*, II, xvi, et III, xxiv. Cf., en particulier, Euripide, *Phéniciennes*, 368, et Épictète, II, xvi, 31. Cf. également la citation d'Euripide faite par Musonius (Stobée, *Flor.*, II, p. 71, l. 2 M.), et l'allusion d'Épictète, III, xxiv, 66. Cf., pour l'histoire de Diogène esclave, Musonius *(ibid.*, p. 74, l. 14-20), et Épictète, III, xxiv, 64-75. Cf., sur les voyages d'Héraklès, Télès *(ibid.*, p. 68, l. 18-21) ; Épictète, II, xvi, 44 ; III, xxiv, 13 ; III, xxvi, 32 ; et l'allusion de Plutarque, *De l'exil*, V. Cf. encore Musonius *(ibid.*, p. 70, l. 30), et Épictète, II, v, 26.

[2] Inversement, mais par un procédé semblable, Sénèque, dans sa *Consolation à Helvia*, qui est un traité de l'exil, a introduit (IX, 8 — XII) une satire contre le luxe contemporain, où bien des détails sont visiblement d'origine cynique. Cf. Musonius (Stobée, *Flor.*, II, p. 72, l. 12-16 M.). Il était d'usage, en effet, d'envisager l'exil, non seulement comme changement de lieu et comme cause d'ignominie, mais encore comme cause de pauvreté (voy. Gréard, *ouvr. cité*, p. 212-215).

[3] Cf. 2ᵉ partie, ch. II, p. 139.

[4] Télès dans Stobée, *Flor.*, CVIII, 83 (IV, p. 52-53 M.). Cf. plus haut, ch. II, p. 252 et suiv.

[5] Voy., à ce propos, P. Wendland, *Philo*, ch. IX (nombreux rapproche-

Mais le thème de prédilection des moralistes stoïciens était peut-être celui de la liberté, auquel nous emprunterons une seconde série d'exemples[1]. S'ils n'admettaient pas que le sage pût être en exil, étant partout dans sa patrie, ils admettaient encore moins qu'il pût être en servitude. Car la liberté n'est pas ce que le monde entend par là : le sage est libre, même en prison, alors que celui qui commande aux autres est souvent moins libre que le dernier de ses sujets ou de ses esclaves[2]. Ce thème, indiqué par Cicéron dans le passage des *Tusculanes* cité plus haut, avait déjà été indiqué par lui dans le *Pro Murena*, au nombre des paradoxes que se plaisaient à soutenir les sectateurs de Zénon[3]. Horace, à son tour, l'a traité dans une satire bien connue, ou, plus exactement, l'a fait traiter spirituellement par son esclave Davus. Celui-ci, fort de la science toute fraîche que lui a communiquée le portier du philosophe Crispinus, lui démontre victorieusement, par des arguments *ad hominem*, qu'un maître, soumis à toutes sortes de passions, n'est pas plus libre que son esclave[4].

---

ments). Voy. aussi l'article de C. Martha sur les consolations dans ses *Études morales sur l'antiquité*, et celui de P. Albert sur le même sujet dans ses *Variétés morales et littéraires* ; cf. R. Thamin, *Un problème moral dans l'antiquité*, p. 225-227. Sur Musonius et Épictète, cf. 2ᵉ partie, ch. v, p. 190, n. 1.

[1] Philon a traité incidemment, et à plusieurs reprises, quelques-uns des paradoxes dont se moquent Cicéron, *Pro Mur.*, 61, et Horace, *Sat.*, I, III, 124 et suiv.; *Ep.*, I, 1, 106 et suiv. (v. P. Wendland, *ouvr. cité*, ch. VIII, p. 50-51). Musonius a développé, à l'intention du roi de Syrie qui visita un jour son école, le paradoxe « que le sage est roi » (Stobée, *Flor.*, XLVIII, 67 = II, p. 275 et suiv. M.); cf. Télès, *ibid.*, XL, 8 (II, p. 66, l. 20 et suiv. M.), et Épictète, *Entretiens*, III, xxv; 31-32. Ce dernier a traité *(ibid.*, III, IX, 17-18), pour un fonctionnaire impérial, le paradoxe « que le sage est riche »; cf. Cicéron, *Pro Mur.*, 61, et *Parad.*, VI. Sénèque, dans le *De constantia sapientis*, et Musonius (Stobée, *Flor.*, XIX, 16) ont démontré longuement, et Épictète, incidemment *(Entretiens*, IV, v), « que l'injure n'atteint pas le sage ». Sur le paradoxe ὅτι πᾶς ἄφρων μαίνεται, v. plus loin, p. 303. On pourrait faire des rapprochements analogues à propos du paradoxe de la noblesse (v. Wendland, *ouvr. cité*, p. 51 et suiv.).

[2] Épictète, *Entretiens*, I, XII, 23 ; IV, I, 173.

[3] Cicéron, *Pro Mur.*, 61 ; *Parad.*, V. Cf. Diog. L., VII, 121, et Épictète, *Entretiens*, II, 1, 22.

[4] Horace, *Sat.*, II, VII, 45 et suiv. On reconnaît là un mot de Bion,

Philon avait démontré plus sérieusement, dans un ouvrage dont la seconde partie seule est conservée, πάντα φαῦλον εἶναι δοῦλον et πάντα σπουδαῖον εἶναι ἐλεύθερον [1]. C'est là précisément le sujet du chapitre le plus considérable des *Entretiens* d'Épictète [2], qui a traité ce paradoxe, non plus incidemment comme celui de l'exil, mais dogmatiquement [3], et en tant que paradoxe [4]. L'importance capitale qu'avait la question dans la doctrine stoïcienne suffit à expliquer cette circonstance, sans même qu'il soit nécessaire de chercher dans ce chapitre la revanche de l'ancien esclave, comme on peut voir la revanche de l'exilé dans le développement de Musonius sur l'exil [5].

Or, bien que la matière de ce thème fût des plus riches, Épictète y a introduit des détails que d'autres, avant lui, avaient appliqués à des thèmes différents. C'est ainsi que, tout en se rencontrant, sur certains points, avec Horace ou Perse, qui avaient traité des sujets semblables [6],

---

qui paraît provenir d'une « diatribe » sur la liberté : Βίωνος ἐν τῷ Περὶ δουλείας. Φησὶν ὁ Βίων· οἱ ἀγαθοὶ οἰκέται ἐλεύθεροι, οἱ δὲ πονηροὶ ἐλεύθεροι δοῦλοι πολλῶν ἐπιθυμιῶν (Stobée, *Flor.*, II, 38 H. = 39 M.). Sur les sources de ce célèbre paradoxe, v. Bernays, *Herakl. Briefe*, p. 101. Cf. Hense *(Rhein. Mus*, XLVII, p. 234 et n. 1), qui, au delà de Bion, entrevoit l'influence profonde d'Antisthène.

[1] Sur cet opuscule, dont l'attribution à Bion a été contestée, v. une dissertation de R. Ausfeld, Göttingue, 1887 ; P. Wendland, *Arch. für Gesch. der Phil.*, I, 1888, p. 509 et suiv. ; Hense, *art. cité*.

[2] Kalbel *(Hermes*, XXIII, p. 543, n. 1) croit pouvoir rattacher, en outre, à une même source stoïcienne les discours XIV et XV de Dion Chrysostome et le Περὶ εὐγενείας de Plutarque. Cf. H. v. Arnim, *Leben und Werke des Dio von Prusa*, p. 270.

[3] Sur la prétention qu'avait Épictète de traiter méthodiquement la question, v. *Entretiens*, IV, 1, 64. On reconnaît, dans la disposition de l'ensemble, l'ordre traditionnel dont Sénèque parle dans sa *Consolation à Marcia*, II, 1, et qu'il s'excuse d'intervertir exceptionnellement.

[4] Épictète, *Entretiens*, IV, 1, 173.

[5] Stobée, *Flor.*, XL, 9 (II, p. 74, l. 20 M.).

[6] Cf., par exemple, Perse, *Sat.*, V, 75 : « Heu ! steriles veri quibus una Quiritem vertigo facit ! » et Épictète, *Entretiens*, II, 1, 26 : Ὅταν οὖν στρέψῃ τις ἐπὶ στρατηγοῦ τὸν αὑτοῦ δοῦλον... Cf. encore Horace, *Sat.*, II, vii, 70 : « O tollens servus! » et Épictète, *Entretiens*, IV, 1, 7 : τῶν τρὶς πεπραμένων... Cf. surtout, immédiatement après ces mots, le détail final des coups : εἰ ἄλλο ἢ πληγάς σε δεῖ προσδοκᾶν = Horace (90) : « Unde mihi lapidem ?..... unde sagittas ? »

il a utilisé ailleurs, à propos de la servitude, un trait de la vie de Diogène que Musonius avait utilisé à propos de l'exil. Ce rapprochement n'a rien de surprenant : la perte de la patrie et la perte de la liberté ont des conséquences communes [1], et le trait conté par Musonius était précisément destiné à réfuter le vers d'Euripide rappelé plus haut, que l'exilé n'a plus le droit de parler librement. Comme Musonius, Épictète fait de Diogène le type de l'homme libre [2], et rapporte que, vendu par des pirates, c'est lui qui traitait en esclave son maître Xéniadès qui l'avait acheté. C'est exactement l'attitude donnée par Philon à son Héraklès, qui n'est autre que celui du *Syleus* d'Euripide, dont un certain nombre de fragments nous sont connus uniquement par l'emploi qu'il en a fait [3]. Un peu plus haut, Épictète applique à ce même thème de la liberté un déve-

---

[1] C'est ainsi, comme on le verra plus loin, p. 305, que le thème « que les passions rendent fou » et le thème « que les passions rendent esclave » ont des points de contact. Il en est de même du paradoxe de la liberté et du paradoxe de la noblesse : voy., par exemple, Épictète, *Entretiens*, IV, 1, 8-11, qui fait penser à Juvénal, *Sat.*, VIII.

[2] Épictète, *Entretiens*, IV, 1, 114-118 et 152-159. Il l'avait déjà présenté ainsi, et à propos de la même circonstance de sa vie, dans le chapitre sur l'exil à Nicopolis, dont il a été question plus haut, p. 288 et n. 1 ; cf. *Entretiens*, II, xiii, 24. Dans l'opuscule de Philon, Héraklès est présenté comme modèle (II, p. 460 et suiv., Mangey) en même temps que Diogène p. 464). Or on a vu plus haut (2ᵉ partie, ch. III, p. 131 et n. 6) qu'Épictète, lui aussi, réunit volontiers le demi-dieu et le philosophe cynique. D'ailleurs, celui qui eut le premier l'idée de ce rapprochement n'est autre que Diogène lui-même : τὸν αὐτὸν χαρακτῆρα τοῦ βίου λέγων διεξάγειν ὅνπερ καὶ Ἡρακλῆς, μηδὲν ἐλευθερίας προκρίνων (Diog. Laërce, VI, 71).

[3] Sur l'habitude qu'avaient les cyniques et les stoïciens d'interpréter dans un sens philosophique la conduite et le langage des héros homériques et des personnages tragiques ou comiques, voy. plus loin, p. 304 et suiv. Sur Héraklès = Diogène, cf. Philon, *ibid.*, p. 461 ; Musonius dans Stobée, *Flor.*, XL, 9 (II, p. 74, l. 14-20 M.) ; Épictète, *Entretiens*, IV, 1, 114-119. Sur Diogène esclave, il n'y a dans Musonius qu'un canevas, tandis que le récit d'Épictète est plus développé, plus vif et plus intéressant ; mais la différence est sans doute, du moins en partie, le fait du rédacteur de Musonius, moins fidèle que celui d'Épictète. En réalité, tous deux puisaient peut-être séparément à une source commune, probablement identique à celle de Philon. Sur l'origine du passage d'Épictète, à propos de ses rapports très étroits avec Diogène Laërce, VI, 30, p. 288 et n. 1 ;

loppement dont le canevas se retrouve dans Télès [1], et où un certain nombre de détails environnants, tels que des citations de Cratès, trahissent une origine cynique [2]. Mais dans Télès (et sans doute aussi dans sa source), qui traitait de la richesse et de la pauvreté, il s'appliquait aux gens insatiables qui ne sont jamais contents de leur sort. On voit mieux ici quelle est, dans cette transposition, la part de l'invention personnelle d'Épictète. Télès prenait l'exemple d'un esclave, qui ne rêvait d'abord que l'affranchissement. « Si je l'obtiens, dit-il, j'ai tout ce que je désire. » Mais, une fois affranchi, il veut avoir, à son tour, un esclave, puis deux, puis devenir propriétaire, citoyen, magistrat, roi, et pourquoi pas Dieu ? L'idée, assez banale, quoique le récit soit vif et alerte, est transformée en passant dans les *Entretiens*. Le récit d'Épictète, beaucoup plus développé, commence de même ; l'esclave désire d'abord être affranchi,

---

36, 74, voy. l'éd. Schenkl, p. 332, l. 22, n. 2, et surtout Hense *(Rhein. Mus., art. cité,* p. 232, n. 1), qui rapproche encore Plutarque, *De tranq. an.,* IV, p. 466 e ; *An vitiositas ad infel. suff.,* III, p. 499 b ; et Aulu-Gelle, *N. A.,* II, xviii, 9-10.

[1] Cf. Télès dans Stobée, *Flor.,* XCVII, 31 = *Teletis rel.,* IV[b] (III, p. 216, l. 3-11 M.) et Épictète, *Entretiens,* IV, 1, 33-41.

[2] En général, Télès a une prédilection marquée pour Diogène et Cratès ; voy. encore, par ex., Stobée, *Flor.,* XCV, 21 = *Teletis rel.,* IV[a]. Cf. plus haut, 2[e] partie, ch. III, p. 126, n. 3 fin. D'autre part, Hense *(Rhein. Mus., art. cité,* p. 235-240) n'hésite pas à croire que la plupart des apophthegmes de Diogène et de Cratès, dont sont remplis les extraits de Télès, et notamment celui-ci, ont passé par l'intermédiaire de Bion. Le passage qui nous occupe est précédé immédiatement d'un vers-proverbe (reproduit également *Flor.,* XCVIII, 72 = III, p. 235, l. 20 M.) où la vieillesse est comparée à l'Etna. La comparaison se retrouve au début du *Cato major* de Cicéron (1), quelques lignes après celles où il laisse entendre qu'il s'inspire du Περὶ γήρως d'Ariston de Chios *(ibid.,* 3). Or celui-ci est nommé expressément par Strabon (X, v, 6) « l'imitateur de Bion le Borysthénite », si souvent cité par Télès, en particulier dans cet extrait. Cf. Hense, *Teletis rel.,* p. xciv et ci. Quant au passage qui suit immédiatement celui qui nous occupe (οἱ βασιλεῖς), Hense *(ibid.,* p. xxvii et suiv.) remarque qu'il est inspiré d'Antisthène (cité par Xénophon, *Banquet,* IV, 36). Pour toutes ces raisons, il est évident que le passage même de l'esclave n'est pas non plus de l'invention de Télès. Le thème qui a servi au développement d'Épictète est antérieur, et provient probablement des *Diatribes* de Bion, citées par Diog. Laërce, II, 77. Cf. plus loin, p. 345 : Additions.

c'est là toute son ambition : « Si je suis affranchi, dit-il, me voilà pleinement heureux. » A partir de là, il suit un *cursus honorum* analogue, devient finalement chevalier, fonctionnaire, sénateur... et n'a pas cessé un instant d'être esclave. Le simple détail de l'esclave qui, dans Télès, n'a d'abord d'autre ambition que l'affranchissement[1], a dû faire imaginer à Épictète d'appliquer ce développement au paradoxe de la servitude πάντα φαῦλον εἶναι δοῦλον ; dès lors, il lui a donné un sens et un intérêt tout nouveaux en s'avisant de prolonger jusqu'aux plus hautes situations cet esclavage initial, dont ne s'affranchit pas même, comme il dit ailleurs, celui qui marche précédé de douze faisceaux[2]. Bien qu'il ne fasse aucune allusion à son ancienne condition, comme Musonius à son exil, on ne peut s'empêcher de trouver que le morceau a une saveur toute particulière dans la bouche d'un ancien esclave[3]. Si d'ailleurs la note personnelle est aussi discrète que possible sur ce point particulier, on peut, en revanche, mettre nettement au compte d'Épictète la vivacité du récit, plein de détails pittoresques et de monologues animés, derrière lesquels le canevas de Télès se reconnaît à peine, comme un apologue d'Ésope derrière une fable de La Fontaine : il y a là un talent qui mérite d'être étudié.

Cependant ici encore, où il s'agit de la forme purement extérieure, il faut tenir un certain compte des prédécesseurs d'Épictète, qui n'a pas créé de toutes pièces l'expression de sa pensée. Non seulement bon nombre des détails qui servaient à démontrer les thèmes traditionnels et à remplir les cadres des lieux communs se transmettaient eux-mêmes par tradition, comme on a pu le voir, mais il y avait, pour ainsi dire, des moules où les moralistes coulaient naturellement leurs idées. La « diatribe » philosophique avait une manière, des procédés et jusqu'à des

---

[1] Ce motif se retrouve aussi dans Plutarque, *De tranq. an.*, X, p. 470 b. Cf. plus loin, p. 345 : Additions.
[2] Épictète, *Entretiens*, IV, 1, 57.
[3] Voy., notamment, *ibid.*, IV, 1, 150-151.

formules[1] qui lui étaient propres. Par son origine comme par sa destination, elle demandait un certain tour d'esprit, certaines qualités d'imagination, dont quelques-unes, pour le dire en passant, ne sont pas sans rapports avec la poésie. Des poètes figurent effectivement parmi les représentants du genre. Mais le « génie » d'Épictète, comme on disait autrefois, s'accommodait sans doute mieux qu'aucun autre aux conditions de ce genre ; car il en est considéré communément comme le représentant le plus fidèle[2].

L'un des traits les plus frappants du récit qui vient d'être analysé est la mise en scène de l'ancien esclave. A chaque nouvelle étape de son ascension vers les honneurs, on l'entend exprimer tout haut ses rêves ambitieux ou se plaindre tout haut de ses déceptions successives. Le philosophe, en effet, fait volontiers parler ainsi l'ignorant, l'ἰδιώτης, mais, le plus souvent, c'est en échangeant avec lui une véritable conversation[3]. Platon, dans ses dialogues, mettait aux prises deux interlocuteurs. Dans les « diatribes », c'est le philosophe lui-même qui, interrompant son monologue, se met aux prises avec un interlocuteur, qu'il prend parmi ses auditeurs ou ailleurs, et engage avec lui un dialogue dont il fait tous les frais. C'est une autre manière d'imiter les conversations de Socrate. Peut-être Socrate lui-même usait-il déjà, à l'occasion, d'un procédé analogue. Épictète dit qu'il avait tant de goût pour la discussion et la dialectique qu'il faisait quelquefois à lui seul les questions et les réponses. « Quoi donc? Socrate n'écrivait-il pas? — Si fait, et même autant que personne. Mais comment? Ne pouvant avoir toujours quelqu'un dont il pût réfuter les opinions ou qui pût réfuter les siennes à

---

[1] Cf. plus loin, p. 306, n. 2.
[2] Cf. Wendland, *Philo*, p. 6.
[3] Ce n'est pas sans raison que les mots διατριβή, διάλεξις, διάλογος, ὁμιλία, ainsi que le mot latin *sermo* (cf. le titre des satires d'Horace), qui finirent par désigner simplement un traité de philosophie morale ou un sermon populaire, renferment tous l'idée de conversation. Cf. Wendland, *Philo*, p. 5, et Heinze, *De Horatio Bionis imitatore*, p. 6, n. 2.

son tour, il s'interrogeait et se réfutait lui-même[1]. » Aussi bien est-ce là un procédé instinctif. Même dans les dialogues proprement dits de Platon, il arrive quelquefois que le personnage principal s'entretienne, non pas avec tel ou tel de ses interlocuteurs, mais avec un interlocuteur fictif dont il imagine les objections et avec qui il discute. De même, les orateurs attiques, au lieu d'adresser constamment au peuple un discours dogmatique, le prennent souvent à partie et transforment leur discours en discussion. Non contents des interruptions réelles qui ne leur étaient certainement pas ménagées, ils personnifient eux-mêmes l'opposition, et se font volontiers interpeller, sur un ton parfois familier et populaire, par un auditeur imaginaire qui joue le rôle d'un comparse et leur fait des objections choisies, qu'ils s'empressent de réfuter.

Ce procédé, que les théoriciens appelaient en latin *contradictio* ou *occupatio*, était, naturellement, employé couramment dans les écoles de rhétorique[2] : quant à la « diatribe », qui était une déclamation philosophique, on peut dire qu'elle l'avait adopté et en quelque sorte fait sien[3]. Celle-ci d'ailleurs, alors même qu'elle affecte la forme d'un discours ou d'un sermon ininterrompu, reste encore voisine du dialogue, non seulement par ses petites phrases hachées et courtes d'haleine, par son ton, souvent familier comme le langage de la conversation, mais par son allure vive et passionnée, qui va quelquefois jusqu'à l'em-

---

[1] Épictète, *Entretiens*, II, 1, 32. Ailleurs *(ibid.*, IV, iv, 26 et 30) Épictète recommande d'en faire autant et de dialoguer avec soi-même : λάλει σεαυτῷ. Nous avons vu plus haut (2ᵉ partie, ch. III, p. 134), à propos de l'exercice moral, qu'il conseille de se faire interroger par les choses, c'est-à-dire de se poser à soi-même des questions auxquelles on aura à répondre, et il donne lui-même deux exemples de ces sortes de dialogues *(Entr.*, III, III, 14-17 ; III, VIII, 1-7 ; cf. II, xvi, 2-3).

[2] Sénèque le père, *Suas.*, II, 17 et 18.

[3] C'est de là, sans doute, qu'il est passé dans le sermon chrétien. Norden, qui s'étend assez longuement, dans son ouvrage *Die antike Kunstprosa*, sur les rapports du dialogue et de la diatribe, fait remarquer (p. 506, n. 1) que S. Paul cite plus souvent qu'on ne pense les paroles d'un adversaire, sans les désigner expressément comme telles et sans faire ressortir l'objection par une formule spéciale.

portement : elle vit de discussion et de polémique, et le sens très particulier qu'a pris définitivement en français le mot « diatribe » s'explique en grande partie par là. Ces traits se remarquent dans Télès[1], dans les satires d'Horace[2], et dans un certain nombre de passages de Philon[3]; et il est permis de croire qu'ils n'étaient pas absents des diatribes de Musonius. Car, chez ce dernier, le développement régulier et un peu lent et l'expression généralement périodique de la pensée doivent être, au moins en partie, le fait de son rédacteur[4]. Musonius était assurément un esprit méthodique, ami de l'ordre et de la clarté; mais aucun

---

[1] Au delà de Télès on peut, semble-t-il, remonter jusqu'à Chrysippe (v. R. Hirzel, *Der Dialog*, I, p. 371 et n. 1) et, comme on devait s'y attendre, jusqu'à Bion. Dans Plutarque (*De aud. poet.*, IV, p. 22 a) on voit ce dernier réfuter, non pas Théognis, mais un adversaire fictif qui avait cité un distique de Théognis (v. Hense, *Teletis rel.*, p. LXVIII). Chez Télès, le dialogue est particulièrement visible dans le Περὶ εὐπαθείας (Stobée, *Flor.*, CVIII, 83 = *Teletis rel.*, VII), dans le double fragment sur la pauvreté (*Flor.*, XCV, 21 et XCVII, 31 = *Teletis rel.*, IV^a et IV^b), et dans le Περὶ φυγῆς (*Flor.*, XL, 8 = *Teletis rel.*, III). Dans ce dernier, presque toutes les objections sont introduites par ἀλλά (II, p. 66, l. 16 et 19; p. 67, l. 26; p. 68, l. 3 et 27 M.); cf. Wilamowitz-Moellendorff, *Philol. Unters.*, IV, p. 307, note. Dans le double fragment sur la pauvreté, le rôle de l'interlocuteur est visible, II, p. 202, l. 1-4; p. 211, début, et 213, l. 4 M.; cf. Wilamowitz, *ibid.*, p. 298.

[2] Sur le sens de *sermo*, qui correspond au grec διατριβή, voy. Varron, *De ling. Lat.*, VI, 64 : « Sermo enim non potest esse in uno homine solo, sed ubi oratio cum altero conjuncta. » Voy. également Horace, *Ep.*, II, II, 60 (cf. Diog. L., II, 77); *Sat.*, I, IV, 41 et 46; *Ep.*, I, IV, 1. Cf. plus haut, p. 294, n. 3.

[3] Voy. Wendland, *Philo*, ch. VII, p. 48-49.

[4] Les extraits de Musonius portent des marques d'arrangement après coup, qu'on ne retrouve pas dans les *Entretiens* d'Épictète. Telle est, par exemple, la parenthèse rétrospective placée en tête de la conversation avec le roi de Syrie (Stobée, *Flor.*, XLVIII, 67. On voit que le rédacteur fait un choix. Voy., par ex., immédiatement après cette parenthèse, ἄλλα τε πολλὰ εἶπε.... καὶ δὴ καὶ ταῦτα; il choisit, en particulier, les discours qui sortent de la manière ordinaire du maître (*Flor.*, I, p. 285, l. 19 et p. 287, l. 26 M.); cf. plus haut, 2º partie, ch. V, p. 184, n. 3. Enfin, des expressions comme τοιάδε τινὰ εἶπεν (*Flor.*, I, p 285, l. 20 M.; cf. III, p. 7, l. 12 M.), τοιοῖσδέ τισι λόγοις χρώμενος (*Flor.*, II, p. 13, l. 6 M.), et l'alternance du discours indirect avec le discours direct indiquent assez nettement que le rédacteur n'a pas prétendu donner une reproduction textuelle des leçons de Musonius. Cf. Hirzel, *ouvr. cité*, II, p. 250, n. 1 et p. 244, n. 1.

extrait de Stobée ne saurait prévaloir contre le témoignage d'Épictète, qui laisse entendre que son enseignement était très vivant et produisait sur les auditeurs une impression profonde[1]. De plus, les mots isolés, transmis directement sous son nom par Plutarque et Épictète lui-même, par Aulu-Gelle et Stobée[2], attestent peut-être, à eux seuls, plus de vivacité et plus de goût du pittoresque que l'ensemble des extraits qui paraissent provenir de la rédaction de Lucius[3]. Enfin, même dans ceux-ci, on saisit assez souvent la trace de discussions, réelles[4] ou fictives[5], engagées avec les auditeurs[6]; derrière les tournures un peu froides qui introduisent les objections à réfuter, on devine le dialogue, et, dans la seconde partie du περὶ σκέψης en particulier[7], apparaissent des interrogations passionnées qui laissent entrevoir ce que pouvait être le ton primitif. Si tout cela semble plus souvent manquer de relief, il faut sans doute s'en prendre au rédacteur trop méthodique, qui a, pour ainsi dire, passé le rouleau sur ces entretiens animés, donnant parfois l'allure d'un doctrinaire sec et systématique à un homme dont nous avons pu, à d'autres égards, constater la souplesse[8].

Chez Épictète, mieux servi par un rédacteur plus fidèle,

---

[1] Épictète, *Entretiens*, III, xxiii, 29.
[2] Plutarque, *De coh. ira*, II, p. 453 e; *De vit. aer. al.*, VII, p. 830 b; Épictète, *Entretiens*, I, i, 27; I, vii, 32; III, vi, 10; III, xv, 14; III, xxiii, 29; Aulu-Gelle, *N. A.*, V, 1; IX, ii, 8; XVI, 1, 2; XVIII, ii, 1; Stobée, *Flor.*, I, 84; V, 76; VI, 8 et 35; VII, 23, 24, 25; XXXI, 6; XLVIII, 14, 15, 16; XCV, 23.
[3] Sur l'identité du rédacteur, voy. Th. Pflieger, *Musonius bei Stobaeus*; Fribourg, 1897; (bibliographie de la question, p. 6 et suiv.).
[4] Stobée, *Ecl.*, II, xv, 46 W. (*Flor.*, IV, p. 163 M.); *Flor.*, LXXIX, 51, début.
[5] Id.; *Ecl.*, II, xxxi, 123 W. (*Flor.*, IV, p. 213, l. 5; p. 214, l. 5 M.); *Flor.*, VI, 23 H. = 61 M. (I, p. 155, l. 18 M.); XIX, 16 (I, p. 303, l. 21 M.); XL, 9 (II, p. 72, l. 6; p. 73, l. 5 et 19 M.); XLVIII, 67 (II, p. 275, l. 18-20; p. 276, l. 2-4 M.); LVI, 18 (II, p. 338, l. 21 M.); LXXIX, 51 (III, p. 94, l. 10 M.).
[6] Musonius appelle lui-même ses leçons des entretiens philosophiques avec ses auditeurs; ὅσοι γε φιλοσόφου διατριβῆς μετεσχήκαμεν (Stobée, *Flor.*, XXIX, 78 (II, p. 15, l. 13 M.).
[7] Id., *Flor.*, I, 209 H. = 84 M. (I, p. 38, l. 17 et suiv. M.).
[8] Cf. l'appréciation trop sévère de Wendland, *Philo*, p. 65 (cf. p. 4); nous en retenons surtout la restriction initiale qui lui ôte la plus grande partie de sa valeur.

apparaissent réunis et nettement marqués tous les caractères qu'on trouve épars et souvent à demi effacés chez ses prédécesseurs. On voit comment l'habitude de l'enseignement par interrogation et la pratique de la méthode socratique le conduisent à poser des questions même à ceux qui ne sont pas là pour les entendre et à faire les réponses à leur place. Au cours d'un entretien véritable, il lui arrive, à chaque instant, pour activer la discussion, de substituer un interlocuteur imaginaire à l'interlocuteur réel. Celui-ci est désormais dispensé d'ouvrir la bouche : c'est l'autre qui donne son assentiment et introduit les objections[1]. Un simple détail permet de se rendre compte de la fréquence de ces dialogues fictifs : c'est l'emploi de la formule φησί, qui abrège, au profit de la vivacité, le ἔρωντ' ἂν ἡμᾶς ou le φαίη τις ἄν et les formules analogues des dialogues socratiques ou des orateurs attiques, en présentant comme réelle une intervention qui n'est que supposée. On la trouve déjà, mais plus rarement, dans Démosthène et dans Télès, dans Plutarque et dans Musonius[2], alors qu'Épictète en fait un usage continuel[3].

---

[1] Voy., par ex., II, xxiv, 24 et suiv. ; cf. I, xiv, 11; II, xv, 16 et suiv.; III, ix, 15 ; III, xxii, 77. C'est ainsi que, dans Musonius, le roi de Syrie ne dit que quelques mots à la fin, sans avoir eu à intervenir dans la discussion proprement dite, dont le philosophe a fait tous les frais (Stobée, *Flor.*, XLVIII, 67 ; cf. plus haut, p. 297, n. 5).

[2] Voy., par ex., Démosthène, 650, 13; Télès dans Stobée, *Flor.*, XL, 8 (II, p. 66, l. 3 M.); Plutarque, *Ad Apoll.*, XXI, p. 112 c; Musonius dans Stobée, *Flor.*, VI, 23 H. = 61 M. (J, p. 155, l. 18 M.); cf. φαίη τις ἄν, II, p. 338, l. 21, et IV, p. 213, l. 5 M.; φησί τις ἴσως, IV, p. 214, l. 6 M.

[3] C'est ainsi qu'en latin le *dicat quis* ou le *dicet aliquis* de Cicéron est devenu le *inquit* de Sénèque (cf. Horace, *Sat.*, II, ii, 99). Cicéron lui-même connaît déjà la formule, qu'on rencontre assez souvent dans sa correspondance (sur ce dernier point, en particulier, et sur cette formule, en général, voy. une note importante de Hirzel, *ouvr. cité*, I, p. 371, n. 2). Quant à Sénèque, il l'emploie constamment dans ses « dialogues » (innombrables exemples dans le *De beneficiis*), comme Épictète emploie φησί; mais ce mot n'est chez lui qu'une simple formule de discussion et ne se prête jamais à aucun effet dramatique. Comme le dialogue fictif, en général, la formule φησί a passé dans le sermon chrétien (voy. Norden, *Die antike Kunstprosa*, p. 129, note). Mais, sauf un exemple signalé

Ce n'est là assurément qu'un détail dont il ne faudrait pas exagérer l'importance; mais cette prédilection pour une formule assez caractéristique, d'ailleurs bien connue, est le signe extérieur et en quelque sorte matériel d'un véritable tempérament dramatique, qui se manifeste en toute occasion. Naturellement et sans effort, des scènes comiques ou sérieuses se dessinent souvent, d'une façon inattendue, au cours d'un entretien et d'une exhortation : tantôt ce n'est qu'une esquisse, une simple indication; tantôt aussi la scène se développe librement. On n'entend que la première phrase d'un personnage ridicule, qui rappelle les soldats fanfarons de la Comédie Nouvelle et qui rebat, pour la centième fois peut-être et toujours dans les mêmes termes, aux oreilles de ses convives le récit fastidieux de ses campagnes en Mésie[1] : « Je vous ai déjà raconté, mon cher, comment j'escaladai cette hauteur : alors ce fut mon tour d'être assiégé[2]. » On entend tout au long le dialogue que le maître engage avec le philosophe novice qui se trouve pour la première fois, au sortir de l'école, en face d'un danger sérieux. La scène se passe sur le pont d'un bateau pendant une tempête, puis à Rome devant l'empereur : le maître, déguisé en passager ou en habitué du palais, s'est glissé derrière son élève pour lui rappeler à propos la leçon de la veille : « Quand le vent fait

---

(p. 506, n. 1), dans S. Paul (Cor., II, x, 10), Norden ne la rencontre pas avant le IV⁰ siècle, par exemple dans S. Jean Chrysostome et dans S. Grégoire de Nazianze (ibid., p. 556-557, p. 567, note).

[1] C'est ainsi que nous croyons devoir rendre le mot Μυσία, alors que la traduction Courdaveaux (p. 78) le rend par la Mysie. Cf. H. Doulcet, *Quid Xenophonti debuerit Flavius Arrianus*, p. 5. Il est permis de voir dans ce détail autre chose qu'une simple fantaisie ou un simple souvenir littéraire ; cf. ce qui a été dit plus haut, 1ʳᵉ partie, ch. 1ᵉʳ, p. 18, n. 2, à propos des guerres contre les Daces sous Trajan.

[2] Épictète, *Entretiens*, I, xxv, 15. Cf. Théophraste, *Caractères*, VII, et surtout Plutarque, *Du bavardage*, XXII. Ailleurs on assiste au manège du vaniteux gêné qui veut se faire passer pour riche, en jetant, pour emprunter le titre d'une comédie moderne, « de la poudre aux yeux » du monde, et a recours à toutes sortes de supercheries pour entretenir cette illusion autour de lui (IV, vi, 4).

claquer les voiles et que tu pousses des cris d'épouvante, je suppose qu'un passager s'avise de faire le mauvais plaisant et s'approche de toi pour te dire : « Rappelez-moi donc, « je vous prie, ce que vous disiez hier. Le naufrage « est-il un vice ou quelque chose qui se rattache à un « vice? — De quoi vous mêlez-vous ? lui dirais-tu ; nous « sommes en train de périr, et vous venez plaisanter! » De même, si l'empereur te citait à comparaître pour répondre à une accusation, te souviendrais-tu encore de ces distinctions (entre les choses bonnes, mauvaises ou neutres) ? Au moment où tu entres, pâle et tremblant, supposons que quelqu'un t'aborde et te dise : « Pourquoi « tremblez-vous comme cela? Qu'est-ce qui est en question « ici? Est-ce que l'empereur distribuerait par hasard le « vice et la vertu à ceux qui entrent là-dedans? — Comment! vous aussi! lui dirais-tu; qu'avez-vous à me « railler ainsi? — Dites tout de même, philosophe, pourquoi vous tremblez. N'est-il pas vrai que tout ce qu'on « risque ici, c'est la mort, ou la prison, ou les tourments, « ou l'exil, ou la flétrissure? Or, y a-t-il là quelque vice « ou quelque chose qui se rattache à un vice? Du moins, « comment appeliez-vous ces choses-là hier? — Laissez« moi tranquille, lui dirais-tu; j'ai déjà bien assez d'ennuis[1]. » Comment faut-il donc parler en présence de l'empereur, ou, comme on disait dans les écoles, en présence du « tyran »? Pour en donner une idée, Horace, en une telle circonstance, suivant en cela un procédé classique[2], citait les *Bacchantes* d'Euripide, et reproduisait, en l'interprétant philosophiquement, la réponse de Bacchus à Penthée[3]. Épictète tire le dialogue de son propre fonds. Le thème

---

[1] Épictète, *Entretiens*, II, xix, 15-20.

[2] Ainsi Philon citant le *Syleus* du même Euripide, reproduisait, avec commentaire admiratif, la réponse d'Héraklès à Eurysthée, visiblement inspirée de la fin du *Prométhée* d'Eschyle (Philon, II, p. 461 M., cité par O. Hense, *Rhein. Mus.*, art. cité, p. 226, et par M. Croiset, *Hist. de la litt. gr.*, III, p. 413). Cf. plus haut, p. 291 et n. 3.

[3] Horace, *Ep.*, I, xvi, 73 et suiv.; citation d'Euripide, *Bacchantes*, 498 (vers cité également par Plutarque, *De tranq. an.*, XVIII).

est celui-ci : le tyran peut tout nous prendre, sauf la seule chose qui nous appartienne en propre, le pouvoir de penser librement. La scène est reproduite plusieurs fois avec des variantes ; voici un échantillon de ces dialogues : « Quitte, me dit-on, le laticlave. — Voici : je n'ai plus que « l'angusticlave. — Enlève-le aussi. — C'est fait : je n'ai « plus que ma tunique. — Ôte également ta tunique. — « Me voici nu. — Ta vue m'est encore odieuse. — Alors « prends mon corps tout entier ». Que puis-je avoir à « craindre de celui à qui je puis ainsi jeter mon corps[1] ? »

Si cette scène dramatique rappelle, au moins de loin, telle scène de *Polyeucte*[2], la scène entre le maître Pyrrhonien et le valet stoïcien rappelle, de beaucoup plus près, une scène bien connue de Molière. Épictète, on le sait, ne voit dans les sceptiques, qui prétendent que les sens nous trompent, que de simples charlatans, qui jouent la comédie devant le public : mais un stoïcien, plus fin qu'eux, se déguise en esclave pour leur en jouer une de sa façon, et cela en les prenant au mot. « Si j'étais au service d'un de ces gens-là, dût-il me rouer de coups tous les jours, je me chargerais de le faire enrager. « Esclave, me dirait-il, verse de l'huile dans mon bain. » Moi, j'y verserais du vinaigre, et, en me retirant, je lui viderais sur la tête le contenu de la burette. « Qu'est-ce que c'est que cela ? — J'ai eu une impression absolument identique à celle de l'huile, je vous assure. » Ou encore : « Donne-moi ma tisane. » Je lui apporterais une assiette pleine de sauce au vinaigre. « Mais c'est de la tisane que je t'ai demandée. — Justement : « en voici. — Par exemple ! tu ne me diras pas que ce n'est « pas là de la sauce au vinaigre ? — N'est-ce pas aussi « bien de la tisane[3] ? — Prends toi-même, et sens ; prends,

---

[1] Épictète, *Entretiens*, I, xxiv, 12-13 ; cf. I, xxix, 44-45.

[2] Ce rapprochement avec Corneille est indiqué d'un mot par C. Martha, *Les Moralistes sous l'Empire Romain*, p. 160 : « L'héroïsme stoïque éclate en dialogues cornéliens. »

[3] On reconnaît là la célèbre formule de Pyrrhon οὐδὲν μᾶλλον.... ou plutôt la variante τί μᾶλλον.... ; que quelques-uns lui substituaient,

« et goûte. — Qu'est-ce que cela prouve, du moment que
« nos sens nous trompent? » Eh bien, si j'avais seulement
trois ou quatre camarades d'intelligence avec moi, je l'obli-
gerais à se pendre de dépit ou à changer de note[1]. » Le
sang-froid imperturbable du fripon d'esclave et son accent
convaincu sont d'un comique excellent et rappellent la célèbre scène du *Mariage forcé*, où Sganarelle démontre par
des arguments probants au Pyrrhonien Marphurius qu'il
peut y avoir au monde autre chose que des apparences, et
que certaines sensations correspondent à des réalités .

Les personnages imaginaires n'ont pas toujours, comme
ici, le loisir d'échanger des conversations avec le philosophe qui les évoque. Souvent on les fait comparaître
uniquement pour les accabler de véhémentes invectives;
on les serre, on les presse; il n'y a plus de dialogue, parce
qu'ils sont supposés réduits au silence. Ces sorties étaient
familières à la diatribe, comme à la poésie satirique, qui
n'est souvent qu'une espèce du genre. La première satire
d'Horace n'est autre chose qu'une diatribe d'école[3], mise en
vers, contre la « fureur d'accumuler[4] ». Mécène, à qui elle
n'est adressée que par un « envoi » aussi court qu'artificiel,
est perdu de vue dès le second vers, et elle se réduit, à peu
près d'un bout à l'autre[5], à une violente apostrophe adressée
à l'entasseur d'écus. C'est à peine si ce dernier peut hasarder

---

comme nous l'apprend Sextus Empiricus, *P.*, I, 189; cf. Aulu-Gelle, *N.A.*,
XI, v, 4.

[1] Épictète, *Entretiens*, II, xx, 29-31.

[2] Molière, *Mariage forcé*, sc. VIII. Le détail final est presque identique
au mot de Molière : « Je te ferai changer de note, chien de philosophe
enragé. »

[3] Voy. dans Heinze, *De Horatio*, p. 15-22, un examen détaillé de cette
satire avec nombreux rapprochements.

[4] Cf., outre les auteurs cités par Heinze, Pseudo-Télès, *Flor.*, XCIII, 31 ;
Juvénal, *Sat.*, XIV, v. 107-fin. Horace lui-même fait allusion (v. 14) au
déclamateur stoïcien Fabius, et termine par une allusion à un certain
Crispinus qui doit être identique à celui de la *Sat.*, II, vii, 45; cf. *Sat.*, I,
iii, 139.

[5] Exactement du v. 28 au v. 107. Cette partie centrale est, en effet, en-
cadrée par deux parties d'un développement un peu différent sur la
μεμψιμοιρία. Cf. plus loin, p. 345 : Additions.

deux timides objections, que le poète-philosophe, animé d'une noble indignation, lui fait aussitôt rentrer dans la gorge. Ailleurs, dans une satire qui a absolument l'allure d'une diatribe cynique, c'est le gourmand qu'il prend à partie[1], soit pour lui démontrer les avantages d'un régime frugal, soit pour lui demander, d'un ton qui n'admet pas de réplique, s'il ne pourrait pas faire de son argent un meilleur emploi[2]. C'est tout à fait de la même manière qu'Épictète, habitué à apostropher ses disciples, interpelle des ἰδιῶται imaginaires, absolument comme s'ils étaient devant lui sur les bancs. Horace, dans sa grande satire du second livre, où il reproduit, en les parodiant, des souvenirs d'école, et, sans doute aussi, des diatribes cyniques, citait les avares, les ambitieux, les prodigues et les amoureux[3] à comparaître devant le stoïcien Stertinius pour s'entendre dire, en vertu du paradoxe πᾶς ἄφρων μαίνεται[4], qu'ils étaient tous atteints de folie. Épictète, dans sa grande diatribe sur le paradoxe πάντα φαῦλον εἶναι δοῦλον καὶ πάντα σπουδαῖον εἶναι ἐλεύθερον, convoque de même le sénateur consulaire entiché de sa noblesse, l'amoureux, le courtisan ambitieux qui est devenu le favori de l'empereur, pour leur démontrer qu'ils sont de simples esclaves[5]. Il met ce dernier au défi de nier qu'il regrette sa vie passée et qu'il est beaucoup plus malheureux depuis qu'il est arrivé à ses fins[6]. Il le quitte, on croit qu'il en a fini avec lui; mais, quelque temps après, il revient tout à coup à la charge d'une façon inattendue. Cette fois, c'est pour lui

---

[1] C'est la contre-partie de la *Sat.* I, I, où le point de vue avait d'ailleurs été indiqué v. 103-108. Cf. Heinze, *De Horatio*, p. 25.

[2] Id., *Sat.* II, II, 27 et suiv., 70 et suiv., 101 et suiv. Ces derniers vers rappellent Musonius dans un passage rempli d'interrogations passionnées (Stobée, *Flor.*, I, 209 H. = I, p. 38, l. 27 et suiv. M.), auquel il a été fait allusion plus haut, p. 297, n. 7. Cf. des apostrophes analogues dans Plutarque, *De tranq. an.*, X, et *De cup. div.*, V et IX.

[3] Horace, *Sat.* II, III, 82 et suiv., 179 et suiv., 224 et suiv., 247 et suiv.

[4] Cf. Cicéron, *Pro Mur.*, 61; *Parad.*, IV.

[5] Épictète, *Entretiens*, IV, 1, 6 et suiv, 15 et suiv., 47 et suiv.

[6] Id., *ibid.*, IV, I, 49-50.

dire, avec une violence vraiment plébéienne, son profond mépris pour tous ces honneurs acquis au prix de toutes sortes de bassesses et de honteuses intrigues[1]. Tel est d'ailleurs ce besoin d'interroger et d'interpeller tout le monde, présents ou absents, qu'il va jusqu'à interpeller les oiseaux en cage, qui n'aspirent qu'à reconquérir leur liberté et s'envolent dès qu'ils trouvent la moindre issue pour s'échapper; et ceux-ci répondent[2]!

Parfois enfin, les personnages qu'il apostrophe ou fait parler, au lieu d'être purement imaginaires, sont empruntés à la littérature. Ce procédé est tout à fait conforme aux traditions des stoïciens, qui interprétaient volontiers, comme on sait, dans un sens philosophique, la mythologie, les poèmes homériques et les œuvres des tragiques ou des comiques[3]. Nous avons déjà vu qu'Ulysse était souvent proposé par eux comme le type du sage, de

---

[1] Épictète, *Entretiens*, IV, 1, 145-151.

[2] Rappelons, à ce propos, que la philosophie et l'éloquence, la déclamation et la diatribe personnifiaient couramment des objets inanimés et faisaient parler des êtres de raison. Inutile d'insister sur les « prosopopées » des Lois, de la Nature et de la Patrie, dans Platon, Lucrèce et Cicéron. R. Hirzel (*Der Dialog*, I, p. 372 et suiv.) cite de nombreux exemples chez les premiers stoïciens. E. Norden (*Die antike Kunstprosa*, p. 129, note) cite des exemples de Platon, d'Antisthène, d'Antiphon. Il rapporte un dialogue de Démétrius de Phalère entre le Courage et le lâche (Stobée, *Flor.*, VIII, 20) et rapproche un passage semblable de Bion cité par Télès (*ibid.*, I, 93 H. = I, p. 123, l. 18 et suiv. M.), où la Pauvreté apostrophe l'homme, comme fait la Nature dans Lucrèce (cf. Pseudo-Télès, *ibid.*, XCI, 33). Heinze, *ouvr. cité*, p. 24, cite Horace, *Sat.*, I, II, 68. Enfin, il retrouve ce procédé jusque dans le sermon chrétien (p. 567). Nous ajouterons, à cause de l'emploi de la formule traditionnelle dans ces personnifications d'abstractions, Épictète, *Entretiens*, III, 1, 23 : ἐρεῖ σοι φωνήν ποθεν λαβόν (τὸ ἐξαίρετον).

[3] Sans remonter jusqu'à Chrysippe, qui avait, paraît-il, mis en pièces, à force de la citer, presque toute la *Médée* d'Euripide (Galien, *De Hippocrat. et Plat. dogm.*, III; Diogène Laërce, VII, 180), il suffira de rapprocher, ici encore, Horace, Philon et Épictète, qui paraissent avoir subi tous trois, plus ou moins directement, l'influence des Diatribes de Bion. Cf. l'interprétation philosophique d'un passage des *Bacchantes* (498) par Horace (v. plus haut, p. 300), d'un passage du *Syleus* d'Euripide par Philon (v. plus haut, p. 291 et p. 300, n. 2), d'un passage d'*Hécube* (dernières paroles de Polyxène, dans le récit de sa mort (548 et suiv.; cf. Hense, *Rhein. Mus.*, art. cité, p. 235), par le même Philon (p. 463), et de

même qu'Héraklès était plutôt le patron des cyniques[1], tandis que les prétendus héros de l'*Iliade* ou les personnages de tragédies représentaient les ἰδιῶται, esclaves et victimes de leurs passions[2]. C'est ainsi qu'Horace, Perse et Épictète, pour démontrer que l'amour ôte la raison ou la liberté, citent tous les trois, chacun à sa façon, une scène de Ménandre ; Épictète, pour sa part, interpelle directement le soldat Thrasonidès[3]. Parfois, au lieu de citer, plus ou moins exactement, les poèmes épiques ou les tragédies, on remettait en scène les héros d'Homère et d'Euripide ; on prolongeait leurs rôles en les interprétant. C'est la pièce qui continuait ; mais, sans cesser d'être dramatique, elle devenait philosophique. Le philosophe intervenait, en quelque sorte, comme acteur accessoire, ou, si l'on aime mieux, les personnages devenaient de simples disciples, assis avec les autres sur les bancs de l'école. Il les citait à comparaître comme témoins ou comme accusés, les apostrophait, leur faisait subir un interrogatoire en règle et les obligeait à analyser eux-mêmes leurs propres sentiments[4]. Ainsi Télès, non content de citer les dernières paroles du Polynice d'Euripide relatives à sa sépulture, s'introduit dans la pièce et lui répond à la place de Jocaste[5].

deux passages de l'*Iliade* (XXIV, 5 ; XIX, 315 et suiv.) par Épictète *(Entretiens*, IV, x, 36). Lucien *(Sectes à l'encan,* IX fait allusion) à la liberté que les philosophes prenaient avec leurs textes. Il est certain qu'on est surpris, au premier abord, de voir Philon proposer comme exemple de l'indépendance du caractère (διέδειξεν ἔργοις τὸ τῆς φύσεως ἀδούλωτον) la voracité proverbiale d'Héraklès (fr. 690 N.²).

[1] Cf. plus haut, 2ᵉ partie, ch. III, p. 131, n. 5.
[2] Horace, *Ep.*, I, II, 6-17 (cf. 24-32); Épictète, *Entr.*, I, XXVIII, 32; cf. 11-19 et 22-25 ; II, XVII, 19-23 (cf. I, XXVIII, 6-7) ; II, XXII, 11-15 et 32-33.
[3] Épictète (*Entr.*, IV, I, 19-20) cite une scène du Μισούμενος *(Fragm. com.*, IV, 169 Meineke ; III, fr. 338 Kock). Horace *(Sat.,* II, III, 258-270) et Perse (V, 161 et suiv.) citent Ménandre par l'intermédiaire de Térence *(Eunuque,* 46 et suiv.). Cf. plus haut, p. 303, Plutarque *(De cup. div.,* IV), puisant sans doute à la même source, cite le cas de Thrasonidès à propos des avares, que leur passion, dit-il, réduit en servitude comme l'amour.
[4] Ce n'était là, du reste, que l'application philosophique de ce qui se faisait dans les écoles de rhétorique, où il était d'usage de faire parler les héros antiques.
[5] Télès (Bion) dans Stobée, *Flor.*, XL, 8 (II, p. 69, l. 15 et suiv. M.) ; cf. plus

Dans la grande satire d'Horace citée plus haut à plusieurs reprises, Stertinius, qui connaît à fond les procédés traditionnels de l'école, au lieu de s'adresser à un ambitieux vulgaire, convoque l'Agamemnon de l'*Ajax* de Sophocle, l'interpelle comme un disciple ordinaire, sauf qu'avec tous les égards dus à son rang il lui demande la permission de l'interroger, et l'oblige finalement, au moyen de la méthode socratique, à avouer qu'en égorgeant sa fille au lieu d'une biche, il s'est montré aussi fou, plus fou même qu'Ajax, qui s'est contenté d'égorger des bœufs et des moutons à la place de ses compagnons[1]. Ce même Agamemnon est également cité à comparaître devant Épictète[2], pour y apprendre qu'il a tort de placer hors de lui l'objet de ses désirs ou de ses craintes : voilà pourquoi, tout puissant qu'il est, il n'est pas heureux. C'est pendant la nuit du dixième chant de l'*Iliade* : pendant que tout dort dans le camp, seul il veille, dévoré d'inquiétudes à la pensée que les Grecs sont en danger. Épictète; — ou plus exactement le Cynique qu'il fait parler, — prenant le rôle du vieillard d'Iphigénie, lui demande la cause de ses inquiétudes; mais il l'interroge à la manière socratique. Il vient au secours de son ignorance, et lui fait connaître les vrais motifs de son chagrin, en l'initiant, d'une façon un peu vive, aux principes du stoïcisme. Il a donc bien du temps à perdre qu'il s'inquiète pour des bagatelles comme le sort des Grecs et le sien? Il ferait mieux d'examiner un peu le seul point

---

haut, p. 287, n. 7. Musonius, citant un autre vers des *Phéniciennes (ibid.,* XL, 9 = II, p. 73, l. 24 et suiv. M.), apostrophe familièrement Euripide lui-même et le reprend philosophiquement. Cf. Épictète interpellant le Thrasonidès de Ménandre (v. plus haut, p. 305), et Plutarque interpellant le Ménélas de l'*Odyssée*, ou, du moins, le riche qui est, comme lui, luxueusement logé et meublé.

[1] Horace, *Sat.*, II, III, 187-208.

[2] Le mot (ἐλθὲ εἰς τὸ μέσον) n'est appliqué qu'à l'ambitieux (IV, 1, 47); mais Agamemnon est introduit exactement de la même manière et dans les mêmes termes (IV, 1, 46 fin = III, XXII, 23). Voy. d'autres formules traditionnelles précédant les citations, dans Épictète (III, XXII, 29 et 30; III, XXIV, 68; III, XXVI, 33; IV, 1, 19); dans Philon (II, p. 461); cf. Télès (Stobée, *Flor.*, XCV, 21 = III, p. 201, l. 3 et 9 M.). Cf. Hense, *Rhein. Mus.*, XLVII, p. 227.

vraiment intéressant : sait-il désirer ou craindre les choses comme il le doit, c'est-à-dire sans sortir de lui-même ? S'il s'était préoccupé de ces questions dès le début, il n'eût jamais entrepris la guerre de Troie ; et maintenant même il est encore temps d'y renoncer[1]. Achille aussi vient à son tour ; car il a, comme Agamemnon, sa nuit d'insomnie et d'inquiétudes. Or Épictète n'admet pas qu'on « se tourne et se retourne dans son lit » sans pouvoir fermer l'œil : pour le sage, la consigne est de dormir sur les deux oreilles[2], même quand il vient de perdre son meilleur ami. La douleur d'Achille, plus louable encore aux yeux des profanes que les inquiétudes d'Agamemnon, ne trouve pas grâce devant lui. Il est traité exactement comme ces élèves qui se croient perdus dès qu'ils ont quitté leur famille : c'est même à eux que s'adresse indirectement la leçon. « Croyait-il donc son ami immortel ? Ne doit-on pas être capable de vivre seul ? » Il rabaisse à plaisir l'amitié d'Achille, et se donne beau jeu pour lui reprocher la frivolité de sa douleur. « Il ne fera plus ta cuisine ? La belle affaire ! Tu le remplaceras, comme tu remplacerais ta marmite, si elle était cassée[3]. »

Voici un procédé plus original. Au lieu de citer ces accusés à comparaître isolément, il s'avise de les mettre aux prises et d'établir entre eux une sorte de débat contradictoire. Achille n'est pas plus raisonnable qu'Agamemnon, puisqu'il

---

[1] Épictète, *Entretiens*, III, XXII, 30-38. On peut affirmer, sans témérité, que, dans toute cette scène, Épictète s'inspire de Bion, qui parlait au roi des rois avec encore plus de familiarité. Car on sait par Cicéron (*Tusc.*, III, 62) que Bion, citant, comme Épictète, le vers X, 15, de l'*Iliade*, où on voit Agamemnon s'arracher les cheveux de désespoir, le traitait d'imbécile, *quasi calvitio maeror levaretur!*

[2] Id., *ibid.*, IV, x, 31. Il faudrait même dire « de ronfler », pour être tout à fait exact, car Épictète le dit en grec : « Le sage s'inquiète de bien penser ; mais, pour tout le reste, ὕπτιος ῥέγκει. » (Id., *ibid.*, III, XXII, 105 ; IV, x, 29 ; cf. III, XXII, 30). On peut rapprocher de l'insomnie d'Agamemnon les cauchemars qui éveillent en sursaut les profanes (III, XXIV, 24 ; cf. Horace, *Ep.*, I, II, 37).

[3] Id., *ibid.*, IV, x, 31-35. Cf. Cicéron, *Tusc.*, V, 18 : allusion à Achille « versant des pleurs pour un affront », pris à partie par Dionysios d'Héraclée.

se préoccupe comme lui d'objets extérieurs, ignorant que le vrai bien ne peut être qu'en nous. On peut prévoir dès lors que ces deux hommes ne s'entendront pas ; car c'est précisément là l'origine des désaccords entre les hommes, comme entre les peuples. Aussi, pour montrer comment naissent les disputes, Épictète les convoque tous les deux ensemble, et leur fait recommencer, à sa façon et sous sa direction, la querelle des chefs. Homère ne les avait mis aux prises qu'au moment où ils oubliaient le peu de philosophie qu'ils savaient : Épictète remonte plus haut et les fait voir un instant raisonnables. Au début, tout marche à merveille, ils s'entendent on ne peut mieux : tant que la question ne porte que sur les principes généraux et innés de la raison, l'unanimité est parfaite. Mais, quand il s'agit d'appliquer la notion générale du bien aux cas particuliers, et de déterminer ce qui est bien à propos de Chryséis et de Briséis, c'est alors que les choses se gâtent, et l'entrevue, si bien commencée, se termine par de gros mots et presque par des coups : tout cela parce qu'ils ont l'un et l'autre placé le bien dans les objets extérieurs[1]. Ailleurs, une représentation un peu différente de la même scène est donnée à propos de l'ignorance et de la présomption. La scène est encore à trois personnages, Épictète, protagoniste, jouant le rôle du vieux Nestor : il convoque à nouveau les deux chefs, les interpelle tour à tour et leur fait honte d'oublier leurs devoirs pour des passions personnelles, par ignorance de leurs véritables intérêts[2].

Ces exemples nous paraissent justifier suffisamment l'épithète de dramatique appliquée plus haut à la manière d'Épictète. Ajoutons que lui-même, en employant ces procédés, les caractérise ainsi, et présente cette allure dramatique comme un des traits essentiels de la manière des moralistes populaires. Son Cynique, c'est-à-dire le type de ces prédicateurs détachés comme en mission vers les hommes pour leur montrer combien ils se trompent en cherchant le bien et le mal où ils ne sont pas, doit, dit-il,

[1] Épictète, *Entretiens*, I, XXII, 5-9.
[2] Id., *ibid.*, II, XXIV, 20-24.

être capable, à l'occasion, d'élever la voix et de monter sur la scène tragique pour dire aux hommes : « Où allez-vous ?... [1] » et c'est précisément à titre d'exemple qu'il fait comparaître l'Agamemnon d'Homère. Il a donc consciemment appliqué ce qu'on peut appeler une des lois du genre de la diatribe, et, autant que nous avons pu en juger, personne ne l'a fait avec plus de verve naturelle et de fantaisie personnelle.

Un autre trait caractéristique de la diatribe, qui suppose, lui aussi, certaines qualités poétiques, et particulièrement une autre espèce d'imagination, c'est le goût des comparaisons ingénieuses et pittoresques. Elle aime à faire voir les choses, comme elle aime à faire entendre les hommes, et, de même qu'elle prête parfois la parole aux objets inanimés, elle revêt volontiers d'une forme les idées abstraites[2]. Et il ne s'agit pas là seulement d'une tendance générale et d'une préférence dominante. Comme il y avait certains thèmes d'usage courant et certaines façons traditionnelles d'interroger ou de faire parler les hommes, il y avait aussi certaines manières de présenter les choses, certaines comparaisons toutes faites, qui se transmettaient dans les écoles, et qu'on retrouve dans les diatribes en vers des poètes satiriques qui ont subi l'influence de modèles cyniques ou stoïciens. Ainsi, dans sa première satire, déjà citée plus haut à ce titre, Horace, opposant l'insatiable et absurde avidité de l'homme à l'épargne intelligente et modérée de la fourmi, laisse entendre en passant, comme pour s'excuser de reprendre un vieux cliché, que c'est là une comparaison classique : *....sicut parvola — nam exemplo est — magni formica laboris*[3].

Si la philosophie populaire comparait volontiers les hommes aux animaux qu'ils voient habituellement autour d'eux[4], elle était naturellement aussi portée à rapprocher

---

[1] Épictète, *Entretiens*, III, XXII, 23 et 26.

[2] On a déjà vu plus haut, 2ᵉ partie, ch. III, p. 133, n. 5, un exemple frappant de cette tendance chez Épictète.

[3] Horace, *Sat.*, I, I, 33.

[4] Est-il besoin d'ajouter que, le plus souvent, ces comparaisons sont

les choses morales des objets matériels, pour se faire mieux comprendre d'un auditoire à qui les abstractions étaient peu familières. On sait, en particulier, combien sont fréquentes dans les dialogues socratiques les comparaisons tirées des métiers manuels : les exemples du maître de musique et du maître de gymnastique, du médecin et du pilote, du cordonnier, du forgeron et du charpentier reviennent, pour ainsi dire, à chaque page. Ils ont passé de là dans la diatribe en vers ou en prose, chez Horace [1], chez Musonius [2],

---

au désavantage des hommes? Voy., par exemple, Musonius dans Stobée, *Flor.*, XVII, 42 H. (I, p. 286, l. 18-26 M.); XVIII, 3? H. (p. 297, l. 18 et 23 M.); XXIX, 75 (II, p. 11, l. 3 et suiv. M.); Épictète, *Entretiens*, I, ix, 9; III, xxiv, 6; IV, xi, 31-32. Dans un ordre d'idées semblable, on peut citer la comparaison du cheval et du chien, à propos des devoirs imposés à l'homme par sa nature, et rapprocher Musonius dans Stobée, *Flor.*, CXVII, 8 (IV, p. 88, l. 1 et suiv. M.) et Épictète, *Entretiens*, III, i, 4-6; cf. II, ix, 8; IV, v, 13-14; voy. également Musonius dans Stobée, *Ecl.*, II, xxxi, 13 W. *(Flor.*, IV, p. 212, l. 6 et suiv. M.). De même, pour la comparaison de l'homme et du cheval, à propos du mérite personnel, cf. Stobée, *Flor.*, I, 37 (mot attribué à Socrate); Épictète, *Entretiens*, III, xiv, 11; fr. 18 = Stobée, *Flor.*, IV, 93; Juvénal, *Sat.*, VIII, 55-66. Pour une autre comparaison du même genre, commune à Musonius et à Épictète, voy. 2ᵉ partie, ch. iii, p. 129 et suiv.

[1] Dans la grande satire d'Horace (II, iii), qui nous a déjà fourni matière à plusieurs rapprochements avec Épictète, on trouve, d'abord (99 et suiv.), une anecdote relative à Aristippe, que Diogène Laërce cite comme provenant des *Diatribes* de Bion (II, 77), et, immédiatement après (104 et suiv.), une comparaison destinée à démontrer l'absurdité de l'avarice, où figurent successivement le joueur de cithare, le cordonnier et le pilote :

    Si quis emat citharas, emptas comportet in unum
    nec studio citharae nec musae deditus ulli,
    si scalpra et formas non sutor, nautica vela
    aversus mercaturis....

En raison de ce voisinage, il y a de fortes présomptions pour que les deux passages soient de même provenance, et il semble légitime de conclure pour tous deux à l'influence de Bion (voy. O. Hense, *Teletis rel.*, p. lxvi et n. 1; cf. Heinze, *De Horatio* p. 26). Mais le simple aspect de ces comparaisons suffirait à prouver qu'Horace s'inspire d'un modèle antérieur. (D'ailleurs le détail du vin de Chio et de la piquette, qui vient après (115), se retrouve dans Plutarque, *De tranq. an.*, VIII, suivi d'une nouvelle anecdote relative à Aristippe.) Or la comparaison du musicien (accompagné du forgeron) se retrouve dans Épictète *(Entretiens*, IV, viii, 16), appliquée à une idée analogue; celle du cordonnier (accompagné du charpentier) y figure aussi *(ibid.*, III, xxiii, 8).

[2] Voy., en particulier, Stobée, *Ecl.*, II, xv, 46 W. *(Flor.*, IV, p. 163 M.) et surtout *Flor.*, LXXIX, 51 (III, p. 91, l. 1; p. 92, l. 20; p. 93, l. 2 M.),

dont c'est le procédé favori, et chez Épictète[1]. Quand celui-ci compare la vie au jeu de dés[2], à un banquet[3], à une fête[4], quand il représente l'homme comme un acteur[5] qui doit

---

tout à fait comparable à Horace, *Ep.*, II, I, 114 et suiv., sauf que, chez ce dernier, il s'agit de poésie au lieu de philosophie, et que le cordonnier y tient la place du musicien. Voy. encore Stobée, *Ecl.*, II, XXXI, 123 W. *(Flor.*, IV, p. 213, l. 24 et suiv. M.); II, XXXI, 125 W. *(ibid.*, p. 217, l. 19 et suiv. M '; II, XXXI, 126 W. *(ibid.*, p. 225, l. 9 et suiv. M.); *Flor.*, XXIX, 78 (II, p. 13, l. 8 et suiv. M.); XLVIII, 67 (p. 276, l. 9 et suiv. M.).

[1] Il suffit, pour Épictète, de jeter un coup d'œil dans l'Index de l'éd. Schenkl, aux mots correspondants. Cf. plus haut, p. 310, n. 1 fin. A propos de la comparaison des choses morales aux objets matériels, on peut signaler ici, comme provenant du même principe, l'idée de mettre en regard, d'une part, l'activité que les hommes déploient, les voyages qu'ils entreprennent, les dangers qu'ils courent pour des intérêts purement matériels, et, d'autre part, leur inaction, leur indolence, leur torpeur, lorsqu'il s'agit d'intérêts moraux bien autrement importants. Cette idée se retrouve, sous des formes diverses, dans Horace, *Ep.*, I, I, 45; I, II, 32-43; I, XI, 29 ; Philon, *De migr.*, XXXIX, p. 470; *Quod omn. prob. lib.*, II, p. 455 ; Sénèque, *Ep.*, XIX, 7; Musonius dans Stobée, *Flor.*, XXIX, 75 (II, p. 10-11 M.); Épictète, *Entretiens*, I, VI, 23 ; I, X, 1 ; III, VIII, 6. Cf. 1ʳᵉ partie, ch. II, p. 46, n. 3, et ch. V, p. 201, n. 3.

[2] Épictète, *Entretiens*, II, V, 3 (cf. 15-18). Cf. Platon, cité par Plutarque, *De tranq. an.*, V. Cf. également Térence, *Adelphes*, 739.

[3] Épictète, fr. 17 = Stobée, *Flor.*, IV, 92 (cf. *Entretiens*, II, IV, 8; II, XVI, 37 ; *M.*, XV et XXXVI. Cf. Télès (Bion) dans Stobée, *Flor.*, I, 98 H. = V, 67 M. (I, p. 127, l. 9 M.); Épicure, fr. 499 (p. 310 Usener) = Lucrèce, *D. R. N.*, III, 939; Horace, *Sat.*, I, I, 119; etc.; (cf. Heinze, *De Horatio*, p. 21, n. 1.

[4] Épictète, *Entretiens*, IV, I, 104 et suiv. (cf. II, XIV, 33-fin ; IV, IV, 24 et 26). Cf. Télès (Bion ?) dans Stobée, *Flor.*, I, 98 H. = V. 67 M. (I, p. 127, l. 2 M.); Plutarque (mot de Diogène), *De tranq. an.*, XX.

[5] Épictète, *Entretiens*, I, XXIX, 41-46; IV, VII, 13; *M.*, XVII; fr. 11 = Stobée, *Flor.*, XCVII, 28. Cf. Télès (Bion) dans Stobée, *Flor.*, I, 98 H. = V, 67 M. (I, p. 123, l. 2 et suiv. M.); CVIII, 82 (IV, p. 49, l. 2 et suiv. M.), (cf. plus haut, ch. II, p. 253, n. 4); Diog. Laërce (Ariston de Chios, imitateur de Bion), VII, 160 ; Philon, *Quaest. in Gen.*, IV, p. 124. Cf., en particulier, sur l'opposition classique des deux rôles d'Agamemnon et de Thersite, Diog. Laërce, *ibid.*; Épictète, *Entretiens*, IV, XI, 10 ; III, XXII, 7 ; Diodore de Sicile (mot de Démade à Philippe), XVI, 87. Comparaison analogue, mais cette fois à propos des différentes parties d'une pièce, et non plus à propos des différents rôles, chez Télès (Bion) dans Stobée, *Flor.*, I, 98 H. = V. 67 M. (I, p. 127, l. 12 M.); Cicéron (d'après Ariston de Chios?), *Cato major*, 5, 64, 70, 86; Sénèque, *Ep.*, LXX, fin (lettre remplie de détails cyniques; voyez, entre autres, l'histoire du jeune Lacédémonien, qui se retrouve dans Philon, *Quod omn. prob.*

savoir se tirer d'un rôle qu'il n'a pas choisi, ou comme un ouvrier[1] qui doit donner une belle forme à la matière qu'on lui fournit, il emprunte à un fonds commun, qui a déjà servi ou servira encore à d'autres qu'à lui. On pourrait aisément multiplier les rapprochements[2]. Ainsi, certaines maximes, présentées sous forme de comparaisons dans les *Épîtres* d'Horace, offrent avec certains passages des *Entretiens* des rapports frappants, qui révèlent évidemment une source commune antérieure[3]. Telle est, entre autres, la comparaison de la fortune et de la chaussure[4]. Une autre comparaison bien connue

Sincerum est nisi vas, quodcumque infundis acescit[5],

---

lib., II, p. 463, et dans Ps.-Plutarque, *Apophth. Lac.*, XXVIII, et dans laquelle Hense, *Rhein. Mus.*, XLVII, p. 220 et suiv., retrouve la marque de Bion). Sur l'origine de la comparaison de l'acteur, qui paraît provenir d'une diatribe de Bion, voy. Hense, *Teletis reliquiae*, p. xci et xciv-xcviii.

[1] Épictète, *Entretiens*, II, v, 21. Cf. Philon, *De Jos.*, XIV, p. 52, et surtout *De prof.*, IV, p. 550 : οἷα δημιουργὸς ἀγαθὸς εἶδος ἄριστον ταῖς ὑλικαῖς οὐσίαις ἐγχάραξον καὶ ἐπαινετὸν ἀποτέλεσον ἔργον.

[2] V. plus haut, 2ᵉ partie, ch. III, p. 118, n. 6 et ch. v, p. 201, n. 3. Cf. Télès (Bion) dans Stobée, *Flor.*, I, 98 H. = V, 67 M. (I, p. 127, l 5), et Épictète, *Entretiens*, I, xxiv, 11-12. Hense *(Teletis reliquiae*, p. xcix, n. 1) rapproche du passage de Télès un fragment de Favorinus (Stobée, *Flor.*, CXVIII, 28 = fr. 112 Marres), que Meineke (Id., *ibid.*, IV, p. xix) croit extrait du Περὶ γήρως ; or Favorinus, dans cet ouvrage, dont Stobée nous a conservé quatre fragments authentiques, paraît avoir eu les mêmes sources que Cicéron, c'est-à-dire Ariston de Chios, imitateur de Bion. Cf. encore Télès (Bion) dans Stobée, XCVII, 31 (III, p 214, l. 11 M.), et Épictète, *Entretiens*, IV, IX, 4. Heinze *(De Horatio*, p. 27) rapproche du passage de Télès plusieurs passages d'Horace. La comparaison employée par Épictète, *Entretiens*, III, vi, 9, provient de ce même Bion, comme on le sait par Diogène Laërce, IV, 47. Elle est suivie d'une autre comparaison, également pittoresque, qu'il dit lui-même tenir de Musonius, mais qui pourrait bien avoir la même origine.

[3] Cf., par ex., Horace, *Ep.*, I, I, 28 et suiv., et Épictète, *Entretiens*, I, II, 35 fin. La comparaison de l'esprit et du vêtement, qui se trouve à la fin de cette même épître (94-105), n'est certainement pas non plus d'Horace, et paraît être de la même famille que celle de la fortune et de la chaussure, citée note suivante.

[4] Horace, *Ep.*, I, x, 42-43. Épictète, *M.*, XXXIX (= Clément d'Alexandrie, III, 39, p. 270 P ; voy. P. Wendland, *Quaest. Muson.*, p. 14).

[5] Horace, *Ep.*, I, II, 54.

que l'éditeur des fragments d'Épicure a cru pouvoir rapporter à Bion[1], avait été reprise et développée par Épictète, et figurait dans la partie aujourd'hui perdue du recueil d'Arrien. Car Aulu-Gelle dit avoir lu dans ce recueil un passage, qu'il cite en grec et paraphrase ainsi : *litteras atque doctrinas philosophiae, cum in hominem falsum atque degenerem tamquam in vas spurcum atque pollutum influxissent, verti, mutari, corrumpi et (quod ipse κυνικώτερον ait) urinam fieri aut si quid est urina spurcius*[2]. Mais il n'est pas nécessaire d'insister davantage pour démontrer qu'ici encore Épictète rencontrait une loi du genre. Il vaut mieux voir comment il l'a appliquée pour son compte, soit qu'il accumule, comme à plaisir, ou développe longuement des comparaisons déjà connues, soit que sa propre imagination évoque, pour frapper celle de ses auditeurs, des images tantôt grandioses, tantôt familières, mais toujours ingénieuses et souvent empreintes d'une réelle poésie.

Les poètes ne se contentent pas, en général, de donner une seule couleur, une seule forme sensible à leur idée : ils revêtent successivement la même abstraction des images les plus variées. S'ils ont eux-mêmes comparé quelquefois l'imagination au prisme, c'est sans doute parce qu'elle multiplie, comme lui, les couleurs à l'infini. On dirait qu'ils font le tour des objets sur lesquels ils projettent leur imagination et qu'ils se plaisent à les découvrir sous une série d'aspects différents, ou encore que, pareils aux artistes, ils ne sont jamais pleinement satisfaits de la forme qu'ils donnent à leur matière et recommencent

---

[1] Usener, *Epicurea*, p. 263. Cf. Lucrèce, *D. R. N.*, VI, 17. Cela est d'autant plus probable qu'on rencontre, dans la même épître, quelques vers plus loin (69), une comparaison tout à fait analogue : *quo semel est imbuta recens servabit odorem testa diu*. Or cette dernière se retrouve, longuement développée par Philon (II, p. 447), dans l'opuscule *Quod omn. prob. lib.*, où Hense *(Rhein. Mus.*, XLVII, p. 229 et suiv.) croit pouvoir démêler de nombreuses traces de l'influence de Bion.

[2] Aulu-Gelle, *N. A.*, XVII, xix, 3-4.

indéfiniment leurs essais. Quand l'auteur du « Catalogue »
de l'*Iliade* veut donner une idée du camp des Achéens,
où s'agite confusément sous le soleil une armée innombrable, il la compare, coup sur coup, à une forêt en feu,
à ces bandes d'oiseaux aquatiques qui s'ébattent dans les
marais du Caystre, à ces essaims de mouches qui voltigent autour des étables où on trait le lait[1]. Ainsi, quand
Épictète veut faire entrevoir à un jeune homme les
devoirs qui l'attendent au milieu des dangers de Rome,
où il aura à appliquer la doctrine apprise dans l'école, il
lui fait subir, en quelque sorte, les métamorphoses les
plus variées. Ce jeune homme est un athlète, qui s'exerce
pour remporter la couronne aux jeux olympiques. C'est
un éclaireur, envoyé en reconnaissance pour constater
que le terrain est sûr et qu'on peut s'y aventurer sans
crainte des dangers imaginaires que d'autres y ont signalés[2]. C'est un élève qui subit un examen, et à qui on
pose, pour le faire valoir, une question difficile. C'est un
acteur, sûr de son talent et prêt à le déployer dans n'importe
quel rôle, sous n'importe quel costume[3]. C'est, enfin, un
spectateur attentif, tout entier au spectacle, et que rien ne
distrait de sa contemplation[4]. Les devoirs de l'homme envers
Dieu sont représentés pareillement par une série de poétiques images. L'homme est un soldat, qui reçoit pour solde
les innombrables bienfaits de la Providence, et, en retour,
jure à Dieu, pour serment de fidélité, de se trouver toujours
heureux[5]. C'est un matelot, descendu en permission sur
la terre ferme, mais toujours prêt à regagner le bateau en
toute hâte, au premier appel du capitaine[6]. C'est un témoin
à décharge, cité par Dieu injustement accusé d'abandonner les siens et de rendre les hommes malheureux[7].

---

[1] *Iliade*, II, 455-473.
[2] Épictète, *Entretiens*, I, XXIV, 1-6.
[3] V. plus haut, p. 311, n. 5.
[4] Épictète, *Entretiens*, I, XXIX, 58-64.
[5] Id., *ibid.*, I, XIV, 15-17.
[6] Id., *M.*, VII.
[7] Id., *Entretiens*, I, XXIX, 46-50.

C'est un cygne ou un rossignol, dont la fonction est de chanter un hymne perpétuel de reconnaissance envers son créateur[1]. C'est, enfin, une statue animée, que le divin sculpteur a remise en garde à elle-même et qui doit toujours faire honneur à l'artiste des mains duquel elle est fière d'être sortie[2].

Aussi bien n'est-il pas nécessaire d'accumuler les images : une seule de ces images, même isolée, peut suffire pour produire une vive impression, si elle est naturelle. Les plus saisissantes, et à bon droit les plus célèbres, de Démosthène, de Lucrèce ou de Bossuet ont l'air de naître des choses elles-mêmes, sans avoir été sollicitées. L'image et l'objet se correspondent si exactement qu'ils sont comme superposés et semblent se confondre : on ne saurait dire où l'un cesse, où l'autre commence; l'image vient insensiblement, jusqu'au moment où elle se révèle dans toute sa netteté. Les plus belles images d'Épictète sont de celles-là. Il ne va pas les chercher bien loin; il les trouve sous sa main, là où tout le monde eût pu les prendre. Souvent une métaphore, née de l'imagination populaire, est devenue peu à peu une expression abstraite; à force de circuler de mains en mains, son relief s'est effacé et ses couleurs se sont ternies. Est-il, par exemple, un mot d'apparence plus abstraite que le mot « théorie ? » Combien passeraient auprès de cette métaphore sans la voir ! Il suffit pourtant, pour lui rendre du relief et de la couleur, de la rapprocher du mot « théâtre », qui lui est apparenté. Dès lors, qu'est-ce que le jeune homme qui, en présence de la réalité, oublie qu'une seule chose est à craindre, une seule à désirer, et se laisse séduire par les tentations et intimider par les menaces? C'est un spectateur qui est venu au théâtre voir représenter l'œuvre de Dieu; mais, au lieu de regarder la pièce avec une entière liberté d'esprit, il est distrait; on voit qu'une inquiétude le tourmente. Pourquoi donc

---

[1] Épictète, *Entretiens*, I, xvi, 20-21.
[2] Id., *ibid.*, II, viii, 18-24.

tourne-t-il à chaque instant la tête vers l'entrée? C'est que ce spectateur est un esclave, venu au théâtre en cachette, et c'est la pensée de son maître qui lui donne ces distractions. Son maître, c'est le plaisir et la peine, à qui il a soumis volontairement ses désirs et ses craintes, et c'est cela qui l'empêche de jouir du spectacle[1]. C'est ainsi encore qu'on dit couramment « ne pas voir la différence entre le bien et le mal ». Épictète ne laisse pas passer la métaphore, et il en tire, en faveur de l'indulgence, un argument saisissant[2]. Ceux qu'on appelle des méchants ne sont que des aveugles. Maudire un voleur et un adultère revient à dire : « Cet égaré, qui ne voit plus, non pas avec ces yeux qui distinguent le blanc du noir, mais avec cette raison qui distingue le bien du mal, ne devrait-il pas périr? » Maudire les aveugles et les sourds serait encore moins fort, la faculté de voir ou d'entendre n'étant rien au prix d'un jugement droit[3].

Quoique développée souvent avec une complaisance visible, la comparaison chez Épictète ne détourne jamais l'esprit de l'objet véritable; elle est inséparable de la pensée, elle est la pensée même. Ses images les plus heureuses correspondent aux idées qui lui sont les plus chères. Sans doute, de même que la voix s'élève et que le ton s'anime quand on a à cœur de persuader, de même, chez lui, l'imagination alors est mise en branle : il pense, il sent, pourrait-on dire, et l'image suit. Ainsi, il répète volontiers que le sage ne se querelle jamais avec personne, parce qu'il ne dispute rien de ce qu'on peut lui prendre :

---

[1] Épictète, *Entretiens*, I, xxix, 58-64.
[2] Cf. plus haut, ch. 1ᵉʳ, p. 230, n. 3.
[3] Épictète, *Entretiens*, I, xviii, 5-9. Peut-être est-ce de même le mot *umbra*, par lequel les Romains désignaient souvent l'école (métaphore développée complaisamment par Sénèque le père, *Controv.*, IX, *praef.*, 5), qui a servi de point de départ à une comparaison qu'Épictète imagine pour détourner les jeunes philosophes encore novices de se mêler aux profanes : « Tenez-vous loin du soleil, tant que vos principes seront de cire » (III, xvi, 11). Cf. la comparaison du grain de blé caché en terre (IV, viii, 35-41).

ayant fait d'avance le sacrifice de toutes choses, il se laisse sans résistance dépouiller, insulter même par ses ennemis, que sa patience encourage. Le monde trouve humiliante cette attitude passive et qualifie ce renoncement d'abdication : une heureuse comparaison va justifier le sage. Cet homme, qui paraît s'abandonner à la merci de ses ennemis, s'est en réalité retranché dans une forteresse inexpugnable. Au lieu de se réfugier, comme tant d'autres, derrière la force, la fortune, les dignités, remparts insuffisants qu'on peut toujours emporter d'assaut, il s'est réfugié dans ses principes, qu'on ne peut lui prendre malgré lui, c'est-à-dire dans son dédain des choses extérieures, dans la conscience de la valeur et de l'indépendance de sa personne morale. De là il rit de ceux qui l'assiègent, et peut se dire, comme les habitants d'une place bien fortifiée : « Qu'ont donc ces gens à se donner tant de mal en pure perte? Nous avons des murailles solides, des vivres pour longtemps ; nous sommes abondamment pourvus de tout[1]. » Dès lors, c'est cette seule place qu'il s'agit de défendre : le reste est sans intérêt. Ce ne fut pas un grand malheur pour Alexandre, quand les Hellènes vinrent attaquer les Troyens, massacrer ses frères et saccager Ilion : son malheur fut de perdre sa réserve, son honnêteté, son affection pour son hôte, son respect des convenances. De même, pour les autres hommes, il n'y a qu'un malheur, c'est de se laisser enlever leurs opinions vraies : c'est ce jour-là qu'on emporte d'assaut et qu'on saccage leur ville, et non quand on leur prend leur fortune, leurs dignités, leur vie[2]. Or c'est précisément en voulant défendre ces biens imaginaires qu'on perd les biens véritables, qu'on a négligé de fortifier sérieusement. Quand les cerfs fuient affolés devant les plumes[3],

---

[1] Épictète, *Entretiens*, IV, v, 25.
[2] Id., *ibid.*, I, xxviii, 21-26.
[3] Pour ce détail particulier, cf. Virgile, *Georg.*, III, 372 ; Sénèque, *De ira*, II, xii, 1-2.

de quel côté se dirigent-ils ? où se réfugient-ils comme dans un abri sûr ? Dans les filets. Et ainsi ils se font tuer pour avoir cru dangereux ce qui ne pouvait leur nuire. Nous, de même, c'est en fuyant devant les dangers imaginaires que nous tombons tête baissée dans les dangers réels : ainsi il nous est indifférent de tomber dans toutes sortes de fautes et de honteuses passions, pourvu que nous évitions la mort, l'exil, la peine et le mépris[1].

Le seul danger étant de mal penser et de mal faire, c'est nous qui nous forgeons des dangers en redoutant des objets extérieurs, qu'une juste notion des choses nous ferait paraître indifférents, utiles même, si nous le voulions. Voilà encore une idée chère à Épictète : voici les formes sensibles qu'il lui fait revêtir. Quand la tempête nous épouvante, ce ne sont pas les éléments qui sont déchaînés, mais nos imaginations, qui secouent notre raison et la jettent hors de son assiette. C'est uniquement la peur de la mort qui donne à la tempête cet aspect terrible. Enlevez ce sentiment : les éléments pourront faire rage au dehors ; vous verrez comme il fera beau dans votre âme[2]. Qu'est-ce que la mort elle-même ? Un masque, qui fait peur à de grands enfants. Retournez-le ; rendez-vous compte de ce qu'il y a derrière : vous verrez que cela ne mord pas. Il y a simplement la séparation de l'âme et du corps, phénomène nécessaire à la révolution du monde[3]. Et même, ces objets, si épouvantables en apparence, indifférents en réalité, peuvent devenir l'occasion d'un bien véritable : car c'est toujours un bien de penser juste à leur endroit et de se conduire convenablement à leur égard. Voilà la vraie baguette d'Hermès : d'un coup de cette baguette, Épictète, véritable magicien, se charge de transformer tout en or. « Apportez-moi tout ce que vous voudrez : je m'engage à en faire un bien. Apportez-moi la maladie, la mort, la pau-

---

[1] Épictète, *Entretiens*, II, 1, 8-11.
[2] Id., *ibid.*, II, xviii, 20-30.
[3] Id., *ibid.*, II, 1, 17-18.

vreté, la condamnation au dernier supplice : grâce à la baguette d'Hermès, tout cela tournera à votre profit. — Que pourrez-vous bien faire de la mort ? — C'est très simple : un moyen pour vous de montrer par des actes ce qu'est un homme qui sait se conformer à la volonté de la nature. — Et de la maladie ? — Je me conduirai dignement à son égard : je serai courageux, calme ; je ne flatterai pas le médecin, je ne souhaiterai pas de ne pas mourir. Est-ce tout ? Quoi que vous me présentiez, j'en ferai quelque chose de grand, d'enviable, un instrument de bonheur et de félicité[1]. »

Au milieu de ces comparaisons élevées et poétiques, qui viennent au secours des grandes idées, trouvent place une foule de comparaisons plus humbles, qui ne sont qu'ingénieuses et familières, mais qui ont bien, elles aussi, leur intérêt. Sans doute, Épictète a mis souvent à contribution ses prédécesseurs, et particulièrement Bion, qui, sur ce point, paraît avoir été exceptionnellement doué ; mais nous ne saurions croire qu'il ait vécu uniquement d'emprunts et n'ait été prodigue que du bien d'autrui. Ces sortes de comparaisons représentent, pour ainsi dire, la monnaie courante de son imagination. Parfois indiquées très discrètement, parfois aussi prolongées complaisamment, elles font un peu penser aux apologues. Les apologues sont chers aux moralistes populaires. Les *Épîtres* d'Horace en renferment plusieurs[2] ; les traités de Plutarque en sont remplis. Socrate, entre deux discours sur l'immortalité de l'âme, composait des apologues dans sa prison : quelques heures avant de mourir, il en improvisait un sur le plaisir et la douleur[3]. Épictète n'a garde de négliger ce moyen d'enseignement. Il est bon de remarquer que ses comparaisons simples et familières, empruntées aux menus détails de la vie courante, sont adressées

---

[1] Épictète, *Entretiens*, III, xx, 12-16.
[2] Horace, *Sat.*, II, iii, 313 et suiv. ; II, vi, 70 et suiv ; *Ep.*, I, vii, 28 et suiv. ; I, x, 34 et suiv.
[3] Platon, *Phédon*, p. 60 c et 61 b.

particulièrement aux élèves les plus novices. Elles sont pour lui un moyen de se mettre en communication avec de jeunes esprits.

D'abord, il faut mettre ces jeunes gens inexpérimentés en garde contre des dangers qu'ils ne soupçonnent pas. Pendant la période d'apprentissage, ils devront éviter de se mêler aux profanes, même avec l'intention de les édifier. Car, à se frotter contre un homme couvert de suie, on est sûr d'attraper soi-même de la suie. Placez un charbon éteint près d'un charbon allumé, le premier éteindra le second, si le second n'allume pas le premier : or, ici, les profanes seraient sûrement les plus forts [1]. Il faut aussi leur faire comprendre combien il est dangereux d'être insouciant à l'égard de ses propres fautes. Toute faute, si elle n'est pas énergiquement et immédiatement réprimée, crée un commencement d'habitude. Les maladies de l'âme se forment comme celles du corps. Les chutes y laissent des traces, des meurtrissures, qu'il faut faire disparaître complètement : sinon, pour peu qu'on reçoive encore quelque coup à la même place, ce ne sont plus des meurtrissures, ce sont des plaies qui se formeront [2]. Inversement, ces jeunes novices s'affectent où il n'y a pas lieu : il faut leur faire entendre qu'on peut tirer parti, non seulement de la mort et de la maladie, mais des ennemis qui croient nous nuire. Un tel est méchant ? Pour lui, oui ; pour moi, il est bon ; il m'exerce à la patience. Quoi ! le maître de gymnastique qui me dit : « Prends ces haltères à deux mains » m'est utile, et d'autant plus que la masse est plus lourde, et celui qui m'exerce à être calme ne me serait pas utile ! Ce ne serait pas savoir tirer parti des hommes [3]. Ces mêmes jeunes gens voient avec étonnement, et non sans une pointe de jalousie, leurs anciens camarades, restés fidèles au monde, y obtenir

---

[1] Épictète, *Entretiens*, III, xvi, 2, 3 (= *M.*, XXXIII, 6) et 6. Cf. le proverbe populaire cité plus haut, 2ᵉ partie, ch. iii, p. 143, n. 3.
[2] Épictète, *Entretiens*, II, xviii, 8-12.
[3] Id., *ibid.*, III, xx, 9-11.

plus de succès qu'eux : il faut leur faire comprendre que, si la philosophie mène au bonheur, elle ne prétend pas procurer en même temps des invitations à dîner, qu'on ne saurait tout avoir, que, tout compte fait, leur lot est encore le meilleur. Si une salade se vend une obole, on ne peut l'avoir qu'en payant ce prix : de même un dîner se vend contre des compliments, des complaisances, des services. Si vous y trouvez votre compte, payez le prix demandé ; mais, si vous ne faites pas les bassesses indispensables, n'espérez pas être invité de préférence à qui les fait. Il n'y a pas d'ailleurs à être jaloux de lui. Celui qui a acheté une salade a dû donner son obole ; mais, s'il a une salade, vous avez encore votre obole. De même ici, croyez-vous n'avoir rien à la place du dîner ? Vous n'avez pas eu à flatter un homme que vous méprisiez ni à essuyer les insolences de ses gens [1].

Les comparaisons et, en général, les expressions d'Épictète vont quelquefois plus loin que la familiarité. Souvent, au milieu de passages dont le ton est élevé, il laisse échapper un mot que les délicats seraient en droit de trouver risqué. Les anciens, moins farouches que nous sur ce point, n'en ont pas moins remarqué cette tendance, et Arrien et Aulu-Gelle y ont fait chacun une allusion. Seulement il est à noter qu'il réserve toujours ces hardiesses de langage pour les gens et les choses qui lui inspirent un dédain ou un mépris légitime [2], et on peut dire, sans paradoxe, qu'elles

---

[1] Épictète, *M.*, XXV ; cf. *Entretiens*, III, XXIV, 48. Voy. également la comparaison ingénieuse, mais peu galante, qu'il oppose aux prétentions de ce viveur qui justifiait sa conduite en alléguant les théories communistes de Platon. Épictète n'entend pas de la même façon l'existence en commun. La vie, comparée ailleurs à une panégyrie, est comparée cette fois à un dîner ou à une représentation : on mange ensemble et on regarde ensemble, mais chacun dans son assiette et chacun à sa place (II, IV, 8-11 ; cf. Clément d'Alexandrie, *Strom.*, III, 10, p. 514 P.). Voy. encore *Entretiens*, I, VI, 30 et II, XVI, 13-14 ; I, XXIV, 11 ; II, VII, 10 ; II, XXI, 22 ; II, XXIII, 36-37 ; III, IX, 22 ; IV, IV, 25 ; IV, VII, 22-25 ; IV, VIII, 21 ; IV, XIII, 12.

[2] V., par ex., I, IX, 26 ; II, XX, 10 ; III, XXII, 80 ; IV, X, 11. Cf. C. Martha, *Les Moralistes sous l'Empire Romain*, p. 160 : « .... Sa parole, libre

sont la marque, non seulement d'une rude franchise, mais de sentiments élevés. C'est pour cela sans doute qu'Arrien a tenu, comme il le dit, à noter sans distinction tous les mots de son maître, et à conserver une image fidèle de ce qu'il appelle sa παρρησία[1]. De même, Aulu-Gelle, qui cite, d'après Arrien, un de ces mots, dont le trait final lui paraît un peu osé (κυνικώτερον), loue sans restriction la force et la justesse de ce mot « du plus grand des philosophes[2] ». Il est naturel d'attribuer à l'influence des cyniques cette tendance à appeler les choses par leur nom, — l'expression même d'Aulu-Gelle suggère ce rapprochement, — mais à condition d'ajouter, en reprenant précisément un mot d'Épictète lui-même[3], que ces hardiesses-là ne sont pas tout ce qu'il imite en eux. Le langage de Socrate, autre modèle d'Épictète, conserve encore, quoique épuré par Xénophon, un certain pittoresque, une certaine verdeur qu'il savait sans doute apprécier. D'autre part, on dit des choses qu'on n'écrirait pas : or Épictète, comme Socrate, n'était pas un écrivain, et ce n'est pas son fait si ses libres improvisations ont passé telles quelles à la postérité. Enfin, et ici encore Épictète est à rapprocher de Socrate, son origine populaire aide à expliquer ce tour d'esprit particulier. Si élevé qu'on soit par l'intelligence, quand on sort du peuple, on reste toujours un peu « peuple » par quelque endroit, et c'est souvent un mérite de rester par là en communication plus directe avec la nature. Plusieurs de nos plus

---

comme son âme, affranchie des élégances convenues, ne dédaigne pas d'employer les expressions vulgaires empruntées aux carrefours, et saisit parfois avec plaisir quelque mot trivial pour en accabler les objets de son mépris.... » Il faut noter, à ce propos, comme un trait caractéristique de son langage, l'emploi très fréquent qu'il fait des diminutifs dans une intention semblable. Ajoutons toutefois que les diminutifs employés sans aucune nuance de mépris se rencontrent au moins aussi fréquemment chez lui. Cet abus des diminutifs paraît propre au langage populaire : le latin populaire et le français qui en est dérivé en offrent d'innombrables exemples.

[1] Arrien, *Lettre à Gellius*, 2.
[2] Aulu-Gelle, *N. A.*, XVII, 19. Cf. p. 313.
[3] Épictète, *Entretiens*, III, XXII, 80.

grands philosophes, historiens ou poètes, doivent à leur naissance plébéienne quelques-unes de leurs qualités les plus originales.

C'est ainsi que la plaisanterie d'Épictète — car c'est un dernier point qui reste à étudier chez lui — a quelquefois plus de saveur, quand elle porte la marque de l'esprit populaire, que si elle était assaisonnée du sel attique le plus fin, et aussi de prétention. Quand, par exemple, il veut se moquer des Académiciens et des sceptiques, et prendre la défense du sens commun pour l'opposer à leur goût des arguties, à leur manie de mettre en doute les données les plus évidentes de l'expérience, c'est l'occasion, ou jamais, de faire voir un échantillon de cet esprit populaire qu'il juge supérieur aux raffinements de ses adversaires. Il rappelle un peu, dans ce rôle, le bourgeois de Molière qui, affligé d'une femme idéaliste, se vante, pour l'exaspérer, d'être terre à terre et courbé obstinément vers les réalités d'ici-bas. Il ne se sent pas, dit-il, de force à discuter avec ces subtils raisonneurs pour expliquer où et comment se produit la perception; mais il estime que les sens nous apprennent des choses qui n'admettent pas la discussion. « Par exemple, je sais très bien que vous et moi, cela fait deux. Quand je veux avaler quelque chose, c'est toujours ici, jamais là, que je porte la bouchée. Je n'ai jamais pris le balai en voulant prendre du pain..... Et vous-mêmes, qui supprimez les sens, faites-vous autrement? Qui de vous, croyant aller au bain, est entré au moulin?..... Quand vous mangez, où portez-vous la main? à la bouche ou aux yeux?..... Avez-vous jamais pris la marmite pour un plat, ou la cuiller pour une broche à rôtir [1]? »

Mais ce serait mal juger Épictète que de croire que tout

---

[1] Épictète, *Entretiens*, I, xxvii, 15-20; II, xx, 28. Cf. la suite, citée plus haut, p. 301. Cf. encore, II, vi, 18-19, une plaisanterie qui rappelle une grosse facétie d'Héraklès dans les *Grenouilles* d'Aristophane, v. 120 et suiv. En réalité, Épictète développe ici un mot d'Aristippe, cité par Télès dans Stobée, *Flor.*, XL, 8 (II, p. 69, l. 10 M.), probablement par l'intermédiaire de Bion (cf. *ibid.*, l. 13).

son esprit se renferme dans ces sortes de plaisanteries, dont la lourdeur est voulue. Comme Aristophane, comme Molière, auquel cet austère stoïcien faisait penser tout à l'heure, il a plusieurs sortes d'esprit. Il a notamment le don de la raillerie, pleine à la fois de verve et de finesse. De qui et de quoi ne se moque-t-il pas? On a vu qu'il ne se fait pas faute de railler ses élèves, leurs sottes objections, leur préoccupation des choses matérielles, leur goût du confort et du luxe, leur pusillanimité en face de la maladie, leurs prétentions littéraires, la haute opinion qu'ils ont de leur science et de leur talent, les compliments qu'ils s'adressent entre eux, les ambitions secrètes qu'ils nourrissent[1]. Il raille la mode des lectures publiques, les invitations, les poses du conférencier, les sujets mythologiques surannés traités dans ces réunions[2]. Il fait parfois, en se moquant ainsi, d'assez heureuses trouvailles. Par exemple, pour faire honte à ce jeune homme à qui il reproche de s'épiler suivant la mode des élégants de l'époque, il le présente comme l'antithèse de ces femmes à barbe qu'on exhibe dans les foires : seulement le cas est beaucoup plus extraordinaire, car ici la monstruosité est voulue. Et alors il compose une enseigne, ou plutôt un boniment[3] pour cet homme-phénomène, et montre les badauds s'entassant

---

[1] Épictète, *Entretiens*, I, VII, 31 ; I, VIII, 11 ; I, IX, 19 ; II, XXI, 12-15 ; III, V, 12-13 ; III, XXVI, 21-22 ; III, V, 1-4 ; II, XVII, 35 ; III, II, 10 ; I, XXVI, 9-10.

[2] Id., *ibid.*, III, XXIII, 11, 26-27, 35, 37-38. Épictète se moque même, en passant, des médecins, de leurs chasses aux malades, de leur esprit mercantile (III, XXIII, 27), de leurs cures contradictoires (II, XVII, 9). Ici encore il fait penser à Molière. Bien qu'il eût autre chose à faire, les ridicules de Diafoirus n'ont pas plus échappé que ceux de Pancrace et de Marphurius à son coup d'œil observateur. Cf., *Entretiens*, III, X, 15, une allusion à la morgue de ces personnages, que nous encourageons en attachant trop d'importance à leurs oracles, comme s'ils détenaient notre bien et notre mal. Il faut les remettre à leur place, les renfermer dans leur rôle, c'est-à-dire les ramener à notre corps, comme le cordonnier à la chaussure et l'architecte à la maison.

[3] De même, dans le passage cité plus haut, p. 218 et suiv., on sent très bien, malgré l'élévation du ton, l'intention de reproduire une scène de prestidigitation en plein vent.

devant la baraque, ébahis à l'annonce de ce spectacle inouï « d'un homme qui aime mieux être une femme qu'un homme[1] ». Il raille aussi assez spirituellement les distinctions sociales. Il pourrait dire simplement qu'elles n'ont plus d'importance dans les questions morales, quand il s'agit d'être coupable ou malheureux. Mais, même alors, il affecte de maintenir les distances et de trouver des nuances qui, portant sur des détails insignifiants, en deviennent ridicules. Ainsi la méchanceté nous fait toujours perdre notre qualité d'hommes et nous fait descendre dans la classe des animaux, sans qu'il soit besoin d'être un puissant personnage pour devenir un animal nuisible. La seule différence est que les uns deviennent des bêtes féroces de grande taille, les autres, de ces petites bêtes malfaisantes dont on dit : « Encore si c'était un lion qui me dévorât[2] ! » Inversement, il n'est pas nécessaire, pour être esclave, d'être au dernier rang de la société et d'en être réduit à mendier la sportule pour avoir de quoi dîner : il suffit de s'abaisser par intérêt devant quelqu'un et de le flatter sans être sincère. Seulement, si on tient à conserver les distances, on appellera petits esclaves ceux qui s'humilient pour une maigre pitance; quant à ceux qui font des bassesses pour un gouvernement ou un consulat, on peut leur faire l'honneur de les appeler de grands esclaves; on leur doit bien cela[3]. Même respect scrupuleux de la hiérarchie, quand il s'agit de comparer les inquiétudes qui tourmentent ces deux catégories d'esclaves et les châtiments qu'ils redoutent de la part de leurs maîtres. Si un grand personnage a la bonne fortune d'être invité au palais, il a l'air d'un esclave assis à la table de son maître, préoccupé,

---

[1] Épictète, *Entretiens*, III, 1, 27-30. On voit facilement quel parti l'imagination d'Épictète a su tirer du mot de Diogène cité plus haut (2ᵉ partie, ch. III, p. 129, cf. p. 130), qui vient précisément à la suite de ce « boniment ».

[2] Id., *ibid.*, II, IX, 6.

[3] Id., *ibid.*, IV, 1, 55. Il emploie même, à cette occasion, deux mots composés qui paraissent être de son invention.

tout en dînant, de la peur de dire ou de faire quelque sottise. Et que craint-il? d'être fouetté? comme un esclave ordinaire? Fi donc! Non; comme il convient à un homme aussi haut placé, à un favori de l'empereur, il a peur qu'on ne lui coupe le cou [1]!

Présenter ainsi la peine capitale comme une faveur insigne, comme un des privilèges de la condition des grands, s'amuser, en d'autres termes, à renverser les rapports des choses, est ici un simple jeu d'esprit de pince-sans-rire. Mais, quand il s'agit de comparer l'homme, personne morale, et les objets extérieurs, au point de vue de l'importance, ce genre de plaisanterie devient le paradoxe philosophique. Là le sérieux n'est plus affecté, il est réellement au fond des choses. Ce qui est plaisant, au moins pour le philosophe, c'est la surprise, on peut dire l'ahurissement du profane, dont on heurte à plaisir les habitudes d'esprit. La doctrine stoïcienne est naturellement paradoxale, par son dédain des choses extérieures, qui a l'air d'une provocation ironique, d'un défi adressé aux préjugés. Épictète ne fait aucune difficulté pour le reconnaître : il sait que les philosophes s'exposent à passer pour fous en plaçant leur bien uniquement en eux-mêmes; mais, outre que les profanes ne font que leur renvoyer l'épithète, il sait aussi qu'il faut savoir se résigner à être ainsi traité, si on tient à faire des progrès [2]. Or il s'y résigne très bien pour son compte; car il cultive volontiers, et non sans succès, le paradoxe. Les tendances de sa doctrine et celles de son esprit, naturellement ironique, se rencontrent ici pour agir dans le même sens. Son procédé est aussi simple qu'excellent : pour lui, un point domine tout, c'est l'absolue indépendance et l'importance exclusive du moi. Il transporte brusquement ses auditeurs, surtout les plus novices, sur ce sommet, d'où tout le reste, honneurs, pouvoir, objets matériels, tout ce qu'ils trouvaient grand, paraît ridi-

---

[1] Épictète, *Entretiens*, IV, i, 48.
[2] Id., *ibid.*, I, xxv, 22-23; I, xxii, 18; *M.*, XIII.

culement petit, et il jouit intérieurement de leur stupéfaction.

Qu'est-ce, par exemple, que les honneurs? Des démonstrations qui doivent toute leur valeur à l'opinion d'autrui, chose extérieure, s'il en fut; celle-ci supprimée, ils se réduisent à quelque chose de puéril. C'est ce qu'il apprit une fois à un bourgeois de Nicopolis, qui s'était laissé tenter par le démon de l'ambition et rêvait de se faire nommer prêtre d'Auguste. Il raconte à ses auditeurs la conversation qu'il a eue le matin même avec le brave homme. Celui-ci ne voulait rien entendre; la perspective de frais considérables ne l'effrayait pas; il voulait à toute force voir son nom inscrit dans les actes publics et passer à la postérité. — « Écrivez votre nom sur une pierre, et il demeurera après vous. — Mais je porterais une couronne d'or. — Si vous tenez absolument à porter une couronne, mettez une couronne de roses : c'est encore plus joli[1]. » De même, si un élève envie le sort d'un grand personnage et rêve d'avoir un jour, comme lui, quand il se promènera, une nombreuse suite, il n'a qu'à se mêler à la foule, et il se promènera, lui aussi, en nombreuse compagnie. Cet autre, qui voudrait être sénateur pour avoir droit aux premiers rangs du théâtre, n'a qu'à attendre la fin de la représentation pour aller s'asseoir aux places des sénateurs et s'y chauffer tranquillement au soleil[2]. L'homme étant naturellement indépendant, le pouvoir est aussi vain, aussi conventionnel que les honneurs. Qu'est-ce, par exemple, que le droit d'affranchissement? Ce que le monde appelle affranchir un homme n'est pas, comme on pourrait le croire, lui donner la liberté; c'est simplement lui faire faire une pirouette devant le préteur[3]. Cela vous paraît insuffisant? Ajoutons, si vous voulez, que c'est encore s'obliger à payer au fisc le vingtième de sa valeur[4]. Mais l'esclave n'est ni plus

---

[1] Épictète, *Entretiens*, I, xix, 26-29.
[2] Id., *ibid.*, I, xxiv, 19; I, xxv, 26-27.
[3] Cf. plus haut, p. 290, n. 6.
[4] Allusion à la *vicesima manumissionis*. Cf. *Entretiens*, IV, 1, 33.

ni moins libre qu'avant cette cérémonie[1]. Le droit de commander est à peu près de même importance. Qu'est-ce, enfin de compte, que le consulat, pour lequel on fait tant de démarches, de cadeaux, de bassesses, de stations dans les antichambres? C'est le droit « d'avoir douze faisceaux de verges, de siéger trois ou quatre fois à un tribunal, de donner des jeux au cirque, de servir des repas dans des corbeilles. Je défie qui que ce soit de trouver autre chose[2] ». C'est ainsi que pour Horace, qui n'est pas ambitieux, lui non plus, être sénateur, c'est « s'entortiller les jambes de lanières en cuir noir[3] ».

Voilà à quoi se réduit ce que le vulgaire appelle bonheur. Par une légitime compensation, ce qu'il appelle malheur doit s'évanouir pareillement pour celui qui le regarde du haut des *sapientum templa serena*. En effet, les grands désastres publics, aussi bien que les désagréments domestiques, se ramènent à la perte d'objets matériels, ce qui ne saurait nous toucher. Les seuls événements intéressants de la guerre de Troie se sont passés dans l'esprit d'Alexandre, d'Hélène et de Ménélas. Quant à la guerre proprement dite, hommes tués ou villes saccagées, tout cela est à peu près de même importance que la mort d'un troupeau de bœufs ou de moutons, que la destruction et l'incendie d'un grand nombre de nids d'hirondelles ou de cigognes. En quoi le corps de l'homme est-il supérieur à celui de la cigogne et la maison de celui-là au nid de celle-ci[4]? Qu'on se désintéresse de la guerre de Troie, passe encore ; mais qu'on se laisse, avec une parfaite sérénité, voler son manteau ou sa femme, voilà qui est plus fort. Est-ce un sage, est-ce un fou, qui soutient sur le vol et les voleurs les paradoxes que voici? Quand on vous prend votre manteau ou votre femme et que vous en êtes

---

[1] Épictète, *Entretiens*, II, I, 26.
[2] Id., *ibid.*, IV, x, 20-21.
[3] Horace, *Sat.*, I, VI, 27.
[4] Épictète, *Entretiens*, I, XXVIII, 15-18.

affecté, c'est votre faute, et non celle du voleur; si le vol vous touche, c'est que vous teniez à ce qu'on vous a pris. Ce n'est pas assez dire : si quelqu'un est à plaindre, ce n'est pas vous; si quelqu'un est à blâmer, ce n'est pas le voleur. D'abord, il a pris pour un bien ce qui n'en était pas un : on doit le plaindre, comme on plaint un aveugle. De plus, il n'a fait qu'imiter votre exemple ; c'est vous qui avez commencé; et, s'il a commis une faute, c'est vous qui êtes responsable de la faute de ce malheureux, que vous avez tenté en étalant devant ses yeux ces prétendus biens que vous aviez et qu'il n'avait pas. « Vous montrez un gâteau à des gourmands, vous le mangez seul, et vous voudriez qu'ils ne viennent pas vous l'enlever! » La conclusion pratique est digne du reste ; le vrai moyen d'écarter les voleurs, c'est de n'avoir rien qui puisse les tenter. Et Épictète propose son propre exemple [1].

Ce sont là des charges ; mais la plaisanterie n'est qu'à la surface, puisqu'il se borne à appliquer strictement sa doctrine et à la pousser aux dernières conséquences. Quand il a affaire aux idées de ses adversaires, c'est le contraire : il s'en moque en affectant de les prendre au sérieux. Le paradoxe, appliqué aux doctrines adverses, devient de l'ironie. Épictète est de première force à ce jeu, et il y brille chaque fois qu'il engage la partie sur ce terrain, notamment contre les ambitieux, les Épicuriens et les sceptiques.

Les ambitieux ne sont pas des philosophes; mais justement l'ironie consiste ici à leur prêter une doctrine en règle, qui forme avec la doctrine stoïcienne un contraste des plus plaisants. On se souvient de ce jeune élève, encore un peu naïf, qui, sans dédaigner le bonheur promis aux sages, ne pouvait s'habituer à l'idée que d'autres feraient mieux que lui leur chemin dans le monde. Épictète lui représente qu'il ne saurait avoir la prétention d'arriver au

---

[1] Épictète, *Entretiens*, I, XVIII, 5-17.

même point qu'eux, puisque ses efforts tendent vers un tout autre but. Alors il établit un parallèle entre l'apprenti philosophe, qui aspire à la sagesse, et l'apprenti courtisan, qui aspire aux honneurs. Celui-ci, pour la circonstance, devient un philosophe d'une espèce particulière, qui a une doctrine et un idéal aussi arrêtés que l'autre ; c'est la même méthode, les mêmes habitudes d'esprit que chez le plus consciencieux des stoïciens : sérieuses résolutions le matin, et, le soir, examen de conscience, conformément aux préceptes de Pythagore. L'élève d'Épictète, si toutefois il suit les recommandations de son maître, se demande, dès qu'il est levé, ce qui lui manque encore pour être sans trouble et sans passions, et il s'engage à se conduire constamment comme un être doué de raison. Le soir, il repasse sa journée : qu'a-t-il omis de ce qui conduit à la félicité ? Qu'a-t-il fait qui soit indigne d'un ami, d'un être sociable, d'un être raisonnable [1] ? L'ambitieux, lui aussi, mesure tous les jours le chemin parcouru et le chemin à parcourir encore pour atteindre la perfection, c'est-à-dire la complète servilité. Dès son réveil, il se demande qui il devra saluer en sortant de la maison, à qui il devra dire un mot aimable, à qui envoyer un cadeau, comment plaire au comédien favori, comment nuire à un tel pour se faire bienvenir de tel autre. Le soir, nous l'entendons faire son examen de conscience : « Qu'ai-je omis en fait de flatterie ? qu'ai-je fait ? Aurais-je par hasard agi en homme indépendant, en homme de cœur ? » Et, s'il découvre un acte de ce genre, il se le reproche, il a des remords. « Tu avais bien besoin de dire cela ? ne pouvais-tu pas mentir ? D'après les philosophes eux-mêmes, il n'est pas défendu de faire un mensonge [2]. » Ce petit examen, transposé d'après Pythagore à l'usage des ambitieux, est une trouvaille d'une excellente ironie. Mais tout cela est-il un simple jeu ? C'est en réalité la meilleure manière de faire mesurer au jeune

---

[1] Épictète, *Entretiens*, IV, VI, 34-36.
[2] Id., *ibid.*, IV, VI, 31-34.

homme la distance qui le sépare de l'ambitieux qu'il envie, et de le convaincre que décidément il a choisi la meilleure part[1].

Quant aux Épicuriens, Épictète n'a pas à prendre la peine de leur rédiger une doctrine. Ils en ont une toute faite, qui se prête assez d'elle-même à son impitoyable ironie. Ou plutôt ce n'est pas elle qu'il raille, — il affecte au contraire de la prendre au sérieux, — ce sont les Épicuriens eux-mêmes, à qui il reproche de ne pas la pratiquer complètement. Sa tactique favorite est de se faire plus Épicurien qu'eux, de leur en remontrer, et de les considérer avec mépris comme de vulgaires et mauvais stoïciens.

C'est au fondateur de la doctrine qu'il commence par donner une leçon d'Épicurisme. Épicure, à l'en croire, a commis une maladresse initiale, qui fait le plus grand tort à sa doctrine,... c'est de l'exposer et de chercher des disciples à qui la communiquer. La théorie de l'égoïsme et de l'intérêt personnel ne se transmet pas, sous peine de contradiction. Dans quelle vue Épicure se lève-t-il de bonne heure, allume-t-il sa lampe, écrit-il de gros livres contre la Providence et le devoir? S'il entendait vraiment son intérêt, il garderait pour lui tous ses secrets. Pourquoi détromper les gens? Quand ils se croiraient obligés de se sacrifier à la société, s'en porterait-il plus mal? Au contraire, ne devrait-il pas souhaiter qu'ils soient assez aveuglés par les stoïciens pour se laisser, sans protester, tondre et traire par lui? S'avise-t-on de reprocher aux brebis de se laisser tondre, traire et, finalement, égorger? Ne devrait-il pas commencer par faire croire à ses propres disciples qu'ils sont nés pour la société et qu'il est bon d'être tempérant, afin de garder tout pour lui[2]? Épictète ferait assurément un Épicurien plus habile. Avec lui, la tâche d'un chef d'école serait singulièrement sim-

---

[1] Épictète, *Entretiens*, IV, vi, 36-fin.
[2] Id., *ibid.*, II, xx, 8-15; cf. I, xx, 18-19.

pliiée, puisqu'il composerait son école à lui seul, régnant ainsi sans peine au milieu d'une humanité entièrement stoïcienne. On ne se moque pas plus spirituellement d'un philosophe qu'en l'engageant, au nom de sa doctrine et dans son propre intérêt, à la garder pour lui seul.

Ce n'est que grâce à une fiction oratoire qu'il a pu interpeller ainsi Épicure. Mais il eut un jour l'occasion de continuer, sans prosopopée, devant un véritable Épicurien en chair et en os la représentation de cette comédie. Là, l'ironie est portée à son comble : Épictète y fait l'Épicurien, et, par compensation sans doute, donne à son interlocuteur un rôle de stoïcien. Recevant un jour la visite d'un administrateur nouvellement arrivé de Rome[1] et apprenant qu'il est disciple d'Épicure, il fait d'abord l'ignorant et feint de vouloir se renseigner auprès de lui sur les principes fondamentaux de la doctrine. Mais il lui montre bientôt qu'il est plus fort que lui sur ce point, plus fort même qu'Épicure en personne, en lui faisant un cours d'Épicurisme à l'usage des administrateurs. Le magistrat qui s'abstient du bien d'autrui, quand il peut s'en emparer, n'est qu'un imbécile : le tout est de savoir s'y prendre pour qu'on ne s'en doute pas. Épicure dit bien : « Ne volez pas », sous prétexte qu'on ne peut jamais compter sur l'impunité. Cet Épicure est trop timide : Épictète, Épicurien plus hardi, prétend qu'en sachant s'y prendre on est sûr de n'être pas découvert. D'ailleurs, on a à Rome des amis — et des amies — qui ont de l'influence; et puis les Grecs sont faibles, et ils demeurent si loin de Rome qu'ils ne feront jamais un pareil voyage pour venir se plaindre. A quoi bon se gêner avec le bien d'autrui, si nous y voyons notre bien? Pourquoi se priver de s'enrichir, si l'argent est la plus abondante source des plaisirs? De même, pourquoi ne pas séduire la femme du voisin, si personne ne s'en doute? Si, du reste, le mari s'avise de faire des

---

[1] C'est ce Maximus dont il a été question, 1re partie, ch. 1er, p. 19.

façons, qu'est-ce qui empêche de lui couper le cou pour lui apprendre à vivre? Voilà, d'après Épictète, ce que doit faire un magistrat vraiment Épicurien : autrement, — ceci est pour son visiteur, — on n'est pas digne de ce nom, on n'est qu'un stoïcien déguisé[1]. Il y a une certaine audace à présenter à un magistrat Épicurien les magistrats concussionnaires et débauchés comme les seuls Épicuriens parfaits. Mais comment se fâcher quand la raillerie est ainsi tournée? D'ailleurs l'entretien se termine amicalement par d'excellents conseils, d'un stoïcisme incontestable, donnés cette fois sans la moindre ironie. L'ironie n'était donc destinée qu'à préparer le terrain.

Si Épictète est si accommodant avec cet Épicurien, c'est apparemment qu'il lui sait gré de valoir mieux que sa doctrine. Il n'a pas les mêmes ménagements pour les sceptiques, Pyrrhoniens et Académiciens, et l'ironie, avec eux, aboutit vite à une explosion d'indignation. C'est qu'à ses yeux, ces prétendus esprits forts sont plus dangereux que des fous ordinaires, et leur détestable méthode, en détruisant à plaisir tout ce qui peut nous aider à découvrir la vérité et en apprenant à soutenir indifféremment le pour et le contre, fournit des excuses et des encouragements à tous les vices[2]. C'est ce qu'il fait découvrir tout d'un coup à un naïf, qu'il met aux prises avec un de ces esprits forts. Cet homme avait la simplicité de croire au bien, à son utilité sociale, et — simplicité plus grande encore — à la sincérité de son adversaire. Comprenant enfin qu'on s'est moqué de lui, il essaie d'abord de faire bonne contenance, puis finit par éclater. La scène mérite d'être reproduite en entier. « Dites-moi, philosophe, que pensez-vous de la piété ? — Si vous voulez, je vais vous démontrer que c'est un bien. — Bon; excellente chose pour le peuple : cela lui permettra de se réformer, de respecter la religion et de s'occuper un peu de ses intérêts les plus sérieux..... »

---

[1] Épictète, *Entretiens*, III, VII, 11-19.
[2] Id., *ibid.*, I, V, 5; II, XX, 21 et 34-36.

La preuve est faite : « Vous saisissez bien ma démonstration ? — Parfaitement ; je vous remercie. » Et il se dispose à partir enchanté, prêt à utiliser ce qu'il vient d'apprendre. « Attendez : puisque ces choses vous intéressent tant, je vais vous démontrer le contraire. Il n'y a pas de dieux, en tous cas pas de Providence. La piété et la religion sont des inventions de charlatans, je veux dire de législateurs, très commodes pour faire peur aux hommes. — Très bien, philosophe ; vous venez de rendre un grand service à nos concitoyens. Vous voilà sûr de conquérir la jeunesse, qui n'est déjà que trop portée à mépriser la religion. — Comment ! ceci n'est plus de votre goût ? Parlons d'autre chose alors. La justice ? c'est une bêtise. L'honneur ? la famille ? cela n'existe pas. — Très bien, philosophe..... » Cette fois, la comédie est finie, l'indignation éclate. Le naïf, qui n'était autre qu'Épictète lui-même, se démasque, et, changeant de ton, dit leur fait à ces charlatans éhontés qui vendent la sagesse. Dans un mouvement oratoire, qui rappelle Démosthène prenant à témoin les combattants des guerres Médiques, il demande si c'est avec ces maximes qu'ont été nourries les générations d'autrefois, et les Spartiates qui se firent tuer aux Thermopyles, et les Athéniens qui sacrifièrent leur ville pour combattre à Salamine[1]. C'est qu'il ne suffit plus de railler ; il faut frapper plus fort pour ruiner le crédit de ces sophistes, dont l'influence pernicieuse menace d'envahir l'école même d'Épictète et de rendre vaine sa prédication.

Ainsi l'ironie spirituelle s'élève jusqu'à l'éloquence, comme tout à l'heure l'imagination poétique descendait jusqu'à la familiarité. Il faut admirer la souplesse avec laquelle l'esprit d'Épictète passe successivement aux tons les plus divers, et surtout l'aisance et le naturel qu'il conserve toujours en ses expressions si variées. Et pourtant on ne saurait dire qu'il jaillit inconsciemment et involon-

---

[1] Épictète, *Entretiens*, II, xx, 22-27.

tairement. Ici encore, Épictète rencontrait une tradition de la philosophie populaire, qui aime à présenter sa morale avec un air enjoué ou piquant. La poésie satirique, qui offre tant de points de contact avec la diatribe, lui ressemble pleinement en cela. Dans sa première satire, à laquelle nous avons déjà eu à nous reporter, Horace laisse entendre précisément, pour justifier le ton qu'il prend, que les éducateurs et les moralistes se plaisent à dire la vérité en riant, *ridentem dicere verum*[1]. Ce mélange assez savoureux de sérieux et de plaisant, propre à la philosophie populaire, portait même en grec un nom spécial, dont l'hémistiche d'Horace n'est que la traduction, τὸ σπουδογέλοιον. On se transmettait fidèlement dans les écoles les « mots » des cyniques, d'Antisthène, de Diogène, de Cratès, de Bion, qui répondaient tout à fait à cette tendance : ces mots paraissent même avoir été réunis en recueils, où puisèrent abondamment plusieurs générations, depuis Télès jusqu'à Épictète. Musonius ne se bornait pas sans doute à citer ceux des autres, mais ne dédaignait pas d'en faire, à l'occasion, pour son propre compte, si on en juge par quelques traits qui sont rapportés de lui sans avoir passé par le rédacteur des extraits conservés par Stobée[2]. Les œuvres morales de Plutarque fourmillent d'anecdotes ingénieuses ou piquantes, qui trahissent le même genre de préoccupation. Enfin Épictète dit expressément que le philosophe populaire, s'il ne veut pas être un simple pédant, doit avoir beaucoup d'agrément naturel et de finesse d'esprit[3]. S'il exige que ce prédicateur sache, à l'occasion, monter sur la scène tragique, on voit qu'il ne lui interdit pas l'accès de la scène comique, où il est d'usage de châtier les mœurs en riant, justifiant par là ce qu'il a bien souvent fait lui-même. Mais, en général, l'es-

---

[1] Horace, *Sat.*, I, 1, 24. Il est probable que la comparaison du maître d'école, qu'il emploie à ce propos, était classique, comme le procédé lui-même. Cf. plus haut, p. 310.

[2] Cf. plus haut, ch. 1er, p. 214, n. 5, p. 227 et 232, et ch. III, p. 297, n. 2.

[3] Épictète, *Entretiens*, III, XXII, 90.

prit de la diatribe n'est pas celui de la déclamation et des lectures publiques. Ne s'adressant pas à un auditoire raffiné, friand de ce qu'on est convenu d'appeler le beau langage, il échappe davantage à la prétention ; il vise moins à la pointe, à la *sententia*; le genre d'agrément qu'il recherche a quelque chose de plus sain et de plus naturel.

Tel est, en particulier, le caractère de l'esprit d'Épictète; et, sur ce point, il y a un contraste nettement accusé entre lui et Sénèque. Chez ce dernier transparaît toujours l'éducation oratoire qu'il a reçue de son père. Épictète, élève de ce Musonius qui interdisait les applaudissements dans son école, a été habitué à faire toujours passer les choses avant les mots, et, même quand il veut donner un tour agréable à sa pensée, on voit qu'il n'est jamais dominé par cette préoccupation. Si Lucrèce a, de parti pris, enduit de miel les bords de la coupe où il a versé sa philosophie, c'était pour faire absorber sans répugnance le breuvage un peu amer de la doctrine des atomes. De même, si Épictète veut que le philosophe chargé de prêcher les hommes ait de l'esprit, c'est en même temps et pour le même motif qu'il exige de lui, comme on l'a vu, une tenue irréprochable et un aspect séduisant : cet agrément est destiné uniquement à mettre les auditeurs en bonne disposition et à leur faire accepter plus volontiers les conseils. Il n'ignore pas quelle influence exerce l'attrait de la forme en matière de persuasion, et, s'il jette l'anathème sur ceux qui cultivent le talent de la parole pour lui-même ou, plus exactement, pour le faire servir d'instrument à leur ambition, il sait lui rendre pleine justice quand il se borne à être l'auxiliaire de l'enseignement moral et quand il aide à faire écouter les discours, comme l'écriture nette et élégante fait lire un livre avec plus de plaisir[1]. Dans de telles conditions, il ne saurait être question pour lui de balancer harmonieusement des périodes, comme les « déclamateurs », ni de « regratter un mot douteux au jugement ».

---

[1] Épictète, *Entretiens*, II, XXIII, 1.

On comprend qu'il estime cette besogne indigne d'un éducateur sérieux, et donne même, au besoin, dans l'excès inverse, pour avertir ses auditeurs qu'il n'a rien de commun avec un rhéteur [1]. Ce n'est pas en s'arrêtant à chaque mot qu'il prétend se faire écouter, mais plutôt en donnant libre cours à son imagination, à sa bonne humeur et à sa verve naturelles. Son tempérament propre s'accordait à merveille avec les conditions essentielles de la prédication à laquelle il s'était voué. De là la vie qui règne dans les *Entretiens*; de là, si on peut ainsi dire, l'impression de santé, de force joyeuse et sereine qui s'en dégage d'un bout à l'autre. On comprend, en les lisant, combien Platon a raison, quand il oppose l'enseignement oral aux traités dogmatiques, de comparer ceux-ci à des objets inertes, celui-là à un être animé [2].

---

[1] Épictète, *Entretiens*, III, xxiii, 20 ; II, xxi, 11 ; III, ix, 14. Cf. plus haut, 2ᵉ partie, ch. 1ᵉʳ, p. 96, n. 2.
[2] Platon, *Phèdre*, p. 276 a et 275 b.

CONCLUSION

L'étude un peu spéciale et, en apparence, purement littéraire qui a fait l'objet de ce dernier chapitre nous a ramenés naturellement à Épictète éducateur. Le passage qui vient d'être analysé, et où nous trouvions un mélange si savoureux d'ironie contenue et d'éloquence passionnée, vaut surtout par le sentiment qui l'anime : or Épictète s'y emporte contre les sophistes de l'époque et dénonce la funeste influence qu'ils exercent sur les jeunes générations. Il convient de s'arrêter sur ce qui fut sa principale, ou, plus exactement, son unique préoccupation, et de faire ressortir ainsi, en le quittant, le trait qui le caractérise encore à nos yeux. On a pu voir en lui la principale source de nos connaissances sur la doctrine stoïcienne; nous y avons vu nous-même le représentant le plus parfait de la « diatribe » philosophique; mais il nous apparaît, avant tout, comme le type de l'homme né pour être pasteur d'âmes, dont la vocation est de former les esprits et de tremper les caractères en vue de la lutte pour la vie morale. Venu à une époque où on ne construisait plus de systèmes, il a été, plus qu'aucun autre, l'homme d'une seule doctrine, qu'il a reçue toute faite et qui a été surtout pour lui un instrument d'action; dans un siècle où les études morales prenaient de plus en plus le pas sur les études purement spéculatives et où se répandait de tous côtés le goût de la prédication et de la direction des âmes, aucun n'a plus fixement tourné ses regards vers la philosophie pratique ni plus complètement voué sa vie à l'enseignement. Il avait d'ailleurs été initié au stoïcisme par un maître déjà formé sur ce modèle : celui-ci, expert en l'art de découvrir les vocations, eut bientôt fait de reconnaître en lui quelqu'un qui lui ferait honneur en même temps qu'à la doctrine[1]. Il y avait sans doute entre Épictète et le stoïcisme une sorte d'harmonie préétablie : l'homme se livra à la doctrine avec une foi absolue; et, à la doctrine qui l'avait pris tout entier, il apporta, en revanche, le concours de son caractère et de son talent. Marc-Aurèle a eu sans doute autant de foi, de hauteur d'âme et de piété; Bion et Horace, autant de verve, d'imagination et d'esprit; mais on ne trouve réunis chez aucun ces divers éléments, dont la coopération a fait l'éducateur peu ordinaire que nous avons vu à l'œuvre.

Épictète ayant accepté avec assurance les dogmes fondamentaux du stoïcisme, il ne saurait être question de les discuter au nom d'une autre doctrine, quelle qu'elle soit; et on doit se borner à juger le parti qu'il en a su tirer. Sur ce point, il est peut-être permis de trouver que l'homme formé d'après les principes adoptés par lui paraît un peu trop se suffire à lui-même. Il est vrai que, malgré son indépendance, il est en relations étroites avec ceux qui sont membres de la même société que lui et appartiennent en même temps que lui à l'humanité. Mais, s'il n'est pas isolé dans l'espace, il est isolé dans le temps. On a bien vu qu'un progrès continu doit relier tous les moments de la vie d'un individu; on ne voit pas s'il y a un lien semblable entre ces générations successives qui ont également droit à l'existence[2]. Épictète nous invite à nous retirer sans murmure et à faire place à d'autres, parce que l'univers a besoin, pour continuer son mouvement, du passé,

---

[1] Épictète, *Entretiens*, III, vi, 10; I, ix, 29-30.
[2] Id., *ibid.*, IV, i, 106.

du présent et de l'avenir[1], et qu'il ne faut pas l'entraver dans sa marche[2]; mais il ne se demande pas dans quel sens s'accomplit ce mouvement et s'il peut y avoir un progrès dans la vie de cet univers. Il dit que l'homme est au monde pour contempler et interpréter l'œuvre de Dieu[3]: il ne se demande pas si cette œuvre est au même point à chaque génération. Mais ce n'est pas Épictète personnellement, c'est son époque, c'est toute l'antiquité qui, en général, bornait l'horizon de l'homme au temps présent, et la science était trop rudimentaire pour qu'il en pût être autrement.

Par contre, dans la vie même de l'individu, c'est de parti pris qu'il n'a vu que le côté moral. Si on peut trouver, ici encore, que l'horizon est trop restreint, du moins ne saurait-on lui faire un reproche d'avoir attaché trop d'importance à la science du bien telle qu'il l'entendait. On ne peut même pas dire que cette science soit actuellement hors d'usage, et rien n'empêche de l'apprécier avec nos idées modernes; car le bien qu'il concevait est celui dont nous vivons encore. Toutes les morales dignes de ce nom se rejoignent au fond et se ramènent, en fin de compte, aux mêmes conclusions pratiques, quels que soient les dogmes et les principes sur lesquels elles tentent de les fonder après coup, de manière à leur donner l'apparence d'une déduction. Épictète, en particulier, a tiré parti de la doctrine qu'il avait reçue, pour affirmer, avec plus de rigueur et présenter avec plus de suite qu'on ne l'avait fait avant lui dans l'antiquité païenne, quelques idées qui doivent être à la base de toute morale pratique : pour réaliser le bien, l'homme a la raison, guide dont il ne doit jamais s'écarter, et la volonté libre, dont il peut sans cesse accroître l'indépendance en luttant contre les passions et les habitudes; il n'y a de bien que dans l'acte libre et conforme à la nature;

---

[1] Épictète, *Entretiens*, II, 1, 18.
[2] Id., *ibid.*, IV, vii, 27.
[3] Id., *ibid.*, I, vi, 19; II, xiv, 23-26.

tout effort fait en ce sens a une valeur réelle, et l'homme peut se réjouir d'avoir réalisé quelque bien; ce sont même, à proprement parler, les seules joies de la vie, comme les seuls maux sont d'avoir mal agi. Il y a là, en vérité, les bases d'un programme d'éducation, et, si on peut voir quelque chose à y ajouter, on ne voit rien à y retrancher.

D'autre part, à l'exécution de ce programme Épictète a fait concourir des sentiments dont le stoïcisme renfermait sans doute les germes, mais qui, développés par lui avec une force toute particulière, sont devenus de puissants moyens d'action. Tel est le sentiment de l'honneur, qui est le respect de soi-même et non la peur de l'opinion d'autrui; tels sont, à l'égard des autres hommes, l'indulgence, la charité et le dévouement; telle est enfin une piété profonde, faite de reconnaissance et de confiance envers une puissance supérieure. Si on ajoute qu'Épictète avait personnellement, avec la foi et le dévouement, le don d'enseigner, qu'il joignait à une fermeté inébranlable de la condescendance et de la bonté, un grand sens pratique et une réelle modération, qu'il avait enfin à son service, pour faire passer ses conseils, la verve, la bonne humeur, l'esprit, l'imagination et l'éloquence, on aura le droit de conclure que peu d'éducateurs lui furent comparables et durent exercer plus d'action sur leur entourage, et on comprendra sans peine le témoignage porté sur ce point par son disciple le plus autorisé [1]. Marc-Aurèle lui-même, qui pourtant n'a pu avoir directement part à cet enseignement et n'en a entendu que l'écho affaibli, par l'intermédiaire du recueil d'Arrien, en subit à distance l'influence profonde. Dans le touchant règlement de comptes qui sert de préface à ses *Pensées*, l'empereur fait figurer Épictète sur la liste de ceux à qui il doit le plus, et il se souvient avec reconnaissance du jour où son maître Rusticus lui mit entre les mains le livre des *Entretiens* [2]. C'est là une assez belle recomman-

---

[1] Arrien, *Lettre à Gellius*, 5 et 7.
[2] Marc-Aurèle, I, 7.

dation pour le recueil dont nous avons l'heureuse fortune de posséder au moins une partie. Aussi, aujourd'hui encore, à une époque où la question de l'éducation préoccupe au plus haut point et où on entend contester l'utilité morale des littératures antiques, on ne saurait faire contribuer Épictète pour une trop grande part à la formation des caractères : un tel collaborateur sera toujours précieux.

ADDITIONS ET CORRECTIONS

P. 6, n. 4. — Au lieu de : S. Jean-Chrysostome, lire : S. Jean Chrysostome.

P. 31, l. 12. — Au lieu de compte-rendu, lire : compte rendu.

P. 42, n. 2. — Au lieu de : *Ecl.*, II, xxi, lire : *Ecl.*, II, xxxi.

P. 56, n. 4. — Au lieu de : V, 67, lire : I, 08 II. = V, 67 M.

P. 61, n. 6. — Au lieu de : *Ecl.*, II, xxi, lire : *Ecl.*, II, xxxi.

P. 104, n. 3. — Au lieu de : II, xvii, 35, lire : II, xvii, 36. De plus, les deux indications II, xvii, 35 et III, ii, 13 (lire : III, ii, 10 et 13) doivent se rapporter à la note 4.

P. 127, n. 3 (p. 128, l. 4). — Au lieu de : Ὕπαιθρος, lire : Ὕπαιθρος.

P. 136, n. 3, fin. — Au lieu de : XVIII, 38 H., lire : XVIII, 37 H. = 38 M.

P. 137, n. 2, l. 1. — Après : cf. *M.*, ajouter : XXXIII, 12.

P. 169, av.-dern. l. — Au lieu de : Gorgias, lire : Hippias.

P. 170, n. 1. — Ajouter, à la fin : *M.*, XLVI, 1.

P. 191, n. 5. — Ajouter, à la fin : Cf. Musonius dans Stobée, *Flor.*, XXIX, 75 (II, p. 11, l. 13 et suiv. M.).

P. 226, l. 9. — Reporter le renvoi ³ à la ligne précédente.

P. 229, n. 3. — Après : III, xviii, 5, ajouter : I, xviii, 8 ; I, xxix, 21 ; IV, i, 119-120 et 127.

P. 241, n. 1. — Au lieu de : XVII, 43 H., lire : XVII, 42 H. = 43 M.

P. 292, n. 2, fin (cf. p. 293, n. 1, et p. 302, n. 5). — Plutarque, utilisant la même source que Télès (Stobée, *Flor.*, XCVII, 31 = III, p. 216, l. 3-11 M.) et Épictète *(Entretiens,* IV, i, 33-41), ou une source parallèle, a traité le même motif qu'eux dans le *De tranquillitate animi,* X, p. 470 b. Mais là il se réduit à une énumération pure et simple d'hommes qui regardent au-dessus d'eux, les esclaves à la base, Jupiter tonnant au sommet. L'idée est aussi banale que dans Télès, et le tour est beaucoup moins vif. Ce rapprochement confirme bien l'originalité d'Épictète, que faisait déjà suffisamment pressentir la seule comparaison d'Épictète et de Télès. En même temps se trouve confirmée la supposition qui nous fait attribuer l'invention du thème initial à Bion, que Télès cite, à deux reprises, deux pages plus haut (p. 213, l. 5, et p. 214, l. 11). Télès prenait simultanément à partie deux défauts humains, bien connus des moralistes populaires (voy. Heinze, *De Horatio*

Bionis imitatore, p. 15 et suiv.: nombreux rapprochements), la μεμψιμοιρία et la φιλοπλουτία. Horace, à son tour, les a réunis dans sa première satire, d'une manière un peu artificielle et qui sent l'effort (voy. le raccord aux v. 28 et 108; cf. plus haut, p. 302, n. 5, et Heinze, *ibid.*, p. 15 et 20-22), tandis que Plutarque leur a consacré deux traités distincts, le *De tranquillitate animi* (Περὶ εὐθυμίας) et le *De cupiditate divitiarum* (Περὶ φιλοπλουτίας). Heinze a réuni un grand nombre de traits communs à Télès, à Horace et à Plutarque. Nous ajouterons, pour notre compte, que chez Plutarque *(De tranq. an.*, X, p. 471 a), on lit, quelques lignes après le passage de l'esclave, une anecdote qui se retrouve à la fois chez Télès (Bion?) dans Stobée *(Flor.*, I, 98 H. = I, p. 125, l. 28 et suiv. M.) et chez Épictète (fr. 11, début = Stobée, *Flor.*, XCVII, 28), où l'allusion, quoique brève, est très claire (voy., en particulier, le détail du prix du blé, identique chez Plutarque et chez Épictète). Or cette anecdote est suivie immédiatement, dans Épictète, et précédée dans Télès *(ibid.*, p. 123, l. 2 et suiv. M.) de la comparaison de l'acteur, que celui-ci attribue formellement à Bion (trois fois nommé dans l'extrait) et que Diogène Laërce (VII, 160) rapporte à son imitateur, Ariston de Chios. Cf. plus haut, p. 311, n. 5, fin. Il faut remarquer pourtant que dans Épictète, comme dans Plutarque, l'anecdote met en scène Socrate, tandis que, dans Télès, c'est Diogène qui tient le rôle.

INDEX DES NOMS PROPRES

N. B. — Dans cet index ne figurent que les noms appartenant à l'antiquité grecque et romaine.

Les chiffres renvoient aux pages ; les pages où le nom n'est cité qu'en note sont indiquées en chiffres plus petits.

Achille, 190, 307.
Agamemnon, 75, 87, 306, 307, 308, 309, 311.
Agathoboulos, 10.
Agrippinus, 9, 214, 285, 287.
Ajax, 306.
Alexandre (le Grand), 10, 30, 317, 323.
Alexandre d'Aphrodisias, 121.
Anaxagore, 6.
Antinoüs, 15.
Antipater, 119, 150, 162, 183.
Antiphon, 304.
Antisthène, 38, 43, 88, 131, 161, 290, 292, 304, 335.
Antonin le Pieux, 14.
Antonins (les), 13.
Aphrodite, 240.
Apollon, 76.
Archédémos, 119, 150, 162.
Aristippe, 108, 266, 310, 323.
Ariston de Chios, 49, 121, 285, 286, 292, 311, 312, 346.
Aristophane, 87, 167.
Arrien, 3, 4, 9, 10, 13, 14, 15, 16, 17, 18, 19, 20, 21, 22, 23, 24, 25, 26, 28, 29, 30, 31, 32, 33, 35, 36, 40, 57, 71, 105, 106, 112, 120, 164, 174, 215, 239, 240, 271, 281, 313, 321, 322, 342.
Artémidore, 187.

Asclépios, 30.
Athéna, 243.
Athénée, 121, 122, 129, 183.
Attale, 146.
Augustin (S.), 221.
Aurèle (Marc-), 3, 4, 10, 11, 13, 14, 16, 20, 21, 22, 32, 35, 48, 49, 51, 107, 163, 229, 281, 340, 342.

Bacchus, 300.
Bion, 83, 211, 253, 285, 287, 288, 290, 292, 296, 304, 305, 307, 310, 311, 312, 313, 319, 323, 335, 340, 345, 346.
Briséis, 308.

Caligula, 9.
Capitolin, 11.
Carinas Secundus, 9.
Caton, 131, 221, 227, 229.
Cébès, 271.
Celse, 6.
Chryséis, 308.
Chrysippe, 13, 21, 36, 38, 39, 46, 118, 119, 122, 147, 148, 150, 151, 157, 162, 166, 244, 271, 296, 304.
Cicéron, 40, 49, 60, 72, 126, 150, 151, 174, 183, 191, 196, 225, 230, 244, 285, 286, 287, 288, 289, 292, 298, 303, 304, 307, 311, 312.

INDEX DES NOMS PROPRES.

Claude, 15.
Cléanthe, 7, 38, 102, 127, 182, 271.
Clément d'Alexandrie, 128, 312, 321.
Cossutianus Capito, 201.
Cratès, 125, 188, 292, 335.
Crispinus, 289, 302.
Cyrus, 131.

Damascius, 21.
Davus, 280.
Démade, 311.
Déméter, 75.
Démétrius (le Cynique), 9, 10, 124, 125, 200, 258, 260.
Démétrius de Phalère, 304.
Démocrite, 46.
Démonax, 10, 12, 124, 128, 130, 187.
Démosthène, 33, 104, 107, 120, 160, 215, 298, 315.
Dioclès, 164.
Diodore de Sicile, 311.
Diogène (le Cynique), 12, 75, 76, 110, 124, 125, 127, 128, 129, 130, 131, 174, 180, 181, 185, 188, 221, 237, 262, 288, 291, 292, 296, 325, 335, 316.
Diogène Laërce, 12, 22, 25, 26, 36, 40, 42, 43, 47, 49, 60, 61, 62, 83, 124, 126, 128, 129, 130, 131, 146, 164, 184, 196, 209, 211, 225, 244, 285, 286, 289, 291, 292, 296, 304, 310, 311, 312, 316.
Dion Cassius, 8, 9, 15, 18, 107.
Dion de Pruse, 72, 95, 124, 128, 180, 290.
Dionysios d'Héraclée, 307.
Dioscures (les), 75, 107, 220, 257.
Domitien, 3, 4, 5, 8, 9, 13, 15, 17, 106, 200, 202.

Épaphrodite, 5, 13.
Épicure, 25, 26, 42, 47, 118, 137, 145, 188, 209, 237, 291, 311, 331, 332.
Éros, 240.
Eschine, 33.
Eschyle, 300.

Ésope, 293.
Eunape, 125.
Euripide, 228, 287, 288, 290, 291, 300, 304, 305, 306.
Eurysthée, 300.
Eusèbe, 17, 18.

Fabius, 302.
Favorinus, 10, 22, 59, 81, 120, 162, 286, 312.
Fronton, 162.

Galba, 17.
Galien, 10, 304.
Gelle (Aulu-), 5, 8, 9, 10, 13, 21, 25, 40, 59, 81, 105, 120, 145, 146, 150, 155, 162, 191, 194, 214, 218, 286, 292, 297, 301, 302, 313, 321, 322.
Gellius (L.), 16, 20, 29.
George le Syncelle, 13.
Gorgias, 50.
Grégoire de Nazianze (S.), 6, 299.

Hadrien, 10, 12, 14, 15, 17, 18, 20, 24.
Hélène, 328.
Hellanicos, 105.
Helvidius Priscus, 9.
Héphestion, 30.
Héra, 240.
Héraclite, 46, 185.
Héraklès, 110, 130, 131, 186, 187, 189, 288, 291, 305, 323.
Hermès, 76, 109, 318, 319.
Hermippos de Béryte, 4.
Hérode Atticus, 10.
Hésychios de Milet, 4.
Hippias, 105.
Hippocrate, 44.
Homère, 110, 131, 305, 306, 307, 308, 309, 314.
Horace, 84, 123, 126, 128, 131, 134, 157, 164, 165, 173, 174, 193, 198, 289, 290, 294, 296, 298, 300, 302, 303, 304, 305, 306, 307, 309, 310, 311, 312, 319, 328, 335, 340, 346.

INDEX DES NOMS PROPRES.   349

Iphigénie, 306.
Iros, 7.
Isocrate, 165.

Jean Chrysostome (S.), 6, 299.
Jocaste, 305.
Juncus, 286.
Jupiter Capitolin, 15.
Juvénal, 9, 126, 130, 131, 286, 291, 302, 310.

Latéranus, 9.
Longin, 25.
Lucien, 8, 10, 11, 12, 125, 128, 163, 220, 305.
Lucien (Pseudo-), 128, 129, 131.
Lucilius, 32, 146, 172, 235, 250, 270, 272.
Lucius, 297.
Lucrèce, 118, 208, 246, 261, 262, 264, 265, 267, 304, 311, 313, 315, 336.
Lycurgue, 232.
Lysias, 165.

Macrobe, 6, 7.
Marcia, 253, 272.
Massalénos, 24.
Maternus, 9.
Maximus, 19, 20, 332.
Mécène, 302.
Médée, 192, 228.
Ménandre, 305, 306.
Ménélas, 306, 328.
Ménippe, 125.
Micyle, 163.
Musonius, 7, 8, 9, 13, 15, 31, 48, 49, 52, 56, 57, 58, 67, 78, 79, 82, 90, 92, 110, 116, 121, 124, 125, 127, 128, 145, 152, 155, 156, 174, 177, 181, 189, 190, 197, 203, 214, 225, 232, 236, 288, 293, 312, 335, 336; dans Stobée, *Ecl.*, II, xv, 46 W.: 78, 115, 120, 297, 310; II, xxxi, 123 W.: 47, 61, 164, 297, 310, 311; II, xxxi, 125 W.: 38, 42, 44, 47, 78, 110, 144, 218, 311; II, xxxi, 126 W.: 47, 61, 164, 188, 311; *Flor.*, I, 209 H.

= 84 M.: 123, 126, 128, 297, 303; VI, 23 H. = 61 M.: 123, 184, 225, 297, 298; VI, 24 H. = 62 M.: 122, 123, 129; XVII, 42 H. = 43 M.: 52, 123, 126, 184, 240, 241, 310; XVIII, 37 H. = 38 M.: 122, 123, 126, 127, 136, 184, 310; XIX, 16: 226, 227, 229, 289, 297; XXIX, 75: 310, 311; XXIX, 78: 53, 61, 87, 116, 117, 132, 134, 140, 146, 176, 297, 311; XL, 9: 55, 61, 91, 140, 225, 287, 290, 291, 297, 306; XLVIII, 67: 10, 61, 96, 153, 289, 296, 297, 298, 311; LVI, 18: 83, 91, 126, 163, 176, 182, 184, 218, 297; LXVII, 20: 12, 187, 240; LXIX, 23: 12, 187; LXX, 14: 187; LXXV, 15: 186, 188, 240; LXXIX, 51: 55, 78, 93, 97, 156, 240, 244, 297, 310; LXXXIV, 21: 188; LXXXV, 20: 126, 240; CXVII, 8: 52, 61, 240, 241, 286, 310.

Néron, 4, 5, 9, 13, 15, 17, 45, 200.
Nerva, 107.
Nestor, 308.
Nil (S.), 124.

Onésime, 10.
Origène, 6.

Panétius, 44, 183.
Patrocle, 100.
Paul (S.), 4, 124, 295, 299.
Paulinus, 46, 172.
Pénélope, 186.
Penthée, 300.
Persaeos, 22, 121.
Perse, 130, 200, 305.
Phidias, 243, 263.
Phidippide, 87, 107.
Philippe (l'avocat), 85.
Philippe (de Macédoine), 311.
Philon, 40, 53, 125, 126, 128, 132, 258, 285, 288, 289, 290, 291, 299, 300, 304, 305, 306, 311, 312, 313.

INDEX DES NOMS PROPRES.

Philon de Byblos, 4.
Philostrate, 9, 12.
Phocion, 214, 227, 229.
Photios, 14, 21, 22, 23, 24, 30.
Platon, 31, 43, 79, 137, 156, 164, 170, 195, 211, 227, 229, 237, 258, 272, 274, 294, 295, 304, 311, 319, 321, 337.
Plautus, 156, 200.
Pline le Jeune, 8, 18, 19, 187.
Plutarque, 10, 198, 214, 232, 244, 275, 286, 287, 288, 290, 292, 293, 296, 297, 298, 299, 300, 303, 305, 311, 335, 345, 346.
Plutarque (Pséudo-), 312.
Polémon, 108.
Polynice, 288, 305.
Polyxène, 304.
Pompée, 84, 289.
Posidonius, 46.
Priam, 286.
Protagoras, 50, 165, 169.
Pyrrhon, 301.
Pythagore, 86, 134, 184, 330.

Quintilien, 16, 17.

Rusticus, 10, 18, 20, 103, 342.
Rufus, v. Musonius.

Sénèque, 3, 4, 11, 32, 55, 60, 62, 68, 72, 128, 154, 196, 200, 202, 216, 230, 240, 250, 252, 258, 288; Ad Helv.: 147, 241, 287, 288; Ad Marc.: 253, 272, 286, 290; Ad Pol.: 253; De benef.: 45, 124, 247, 248, 249, 298; De brev. vit.: 45, 46, 172; De clem.: 227, 231; De const. sap.: 131, 201, 221, 222, 226, 227, 289; De ira: 134, 136, 234, 317; De otio: 41, 45, 47, 137, 172; De Provid.: 221, 222, 259, 260, 264, 273, 275; De tranq. an.: 124, 200, 253, 259; De vita beata: 125, 183, 185, 241, 260; Quaest. nat.: 45, 46; Ep.: I à X: 147, 170, 180, 185; XI à XX: 87, 137, 146, 147, 209, 311; XXI à XXX: 137, 270, 273; XXXI à XL: 221, 241; XLI à L: 38, 54, 221; LI à LX: 54, 222; LXI à LXX: 46, 47, 241, 272, 273, 311; LXXI à LXXX: 201, 222, 229, 241, 248, 260, 272; LXXXI à XC: 38, 39, 45, 49, 53, 61, 124, 125, 128, 134, 191, 270, 272; XCI à C: 45, 52, 121, 123, 128, 241, 273; CI à CX: 39, 54, 100, 101, 137, 146, 165, 184, 260, 272, 273; CXI à CXX: 39, 45, 47, 128, 241.
Sénèque le père, 155, 295, 316.
Sextius, 134, 136, 234, 270.
Sextus Empiricus, 301, 302.
Simplicius, 6, 7, 8, 9, 11, 20, 21, 23, 24, 25, 26, 32, 33, 58, 86.
Socrate, 6, 7, 12, 13, 38, 43, 44, 51, 75, 76, 77, 79, 80, 87, 90, 109, 110, 124, 127, 137, 138, 156, 157, 165, 167, 169, 170, 180, 183, 188, 194, 197, 211, 214, 221, 225, 226, 227, 236, 237, 244, 257, 258, 272, 274, 279, 287, 294, 319, 322, 346.
Sophocle, 306.
Solon, 184.
Spartien, 12.
Sterlinius, 303, 306.
Stobée, 3, 21, 22, 31, 36, 49, 60, 61, 109, 121, 225.
Strabon, 292.
Strepsiade, 167.
Suétone, 5, 8, 13, 14.
Suidas, 3, 4, 5, 6, 9, 12, 13, 14, 16, 21.

Tacite, 8, 9, 156, 172, 200, 201, 202, 204, 287.
Taurus, 155.
Télès, 58, 59, 125, 126, 252, 253, 266, 287, 288, 289, 292, 293, 296, 298, 304, 305, 306, 345, 346.
Télès (Pseudo-), 126, 127, 287, 302, 304, 311, 312, 323.
Térence, 7, 305, 311.
Thémistius, 12, 13, 287.

Théognis, 266, 287, 296.
Théophraste, 46, 191, 299.
Théopompe, 43, 79.
Thersite, 87, 311.
Thraséa, 9, 156, 181, 200.
Thrasonidès, 305, 306.
Trajan, 3, 4, 12, 14, 17, 18, 19, 209.

Ulysse, 105, 110, 131, 186, 304.

Varron, 206.
Vespasien, 14, 15, 17, 200.

Vitellius, 8.
Virgile, 84, 85, 317.
Volteius Ménas, 85.

Xéniadès, 291.
Xénocrate, 108.
Xénophon, 22, 30, 31, 43, 50, 79, 126, 164, 292, 322.

Zénon, 7, 21, 36, 38, 47, 75, 183, 289.
Zeus, 65, 140, 181, 186, 240, 243, 244.

TABLE DES MATIÈRES

Avant-Propos..................................... VII

PREMIÈRE PARTIE

Introduction

Chapitre Ier. — La vie et l'œuvre d'Épictète............. 3
— II. — La doctrine d'Épictète................. 35

DEUXIÈME PARTIE

L'enseignement d'Épictète

Chapitre Ier. — Entrée dans l'école : conditions requises pour donner et recevoir l'enseignement 71
— II. — Rapports du maître et des élèves....... 99
— III. — L'exercice moral...................... 115
— IV. — L'étude de la logique 149
— V. — Rentrée dans le monde................. 171

TROISIÈME PARTIE

Le caractère et le talent d'Épictète

Chapitre Ier. — L'humilité, l'indulgence et le dévouement	207
— II. — Le sentiment religieux	239
— III. — La forme des *Entretiens*	283
Conclusion	339

Additions et corrections 345
Index des noms propres 347

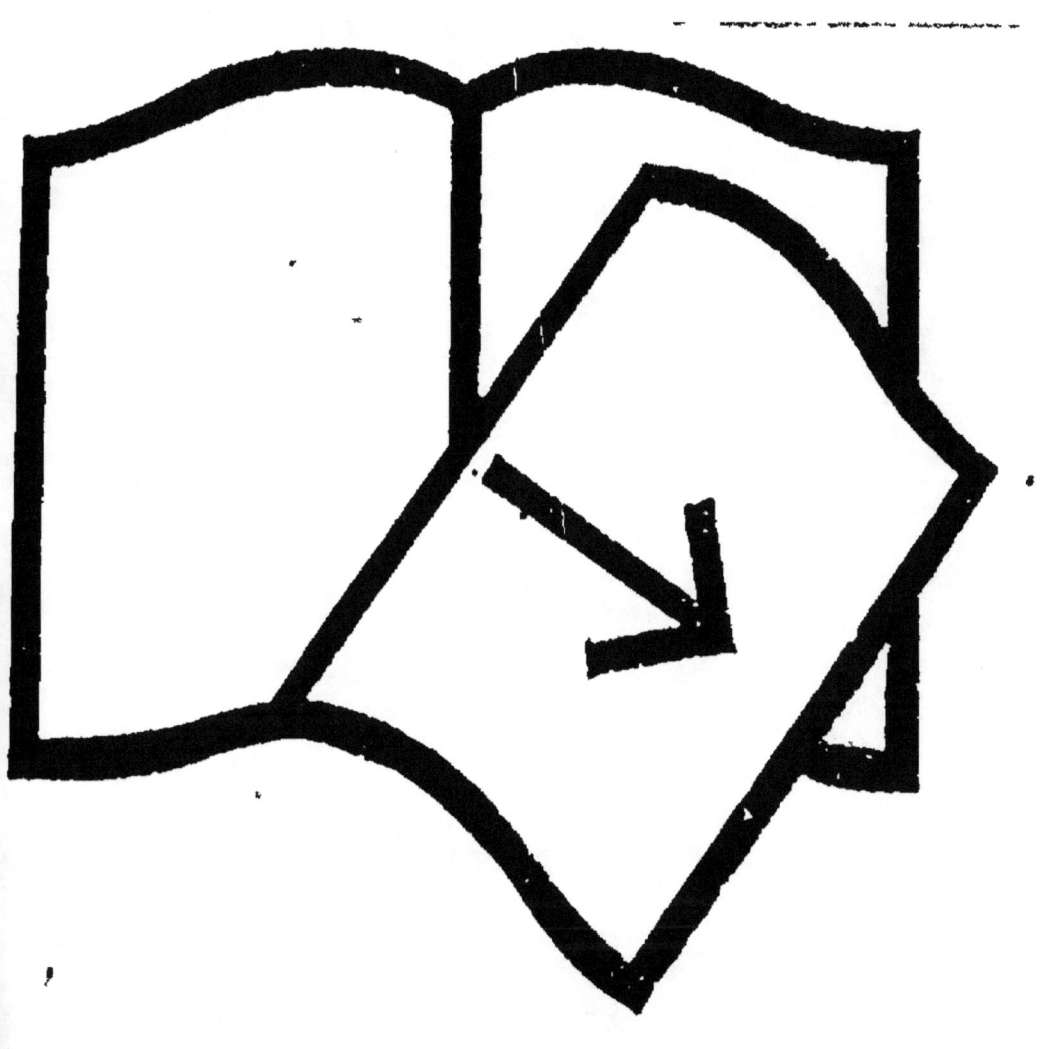

Documents manquants (pages, cahiers...)
NF Z 43-120-13

www.ingramcontent.com/pod-product-compliance
Lightning Source LLC
Chambersburg PA
CBHW050255170426
43202CB00011B/1697